世 纪 回 声

——王光祈研究新论

刘立云　赵崇华　主 编

中国文联出版社
http://www.clapnet.cn

图书在版编目（CIP）数据

世纪回声：王光祈研究新论 / 刘立云，赵崇华主编.

北京：中国文联出版社，2019.2

ISBN 978-7-5190-2923-4

Ⅰ.①世… Ⅱ.①刘… ②赵… Ⅲ.①王光祈（1891-1936）—人物研究 Ⅳ.①K825.76

中国版本图书馆 CIP 数据核字(2017)第 212252 号

世纪回声：王光祈研究新论

主　　编：刘立云　赵崇华

出 版 人：朱　庆
终 审 人：奚耀华　　　　　　复 审 人：曹艺凡
责任编辑：邓友女　　　　　　责任校对：朱为中
封面设计：马庆晓　　　　　　责任印制：陈　晨

出版发行：中国文联出版社
地　　址：北京市朝阳区农展馆南里 10 号，100125
电　　话：010-85923078（咨询）85923000（编务）85923020（邮购）
传　　真：010-85923000（总编室），010-85923020（发行部）
网　　址：http://www.clapnet.cn　　http://www.claplus.cn
E－mail：clap@clapnet.cn　　　　　dengyn@clapnet.cn

印　　刷：中煤（北京）印务有限公司
装　　订：中煤（北京）印务有限公司
法律顾问：北京市德鸿律师事务所王振勇律师

本书如有破损、缺页、装订错误，请与本社联系调换

开　　本：710×1000　　　　　1/16
字　　数：294千字　　　　　　印　张：19.75
版　　次：2019 年 2 月第 1 版　印　次：2019 年 2 月第 1 次印刷
书　　号：ISBN 978-7-5190-2923-4
定　　价：60.00 元

版权所有　　翻印必究

Ⅰ 王光祈（人物照）

王光祈先生（1892—1936）

少年时期的王光祈

五四时期的王光祈   五四时期的王光祈

王光祈在德国　宗白华（左一）、王光祈（左二）、魏嗣銮（左三）、李璜（右三）

王光祈在德国与少年中国学会会员合影　前排：王光祈（右一）、曾琦（右二）、李璜（左一）；后排：魏嗣銮（右三）、沈怡（右二）

Ⅱ 王光祈部分作品照

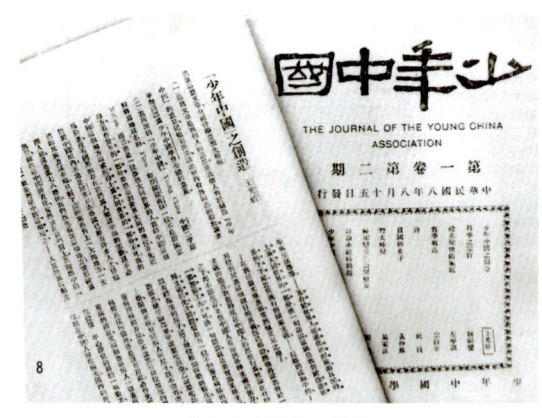

《少年中国》书影

《晨报》

《每周评论》

《翻译琴谱之研究》 中华书局 1931 年 10 月（上海）首版

《西洋音乐史纲要》 中华书局 1937 年 12 月（上海）首版

《中国诗词曲之轻重律》 中华书局 1933 年（上海）

《中国音乐史》 上海三联书店 1934 年 9 月（上海）首版

《三国干涉还辽秘闻》 中华书局 1929 年 7 月（上海）出版

《中国音乐史》上册 中华书局 1941 年（上海）第三版

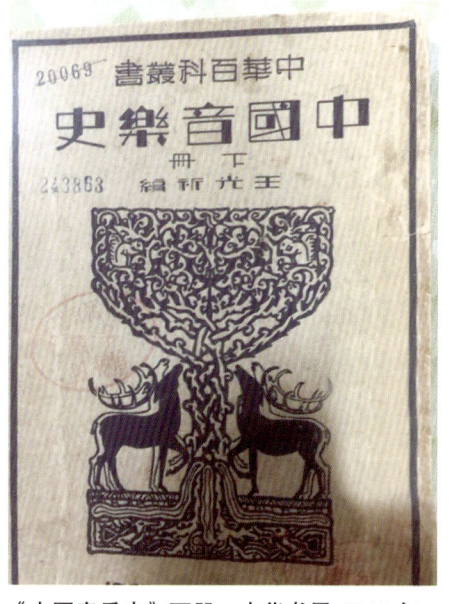

《中国音乐史》下册 中华书局 1941 年（上海）第三版

《库伦条约之始末》 中华书局 1930 年 10 月（上海）首版

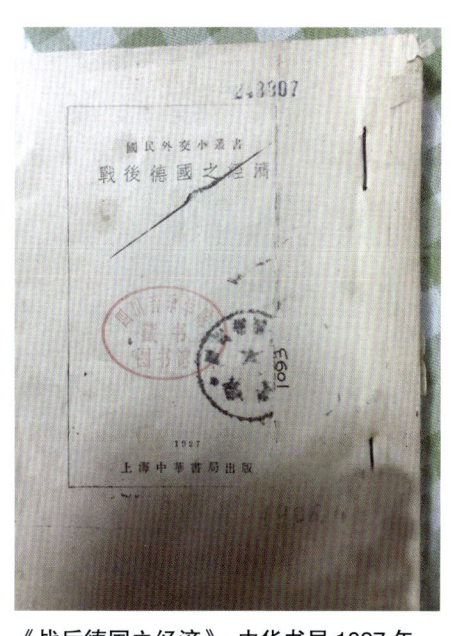

《战后德国之经济》 中华书局 1927 年（上海）首版

少年中国学会会务纪闻

《西洋乐器提要》 中华书局 1928 年 1 月（上海）首版

Ⅲ　会议、纪念

1936年，南京（首都）学术界徐悲鸿、郭有守、谢寿康、罗家伦、宗白华、田汉、辛树帜等追悼王光祈先生

1984年由四川音乐学院发起并承办了建国后首届"著名音乐学家王光祈研究学术讨论会",图为大会会场

1992年，王光祈先生诞辰100周年纪念会在四川音乐学院举行

中国音乐家协会原名誉主席吕骥在王光祈先生诞辰100周年纪念会上做主题报告

2009年四川音乐学院、成都市温江区人民政府主办了"王光祈研究国际学术讨论会"

2009年9月四川音乐学院举行《王光祈文集》出版发行仪式，时任院长敖昌群教授致辞

2012年中国现代史学会、四川音乐学院、成都市温江区人民政府联合举办"纪念王光祈先生120周年诞辰学术研讨会"

2012年纪念王光祈诞辰120周年学术研讨会主持人宣布发来的贺电

中国现代史研究学会副会长、中国博物馆副馆长白云涛研究员（右一）在"纪念王光祈先生120周年诞辰学术研讨会"系列讲座上做报告

中共中央党校第一研究部主任、党史教研部主任郭德宏教授为纪念王光祈诞辰120周年学术研讨会题词

Ⅳ "王学"研究成果

《王光祈年谱》，韩立文、毕兴编著 人民音乐出版社 1987 年 12 月出版

《黄钟流韵集——纪念王光祈先生》，毕兴、苑树青编，成都出版社 1993 年版

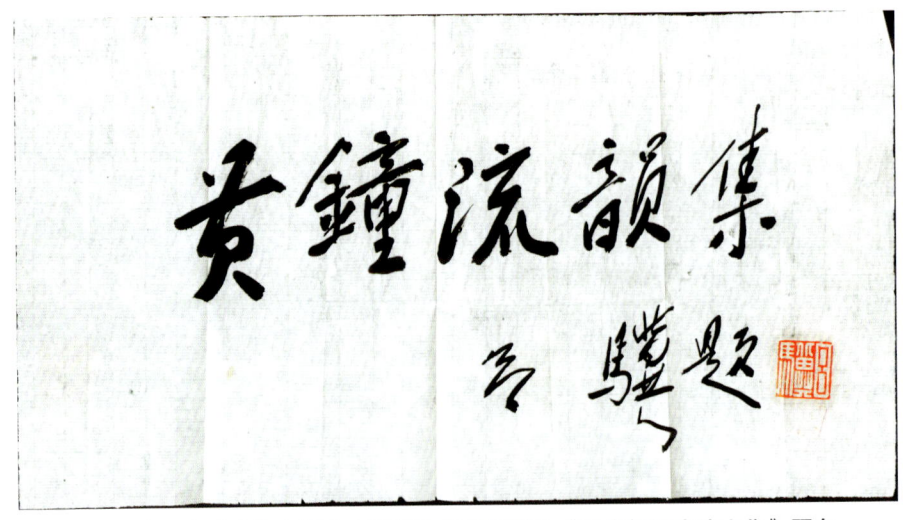

中国音乐家协会原主席吕骥为川音编撰的《王光祈研究论文集》题名

1984年首届"王光祈先生学术讨论会",四川音乐学院编辑了会议纪念册

《王光祈文集》，毕兴、韩立文编著，巴蜀书社 1992 年 3 月出版

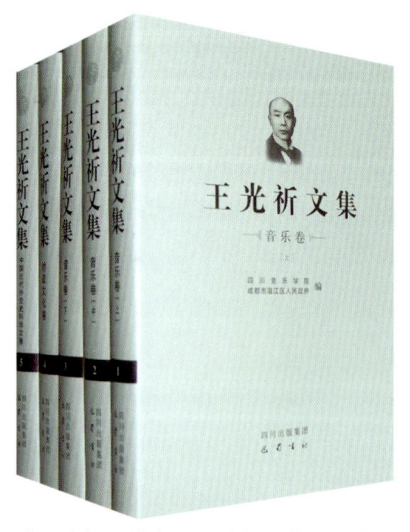

《王光祈文集》，四川音乐学院、成都市温江区人民政府编，四川出版集团巴蜀书社 2009 年版

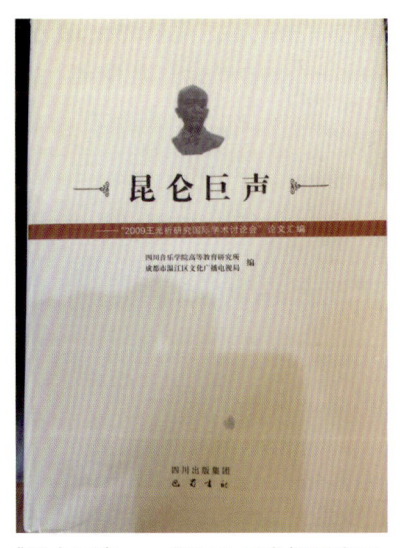

《昆仑巨声——"2009 王光祈研究国际学术讨论会"论文汇编》，四川音乐学院高等教育研究所、成都市温江区文化广播电视局编，四川出版集团巴蜀书社 2010 年版

《王光祈音乐论著选集》，冯文慈、俞玉滋选注，人民音乐出版社 2009 年版

《王光祈先生纪念册》，左舜生等撰，沈云龙主编，《近代中国史料丛刊》第十九辑，文海出版社（台湾）

《王光祈评传》，宫宏宇著，AUCKLAND 1992年版

四川音乐学院学报《音乐探索》辟"王光祈研究"专栏

《新文化运动时期"音乐闯将"王光祈与西南地区民族音乐》，谭勇、胥必海、孙晓丽著，民族出版社2010年版

Ⅴ 相关图片

王光祈故里——四川成都温江"王光祈先生纪念馆"

坐落于王光祈故里的"毛泽东书信亭",碑刻为毛泽东致杨钟健亲笔信(信中提及王光祈系毛泽东加入少年中国学会的介绍人)

四川音乐学院王光祈碑亭　　　　　四川音乐学院新都校区王光祈雕像座

四川音乐学院

四川音乐学院王光祈学术研究中心

王光祈学术研究中心成员在王光祈故里参观调研

王光祈学术研究中心所在地——四川音乐学院梧桐楼

目 录

1／前 言

1／概 述　回眸与展望
　　2／一、王光祈研究的历史回顾
　　4／二、王光祈研究的发展趋向

22／第一章　王光祈的社会改造思想
　　22／第一节　以"少年中国"运动图中华民族复兴
　　　　23／一、"少年中国"理想的渊源
　　　　27／二、"少年中国"的内涵
　　　　30／三、"少年中国"的"两个坚持"
　　　　41／四、"少年中国"发展及其影响
　　45／第二节　以"菜园新村"构想发扬工读互助主义
　　　　46／一、"菜园新村"的时代背景
　　　　49／二、"菜园新村"的思想渊源
　　　　54／三、"菜园新村"的历史意义
　　58／第三节　以"工读互助团"促进马克思主义传播
　　　　59／一、王光祈工读互助主义思想的内容

61 / 二、工读互助主义思想的实践及其失败

63 / 三、工读互助主义思想在促进马克思主义传播中的作用

65 / **第四节 以社会改造理想重塑民族文化**

66 / 一、重塑文化的基本路径

70 / 二、社会改造与民族文化重塑相结合的学理分析

73 / **第五节 以"妇女解放运动"促导社会平等**

73 / 一、王光祈的妇女解放思想

75 / 二、王光祈对妇女解放的实践活动

79 / 三、王光祈妇女解放运动的评述

80 / **第六节 王光祈与瞿秋白社会改造思想比较研究**

80 / 一、王光祈与瞿秋白社会改造思想简介

86 / 二、王光祈和瞿秋白社会改造思想的分野

88 / 三、王光祈与瞿秋白社会改造思想差异产生的因素分析

92 / 四、从王光祈与瞿秋白看五四时期新知识分子思想分流

93 / 第二章　王光祈的音乐思想

93 / **第一节　王光祈音乐思想的形成及内涵**

93 / 一、王光祈音乐思想形成的历史背景

95 / 二、王光祈音乐思想形成的缘由探究

101 / 三、王光祈音乐思想的内涵及历史地位

102 / **第二节　王光祈音乐思想的实践**

103 / 一、系统介绍德国音乐教育体系

104 / 二、创编《小学唱歌新教材》

105 / 三、开辟中国比较音乐学

107 / 四、大力倡导现代意义的民族音乐教育

108 / 五、积极普及国民音乐教育

110 / 第三节 王光祈音乐思想的评价

110 / 一、音乐思想之核心

111 / 二、音乐思想之"音乐救国"

112 / 三、音乐思想中"国乐之旨"

113 / 四、音乐思想的开拓性

114 / 五、"音乐救国"思想的局限性

114 / 六、对中国当代音乐文化的启示

116 / 第四节 王光祈与中国音乐文献学

116 / 一、王光祈与《中国音乐史》

121 / 二、为中国音乐文献学的发展提供基本方法

124 / 三、为中国音乐文献学的发展指明方向

125 / 四、为中国音乐文献学的发展研究提供蓝本

127 / 第五节 王光祈的歌剧观

128 / 一、从事中西歌剧比较的起点

129 / 二、两种歌剧著述

131 / 三、《西洋音乐与戏剧》对国人认识歌剧的影响

137 / 四、从《歌剧之进化》到博士论文《论中国古典歌剧》

143 / 第六节 王光祈的戏曲思想

143 / 一、戏曲思想之形成历程及阶段

145 / 二、戏曲思想的主要内容

150 / 三、戏曲思想的历史地位

153 / 第七节 王光祈音乐民族主义建构论析

153 / 一、民族主义与音乐：政治与艺术的现代性互动

158 / 二、王光祈音乐研究的动力：民族主义政治理想"少年中国"

165 / 三、对音乐民族主义的建构：目标与内涵、路径和方法

177 / 四、价值分析：彰显现代中国音乐与政治关系的典型个案

181 / 第八节 王光祈中华民族"根本思想"的音乐文化意义

182 ／一、王光祈中华民族"根本思想"与德国汉学家卫礼贤

188 ／二、王光祈中华民族"根本思想"文化意义的当代阐释

192 ／第三章　王光祈的教育思想

192 ／第一节　王光祈的教育思想

192 ／一、中国音乐教育的历史与现状

196 ／二、教育思想的背景

197 ／三、教育思想的主旨

201 ／四、教育思想的评价与影响

202 ／第二节　王光祈与蔡元培"教育独立"思想之比较

203 ／一、王光祈与蔡元培教育思想的时代背景

205 ／二、蔡元培的教育思想

207 ／三、王光祈的教育思想

208 ／四、蔡元培与王光祈对教育的研究

209 ／五、蔡元培与王光祈教育思想比较

213 ／第四章　王光祈的外交思想

213 ／第一节　外交的根本宗旨：民族复兴

215 ／第二节　外交的基本原则：胸怀世界顺应潮流

217 ／第三节　立国之本：实力外交

220 ／第四节　外交拓展的首要途径：文化和国民交流

223 ／第五节　弱国外交的生存之道与谈判策略

225 ／第五章　王光祈与五四时期名刊名人的关系

225 ／第一节　王光祈与《每周评论》

226 / 一、王光祈与《每周评论》发起人之考
229 / 二、《每周评论》时期王光祈的政治主张

233 / 第二节　王光祈与左舜生
234 / 一、少年中国学会的中坚分子
237 / 二、"小组织"问题的讨论
239 / 三、个人思想的分化

244 / 第三节　放眼世界的伟大儒者——《王光祈文集》有感
245 / 一、现代中国文化精神的呼唤者与音乐文化的自觉者
252 / 二、全球视野音乐文化研究的中国音乐学先驱

261 / 附录一：纪念王光祈先生120周年诞辰学术研讨会综述
261 / 一、王光祈学术研究的历史回顾与展望
264 / 二、王光祈的社会改造思想
266 / 三、王光祈时政思想探讨
269 / 四、王光祈与五四时期著名人物的关系
271 / 五、王光祈音乐思想探讨

275 / 附录二：王光祈研究文献总汇
275 / 一、新中国成立前（1924—1949）
275 / 二、新中国成立后（1949—2015）
298 / 三、国外（2001—2015）

300 / 参考文献

302 / 后　记

前 言

乐由音生，音生于心。音乐承载着中华艺术精神，生生不息。为传承与弘扬中华传统文化艺术，四川音乐学院精耕巴蜀音乐宝藏。王光祈学术研究是四川音乐学院近三十年来一以贯之的重要学术研究领域。王光祈学术思想，既有振兴礼乐、建立中国乐系的坚持，亦有探索比较音乐学、树立音乐全球化视野的豪情，横贯于中的是心系民族文化复兴的爱国之情。川音学人立足于此，求索奋斗，以音识心，传承中华艺术精神。时光荏苒，而今，"王学研究"已成为川音最有特色的学术理论研究领域和重要的学术亮点。

王光祈（1892—1936），字润玙，四川温江人。在20世纪初中国社会激烈动荡、急剧转变的年代，一大批忧国忧民的有志之士，以民主救国、科学救国、文化救国、教育救国、实业救国为奋斗目标，积极探索中国发展之路。王光祈正是在这烽火岁月中成长起来的杰出爱国社会活动家、音乐学家。他与新文化运动主将陈独秀、李大钊、胡适、蔡元培等爱国志士展臂呼吁，抨国弊、争国权、惩国贼、办报纸、创学会、唤新思，积极探索国家民族的出路，是中国近现代史上著名的爱国民主主义者、五四时期新思想的传播者。他也是中国现代音乐理论、比较音乐学的开拓者，他怀珠韫玉、学贯中西，整理中国历代乐律史料，振兴礼乐；他理智坚忍、深邃毓秀，运用比较音乐学，将中国乐系纳入世界音乐之中，以乐"救族""教族""育族"，开创了中国比较音乐学。我们研究王光祈，通过其在音乐领域的理念追求与少年精神，探索复兴中华拯救民族之范式——呼唤现代中国文化自觉之型、探索现代中国文化自强之本、进阶现代中国文化自立之势。王光祈在音乐领域的全球化视野，不仅使国人感受到了西方音乐强烈的震撼力和裹胁力，也让世界领略了国乐讲虚无空灵、崇韵味意境、尚和谐礼仪之精神。王光祈作为中国历史长河的一个极具灵性的音符，他既是音乐领域的编码与解码大师，也是科学思想的启蒙者，他的贡献与成就演绎的是一个时代的经济、政治、社会文化思想的交响曲。研究王光祈，不仅是审美追求的再次解构，更是进一步完善、补充中国近现代政治、文化、思想的求索之意、述志之举。

川音与光祈先生的渊源，始于20世纪80年代初。四川音乐学院老一辈学者怀着对这位巴蜀音乐学家、文化名人的敬仰，率先重新认识、研究和整理王光祈先生理论著述及其在中国近现代史上的影响与地位。1983年，由周太玄先生亲笔题写的"王光祈先生之墓"的墓碑迁到四川音乐学院校园一块碧草如茵的空地，坐落在由吕骥同志题写碑亭匾额的"王光祈碑亭"前，川音成为光祈先生墓碑的安息之地。1984年6月，在中国音乐家协会主席吕骥和四川省人大副主任张秀熟的关心和支持下，中国音乐家协会、四川省政协等六个单位联名发起，四川音乐学院具体策划承办，举办了建国以来首次"王光祈研究学术讨论会"。并于会后编辑出版了《王光祈文集》（音乐卷）《王光祈生平大事及主要著述年表》，对王光祈的一生经历及其学术价值进行了全面而详细的耙梳。此后的1992年、2002年和2009年，四川音乐学院三次举办了王光祈研究学术研讨会，先后编辑出版了会议论文集《黄钟流韵集——纪念王光祈先生》和《昆仑巨声——2009王光祈研究国际学术讨论会论文汇编》。论文集整理、收入了时下王光祈研究的前沿论文，形成了一次次学术成果的汇总，成为当代王光祈研究的重要成果。进入21世纪，在川音老、中、青三代学者共同努力下，一套三卷五册三百余万字的大型文集《王光祈文集》于2009年9月正式出版，并一举获得四川省人民政府颁发的第十四届哲学社会科学一等奖。这是川音学术研究的一次重大突破，是川音建校以来第一次获得的省部级重要学术殊荣。随后，相继成立的川音"王光祈研究课题组""王光祈研究中心"，秉承川音学者多年研究的传统，继续在该领域勤奋求索，获得了国家教育部、四川省教育厅、中国高教学会等不同层面的该领域研究课题。薪火相传，联墨相辉，一批青年学者成长起来，翱翔于该领域。

与此辉映，川音图书馆在国内率先开辟了王光祈研究资料的专柜专室，较完整地收集了王光祈理论著述及近年王光祈研究成果。除最新成果三卷五册的《王光祈文集》外，还有建国前出版的王光祈多类著述，《王光祈先生纪念册》（王光祈先生纪念委员会编），全套《少年中国》《每周评论》《新青年》《晨报》等影印本，建国后出版的《王光祈文集》（音乐卷）《王光祈年谱》《王光祈文献总目录（附著译年谱）》（日本福冈亚洲文化综合研究所研究员牛岛忧子编）等，以及中外研究者的研究成果，为王光祈研究提供了基础条件。川音学报《音乐探索》开辟的《王光祈研究》栏目被评为四川省高校学报研究会优秀栏目。"王光祈碑亭"已成为川音校园的重要景观，供人瞻仰，激励后辈。

川音研究者坚守"王学"研究这块学术阵地，不断攀登学术高峰。2012年9月，光祈先生诞辰120周年之际，川音再次承办了全国性的"纪念王光祈诞辰120周年学术研讨会"。这次会议站在了一个新高度，将王光祈研究领域拓展到社会活动、政治理想、政治主张等音乐以外的更为广阔的领域。来自北京、天津、上海、南京等知名高校的学者、专家"群贤毕至，少长咸集"，对王光祈在中国近现代史、近现代音乐史上的作用、地位进行了深入的挖掘和研究。"他山之石可以攻玉"，一次次由川音发起、组织的学术活动，使得川音不仅成为"光祈先生的安息之地，更是光祈先生精神与学养发扬光大之所"。

将王光祈研究成果系统化是新世纪以来我们一直努力的目标和方向，便于梳理研读，利于文化积累和沉淀。为此，我们回顾前辈学者的辛勤耕耘，梳理当代研究前沿，以"纪念王光祈诞辰120周年学术研讨会"参会论文为核心，尝试以宏观的视角，分多个领域将王光祈研究系统化，梳理线索，统一体例，汇编成书，编撰了这本《世纪回声——王光祈研究新论》。这是四川音乐学院王光祈研究中心全体同仁以最切实的方式，向前辈学者表达由衷的敬意，亦是为后学提供参考的努力。当有朝一日，王光祈研究掀起崭新篇章的时刻，回顾光祈先生的巨大贡献，我们的感念将更加深远。

主　编：刘立云　赵崇华
2017年1月

概 述 回眸与展望
1924—2012 年王光祈研究概况

在近代中国，社会结构剧烈变动，以思想变革为先声的多维度、全方位的政治、文化运动使古老的中华大地上迸发出新力量、开拓了新局面。王光祈是这个时代一位伟大的爱国民主主义者、五四时期新思想的传播者，也是中国现代音乐理论、中国比较音乐学的开拓者。他心系民族发展，拓展多重身份，在不同领域摇旗呐喊、躬身践行，不仅是历史横纵坐标的交点，还是回溯近代社会民主运动与思想文化互动关系的一个典型案例与重要链接。王光祈的研究正是在文化交流高度频繁、思想碰撞高度激烈的史境之下，在跨文化、跨领域的研究维度之中逐渐展开，并且不断深化。

1924年，恽代英发表了第一篇王光祈研究专文，吹响了王光祈研究的先锋号，在之后的近一个世纪中，王光祈研究从1936年3月、4月编印的《王光祈先生追悼会特刊》（南京）和《追悼王光祈先生专刊》（成都），到建国后的1984年成都首次举行的全国性"著名音乐学家王光祈学术讨论会"，再到2009年《王光祈文集》（三卷五册版）的正式出版发行和2012年"纪念王光祈120周年诞辰暨学术研讨会"的召开，王光祈研究从筚路蓝缕到蔚为大观，呈现出由音乐学科为主为重向多学科并举并重的格局全面拓展、由中心人物向关联人物层层推展、由国内向国际范围逐步延展以及从初级到高级不断攀升的演进趋势。无论是在国民心力沉疴羸弱的时代，亦或是重塑文化认同感的今天，王光祈的思想与对其的相关研讨依然对我辈提供着积淀式的研究资源和启迪式的学术新知。

一、王光祈研究的历史回顾

当下的王光祈研究，在经过全方位的拓展和深化演进后，可谓方兴未艾、硕果累累，而且不断呈现出新的发展趋势，亟待后辈学人予以更加广泛深入的关注。2012年是王光祈120周年诞辰，为了表达一以贯之的缅怀之情，通过对1924—2012年王光祈研究的发展历程进行一次整体透视、全面梳理和综合归纳，使国内外的学界同仁能借此综观王光祈研究的发展脉络，全面审视其演变进程，清晰了解和切实把握其主要的发展趋向，并在此基础上进一步认知王光祈研究的价值取向和未来目标。依据《王光祈研究文献综目》[①]所指引的文献线索，可以发现：迄今为止有历史记录的国内第一篇有关王光祈研究的专文，当属恽代英发表于《中国青年》1924年第53期的《评王光祈著〈少年中国运动〉》。基于此，本篇暂将1924年作为王光祈整个历史研究进程的回溯起点。

1924—1935年的十二年间，我们除了能在台北良友图书印刷公司1932年出版发行的《音乐辞典》（梁得所编）和上海商务印书馆1935年出版发行的《音乐辞典》（刘诚甫编）中查阅到篇幅不长的"王光祈"词条外，当时见诸中国大陆和台湾地区相关报刊的研究王光祈的文献仅有微乎其微的3篇。除了前面提到的恽代英文，有据可查的，还有署名为"快人"的一篇题为《王光祈留德治乐》的专稿[②]，而另一篇则是中国英年早逝的女乐律学家杨没累于1926年12月22日所写的《评王光祈论中国乐律并质田边尚雄》，该文于1929年收入其丈夫朱谦之编辑、上海泰东图书局出版的《没累文存》之中。[③] 这是国内所能见到的第一篇对王光祈音乐著述进行实质性评价的文章。

1936年1月12日，王光祈病逝于德国波恩，这一年国内曾举行过一系列的纪念活动并编印有汇集当时社会各界名流专稿的纪念专刊。这个时间节点所产生的有关王光祈评价和研究方面的文献资料，第一次以集结的

[①] 四川音乐学院、成都市温江区人民政府编：《王光祈文集》附录（三），巴蜀书社2009年版。此书关于《王光祈文集》的引用均使用该版本，该文集在后文中注释的编者、出版社信息皆省略。

[②] 快人（署名）：《王光祈留德治乐》，《音乐季刊》1925年第5期。

[③] 王勇：《一位新文化斗士走上音乐学之路的"足迹"考析——王光祈留德生涯与西文著述研究》，上海文艺音像出版社2007年版，第8页。

方式载入史册，具有重要且独特的史料价值。

以1949年为时间节点向前推移，可以了解到新中国建立前二十五年（1924—1948）王光祈研究的概况。据不完全统计，在此二十五年间，正式发表于中国大陆和香港、台湾地区报刊杂志以王光祈为研究对象的专文总共仅有7篇（前述1936年集结编印的纪念专刊中的文章不包括在内），有关专著、工具书中的"王光祈"词条或相关专述也仅有3篇（条）。不仅数量极少，而且主要是王光祈的生平介绍和纪念王光祈方面的内容。由此可见，新中国建立之前的这段历史时期，国内对王光祈的研究尚未进入具有实质性意义的历史进程。

从建国后到改革开放前的这一历史时期，亦即1949—1978年整整三十年的时间，是新中国破旧立新、开拓进取的重要历史时期。

如果将这一时间段稍做延后，把全国首次"王光祈学术讨论会"的举办时间（1984年）选定为阶段性时间节点的话，那么，从统计的相关数据来看，1949—1983年的近三十五年间，中国大陆和台湾地区的报刊杂志发表有"王光祈研究"方面的文章共计20篇。其中，中国大陆14篇，台湾地区6篇；专著、工具书及非正式出版物中的"王光祈"词条或相关专述共计16篇（条），其中，中国大陆9篇（条），台湾地区7篇（条）。由上述统计还可看出，此时期台湾地区出版、发表的相关专著和专文占有较大的比例，充分显示出台湾地区对王光祈的关注度。

1984年，在成都（四川音乐学院）举行的首次全国性的"王光祈学术讨论会"，是一次有组织、有计划、有明确研究主旨的真正意义上的群体性学术活动，而会后编印的《王光祈研究论文集》也可视为具有较高学术含量的集结式研究性文献。这些文献不仅数量和质量可观，而且已显示出相当的广度和深度。这次会议犹如"破冰"之举，具有非同寻常的里程碑意义，它为日后全国范围内王光祈研究体系的构建奠定了一个坚实的基础。

2009年，王光祈研究领域产生了两个具有重要历史意义的事件：一是《王光祈文集》（三卷五册版）的正式出版发行。该文集是迄今为止搜集文献最全、收录内容和范围最广的一套王光祈文献总集。它的问世，不仅实现了广大学界同仁的夙愿，而且也为国内外不同学科领域从事王光祈研究的专家学者们提供了一个最佳的阅读范本。二是首次国际性的"王光祈研究学术讨论会"在王光祈的故乡——成都温江区成功召开，此次会议开启了王光祈研究由内及外、逐步延展的新时期，其反响巨大、意义深远。

1984—2012年这一历史阶段无疑是整个王光祈研究发展历程中最为兴旺、丰满和成熟的时期。它由分散零星的个体研究行为逐步发展为集结式的研讨会和形式多样的群体性学术活动，这一时期所取得的一系列成果使王光祈研究不断得以深化，并随之进入一个全新的高级阶段。

二、王光祈研究的发展趋向

综观近九十年王光祈研究的发展历程，我们可以从中梳理出"首开先河的1924""生死之交的1936""继往开来的1949""意义非凡的1984""由内及外的2009"等五个重要的时间节点及两个特征迥异、对比鲜明的发展阶段，即前六十年（1924—1983）为王光祈研究的初级阶段，后近三十年（1984—2012）则堪称王光祈研究的高级阶段。由此观之，王光祈研究呈现出如下四个主要的发展趋向。

（一）由初级阶段向高级阶段纵深发展

王光祈研究的初级阶段，可简要地归纳出以下几个主要特征：

1. 关注的人不多，相关研究文献数量较少。据不完全统计，除前面所提及的1936年编印的那几个纪念性专刊外，这一阶段仅有25人在各类报刊上正式发表相关专文28篇；有12人（或编辑单位）所出版的著作或文献专辑中的相关专文、专述13篇；正式出版的工具书中有相关词条10条。以上各类研究文献的总量为51篇（条）。

2. 研究人员呈个体、分散和随机的状态，相互之间缺乏沟通、交流和互动。

3. 相关研究文献大多停留于人物的一般性介绍、事件的简单罗列或较低层面的评介，研究内容的广度和深度均有限。

4. 研究选题不成体系，面较窄，且研究视角趋于雷同化，缺少带有突破性的新视角、新思维和新观点。

5. 研究人员的学科分布不够宽泛，这与王光祈文献所涉及的多学科范畴相比照，尚存在明显的缺位或研究空白。

相比而言，王光祈研究的高级阶段正好与前面阶段形成鲜明的对比，其主要特征表现为：

1. 关注和参与王光祈研究的人以及所产生的相关研究文献增长迅速。

以 1984 年首次"王光祈学术讨论会"为阶段性的起点，仅这一次会议便有七十余人参会，会议期间所提交的相关论文或发表的专题讲话共计 40 篇（次），数量相当可观。此次会议之后，又相继举行了两次全国性和一次国际性的学术讨论会以及相关纪念活动，前后四次研讨会总共约有三百余人次参会，所提交的相关论文或发表的专题讲话共约 130 篇（次）。另据粗略统计，在这个阶段不到三十年的时间内，总共约计 143 人在各级各类报刊杂志上正式发表相关文论 160 篇（不包括论文专集中重复收录的文章）。除此之外，另有 53 人（或编撰单位）编辑的专著、专辑中的相关专文、专述 48 篇；各类工具书中的相关词条 22 条。上述各类研究文献的总量已达到 360 篇（条）之多，相当于初级阶段研究文献总量的 7 倍以上。

2. 群体性研究活动和由此产生的集结式研究文献持续不断。

1984 年"王光祈学术讨论会"及会后编印的《王光祈研究论文集》，1992 年"纪念王光祈诞辰 100 周年暨学术讨论会"及会后正式出版的《黄钟流韵集——纪念王光祈先生》，2002 年"纪念王光祈诞辰 110 周年暨学术讨论会"及会后汇编的《交流论文》，2009 年"王光祈研究国际学术讨论会"及会后出版的《昆仑巨声——"2009 王光祈研究国际学术讨论会"论文汇编》等论文专集，即是相关群体性研究活动和集结式研究文献的集中展现。王光祈研究的学术成果在这一阶段得到了广泛传播和深入交流。

3. 研究内容的广度和深度均有较大幅度的拓展。

进入高级阶段的王光祈研究，人物和事件的一般性介绍或较低层面的简要性评价越来越少。相反，深入详尽、论证充分的定向或专题性研究越来越多。这不仅是"量"的渐变，更是一种"质"的蜕变。而研究内容广度和深度的拓展以及研究成果质量的提升，正是王光祈研究从初级阶段迈向高级阶段的重要标志之一。

李宏锋《王光祈比较音乐史学思想对中国学界的影响——兼及比较音

乐史学科方法论的几个问题》①即可作为这方面的一个有力佐证。该文从吸收借鉴王光祈早期比较音乐史学思想出发，进而对比较音乐史学科方法论的相关问题进行了较为深入的专题性研究。文章认为：王光祈践行并推进的比较音乐史学理念，应成为21世纪中国音乐史研究新的学科增长点，它不仅具有开启学科新范式的重要意义，更是历经百余年发展的音乐学在更高层面回归比较音乐学传统的必然要求。像这样具有较高的研究起点和一定的研究深度，论证精当、解析深刻的论文，在王光祈研究的高级阶段可以说比比皆是、不胜枚举。

  4. 研究选题的多样化和研究视角的独特性更加突出，彰显新思维、新视角、新观点、新成果的文章不断涌现。

  1984年，首次全国性讨论会便显现出选题和研究视角的多样化，时为中国音乐家协会主席吕骥的《王光祈在音乐学上的贡献》②、中央音乐学院廖辅叔教授的《坚持运用历史唯物主义观点研究王光祈的著作和思想》③、中央音乐学院赵宋光副教授的《有关王光祈评价的一些理论问题》④、中央音乐学院俞玉滋副教授、中国音乐学院青年教师修海林的《论王光祈的音乐思想》⑤、吉林艺术学院吕金藻副教授的《王光祈音乐思想初探》⑥等文章均表现出对宏观态势的积极观照和合理把握，而其他与会者的论文则分别从音乐史学、音乐社会学、音乐教育学、音乐美学、音乐心理学、音乐声学、乐律学、比较音乐学等多个分支学科领域，对王光祈及其音乐著述展开了较为全面的审视和学理性的探究，其中不乏创见和新意。1992年的学术讨论会上，时为中国音乐家协会书记处常务书记冯光钰的《王光祈的中西音乐文化观》⑦、中国艺术研究院音乐研究所所长黄翔

---

① 李宏锋：《王光祈比较音乐史学思想对中国学界的影响——兼及比较音乐史学科方法论的几个问题》，《音乐探索》2012年第2期。
② 吕骥：《王光祈在音乐学上的贡献》，《音乐探索》1984年第4期。
③ 廖辅叔：《坚持运用历史唯物主义观点研究王光祈的著作和思想》，《黄钟流韵集——纪念王光祈先生》，成都出版社1993年版。
④ 赵宋光：《有关王光祈评价的一些理论问题》，《黄钟流韵集——纪念王光祈先生》，成都出版社1993年版。
⑤ 俞玉滋、修海林：《论王光祈的音乐思想》，《音乐研究》1984年第3期。
⑥ 吕金藻：《王光祈音乐思想初探》，《黄钟流韵集——纪念王光祈先生》，成都出版社1993年版。
⑦ 冯光钰：《王光祈的中西音乐文化观》，《音乐探索》1992年第4期。

鹏的《音乐学在新学潮流中的颠簸》①。在结合音乐学宏观理论进行阐释方面也表述了不少新的观点和颇富前瞻性的见解。而其他与会者的文章中，则出现了在音乐民族学、音乐形态学、乐器学、乐舞、声乐、音乐戏剧和戏曲等音乐学子学科方面新的研究课题。在2002年的学术讨论会上，又出现了从音乐批评学角度研究王光祈的选题。②在2009年的"国际学术讨论会"上，日本学者牛岛忧子的《中日王光祈研究之现状与课题》③不仅述及了日本在王光祈研究方面的历史、现状和新的发展动向，而且还以"比较研究"的方法，对中日两国王光祈研究的动向和研究课题进行了同步比较，并做了较为全面的评述。新西兰学者宫宏宇的《中华知识分子的典范、"少年中国"精神的化身——少年中国学会会员眼中的王光祈》④、中国音乐学院修海林的《对王光祈出国留学原因的再认识》⑤、中国艺术研究院音乐研究所李岩的《对王光祈定位的研究——以相关研究者的言论及著述为例》⑥、上海音乐学院王勇的《王光祈在波恩的工作、学习考析（1932—1936）》⑦等文章中的新视角、新观点和新的研究成果尤显突出，无论是史料的开掘，还是立论的创新性均给人留下深刻的印象。

5.关注并参与王光祈研究相关人员的学科分布不断扩展，且学科专业之间的交叉融合愈加普遍，学术思想和研究选项日渐宽泛。

目前，在参与王光祈研究的相关队伍中，从学科分布上看，除音乐学外，尚已涵盖哲学、马克思主义理论、政治学、社会学、中国史学、教育学、文学、艺术学理论、新闻传播学等一级学科以及下属的一些分支学科，与王光祈著述所涉及的学科领域日趋吻合。

在学科专业之间的交叉融合方面，南昌陆军学院程兴旺的《从王光祈的"工读互助运动"与"音乐学研究"反思王光祈的救国理想——纪念王

---

① 黄翔鹏：《音乐学在新学潮流中的颠簸》，《音乐探索》1993年第1期。
② 《音乐探索》2002年第1期。
③ 牛岛忧子：《中日王光祈研究之现状与课题》，《音乐探索》2010年第2期。
④ 宫宏宇：《中华知识分子的典范、"少年中国"精神的化身——少年中国学会会员眼中的王光祈》，《音乐探索》2010年第1期。
⑤ 修海林：《对王光祈出国留学原因的再认识》，《音乐探索》2010年第3期。
⑥ 李岩：《对王光祈定位的研究——以相关研究者的言论及著述为例》，《中央音乐学院学报》2010年第4期。
⑦ 王勇：《王光祈在波恩的工作、学习考析（1932—1936）》，《昆仑巨声——"2009王光祈研究国际学术讨论会"论文汇编》，巴蜀书社2010年版。

光祈诞辰120周年》①，可视为一种大胆而又富有启迪的尝试。该文对王光祈以"救人"为核心的"音乐救国"思想做了较为透彻的分析研究，论文作者试图通过对王光祈的"工读互助运动"和"音乐学研究"这两个看似截然不同的学科范畴和学术层面的深度解析和阐释，进而将音乐学与政治学、社会学、思想史、伦理学等学科理念和学术视角有机地加以整合，创造性地推进了整体性和复合型的王光祈研究之发展进程。

6. 思想观念更加开放，学术包容性更强，理性思考更多，不同思想的交锋和不同观点的碰撞趋于常态化。

在涉及对王光祈的重新认识和评价方面，如前面所提及的李岩的《对王光祈定位的研究——以相关研究者的言论及著述为例》，作者抱着尊重史实的治学态度，在对王光祈的历史评价方面勇于亮出与前辈学者截然不同的见解，使王光祈研究呈现出生机勃发的局面。正如该文作者所言："而在他（王光祈）身后如此起伏跌宕的不同时代的评价，也表明了多样性的内质，这是吸引一代学人对'王光祈研究'痴迷的主要原因。"正是在此次讨论会上，令与会者颇感欣慰的是，汪毓和在其《我对王光祈的粗浅认识》②一文中，同样抱着正视历史的态度，十分坦诚地承认"自己过去思想认识上存在既研究不够而且比较'左'的缺点"。汪先生同时指出："对历史现象和历史人物的认识、分析、评价，必须首先努力认真掌握历史唯物主义的基本立场和观点、方法，真正学会运用马克思主义的实事求是的精神去探求。"这种"求实存真"的学术理念着实让我们看到了王光祈研究长盛不衰、活力不减的希望所在。

对王光祈出国留学原因的探究，一直是王光祈研究中一个关注度较高的"热门话题"，同时也是一个颇有争议的研究课题。修海林在其《对王光祈出国留学原因的再认识》中，明确表达了对王勇《还历史一段真相——关于王光祈留德原因的重新考证》③、宫宏宇《王光祈与吴若鹰关系考》④所持观点的质疑。笔者认为，这种"百花齐放、百家争鸣"的学术

---

① 程兴旺：《从王光祈的"工读互助运动"与"音乐学研究"反思王光祈的救国理想——纪念王光祈诞辰120周年》，《星海音乐学院学报》2012年第2期。
② 汪毓和：《我对王光祈的粗浅认识》，《音乐探索》2010年第1期。
③ 王勇：《还历史一段真相——关于王光祈留德原因的重新考证》，《中央音乐学院学报》2007年第2期。
④ 宫宏宇：《王光祈与吴若鹰关系考》，《中央音乐学院学报》2008年第4期。

氛围不仅是当下学界应当大力提倡的，而且也是推进王光祈研究持续深入发展的根本动力之所在。

7. 以王光祈研究为核心的一系列相关的学术性外延工作、活动和研究机构逐步得以深化和完善。

在王光祈文献的挖掘、整理、汇编方面，已从1984年的单册文献《王光祈音乐文论选编》发展到1992年由巴蜀书社正式出版的《王光祈文集》（音乐卷）和1993年人民音乐出版社的《王光祈音乐论著选集》（三册），最后再到2009年330万字之巨的《王光祈文集》[①]，使王光祈的原始文献资料实现了最大化的集结和最优化的呈现。1985年，四川音乐学院毕兴、韩立文两位专家编纂了《王光祈生平大事及主要著述年表》，1987年由人民音乐出版社在此基础上正式出版《王光祈年谱》。在2009年的"王光祈研究国际学术讨论会"上，又有学者进一步提出了编撰全面系统的《王光祈传》的动议，这些举措将使王光祈生平传略的编纂工作更加充实完整。2012年4月，四川音乐学院与成都温江区再度携手，同步建立了"王光祈学术研究中心"，这是国内外首个专门的王光祈研究机构，它标志着王光祈研究将在发展战略和策略的制订，研究人才、研究队伍以及研究计划、研究活动的系统组织方面有了更加可靠的保障。照此发展，省级乃至国家级的"王光祈研究会"也应该是指日可待的了。这样一种不断开拓、积极进取的发展势头，预示着"王光祈研究"终将向廖辅叔先生早年所倡导的"王学"学术研究体系快速演进。

最后，尚需特别提到的是：在王光祈研究进入高级阶段的发展进程中，李岚清同志对王光祈研究曾给予了极大的关心和支持。

2008年5月，李岚清同志专门撰写了《中国近现代音乐学的开拓者——王光祈》[②]，该文指出"王光祈是我国五四时期杰出的爱国主义社会活动家，也是我国近现代音乐史上杰出的音乐理论家，是我国近现代音乐学的开拓者和奠基人。他的著述颇丰，不仅对我国近现代音乐的发展有过重要贡献，而且对我国现代音乐的理论和实践仍有一定的意义。"李岚清同志的这段话对王光祈的一生给予了非常贴切的定位和十分中肯的评价。

---

① 《王光祈文集》，内含音乐卷（上、中、下三册）、时政文化卷（一册）和中国近代外交史料译文卷（一册）。

② 李岚清：《中国近现代音乐学的开拓者——王光祈》，《音乐探索》2008年第2期。

2009年10月,《王光祈文集》的编辑出版再次得到了李岚清同志的关心和支持,当得知该文集拟采用其专稿代作总序时,李岚清同志欣然同意,并再次表达了对王光祈的敬慕之意。

上述史实及罗列的种种特征,既体现了王光祈研究初级与高级阶段在研究人员、研究成果的数量和质量以及研究内容的广度和深度等方面的较大反差,而且也反映了两个阶段在研究视角、研究思路、研究模式和研究方法上的截然不同。这些客观存在的特征和差异,正是我们划分与界定王光祈研究不同阶段的依据和标准。

（二）由音乐学科为主为重向多学科并举并重的格局全面拓展

按本文前述所提供的时间节点和文献线索,从学科领域的角度对王光祈研究做一整体性的回顾和综合性的梳理。结果表明:若将1984年作为一个大的时间节点和历史分期,在此之前的六十年间,正式发表的王光祈研究文献不仅数量较少,而且大多集中于音乐学科范畴。在总共51篇研究文献（不包括1936年王光祈逝世后编印的纪念专刊）中,非音乐类文献仅有13篇,而且多为人物生平介绍或纪念性的短小文章,涉及学科领域较有深度的学术论文可以说寥寥无几。

由1984年讨论会的参与人员和所提交的论文来看,除了仍然是音乐界人士和音乐学科相关论文居多外,我们已能从中看到一个良好的端倪:即除音乐之外的相关政界、学界的知名人士和专家学者已踊跃加入到王光祈研究的行列,如时任四川省政协主席杨超,四川省人大副主任张秀熟,王光祈生前挚友、四川大学著名数学家魏时珍以及四川大学、四川师范学院（现四川师范大学）政治理论、哲学和中文等专业的专家学者。四川大学哲学系黎永泰的《五四时期王光祈的空想社会主义》[①]从宏观哲学思维的高度,对王光祈的空想社会主义进行了较为全面的剖析和深入的研究,认为:"王光祈的空想社会主义思想与新文化运动的代表人物陈独秀、李大钊、蔡元培等有着密切联系……因此他的空想社会主义思想在近代政治思想史和空想社会主义史上占据了一定的地位,是五四时期思想史一个方面的重要内容。"四川师范学院历史系侯德础在《王光祈史

---

① 黎永泰:《五四时期王光祈的空想社会主义》,《重庆师范学院学报》(哲学社会科学版) 1985年第3期。

学著译论略》[1]中指出："王光祈涉及史学的著译不仅数量可观，而且也具有较高的史学价值。……所以，王光祈在中国现代史学史上的地位应是不可忽视的。"四川音乐学院政治文艺理论教研室的韩立文、毕兴，从音乐学和社会学交叉融合的独特视角出发，及时引入当时正在欧洲兴起的新兴学科——音乐社会学的研究成果，在题为《试评王光祈关于音乐本质和社会功能的论述》[2]中深入分析了王光祈关于音乐本质和社会功能的论述。

1992年举行的学术讨论会上，中国人民大学中共党史系博士研究生周淑真应邀参加了此次大会，并提交了《试论王光祈在中国近代史上的历史地位》[3]。该文通过对由王光祈为主要发起创始人的少年中国学会的兴衰存亡全过程的分析研究，以详实的史料和充分的论证探究了王光祈在中国近代史上应有的历史地位。时任中共成都市委党校党史研究室副研究员的潘清雍先生在《为民族振兴、国家富强进行不懈探索的业绩永存》[4]中分七个方面对王光祈各个时期在政治活动和相关研究工作中的成功和失败、经验和教训进行了全面的分析研究。在本次活动汇集的相关研究文献中，值得一提的还有已故四川音乐学院中国音乐史学专家朱泽民教授编校的《王光祈诗词辑览》[5]。此专辑的面世，为日后学界对王光祈文学方面的成果进行相关研究提供了较为全面系统的原始文献资料，同时也向我们提示了王光祈诗词在文学、音乐及其他方面所蕴涵的多重意义和潜在价值。

2002年12月，"纪念王光祈诞辰110周年暨学术研讨会"在温江举行。在音乐学科为主为重的基本格局的基础上，仍有不少相关史学、政治学专家学者与会。四川省社会科学院历史研究所谭晓钟提交了《王光祈五四时期的文化选择述评》[6]。该文以大文化的理念作为切入点，别具一格地提出"文化选择"的学术命题，同时将"文化选择"提到关系国家和民族前途命运大问题的高度来进行论证。他在文中明确指出："今天我们回

---

[1] 侯德础：《王光祈史学著译论略》，《四川师范学院学报》（社会科学版）1985年第1期。
[2] 韩立文、毕兴：《试评王光祈关于音乐本质和社会功能的论述》，《音乐研究》1984年第4期。
[3] 周淑真：《试论王光祈在中国近代史上的历史地位》，《黄钟流韵集——纪念王光祈先生》，成都出版社1993年版。
[4] 潘清雍：《为民族振兴、国家富强进行不懈探索的业绩永存》，《黄钟流韵集——纪念王光祈先生》，成都出版社1993年版。
[5] 朱泽民：《王光祈诗词辑览》，《黄钟流韵集——纪念王光祈先生》，成都出版社1993年版。
[6] 谭晓钟：《王光祈五四时期的文化选择述评》，《音乐探索》2003年第2期。

过头来考察五四时期中国先进分子对先进文化的追求和选择，不能不提到王光祈；考察20世纪初的中国思想史，不能不提到王光祈；考察20世纪初中国的社团史，不能不提到王光祈；研究五四新文化运动，不能不提到王光祈；研究中国共产党的早期历史，不能不提到王光祈。"文中的这一论断足以说明王光祈在中国特定历史时期理应享有的重要地位，同时也充分显示了作者在王光祈研究方面较为开阔的学科视野。除谭晓钟外，尚有成都市社会科学院历史研究所所长林成西与许蓉生合作撰写的《王光祈的空想社会主义及其实践》①、张彦的《试析王光祈的救国之路》②、四川省社会科学院张斌的《王光祈复蒋介石电本意辨析》③及重庆"卢作孚研究会"赵晓玲的《王光祈的寂寞与少年中国学会的分裂》④等多篇文章。这些专文从中国近现代史、中国近现代思想史、政党政治学、中国政党史和中共党史等学科领域的不同视角、不同层面对王光祈进行了细微深入的专题研究。

2009年10月的国际学术讨论会上，中国人民大学的周淑真教授旗帜鲜明地指出：

"在王光祈的研究问题上需要解放思想，对有些问题应采用开放的学术研究方法和立场。……研究历史，应该本着学术的研究态度，应摒弃一些不必要的干扰和顾虑。"⑤她的这些新观点和新见解得到了广大与会者的一致赞赏。程兴旺向此次学术讨论会提交了题为《从王光祈的"工读互助运动"与"音乐学研究"反思王光祈的救国理想——写在王光祈诞辰117周年之际》的论文（此文修改稿已在前文提及，不赘）。该文所凸显的学术价值，体现于在同一篇文章中能合理而有效地展示多学科并举并重的学术视野和综合研究的驾驭能力。此外，四川音乐学院社科部（现思政部）副主任李明田与会交流的《王光祈与〈国防丛书〉》⑥，在国内首次对王光

---

① 林成西、许蓉生：《王光祈的空想社会主义及其实践》，《音乐探索》2003年第3期。
② 张彦：《试析王光祈的救国之路》，《文史杂志》2005年第6期。
③ 张斌：《王光祈复蒋介石电本意辨析》，《音乐探索》2003年第2期。
④ 赵晓玲：《王光祈的寂寞与少年中国学会的分裂》，《音乐探索》2003年第4期。
⑤ 周淑真：《在"王光祈研究学术讨论会"上的发言》，《昆仑巨声——"2009王光祈研究国际学术讨论会"论文汇编》，巴蜀书社2010年版。
⑥ 李明田：《王光祈与〈国防丛书〉》，《昆仑巨声——"2009王光祈研究国际学术讨论会"论文汇编》，巴蜀书社2010年版。

祈的《国防丛书》进行了专题研究。该文不是从军事学的角度切入，而是以王光祈"精神国防"的意识为导引，进而探究其爱国、救国思想，其研究对象和研究成果在某种程度上隐含了一定的学科拓展意义。

在上述基础上另需补及的是：在1984年的讨论会上，时为四川音乐学院青年教师的管建华提交了《王光祈的〈声音心理学〉述略》[①]一文，首次从音乐学与心理学有机结合的角度对王光祈的相关理论和观点进行分析研究。该文认为"王光祈正是从心理学角度来探究中国古代著作中的乐音心理学思想，这在当时国内音乐心理学的研究方面，是难能可贵的。"2002年，又有山东济宁师范专科学校的王洪生教授发表《王光祈〈声音心理学〉解析》[②]，文中就王光祈对声音心理学与音乐心理学研究对象的界定及其"心理现象"理论进行了深入的分析研究。

在教育学科领域，1984年四川音乐学院胡扬吉的《王光祈与音乐教育》[③]，从王光祈"对外国音乐教育事业的科学考察和借鉴"、"对我国音乐教育实施的可贵尝试和贡献"，以及"对现代音乐教育学说的正确阐发和运用"等三个方面论证了王光祈在音乐教育方面的独特贡献及其可资借鉴之处。而在2009年的学术讨论会上，四川音乐学院的陈思在《他山之石可攻玉，变而通之以尽利——浅议王光祈的音乐理念对当代音乐教育的启示》[④]中，则着重从当代教育的视角出发，阐释了王光祈音乐理念对当代音乐教育的启示。在这方面进行研究的还有浙江师范大学音乐学院林睿晶的《王光祈对中国音乐教育事业的贡献》[⑤]。

除上之外，朱岱弘的《王光祈著作文章及有关资料目录》[⑥]；胡扬吉的《(1981—1991)王光祈研究资料知见录》《王光祈著述及研究资料综

---

① 管建华：《王光祈的〈声音心理学〉述略》，《黄钟流韵集——纪念王光祈先生》，成都出版社1993年版。
② 王洪生：《王光祈〈声音心理学〉解析》，《乐府新声》2002年第1期。
③ 胡扬吉：《王光祈与音乐教育》，《黄钟流韵集——纪念王光祈先生》，成都出版社1993年版。
④ 陈思：《他山之石可攻玉，变而通之以尽利——浅议王光祈的音乐理念对当代音乐教育的启示》，《昆仑巨声——"2009王光祈研究国际学术讨论会"论文汇编》，巴蜀书社2010年版。
⑤ 林睿晶：《王光祈对中国音乐教育事业的贡献》，《龙岩学院学报》2008年第2期。
⑥ 朱岱弘：《王光祈著作文章及有关资料目录》，《音乐研究》1984年第3期。

目》①、《王光祈研究资料目录（增补部分）》②、《王光祈文献总目》③、《王光祈研究文献综目》④；王勇的《王光祈音乐著述和部分相关著述写作或发表时序索引》⑤，以及牛岛忧子的《王光祈文献总目录（附著译年谱）》⑥等依据文献学和目录学的原理、方法，自1984年以来，先后整理、编制出一系列"王光祈文献目录"和"王光祈研究文献目录"。这些经过分类梳理的文献目录，为理清王光祈文献及王光祈研究文献的脉络体系和总体架构，为各学科的专家学者总览王光祈著述全貌和王光祈研究的发展概况提供了文献参考和检索方面的路径，同时也从一个侧面助推了王光祈研究体系的整体构建。上述发展历程告诉我们：正是由于王光祈个人身份的多重属性和学术思想的跨学科性，加之其学术成果涉及多学科领域，这就使王光祈研究向多学科并举并重的格局全面拓展变得顺理成章和势在必行。

（三）由国内向国际范围逐步延展

以有记载的历史文献为据，国外有关王光祈研究的历史最早可以追溯到1937年，即岸边成雄撰写的一篇评论文章《书评〈中国音乐史〉》⑦。岸边成雄是东方最早研究王光祈的学者之一，受王光祈有关东方音乐的论著影响较深，对王光祈评价极高。他在该文中认定王光祈的《中国音乐史》一书"使中国音乐史研究达到了世界水平"，是"一本划时代的好书"。

直至20世纪80年代以前，除上面提到的音乐学家岸边成雄外，王光祈在日本学者的视野中尚未引起进一步的关注。1980年以后情况有所改变，日本学界不仅对王光祈音乐方面的著述继续保持一定的关注度，而且对王光祈在文化史、思想史、社会史等方面的著述也开始有了较多的旨趣，并产生了一系列相关的研究成果。⑧由小野信尔撰写的《五四运动前

---

① 胡扬吉：《王光祈著述及研究资料综目》，《黄钟流韵集——纪念王光祈先生》，成都出版社1993年版。
② 胡扬吉：《王光祈研究资料目录（增补部分）》，《音乐探索》2003年第1期。
③ 胡扬吉：《王光祈文献总目》，《王光祈文集》。
④ 胡扬吉：《王光祈研究文献综目》，《王光祈文集》。
⑤ 王勇：《一位新文化斗士走上音乐学之路的"足迹"考析——王光祈留德生涯与西文著述研究》，上海文艺音像出版社2007年版。
⑥ 牛岛忧子：《王光祈文献总目录（附著译年谱）》，日本亚洲文化综合研究所出版会2007年版。
⑦ 岸边成雄：《书评〈中国音乐史〉》，《日本：东洋音乐研究》1937年第1卷第1号。
⑧ 牛岛忧子：《中日的王光祈研究之现状与课题》，《音乐探索》2010年第2期。

后的王光祈》①，以及由江田宪治编撰的《现代中国事典》②中的词条"少年中国学会"，对王光祈均有所述及。而日本福冈亚洲文化综合研究所研究员、王光祈研究学者牛岛忧子的相关学术论文更是令人刮目相看，其中有《王光祈与琴学——民国时期的中国音乐史研究之一面》③、《清末民初的四川与王光祈》④、《王光祈之"少年中国歌"》⑤、《国民革命时期民国的民众教育运动之一侧面——以同中华书局的教育事业相连的王光祈之社会活动为事例》⑥等。牛岛忧子试图通过梳理王光祈文献的梗概，进而分析研究王光祈音乐学知识体系形成的社会背景和学术背景，并进一步解读王光祈初期的"少年中国主义"思想与其后来践行的音乐学之间的关系。

2008年，藤井升三的评论文章《牛岛忧子"王光祈文献总目录（附著译年谱）"》⑦、永见和子的《王光祈的思想——围绕初期思想的形成》⑧，以及田中有纪的《现代中国的国乐与传统音乐——王光祈和比较音乐学》⑨，从不同的角度对王光祈进行了相关研究。

除上所述，1992年时为日本大阪大学大学院文学研究科博士研究生、上海音乐学院高级研修生的仲万美子也曾对王光祈的琴学著述进行过相关研究。⑩

2012年，日本学术振兴会研究员、东京艺术大学音乐学博士、青年

---

① 小野信尔：《五四运动前后的王光祈》，《日本：花园大学研究纪要》1990年第20号。
② 江田宪治：《现代中国事典》，日本岩波书店1999年版。
③ 牛岛忧子：《王光祈与琴学——民国时期的中国音乐史研究之一面》，《第2届日中琴学国际研讨会专刊》2002年。
④ 牛岛忧子：《清末民初的四川与王光祈》，《日本现代中国学会第57届全国学术大会专刊》2007年。
⑤ 牛岛忧子：《王光祈之"少年中国歌"》，《国际亚洲文化学会第17届全国学术大会会刊》2008年。
⑥ 牛岛忧子：《国民革命时期民国的民众教育运动之一侧面——以同中华书局的教育事业相连的王光祈之社会活动为事例》，《国际亚洲文化学会第18届全国学术大会专刊》2009年。
⑦ 藤井升三：《牛岛忧子"王光祈文献总目录（附著译年谱）"》，《亚洲文化研究》2008年第15号。
⑧ 永见和子：《王光祈的思想——围绕初期思想的形成》，《日本广岛中国近代史研究例会专刊》2008年7月26日。
⑨ 田中有纪：《现代中国的国乐与传统音乐——王光祈和比较音乐学》，2008年UTCP，第143—156页。
⑩ 此人1992年本计划应邀参加在成都举行的"王光祈先生诞辰100周年纪念会暨学术讨论会"，但因故未能成行。

学者新堀欢乃与武汉音乐学院周耘教授合作的研究成果《比较音乐学历史背景的中日学术交流——以田边尚雄、王光祈等人的活动为线索》[1]中,对王光祈有较大篇幅的评述。

在王光祈研究由国内向国外逐步延展的过程中,上海音乐学院的王勇博士是一位脚踏实地的践行者,并为此做了大量的推进工作。他在2002—2004年期间借赴德国留学之机,将自己的博士论文研究课题选定为"王光祈研究"。留德期间,他先后去了王光祈生活和学习过的地方——法兰克福、柏林和波恩等地,用心寻觅王光祈的故居,走访其就读过的学校。与此同时,他还查访了德国的柏林图书馆、科隆图书馆、慕尼黑巴伐利亚国立图书馆,全方位地探寻了王光祈的留德足迹,系统收集了王光祈在德国留下的第一手资料,特别是对王光祈留德16年间所撰写的全部西文著述进行了深入细致的查找、翻译和考析,对原始文献的本来面目及其出处以及写作、发表、出版及其传播和社会影响状况等方面均做了详细的考证,对各种相关史实进行了新的解读。王勇博士赴德考查所得到的很多原始文献资料,均系首次在国内披露,其史料价值弥足珍贵。[2]他的"垦荒"之举,确乎填补了国内王光祈研究在这方面的空白,其意义和价值非同寻常。

新西兰尤尼坦理工大学人文社会科学学院宫宏宇博士,对于王光祈及其相关的人和事也做过较为系统的研究。自1992年以来,先后发表有《Wang Guangqi（1892—1936）: His Life and Works》[3]《王光祈初到德国》[4]《王光祈与德国汉学界》[5]等多篇文章。宫宏宇的相关研究工作不仅以国际学术视野为参照,同时又有自己独特的学术视角,他在王光祈研究方面所取得的突出成果,已在国际学术界产生一定影响。

目前,欧美学者对王光祈的关注度和相关研究虽远不如日本,但仍有

---

[1] 新堀欢乃、周耘:《比较音乐学历史背景的中日学术交流——以田边尚雄、王光祈等人的活动为线索》,《星海音乐学院学报》2012第1期。

[2] 王勇:《一位新文化斗士走上音乐学之路的"足迹"考析——王光祈留德生涯与西文著述研究》,上海文艺音像出版社2007年版。

[3] 宫宏宇: Wang Guangqi（1892—1936）: *His Life and Works*. MA Thesis. The University of Auckland, NewZealand, 1992。

[4] 宫宏宇:《王光祈初到德国》,《黄钟》2002年第3期。

[5] 宫宏宇:《王光祈与德国汉学界》,《中国音乐学》2005年第2期。

个别学者已在不同层面将王光祈纳入他们的研究视野。德国学者Thomas Harnisch博士在1999年出版的专著《中国学生在德国》（Chinesische Studenten in Deutschland）一书中，即有小章节以"王光祈为首的法兰克福学生团体"为题。美国路维斯－克拉克州立学院（Lewis-Clarke Stste College）的Marylin Levine教授，也曾将王光祈作为中国五四时期的个案人物引入她的讨论课。[①]

2009年以前，在成都和温江共举行了三次全国性的王光祈学术讨论会，得到了社会各界的广泛关注和积极支持，参加相关学术活动的专家学者不仅涵盖音乐学、哲学、政治学、马克思主义理论、社会学、历史学、文学等多个学科领域，而且从地域上看，已覆盖了国内十几个省（市）和港台地区。而从1984—2012年公开发表的"王光祈研究"相关文论来看，所涉及的区域则更为广泛。

2009年10月，四川音乐学院与成都市温江区合作召开了"2009王光祈研究国际学术讨论会"，实现了将王光祈研究从国内延展至国际范围的一次重大突破。在这之前，除中国大陆之外仅有台湾地区的一位学者[②]应邀参加过1992年在成都举行的"王光祈讨论会"。而2009年的研讨会不仅特邀了德国驻成都领事馆文化参赞出席相关的活动，而且还邀请到牛岛忧子、宫宏宇、王勇等人与会交流，从而将王光祈研究的学术视野和交流层面切实提升到国际性的高度，同时也为王光祈研究搭建了一个更为高端的学术交流平台。

由上可见，对王光祈的关注度以及王光祈研究所涉及的区域和范围在高级阶段得到了明显的延伸。王光祈独特的个人经历及其超越一国之阈的人文思想和学术成就，也决定了王光祈研究从国内向国际范围逐步延展的必然趋向。

（四）由中心人物向关联人物层层推展

经验告诉我们：研究历史文化名人，务必注重其各方面的关联性。所有与主体研究对象相关联的人和事，都应该纳入我们的研究视野。如果把王光祈作为整个"王光祈研究"的中心人物，我们会发现：在其周围一

[①] 王勇：《一位新文化斗士走上音乐学之路的"足迹"考析——王光祈留德生涯与西文著述研究》，上海文艺音像出版社2007年版，第13页。

[②] 该学者为时任台湾中国文化大学艺术学院院长的庄本立教授。

定有一个与其密切相关的"人物链"或"人物群"。在这种"人物链"或"人物群"中，若按不同的层次或层面细分，又有其疏密之分和远近之别。

王光祈的"关联人物"不仅极其广泛，而且关系甚为复杂，不仅涉及政治、历史、文化艺术、科技、教育、经济等各个学科专业，而且都有着极高的知名度和影响度。从此意义上看，研究王光祈及其相关联的"人物链"或"人物群"，自然就成为研究中国现代史及诸多方面不可或缺的有机组成部分。

以王光祈作为中心人物，可列举出中共党史方面的一些重量级的关联人物，如李大钊、毛泽东、邓中夏、刘仁静、恽代英、沈泽民、赵世炎、张闻天、黄日葵等（以上均由王光祈直接或间接介绍加入"少年中国学会"）。另外，尚有施存统、高君宇、杨贤江、侯绍裘、张申府等人。

除中共党史外，在政党史方面的关联人物有：曾经是"少年中国学会"成员，后来分化出来，成为右翼中国青年党成员的曾琦、左舜生、李璜、余家菊、陈启天、张梦久等人，以及曾经是中国国民党成员的杨亮工、吴保丰、沈怡、周佛海等人。

与五四时期著名社团"少年中国学会"相关联的人物有：与王光祈一同发起并创建"少年中国学会"的关联人物李大钊、陈淯、周太玄、曾琦、张梦九、雷宝菁等人。

在政治、思想史方面的关联人物有：李大钊、陈独秀、蔡元培、胡适、施存统等人。在民国史方面的关联人物有：赵尔巽、赵尔丰、吴虞等人。

在文化、教育、科技史方面的关联人物有：郭沫若、许德珩、李劼人、宗白华、舒新城、田汉、朱自清、张申府、易君左、郑伯奇、方东美、谢循初、周炳琳、黄仲苏、周太玄、魏时珍、杨钟健、卢作孚、恽震等人。

在音乐史及相关方面的关联人物有：中国的萧友梅、黄自、廖辅叔、缪天瑞等人；德国的霍恩博斯特尔、萨克斯、沃尔夫、席德迈尔、施密特、卫礼贤等人；日本的田边尚雄、林谦三、岸边成雄、佐藤谦三、牛岛忧子等人。

王光祈生前的学友、挚友方面的关联人物有：郭沫若、李劼人、周太玄、魏时珍、曾琦、李璜等人。

除上所述，王光祈赴法、赴德留学时期的一些关联人物也值得我们关注，其中重要的人物有：李劼人、周太玄、魏时珍、宗白华、陈剑翛、居励今、何鲁之、金其眉、林长民、王独清、俞秀松、张梦九、郑寿麟、张国基、吴伯蕃、孙少荆等人。

根据文献检索的结果来看，在对王光祈关联人物的研究方面，近三十年来已产生了相当数量的文献。岸边成雄的《王光祈与林谦三的卓见》[1]、清水贤一郎的《革命与恋爱的乌托邦——胡适的〈易卜生主义〉和工读互助团》[2]、齐藤道彦的《五四时期之思想状况——李大钊的少年中国主义》[3]等文章对王光祈的一些"关联人物"均有不同程度的涉及。在国内，台湾地区郭正昭、林瑞明的《王光祈的一生与少年中国学会》一书，也述及"少年中国学会"中一些与王光祈相关联的人物。吴小龙的《毛泽东与少年中国学会》[4]、肖自伟的《毛泽东加入少年中国学会时间考》[5]、马宣伟的《毛泽东与王光祈的友谊》[6]、韩凌轩的《李大钊与少年中国学会》[7]、奉贤次的《曾琦先生与少年中国学会》[8]、陈俐的《郭沫若与少年中国学会同乡同学关系考》[9]、余三乐的《恽代英与王光祈——五四时期同始异终的典型》[10]、叶菊珍的《张闻天与少年中国学会》[11]、刘爱国的《刘仁静离开少年中国学会的必然性探析》[12]、周鹏飞的《田汉加入少年中国学会考》[13]、郭志

---

[1] 岸边成雄：《王光祈与林谦三的卓见》，《古代丝绸之路的音乐》，日本讲谈社1982版，第184—185页。

[2] 清水贤一郎：《革命与恋爱的乌托邦——胡适的〈易卜生主义〉和工读互助团》，《日本：中国研究月报》1995年第573号。

[3] 齐藤道彦：《五四时期之思想状况——李大钊的少年中国主义》，《日本：讲座中国近代史》1978年第4卷，第245—270页。

[4] 吴小龙：《毛泽东与少年中国学会》，《炎黄春秋》2002年第7期。

[5] 肖自伟：《毛泽东加入少年中国学会时间考》，《湖南科技学院学报》2005年第4期。

[6] 马宣伟：《毛泽东与王光祈的友谊》，《文史杂志》2000年第1期。

[7] 韩凌轩：《李大钊与少年中国学会》，《北方论丛》1980年第5期。

[8] 奉贤次：《曾琦先生与少年中国学会》，《传记文学》1976年第2期。

[9] 陈俐：《郭沫若与少年中国学会同乡同学关系考》，《新文学史料》2007年第4期。

[10] 余三乐：《恽代英与王光祈——五四时期同始异终的典型》，《北京党史研究》1998年第4期。

[11] 叶菊珍：《张闻天与少年中国学会》，《四川师范大学学报》（社会科学版）2003年第3期。

[12] 刘爱国：《刘仁静离开少年中国学会的必然性探析》，《上海党史与党建》2011年第4期。

[13] 周鹏飞：《田汉加入少年中国学会考》，《当代教育理论与实践》2010年第1期。

强等的《王光祈与李劼人》①、侯敏的《宗白华与王光祈的友谊与共识》②、韩立文的《廖辅叔先生与王光祈研究》③、宫宏宇的《王光祈与德国汉学界》等,更是涉及到王光祈多方面的关联人物。

通过对王光祈关联人物的关注和探究,可以不断发现与王光祈相关的新的历史线索和错综复杂的社会关系,并能借此引发新的学术视角和研究思路,进而使研究视野更加开阔,研究成果更加宽泛、丰厚。

结 语

如果从王光祈研究的时空内涵来看,无论其时间维度还是空间维度,可以说均得到了大幅度的拓展。回眸王光祈研究近九十年的历史进程,它所历经的每一个重要的时间节点和发展阶段,都客观而真实地记录了这一学术研究领域萌发、成长、壮大直至成熟的全过程,同时也向世人全面展示了王光祈研究所取得的阶段性成果。然而,面对可喜的发展局面,我们还应冷静地看到:王光祈研究工作尚有不少"未竟的事宜"等待我们去完成,一些新出现的问题和疑点需要我们去一一解决,一些"未知的领域"也还在召唤我们去不断地开拓进取。首先,《王光祈全集》的编辑出版仍在众人的期盼之中,它不仅寄希望于从事此项工作的有识之士对历史时机的把握,同时更需要广大学界同仁对此举的可行性论证和精心准备。而另一终极目标——真正意义上的《王光祈文献全目》的编制,也只有在《王光祈全集》所有原始资料搜集、甄别、整理齐全之后,方才可能随之而同步完成。

虽然我们在王光祈研究的高级阶段已实现了"由音乐学科为主为重向多学科并举并重的格局全面拓展",但至今却仍存在着对王光祈著述所涉及的学科研究对应上的缺位和空白点。有鉴于此,还应进一步加大这方面的拓展力度,争取早日实现王光祈研究的全学科覆盖。

未来的王光祈研究尚需用新的研究视角、研究思路、研究模式和研究

---

① 郭志强:《王光祈与李劼人》,《音乐探索》2010 年第 4 期。
② 侯敏:《宗白华与王光祈的友谊与共识》,《文史杂志》2004 年第 6 期。
③ 韩立文:《廖辅叔先生与王光祈研究》,《音乐探索》2010 年第 1 期。

方法去探索更多新的问题、新的研究路向，去不断拓展和深化王光祈研究的领域，以取得更多更新的突破。另外，王光祈研究学术讨论会及其相关的学术活动，今后完全可以由点及面地加以扩展，在规模、内容、形式等方面也还可以更加灵活和多样化，以期构建一种点面结合、规模大小兼备、学科专业齐全的学术研究体系。这样一种研究体系的构建，必将为王光祈研究开创一个更加深入持久、生动活泼的崭新局面。

（注：该"概述"成稿于2012年，于《音乐研究》2013年第1期刊发，作者系四川音乐学院胡扬吉）

第一章　王光祈的社会改造思想

王光祈（1892—1936），字润玙、若愚，四川温江人。1892年生于家道中落的书香门第之家。他自幼受到传统文化的熏陶，于1908年进成都高等学堂分设的中学堂学习，1914年中学毕业。1914年到北京，进入中国大学攻读法律。在20世纪初灾难深重的中国，他始终关心政治，关心国家民族的前途命运。他是五四时期具有激进民主主义思想的社会活动家，他的一生为寻求一条救国救民的理想道路而进行过各种探索。作为1919年7月1日成立的"少年中国学会"的大会主席，从提出"菜园新村构想"到同年底创办名噪一时的"工读互助团"，再到1920年留学德国，1924年从事音乐学研究，始终不渝地努力践行自己的救国理想。王光祈一生都在致力于社会改造，其救国救民的爱国精神贯穿了他的一生。

第一节　以"少年中国"运动图中华民族复兴

1918年5月，段祺瑞政府与日本秘密签订了《中日陆军共同防敌军事协定》，激起留日学生的激烈反抗，遂有"留日学生救国团"的成立以及团员归国的壮举，先后有三千多留日学生罢学回国。在这些人中就有王光祈及其好友雷宝菁、张尚龄、曾琦。就这样，一伙中学时的同窗好友在北平见面了。他们认识到，单凭一腔热血是救不了国的，必须做一些基础性的准备工作。王光祈提出，救国的长远办法，"应早日集结有志趣的青年同志，互相切磋，经过磨炼，成为各项专门人才，始足以救国建国各种实际问题之解决。"也就是国内各校学生参加请愿活动，急需一个团结有志青年的团体。少年中国学会就是在这样的环境中诞生的。一群有志于改变中国面貌的有志青年，感到现状不能容忍，必须由自己联合同辈，杀出一条道路，把这个古老腐朽、呻吟垂绝的被压迫、被剥削的国家改变为一个青春年少、独立富强的国家。王光祈与《京华日报》编辑于1918年提出建立"少年中国学会"，得到李大钊的支持。1919年7月1日，王光祈与李大钊等人，经过将近筹办一年的"少年中国学会"在北京正式成立。少年中国学会是五四时期出现的历史悠久、会员最多、分布最广、分化也最明显的一个社团。

一、"少年中国"理想的渊源

每当历史转折关头，人们总习惯于回归自己的文化源头，去寻找新的民族振兴途径。20世纪初中国知识分子的强国情结——"少年中国"理想，可以追溯到世纪之交的1900年。那一年，影响了20世纪初青年知识分子的一代改良主义大师梁启超写下了《少年中国说》。戊戌变法失败，梁启超流亡日本。彼时的日本进入明治维新的30年，整个国家焕发着勃勃生机，引发了梁启超深刻的反思。1900年2月10日，他在《清议报》第35册上发表荡气回肠的《少年中国说》，以激情澎湃的语言，对中国五千年文化进行反省和革新："造成今日之老大中国者，则中国老朽之冤业也。制出将来之少年中国者，则中国少年之责任也。"并充满激情地呼唤一个气象一新的"少年中国"的诞生："美哉我少年中国，与天不老！壮哉我少年中国，与国无疆。"一时间，"少年中国"响彻中华大地，"少年"[1]一词风靡一时，追求进步的年轻知识分子竞相以"少年中国之少年"或"新中国之少年"自称。《清议报》出现了不少以"同是少年""铁血少年""濠镜少年""突飞少年"等为名的作者，以至于"少年"成为一种时尚的革命名词[2]。

梁启超在《少年中国说》里，热情讴歌和宣传了意大利马志尼

---

[1] 此时的少年也即"青年"。"少年"是传统文化里已有的词语，而"青年"是晚清民国以后才兴起的一个名词。五四新文化运动开始后，梁启超的"少年"标识，逐渐被"青年"所取代。用"青年"取代"少年"，表明五四新文化中成长起来的青年人，不仅要跟传统文化区别开来，在改造中国社会的态度上，也要区别于梁启超所代表的改良主义。

[2] 1902年南洋公学学生组织的"少年中国之革命军"；汪精卫后来密谋行刺醇亲王载沣被捕，吟出"引刀成一快，不负少年头"的名句，使得"少年"一词从概念、理想化身为血肉之躯、革命的先锋、未来历史的塑造者。

(Giuseppe Mazzin)[①] 的秘密组织"少年意大利党"（也作"青年意大利党"）。他的颂扬与宣传，在20世纪10—20年代所形成的新型知识分子群体中产生了重要的影响。他文章所展示的一个充满生机与活力的新中国形象深深吸引了这群青年，"梁公以轻灵笔调描写那亡命的志士、建国的英雄，真令人心醉。"[②]1908年，就读于成都高等学堂分设中学那一群后来个个名气斐然的青年[③]，在校长刘志士"薄于自奉""勇于志学"的影响下，了解新思想、学习新知识，阅读《新民丛报》《民报》《神州日报》《天演论》《意大利建国三杰传》等激进书籍。他们纵论时事，"指点江山，激扬文字"。这群以天下为己任的有志青年，希望改造衰朽老大的古老中国，重塑一个青春焕发的少年中国形象。他们相约走出家乡，去中国的政治、经济中心一展宏图。[④]从此，效法马志尼创造的"少年意大利"，以创造"少年中国"之梦，在他们心里埋下了根。王光祈在《少年中国运动序言》中回忆道："当我在民国三四年由四川到北京之时，亦常误以为国家之弱，全系外力压迫所致，因而立志研究外交，俨然以昔日'少年意大利党'中之加富尔自命。如是者数年，未尝一变。"少年中国学会发起人之一的张梦九（尚龄）谈到少年中国学会时说"少年中国，是从少年意大利而来"[⑤]。随着20世纪初中国人期盼民族复兴的愿望，少年中国成为民国初期一股逐渐兴起的社会思潮。

"少年中国"的理想在1915年得到了一个新的诠释与升华。1915年9月，陈独秀创办《青年杂志》，开创了充满青春气息和反叛精神的新文化运动。它切中了深藏在中国知识界、先进思想界中的一个挥之不去的梦想——"少年中国"这个时代脉搏，因而在短短的时间里在老大中国产生了巨大的影响。[⑥]"青年之于社会，犹新鲜活泼细胞之在人身。新陈代谢、

---

① 马志尼：意大利革命家、民族解放运动领袖。1831年创建"少年意大利党"，立志推翻奥地利封建主的统治，使意大利成为一个自由、独立、统一的资产阶级民主共和国。他因此获得了"意大利独立之父"之称誉，被列宁称为"马克思主义以前的非无产阶级社会主义的代表人物"。

② 郭沫若：《少年时代》，人民文学出版社1979年版，第150页。

③ 除王光祈外，还有曾琦、李劼人、魏时珍、郭沫若、卢作孚、周太玄、蒙文通等，他们后来均是各自领域的佼佼者。

④ 周太玄：《关于参加少年中国学会的回忆》，《五四时期的社团》（一），三联书店1979年版，第539页。

⑤ 赤松子（张梦九）：《人海沧桑六十年》，五洲出版社1971年版，第26页。

⑥ "陈独秀原指望苦心经营十年、八年，然后才会有大影响的这份杂志，不意一炮打响，轰动全国，他自己也很快成为'中国思想界的明星'。"赵泓：《少年中国之梦——五四新文化运动的一种阐释》，《粤海风》1999年第4期。

陈腐朽败者无时不在天然淘汰之途,与新鲜活泼这以空间位置及时间之生命。"他号召青年勇敢地肩负起未来的责任:每个活泼上进的青年,都应该"奋起智能,力排陈腐朽败者以去"。这种呼吁犹如惊雷,在广大青年中引起了强烈的共鸣,唤醒了一个时代的前沿思想。

与此相呼应,新文化运动的另一位举旗人李大钊也在1916年喊出了朝气蓬勃的口号——"青春中国"。1916年8月李大钊在《晨钟报》创刊号上发表《〈晨钟〉之使命——青春中华之创造》,号召广大青年"以青春中华之创造为惟一之使命",让积贫积弱的老大帝国重返青春的"青春中华","过去之中华,老辈所有之中华,历史之中华,坟墓中之中华也。未来之中华,青年所有之中华,理想之中华,胎孕中之中华也。坟墓中之中华,尽可视为老辈之纪录,而拱手以让之老辈,俾携以俱去。胎孕中之中华,则断不许老辈以其沉滞颓废、衰朽枯奢之血液,侵及其新生命。"李大钊笔下的青春中华,"本其理性,加以努力,进前而勿顾后,背黑暗而向光明,为世界进文明,为人类造幸福,以青春之我,创建青春之家庭、青春之国家、青春之民族、青春之人类、青春之地球、青春之宇宙。"[①]显然,青春中国不是欧美代议制政治的资产阶级国家,而是一种澎湃着一种创世纪的激情、精神和力量,一种创造生命的"挟山移海"英雄气概的更加自由、更加民主的国家理想,这是那一代新型知识分子对国家形象——"少年中国"的强国理想。

那一代的思想领军人将希望寄托在充满青春活力和创造精神的少年青年身上。未来的中国,要依靠一群焕发着青春热情的少年、青年们,"凡以冲决历史之桎梏,涤荡历史之积秽,新造民族之生命,挽回民族之青春者,固莫不惟其育年是望矣。"这感召了五四时期一大批出类拔萃的热血青年。1918年5月,已经在北京求学、工作4年的王光祈与成都高等学堂分设中学那一群同窗好友在川中老乡、留日学生陈愚生的北京家里又见面了。他们纵论时局,王光祈认为单凭一腔热血是救不了国的,必须做一些基础性的准备,做扎实的工夫,这才是救国的长远之计:"应早日集结有志趣的青年同志,互相切磋,经过磨炼,成为各项专门人才,始足以救国建国各种实际问题之解决。"[②] "联合同辈,杀出一条道路,把这个古老

[①] 李大钊:《青春·李大钊文集》(上),人民出版社1984年版,第200页。
[②] 王光祈:《少年中国之创造》,《少年中国1》,1919年,第2页。

腐朽、呻吟垂绝的被压迫、被剥削的国家改变为一个青春年少、独立富强的国家。"①正是基于这种认识，这群热血青年调整、统一认识，认为"少年中国"决不能只以少年意大利为目标，而是要建立仅仅适合于20世纪思潮的、进步的而非保守的、创造的而非因袭的、在并世国家中为少年的而非老大的国家，即变"老大帝国"为"少年中国"，由此确立了改造中国、实现民族复兴的"少年中国"共同理想。王光祈一言以概之：为的是要"集合全国青年，为中国创造新生命，为东亚辟一新纪元"，创造"适合于二十世纪思潮之少年中国"②。积极支持与参与此理想的李大钊也指明："我们各个不同的'少年中国'的理想，一定都集中在那光明里成一个结晶，那就是我们共同的'少年中国'。"共同书写"这一部'少年中国'史"③。

经过较长时间的思考，王光祈决定付诸具体的行动：成立一个达到理想的实体——少年中国学会。他与学会倡导者、发起人曾琦、张梦九、雷眉生、陈愚生、周太玄经过讨论、商议，于这年的6月30日，在顺治门（即宣武门）外南横街岳云别墅（今盆儿胡同55号）张文达祠召开"少年中国学会"筹备会。推王光祈为筹备处主任兼会计，周太玄为文牍，李大钊为临时编译部主任，由王光祈组织筹备，为期一年。随即，王光祈起草了具有规约性质的《吾党今后进行意见书》。次年7月1日，少年中国学会正式成立。"少年中国"这个20世纪初爱国知识分子的理想也由思想的构建转入现实的创造。④

---

① 周太玄：《关于参加发起少年中国学会的回忆》，《五四时期的社团》（一），三联书店1979年版，第536页。
② 王光祈：《本会发起旨趣及其经过情形》，《少年中国学会：会务报告》第3期，1919年5月1日，第17页。
③ 李大钊：《"少年中国"之创造》，《少年中国》1919年第1卷第3期。
④ 少年中国学会是五四时期影响最大、会员最多、分布最广、历史最长、分化最明显的社团，在全国青年中有着极大的影响和感召力。在它作为一个社团分化和消亡后，它的成员又在中国现代政治、经济、学术、教育、文化各领域中起着重要的作用，许多都成了对中国的政治、经济、思想、教育、文化各界有着重大影响的人物。中国共产党的一大批领袖来自这个学会，他们之中有李大钊、邓中夏、恽代英、高君宇、毛泽东、杨贤江、沈泽民、张闻天、黄日葵、赵世炎、刘仁静等等；中国学术界、教育界、文艺界的一大批名人也来自这个学会：田汉、宗白华、舒新城、方东美、李初梨、许德珩、朱自清、杨钟健等等；甚至连40年代号称"中国船王"的卢作孚也是学会一员。以至于40年代就有人说，当今中国，已是"少年中国"的天下。官宏宇：《中华知识分子的典范、少年中国精神的化身：少年中国学会会员眼中的王光祈》，《音乐探索》2010年第1期。

二、"少年中国"的内涵

少年中国运动,是王光祈对自己及其同人所倡导的中国社会改造运动的独特称谓,其基本含义是,从中国少年下手,或以中国少年为表率,改变国人传统的精神生活与物质生活,提倡和形成具有创造性的、社会的和科学的生活,从而达到改造中国社会之目的。这样一种重在改造人而不是重在改变外部环境的社会改造运动,本质上"是一种自反的自修的国民改造运动"。它的基本依据是,中国的良好社会之所以不能养成,全在于无良好人民之故,因此改造国民是改造中国社会的关键。意识到国民的重要并致力于对国民性进行改造,这样的努力在近代以来并不少见,孙中山主张的训政运动即是一例。王光祈将训政运动与少年中国运动进行了对比,认为,训政需满足两个前提条件:一是须待到革命党夺得政权之后,二是训政党人至少有大部分是贤人。然而现在这两个条件都得不到圆满而确切的答案,故所谓通过训政提升国民程度不过是欺人之谈。反观少年中国运动,则完全不受这两条的束缚。"我们的运动第一无须夺得政权,第二我们亦不必具备贤人资格。""我们只是自己教训自己,同时再以其修养所得者,分给一些与我接近的人民,使他们随时都在进步之中。"[①]因此结论是,只有少年中国运动,才最具有实际操作性,而且可以"轻而易举"地开展起来,当然它也最为有效。

说少年中国运动是国民改造运动,是就其下手处而言;而就这一运动的最终目的来讲,其又是一种中华民族复兴运动。作为后一种意义上的改造运动,诚然离不开国民的"自反自修",但除此之外,还需要有其他的途径或方法来推进。为此,王光祈进一步提出了两个方面的任务:一是复兴民族文化,一是改造民族生活,他分别称之为"民族文化复兴运动"和"民族生活改造运动"。

民族文化复兴的命题,实际上自鸦片战争之后就逐渐被提出来了。不过在之后的几十年里,它所采取的是学习西方文化的曲折形式。从洋务运动采用西方的机器制造技术,到戊戌、辛亥时期引进西方的政治制度,再到五四时期输入西方的精神文明,形式上是采用近代西方文化,实际上是为了拯救中国文化。然而这里却出现了一个悖论:从物质层面到精神层面

[①] 《少年中国运动》序言,《王光祈文集·时政文化卷》,第163页。

都以西方为摹本，则其文化的中国性质如何体现？正因为意识到这一点，近代以来才不断同时传出保存或复兴"民族文化"的呼声，王光祈的"民族文化复兴"主张也由此而出。王光祈认为，鸦片战争以后，人们一边学习西洋文化却对西洋文化始终不甚了解，直到现在才真切认识到，以前人们对西洋文化的理解是错误的。要了解西洋文化，必须从它的哲学、宗教、科学、美术等方面下手，以寻求其根本思想之所在。这是中国人寻求西洋文化的绝大进步。但是吊诡的是，这种进步又带来了本族文化的极大危险。以前人们只看到西洋文化的皮毛，而对于本族文化始终未尝怀疑；现在可糟了，展现在我们面前的西洋文化的精髓是那么优美完备，令人赞叹，反观中国民族文化，则残缺简陋，难与他人比肩。"从此我们不知不觉地遂自惭自馁起来。于是一般新学之子，日日想慕西洋文化，讴歌西洋文化，而对于本族文化则认为一钱不值，有妨进化。所有五千年我们立族的精神，就从此'呜呼哀哉'了。"[①]

王光祈这里所谓人们在西洋文化面前的自惭自馁以及本族文化的危险状况，矛头所指是当时正开展的新文化运动。他不认同新文化运动彻底否定传统、全盘学习西方的文化取向，而是主张用西方的"科学思想"对中国文化进行整理，以使中华民族得到复兴。他认为，凡属民族文化，皆为一民族精神之所由系、生活之所由出，自有其特殊色彩与根本思想，是万万不能彼此通融假借的。西洋民族文化有其独到特长之处，这突出表现在用以培植整理他们思想所采用的科学方法。中华民族不能说没有根本思想，也不能说其根本思想的本质劣于西洋，但是我们所最缺乏的，是用以培植这种根本思想的科学方法。"因为我们没有一种精密的科学方法，所以无论我们的哲学、科学、美术都不能充量发达。即偶有一二至纯至善的思想发生，亦因无科学方法整理之故，任其淹没不彰，或甚至于参加许多不良的成分进去，以致思想本来面目为其所蔽。"因此我们现在最需要做的，就是"采用西洋科学方法，以整理我们民族的根本思想，造成一种民族文化复兴运动。"至于如何用科学方法整理我国民族的根本思想，观王光祈所述，重点似为以近代西方的学术方法对传统文化进行研究，使其条理化、系统化并使其内在价值得以彰显，这从他就古代礼乐发表的看法

---

① 《少年中国运动》序言，《王光祈文集·时政文化卷》，第164页。

和主张中可以看出。他说：什么是中华民族的根本思想？中华民族的根本思想又是从何种"民族文化"产生出来的？我尝因此深思苦索中国人的性格，详考细察西洋人的习俗，最后乃恍然大悟。"中华民族的民族文化便是中国古代的'礼乐'，由这种'礼乐'以养成中华民族的根本思想。"礼乐者，小而言之为起居进退之仪，为涵养性灵之具；大而言之为处世待人之道，为协和万方之用。我们中国人生息于孔子学说之下者数千年，而孔子学说又实以礼乐二事为其基础，所以"中华民族的根本思想，与我们古代礼乐实有至深密切之关系"。我们的古代礼乐，诚然有许多不适于今的地方，而且简陋得很，但是古人立礼制约的本意则千古不磨。因此"我们现在宜利用西洋科学方法，把他整理培植出来，用以唤起我们中华民族的根本思想，完成我们的民族文化复兴运动。"[①] 正是出于这种认识，故王光祈在1920年出国留学以后，把学术重点放在对中国音乐史的研究上，且伴其一生。

再看其所谓民族生活改造运动。王氏所谓民族生活，即指中国人的日常生活。他认为，中国人的日常生活长久以来表现为"简陋枯寂"，远不如欧人生活的"丰富愉快"。究其原因，主要有二：一为无识，二为无业。因为无识，故不懂得人生的意义；因为无业，致国民生产日益退化。而要医治二者，就需要普及教育和发展实业。近代以来，特别是19世纪末期以来，主张发展教育、以教育救国的大有人在，这促进了新式教育的兴起和发展。不过这种教育在王光祈看来，多偏于理智教育即学术教育与职业教育两面，而对于感情教育即兴趣教育则不大注意，其结果是，学校设立愈多，人生枯寂愈甚。为纠正这种偏向，必须于现在的教育一反其道，即"于讲求学术、谋生技能两事之外，尤注重青年感情的发展与兴趣的培养，以引导他们逐渐走入一个丰富愉快的人生，完成我们民族生活改造的使命。"至于发展实业，自19世纪中叶以来一直有不少有识之士呼吁，也在实际上取得了一定成就。但是王光祈认为，以往的发展实业主张同样严重走偏。比如，采用资本主义和采用社会主义是已有的关于发展实业的两种重要主张，但是主张用资本主义的，不惜"勾结外国资本家，以吮吸中国劳动阶级的膏血"；主张用社会主义的，又"只偏重厂工路工，而对于占

[①] 《少年中国运动》序言，《王光祈文集·时政文化卷》，第164—166页。

有全国多数人口的农民反不甚措意"。而两种主张的共同点是，不仅不重视农业的发展而且还使其受到损害。王光祈指出，中国是一个农业国家，重视和大规模发展农业，无论"为世界分工计，为国富发达计"，都具有重要意义；同时于"人类生计方面、道德方面、身体方面"，亦"皆有重要关系"；而且，"现在世界上虽是工商国家大出风头的时代，而最后胜利则仍属之于农业国家"，当无疑义。因此今后中国发展实业，应将重点放在发展农业上。少年中国学会更应该充分认识到这一点，应该把"发展农业，改造农村，诱导农人"，作为"对于民族生活改造运动的一个下手之处"[①]，切实做出成绩来。

王光祈从目的上把"少年中国运动"归结为"中华民族复兴运动"，又根据其下手处或着力点分别将其具体化为"国民改造运动""民族文化复兴运动""民族生活改造运动"。据上所述，这不同称谓的"运动"虽然各有侧重，但有一中心点贯穿其间，就是对"人"的改造，即改造国民性，改造占中国人口最大多数之农民的精神生活和物质生活。通过对"人"的改造，达到中华民族的复兴。

三、"少年中国"的"两个坚持"

（一）搁置各种主义，坚持做预备工夫

世纪之交，西方世界的各种主义纷至沓来，至五四时期形成主义传播高潮。在传进来的各种主义中，除了属于哲学等学术范畴的一些思想、思潮外，属于社会政治思潮的主要有民主主义（资本主义）和社会主义，而社会主义又包括多个流派，如马克思的社会主义、列宁派的布尔什维主义，无政府主义当时也被视为社会主义或共产主义的一种。这些形形色色的"主义"，各自有着一套与社会改造或社会建构密切相关的价值观念、制度设计、模式选择，它们构成了各自的思想体系。这些思想体系成为人们进行社会改造的根本原则，鼓舞着人们去追求崇高的政治目标。

五四时期是一个推崇主义的时代，一个以主义引领社会的时代。无论是民主主义（或资本主义）、社会主义（科学意义上）还是无政府主义，各自都有着一批坚定的信仰者和践行者。不仅如此，由于主义的盛行，一

---

① 《少年中国运动》序言，《王光祈文集·时政文化卷》，第166—167页。

些本无信仰的政客也打出主义的旗号，哗众取宠，混淆视听。当然也有少数人对高谈主义的现象看不惯，比如胡适，本来是民主主义的信仰者，却表现出对主义的不屑一顾，要求人们"多谈些问题，少谈些主义"，由此还导致了一场和马克思主义信仰者之间的思想论战。

王光祈本来也是有着自己的政治信仰的。外来主义的冲击，使得他曾一度对主义主要是社会主义产生好感，"不知不觉地就中了社会主义的魔术"，意识到研究社会主义的必要；而研究社会主义，非研究经济学不可，他又一度"极欲研究经济"，"觉得现在世界上一切组织多不合理、不满意，皆非根本改造不可。"① 王光祈本应该有可能成为一名社会主义的信仰者至少是研究者的，但是不然，他并没有走入社会主义者的阵营，甚至还很快地舍弃了对于主义的兴趣，以另一种身份加入了不谈主义的行列，并试图以此消弭少年中国学会成员之间的主义分歧，培养学会成员的共同趣旨。

为什么不愿意谈论主义呢？这与他对主义和对中国问题的独特理解有关，也与少年中国学会的现状有关。

还是以社会主义为例。王光祈把社会主义分别理解为国家社会主义和无政府社会主义。国家社会主义，即马克思派的社会主义，其在政治上主张通过阶级战争，把资本家推翻，由劳动者自己组织政府，实行中央集权；经济上主张集产主义，把生产机关收归国有，所生产的物品，除可以作生产手段的，仍许私人所有，各售所能，各取所值。② 无政府社会主义与此不同，其反对一切强权的组织，而极重视社会的组织，主张"劳动互助"，故也可以称为互助的社会主义。③ 世人多以为凡无政府主义，都是一种"无组织的、无秩序的、消极的、破坏的"，这是不对的。互助的无政府主义，实际上是"有组织的、有秩序的、积极的、建设的"主义，是要把现在极悲苦的旧社会推翻，另造一种极快乐的新社会出来。此快乐的新社会之基本特征，在组织形式上就是，"脱离强权的少数人的政府统治，另自组织自由的多数人的自治团体，只要适合于人类生存的小团体，不要

---

① 《致君左》，《王光祈文集·时政文化卷》，第174页。
② 《社会主义的派别》，《王光祈文集·时政文化卷》，第20页。
③ "无政府主义与社会主义，……学说很多，派别很复杂，最重要的，当推互助的无政府主义即无政府共产主义和国家社会主义两种。"《王光祈文集·时政文化卷》，第19页。

担个虚名的大国家";在经济制度上,则"主张生产机关(如土地机械等)与所生产之物(如衣食房屋等)皆归社会全体所有,各尽所能,各取所需"①。由此可见,无政府社会主义与国家社会主义,对于政治(即组织问题)的意见,是根本上完全不相同的。对于经济的意见,生产机关和可作生产手段的物品,应归公有,两派完全相同;而所生产的享乐物品,则后者主张公有,前者主张私有,两派又大不相同。

王光祈把无政府社会主义社会称为"极公平、极快乐"的"新社会"②,说明他以此作为最高的社会理想;他又"承认国家社会主义或是由现在社会到无政府社会的一种桥梁"③,说明他对马克思派社会主义的历史价值有较为准确的认识。这表明王光祈在理论上对两种"社会主义"都不排斥。但是他又认为,这两种主义不宜为现在的中国所马上采用。不说无政府社会主义面临着许多现实难处,即使是国家社会主义,也非尽如人意。国家社会主义现在已经有了实践的样品,俄国的布尔什维主义即与之近似。但是"为什么各国政府都不欢迎呢?中国政府尤为害怕。这就是因为各国的政府与资本家是一不是二,分离不开的缘故。"可见"欲达国家社会主义目的,不是一样容易的事情,非经大改革不可。大改革便是革命,关于社会的大改革,便是社会革命。"王光祈认识到,社会革命作为一种"世界的新潮流"正奔涌而来,"潮流到此,无可幸免";如果像某些人所主张的那样,以为仅仅通过"社会政策"免除或缓和社会革命,恐怕还是一个"疑问";但是他又以为"社会革命"过于"残酷",心理上无法接受,因此他最后还是从社会革命退了回来,选择采取"有理性、有秩序的动作",即通过少年中国学会会员这样的社会成员,以自己的力量,启发一般劳动者的自身觉悟,"一方面使他们知道工作与人生的价值,一方面设法增长他们的利他心",以逐渐地改变社会。④

无政府社会主义也好,国家社会主义也好,民主主义也好,只要是"主义",都有其自身的价值,都代表着某种社会理想。理想诚然美好,而其实现则有赖于人们的切实努力,因此王光祈又提出,在中国鼓吹主义,

---

① 《社会主义的派别》,《王光祈文集·时政文化卷》,第20页。
② 《社会主义的派别》,《王光祈文集·时政文化卷》,第19页。
③ 《读梁乔山先生与某君论社会主义书》,《王光祈文集·时政文化卷》,第14页。
④ 《读梁乔山先生与某君论社会主义书》,《王光祈文集·时政文化卷》,第14页。

应该首先正确地观察和解决"人"的问题。他指出，近代以来国人存有两种见解：一是认为中国人不配讲什么主义，若是随便模仿外国的民主主义、平民主义、平民政治，必定闹得天昏地暗，毫无进步。这派意见是太把中国人轻视了，错以为中国人永远无进步的希望，应该永远受一般官僚、军阀、政客的支配。另一种见解认为主义便是一种教育，只要我们把他介绍进步，一般人自然会运用起来。这派的错误是太把中国人高视了，错以为其已经具有了应用各种主义的能力，仿佛无论什么主义，中国人皆能应用自如。王光祈及其少年中国学会不同意这两种见解，他们认为，将来的中国人一定会具有应用主义的能力，但是这种能力在现在的中国人身上尚不具备。他说，各种主义有各种主义的专门训练，如国家主义必先使人有爱国观念，社会主义必先使人有反对私有财产的观念，安那其主义必先使人有反对政府的观念，而这些个观念现在的中国人都十分缺乏。又比如，国家的组织，是一种团体生活；社会主义的组织，是一种进化的团体生活；安那其主义的组织，是一种更进化的团体生活。可照现在情形而论，不但是进化的或更进化的团体生活中国人办不了，就是国家主义之下所必需的团体训练，中国人也未尝经过。对于这些情况，有些人不以为然，以为主义（或制度）便是一种教育，只要一般人先知道主义的内容，就会慢慢地养成习惯，换言之，就是主张先有主义后有习惯。这种看法是错误的，他认为，"须先有一习惯而且生活上有要求某种主义的必要，然后给他一个主义，始能运用自如。"他争辩道："我们往往看见一个主义（或制度）的自身，是极有价值的，只是因为应用者不得其人，便成一种极大的流弊，所有的好处丝毫不能实现，所有的坏处皆全盘托出。譬如民主国家、代议政治，在近世政治组织中比较的稍有进步了，而且欧美人行之，确曾收效。但是这种制度一到中国来，便不成功了，所谓代议政治，只成就安福鱼行一桩买卖。又如地方分权，较之中央集权是一种较善的制度，但是结果只造成许多督军割据的形势。现在我请问，为什么代议政治只成就安福鱼行一桩买卖？为什么地方分权只成就许多督军割据的形势？这个缘故，就是因为一般人民自始至终便不知道，代议政治是怎么一回事，而且素来未经过选举制度的训练。地方侵权所以造成割据形势的缘故，亦是因为人民素无地方自治的训练，凡事皆任少数人把持。可见专提倡一种主义（或制度），而不先行设法训练，使一般人养成习惯，自己感觉生活上有要求某种主义的必要，然后自动地起来要求，是不能成功的。"[1] 这里，王光祈所强调的是，由于中国人尚缺乏适应主义的训练，中国现在还不是一个鼓吹主义的时代。

然而受五四时期主义流行的影响，少年中国学会内部却没有摆脱主义的纠缠，相反，各种主义还很盛行。不过少年中国学会不像当时其他一些学会那样往往只信奉一种主义，而是不同群体的成员有着不同的信仰，体现为多种主义并存。比如，以李大钊、恽代英为代表的一部分会员是马克思主义的信仰者，曾琦、李璜、余家菊等会员则信奉国家主义，还有一些会员又信仰无政府主义。少年中国学会初成立时，并没有规定以主义为依归，只是王光祈等几位同人出于事先即有的"一种精神的结合"，鉴于国中一切党系皆不足有为，过去人物又使人绝望，感到有必要"集合全国青年，为中国创造新生命，为东亚辟一新纪元"，即创造一个"适于二十世纪之少年中国"[2]。基于这种较为空洞且宽泛的创会宗旨，故人们在入会时其各自的主义信仰并没有要求放弃，而是被带入学会当中。不同的主义存在于同一个学会内部，这体现了少年中国学会的包容性，但另一方面却妨碍了学会活动的有效开展。于是很快，学会内部围绕着要不要规定一种主义以及选择什么样的主义出现了重大分歧，并产生了激烈的主义之争。成员间不同主义的共存是学会成立的前提，打破这种共存局面将使学会难以为继。作为学会的主要发起者和精神指导，王光祈并不希望后一种情形发生。为此，他自始即提出不谈主义的观点并不断发文反复阐述这种观点，希望学会作为一个精神集合体不要贸然地规定一种主义。他说，若要给学会规定一种主义，必须具备五种条件（一，须先研究现在世界上所有主义之理论历史及派别；二，须先调查各国实施主义之种种组织及实况；三，须先调查中国全国之生活状况及其组织；四，须先研究中国人之国民性；五，规定一种主义后，吾辈至少须有摩顶放踵、出生入死之精神，以实行及宣传其主义），而这些对少年中国学会来说目前都还不具备。[3] 因此，他明确表示"反对现在学会标出一种主义之虚名"，而"主张对于中国将来之政治组织、经济组织以及其他一切的组织，均用极具体的描述。果然他

---

[1]《少年中国学会之精神及其进行计划》，《王光祈文集·时政文化卷》，第75—76页。
[2]《本会发起之旨趣及其经过情形》，《王光祈文集·时政文化卷》，第172页。
[3]《政治活动与社会活动》，《王光祈文集·时政文化卷》，第125页。

的组织方法与他的组织理想都是很好的，我们就把他作为我们对于某种事业的一种共同计划。"① 当然，反对为学会规定一种主义，并不是说不准学会成员个人有主义的信仰。"少年中国学会会员各有各的主义，而且是各人对于自己所信仰的主义，非常坚决，非常彻底。"② 这种属于个人的主义信仰，少年中国学会是无须加以干涉也是不能干涉的。

　　基于上述理由，王光祈否定了为少年中国学会规定主义的意见，也表达了本人反对鼓吹主义的立场。但是我们从其言论中可以看到，他反对鼓吹主义，并不是根本取消对于主义的信仰，而是有点类似于胡适的忧虑，即担心人们满足或停留于某种主义的理想高地，而忽略解决实际社会问题的实际努力。而且他还有比胡适更进一层的担心，即中国人按照现有的程度，还不能马上满足实行主义的需要。因此在他看来，与其成天谈论一些空泛的理论原则或陶醉于某种未来的理想，不如把重点放在开展实际的工作，即为将来实现主义创造条件的"预备工夫"上。他说："我觉得现在中国人的思想行为，无论在什么主义之下都不能生存。要想中国人有适应各种主义的能力，非先有一番预备工夫不可。换一句话说，就是要实施某种主义，便有某种主义的先决条件。……我就是要解决一切主义的先决条件。"③ 又说：少年中国学会会员虽然对于各种主义的态度极不一致，但是"有一个共同的趋向，就是承认现在中国人思想行为，无论在什么主义之下，都是不成功的。若要现在的中国人能有应用各种主义的能力，必先使中国人的思想习惯非彻底地改革一番不可，非经过一番预备工夫不可，少年中国学会的目的，就是努力从事这种预备工夫。"这就好比走路，只有把第一段路程走完了，才能再商量走第二段的路程；而这第一段的路程很长，不是一朝一夕可以走完的。走第一段路程的工夫，即是预备工夫；"少年中国学会所着手的预备工夫，便是指各种主义共同必需的训练。"④ 特别是"团体生活"训练。团体生活系"一切主义的先决条件"，"若没有团体生活的训练，无论什么主义——国家主义、社会主义、安那其主

---

① 《致恽代英书》，《王光祈文集·时政文化卷》，第109页。
② 《少年中国学会之精神及其进行计划》，《王光祈文集·时政文化卷》，第76—77页。
③ 《"少年中国"之创造》，《王光祈文集·时政文化卷》，第48页。
④ 《少年中国学会之精神及其进行计划》，《王光祈文集·时政文化卷》，第74、75、77页。

义——都是不能应用","都是不成功的"①。正是出于这种认识，王光祈大力推动少年中国学会的团体活动，当时在北京等地建立的各种工读互助团及开展的工读互助活动，就是团体训练的实际表现。当然，"预备工夫"不仅仅是团体训练，它还包括将培养国人的"爱国""反对私有财产""反对政府"的观念，包括"利他"的观念，包括"劳动习惯"。这些都是国人应该具备的性格和习惯，它们直接关系到中国人如何做"人"。"少年中国学会所着手的预备工夫，便是要想先将中国人个个都造成一个完全的'人'，然后再讲什么主义。"②由此可见，王光祈主张从事各种主义所必需的"预备工夫"，并不是将主义根本取消。现在的预备工夫即种种训练，都是为了今后实行某种理想的"主义"，为了走上第二段路程。这一点，是与胡适的主张有所不同的。

（二）不做政治活动，只做社会活动

从戊戌维新开始，国人的改革思路发生转向，以政治活动方式谋求政治制度的变革，成为人们的努力所在。自此直到辛亥革命推翻满清王朝，建立中华民国，人们的兴趣点一直聚焦于政治，且持续高涨。但是民国建立不久，随着北洋集团的掌权，前此政治努力的成果得而复失，人们对单纯进行政治改革的有效性产生了怀疑，政治兴趣一落千丈，于是又一次开始改变思路，即暂时放弃政治活动，而重点开展政治以外的其他活动。当时《青年杂志》公开宣布"批评时政，非其旨"，胡适发誓"二十年不谈政治"，张君劢许诺"四十年不谈政治"，等等，都表示了对政治的厌恶；而1915年兴起的新文化运动，则表示中国的改革运动从政治领域淡出而在社会领域出场。

正是在这一思想背景下，王光祈打出了"主张社会活动，反对政治活动"的旗帜，并以此作为少年中国学会的"精神之所在"③。尽管从时间上讲，这一主张的正式亮出已是五四运动之后，比起陈、胡等新文化人要晚了几年。不过这照样正常，它仍然是民初以来国内"不谈政治"思潮的有机构成和逻辑延伸。

王光祈反对进行政治活动，基本理由和陈、胡等人大同小异，即几十

---

① 《团体生活》，《王光祈文集·时政文化卷》，第70、73页。
② 《少年中国学会之精神及其进行计划》，《王光祈文集·时政文化卷》，第75页。
③ 《对今年七月南京大会的提议》，《王光祈文集·时政文化卷》，第116页。

年来的政治活动未能如愿。他说：我国近三十年之改革运动，可称道者有三：一为戊戌变政，二为辛亥革命，三为新文化运动。戊戌、辛亥两次改革运动，其形式虽有所不同，其精神则皆为政治改革，换言之，"即如何将政权夺到手中，然后利用政治权力，以实行其大规模之改革。"但是凡相信政治改革者，都有两种根本观念：其一，欲改革社会非取途于政治不可；其二，官僚万能。"由前者之观念所演出者为政治运动，由后者之观念所演出者为贤人政治。"故当时党人所攻击者为满清政府，所欲得者为政治权力，所醉心者为日本维新，所从事者为军事政治，三十年来党人之思想及行为不过如是而已。为什么最后落得如此结果？表面上看，是北洋军阀乱政，然往内里讲，则是由于"得志后之进步、国民两党人，其明争暗夺，贪赃枉法，眼光短小，举动乖张，原不足有为。"当然，影响中国政治改革成功与否的因素十分复杂，它至少需要圆满回答如下诸问题：第一，主张政治改革者以政权为改革中国之手段，试问以何方法得此政权？第二，即使获得政权，试问用何势力以拥护其政权？第三，即使政权能获得拥护，以中国幅员之大、民俗之蔽，有何方法而厉行其改革之政策？第四，即使政策能够厉行，试问此种由上而下之改革，是否适于时代精神？第五，即使适于时代精神，试问于此列强虎视眈眈之中国，是否容吾人有此强有力之政府？近三十年来，这些问题没有得到满意的回答和解决，故政治改革只能破产。据此他认定，从今以后，吾人不能再以毕生百分之九十九之光阴，为争夺政权而谋改革中国之用，而当以毕生精力投之于社会事业。否则，"若思想不革新，物质不发达，社会不改造，平民不崛起，所有一切其他政治改革皆是虚想。"①

新文化运动是政治改革转向社会改革的标志性表现。从思想文化入手，更新国人的思想观念，其取途不属于政治而属于社会。在王看来，"果能循此以进，努力奋发，民族清明之气，不难计日而复。"但新文化运动未能持续坚持下去，仅仅只开展了几年，又再一次将地盘让给了政治运动。"一般参与新文化运动之青年，乃将三十年来之教训，尽行忘去；所有新文化运动精髓之社会改革，一笔推翻；所有从前政党之迷路，皆一一照旧再走；所有中国一线生机，遂从兹断绝。"王氏此处所批评之新文化

---

① 《政治活动与社会活动》，《王光祈文集·时政文化卷》，第 125—126 页。

运动走上旧路,一指随着中国共产党成立和国民党重新改组而来的政治革命运动的再度兴起;一指部分提倡社会主义之青年主张加入旧政界,通过推行社会政策以实现社会主义。他以为,政党革命运动已有前车之鉴,不宜重蹈;加入旧政界以实现社会主义更不现实也无益处。"昔日马克斯穷居伦敦,反对德国政府,其时铁血宰相卑士麦执政,厉行社会政策,以缓和阶级战争。夫社会政策,固系一种残羹冷炙之慈善行为,然对于当时之工人境遇,何尝无益?使马克斯亦假加入政界实现主义改良工人境遇之说,则马克斯何妨回国加入政界,以改良工人待遇?想亦卑士麦所极端欢迎者也。然而马克斯不为也。观此则知凡抱有一定主义之人,于其主张范围之外,坏事固不能做,即好事亦不能做也。以上系就抱有一定主义而加入政界者而言。若无一定主义,无一定后援,徒抱一种空空洞洞之理想或计划,而贸然加入政界,则其失败,更不卜可知矣。"总之,在王看来,无论何种形式的政治活动,组织政党也好,加入旧政界也好,都已经证明不可行,都为当前中国不可取。"从前是政治改革之失败,今日是社会改革之代兴,吾辈与旧日党人不同之点在此,新文化运动关系民族之存亡者亦在此,所以吾辈必抱定宗旨,从事社会活动,反对政治活动。"①

少年中国学会之成立,本是奔着社会改革而来,其既是王光祈等社会改革主张者努力的结果,也是时潮转向的结果。其时,"有数十青年同志,既慨民族之衰亡,又受时代之影响,知非有一般终身从事社会改革之青年不足以救吾族,于是不度德不量力,结为斯会,以'社会活动'为旗帜,奔走呼号,为天下倡。学会发起之次年,有五四之役,于是社会改革之说,更如日中天,而学会亦于此时谬得社会之同情矣。"学会即以社会改革为目的,学会根本精神既在社会改革,则为贯彻学会宗旨,反对政治活动也是题中应有之义,不得不然。学会反对政治活动难免引起人们误会,王氏点出误点有二:一是视学会之反对政治活动系标榜清流,二是视学会反对政治活动为否认现代政治制度。王氏指出,所谓学会标榜清流,此实大误。"清流者不负责任之别名也,旁观者之态度也,吾辈血热心雄之青年,何能出此?……吾辈正应一破旧例投身地狱,与彼辈恶魔相斗,何忍独标清流,立于旁观?"吾辈之所以反对政治活动,"既非独标清流,亦

---

① 《政治活动与社会活动》,《王光祈文集·时政文化卷》,第126页。

非怕入地狱，而系死守社会活动之范围，范围以外之活动，无论其有利无利者在所不问。"至于反对现代政治制度之说，也不能成立。"吾会同志中诚然有一部分人反对现代政治制度，然而在革命时机未至以前，理想制度未立之际，对于现代政治制度，亦拟不加反对。即各政党合理之现代政治活动，亦不否认，惟吾辈自身死守社会活动之范围而已。"① 由此看来，反对政治活动而从事社会活动，作为少年中国学会的自觉选择，必须"死守"，否则学会也就没有存在的必要了。

王光祈在多方举证反对政治活动的同时，反复强调应该进行社会活动，甚至社会活动之重要性及优先性本身，就是反对政治活动的最大理由。王氏如此看重社会活动，那么他所说的社会活动究竟何所指呢？

前已提到，1915年兴起的新文化运动，已被王光祈归入社会活动的范畴，但是他对这一运动未能坚持下去表示遗憾。这一运动既已中止便再难恢复；而少中会员也好，王光祈本人也好，自始就没有表现出对新文化运动的兴趣也未参与其中，因为在他们看来，新文化运动存在着"专尚空谈"的毛病，故他们所措意的社会活动就不可能落入新文化运动的窠臼，而必然是在新文化运动之外另辟蹊径。此另辟之蹊径，即教育与实业。"教育所以谋国人精神上之解放，实业所以谋国人物质上之解放。一方面吾人现在所从事之教育实业，为将来大规模改革时之预备工夫；他方面吾人又欲于此时将精神文化与物质文明建筑在一个基础之上，以实现吾人理想之'工读社会'。"② 王光祈将这种主要侧重于教育与实业的社会活动与其他运动进行了比较，认为其间存在重要差别：

其一，一般人所从事的政治活动或爱国运动都是一种"跳"的运动，而社会活动则是一种"走"的运动。"跳"的运动不能永远继续，而且跳来跳去终是未离原点；"走"的运动表面看来没有那么有声有色，但只要坚持，总在前进，总有达到理想之日。因此一般具有改革社会热忱的青年，需要使自己具有某项专门事业的普通知识，掌握对于该项事业着手改革的方法。"积无数具有丰富常识的专门事业人才，然后各种社会事业，始能蒸蒸日上，国民思想及生活亦能逐渐进步。因此之故，现在主张'政

---

① 《政治活动与社会活动》，《王光祈文集·时政文化卷》，第127页。
② 《政治活动与社会活动》，《王光祈文集·时政文化卷》，第127页。

治运动'的先生，尽可以不必读书，尽可以不必从事专门事业的训练。而我们主张'社会活动'的青年，则万不可不具'专门常识'，否则我们改革理想终于无从着手。"

其二，"社会活动"既不是一种"专尚空谈"的文化运动，也不是一种"只求实利"的社会事业。后二者要么只有高远思想而无基础事业，要么虽办了许多事业又无高远思想，换言之，就是或只有精神而无躯壳，或只有躯壳而无精神。而"社会活动"不同，它是一种"有基础事业的文化运动"，是把精神装在一个躯壳之中。因此之故，"我们非办学校、报馆、实验室、博物院等等不可，同时我们又非有极深厚的理想为之前导不可，两个要素须打成一片。"

其三，社会活动与一般所谓社会主义运动也不同。社会主义运动的手段，第一步在引起民众的不安，继而直接激起民众的反抗。然而以中国那种缺乏智识、毫无组织的民众，与强有力者相抗，驱逐他们像一般小孩子那样向河里跑，其结果只能是牺牲。"不安"是痛苦，"牺牲"又是痛苦，而理想的乐园，此时又复渺不可及，那么，一般民众的悲观失望更将与日俱增了。民众的不安是应该引起的，"但是引起之后，必须同时有一种东西足以安慰他们，不致流于悲观失望。"我们主张的社会活动，就是在引起民众的不安之后立即给以安慰。譬如，我们一面向民众指出他们的智识如此贫乏，精神生活如此无聊，物质生活如此简陋，一面立即创办种种学校，设备种种美术，筹备各种实业，给民众以安慰，这样就能使民众看到希望，并不断向理想的方向前进。总之，社会活动就是从兴办教育与发展实业入手，改善普通民众的精神生活和物质生活，谋求人们精神上与物质上的解放。它是将来进行大规模改革的"基础"，是将来实行各种主义的"预备工夫"，是引导国民全体向着理想目标的"有秩序的前进"[①]。

"所谓社会活动，本是'实行'问题，不是'言论'问题。"[②] 基于此，王光祈在提出反对政治活动、从事社会活动之主张的同时，采取措施努力推动这一主张在实际生活中予以贯彻：一方面，他为少年中国学会制定了"本科学的精神，为社会的活动，以创造'少年中国'"的宗旨，将

[①] 《社会活动的真义》，《王光祈文集·时政文化卷》，第157—159页。
[②] 《〈少年中国运动〉序言》，《王光祈文集·时政文化卷》，第168页。

学会定位于"主张社会改革的团体"。依此,学会"会员平居则研究真实学术,若建树事业,则不外教育实业两途。"[①] 另一方面,1919年底,在一些会员支持下,他又组织成立了北京"工读互助团",帮助北京的青年实行半工半读,实现教育和职业的合一。在北京工读互助团的影响下,上海、南京、天津、武昌、广州、扬州等地也成立了性质相同的团体。王光祈对工读互助团给予了很高的评价和期望,说:"我们天天在文字上鼓吹改革社会,从未有改革社会的实际运动。这种互助组织,便是我们实际运动的起点。"又说:"工读互助团是新社会的胎儿,是实现我们理想的第一步。……若是工读互助团果然成功,逐渐推广,我们'各尽所能、各取所需'的理想逐渐实现,那么,这次工读互助团的运动,便可以叫做'平和的经济革命'。"[②] 工读互助团虽然没过多久即行解散,但它不失为王光祈"社会活动"主张的一次难得的实践性尝试。

四、"少年中国"发展及其影响

五四时期是一个思想活跃、百家争鸣的时代,其时各种关于中国社会改造的主张或方案竞相出台,相互之间自由论辩。虽然它们之间的分歧或许相差甚远,有时不免也会争论得面红耳赤,但在一个时期内,它们都大体处在平等的地位。分歧或争论未能窒息人们的热情,相反却刺激了人们的全方位思考,这于探寻最佳的中国问题解决方案十分有益。

王光祈及其所代表的少年中国学会的社会改革思想是五四时期诸多社会改造思想中的一种。如上所述,它虽然没有从根本上反对主义,比如社会主义,但它主张现在要将各种主义搁置,全力去做预备工夫,为将来实现主义做准备。这与主张现在就要高举社会主义旗帜的马克思主义者不同,也与只研究问题不谈主义的胡适派有别。它反对政治活动强调社会活动,这与马克思主义者的阶级斗争主张明显不同,而与新文化运动又有着较为相近的价值取向,但它不满意新文化运动仅仅只注重改变人们的精神生活,而不去改变人们的物质生活。人们常常认定王光祈的思想属于空想社会主义,因为他曾提倡工读互助,组织工读互助团,还说过要实现工读

---

① 《少年中国学会之精神及其进行计划》,《王光祈文集·时政文化卷》,第79页。
② 《工读互助团》,《王光祈文集·时政文化卷》,第81—82页。

社会。须不知，王光祈此举，一在训练人们的团体生活习惯，因为没有团体生活，任何主义都是空谈；二是为了养成一般劳动互助习惯，以便将来改造社会。可见，其主张仍然属于所谓"预备工夫"中的一环。总之，搁置各种主义，放弃政治活动，以社会活动的方式为将来实行主义创造条件，进行预备，是王光祈社会改造思想的精髓。

一段时间内，少年中国学会成为各种主张的集合地。国家主义者、社会主义者等等，都在学会内共处共生。当然，争论是有的，而且日益激烈，最后发展到各自分道扬镳。但是就王光祈而言，他始终坚持学会的宗旨和精神。他把少年中国学会始终看成是一个从事社会活动、反对政治活动的团体，强调任何人都可以有自己的信仰，都可以有自己的宗旨，但是，若与学会宗旨不合，则请其出会。这样，便既维护了学会的宗旨，又没有妨碍个人的自由。出于此，王光祈基本上只阐述和坚持自己的观点，从来没有对其他的观点主张，比如对社会主义思想进行批评和抨击，可以说王光祈较自觉地遵守了思想自由的规则。

王光祈及少年中国学会自身开展的社会活动包括编辑出版《少年中国》《少年世界》等刊物，编辑少年中国学会丛书，组织工读互助团，以及组织同人出国留学等等，此外还有办学等地方基础事业的谋划。这些活动应该说取得了一定成绩，但成绩不甚理想。最显明的是，工读互助团只维持了几个月就停办。其原因，有人（恽代英）说是"法的问题"，王光祈坚持认为是"人的问题"。施存统、俞秀松也持相同观点，说团员"工作不尽力""不肯协办商量办法""消费的不当"是失败的"大原因"，问题也在"人"。王还针对一些人以为"工读互助团的组织，在现代资本制度之下，是绝对不行的"的观点指出，"这句话在欧美大资本制度之国家中或系如此，但是亦系一种相对的而非绝对的，若在中国更说不上受大资本家的压迫，以致工读互助团竟无成立的可能。"工读互助团之所以失败，其原因甚为复杂，"或由于感情不洽，或由于经济破产，而经济破产之原因，又多由于团员不肯努力或和衷共济之故，故我遂也断定此次之失败，完全是人的问题"，具体而言是"团员的心理问题"，"所以不能借经济压迫、能力不足等等理由而自解"[①]。王光祈把工读互助团失败的原因归结为

---

① 《致恽代英》，《王光祈文集·时政文化卷》，第113—114页。

"人的问题"而不是"法的问题""经济问题"即社会问题，未必完全正确。在一个制度不健全的社会，单纯依靠工读互助去解决人们所面临的种种困境并期望以此示范社会改造，的确太难。所谓"人的问题"，归根结底还是社会制度问题。不过工读互助团失败中所反映出来的"人的问题"，却为王光祈"改造社会要先从个人改起"[1]的主张提供了一个思想支撑。

1920年4月，王光祈抱着"求学与修养"的双重目的前往欧洲留学，此行一去未归。最初几年，他仍关心着国内的少年中国运动，与同人保持着联系，不时汇报国外见闻，指导学会工作。而他自己的思想，由于受域外文明的影响，也发生着微妙变化。他到欧洲后第一感觉的，便是自己"从前的观念错误"，从前受国内新思潮影响，"思想上虽略有变迁，仍是一个不彻底的变迁，不过将从前的旧观念，再糊上一层新思想，表面上虽然好看，里面却仍是腐败不堪。"比如"我从前甚提倡与旧社会隔离的方法，主张改造社会要先从个人改起，而且须立在旧社会以外，把旧社会当作一种客观的东西去研究他、改造他。即或认为在旧社会以外是一件不可能的事，至少亦须具有超出旧社会以外的思想及精神。我从前的自信力很强，以为我与旧社会假意周旋，或者不至于传染。其实我冥冥之中已受传染，跌过了许多筋斗！"这里，王光祈似乎已经意识到之前企图通过所谓"新村"和工读互助团达到与旧社会的"隔离"以防其"传染"的不可靠。此时，他也进一步意识到此前青年运动的不足。"一年来的青年运动，多脱不了英雄名士的色彩。譬如爱国运动、社会改造运动，都把他看作'英雄事业'；文化运动、文字革命运动，都把他看作'名士生涯'。英雄名士的特色，便是虚荣心甚强，私德心颇弱，任情恣意，恃气逞才。换言之，便是没有深厚的修养，一切思想事业皆筑于不正当之观念上。"他称他和他的朋友们"都受了英雄名士的重毒"，因此强调要去毒，今后要求学优生事也要注意端正观念，"若是观念不正，学问事业都是杀人的利器。"[2]

关于政治运动，他的观点也有所改变。之前他反对的政治活动主要指夺取政权，然后利用政治权力实行大规模改革，如辛亥革命即是；现在他

---

[1] 《旅欧杂感》，《王光祈文集·时政文化卷》，第100页。
[2] 《旅欧杂感》，《王光祈文集·时政文化卷》，第99—101页。

所反对的则"专限于做现在的官吏议员","此外一切政治行动,我们皆极赞成"。之前他反对政治活动当然包括反对革命,现在他则表态"赞成革命运动,但是须分为两种进行,一种是武力的,一种是文化的",即"武力革命与和平改造同时并行",只是他认为现在更应该"重视预备工夫","先在一般平民身上用一番深厚工夫",否则,"无论你从事政治活动,或是从事武力革命,皆是没有基础的,既或成功,亦不能持久的。"① 1922年7月少年中国学会在杭州召开年会,通过的决议中包括"本会对外反对世界帝国主义的侵略,对内谋军阀势力的推翻"②。王光祈得知后,一方面表示"完全同意",称其"为吾辈素志";同时又试图将其与此前的主张结合起来,强调"惟欲实现此种目的,非先改造社会势力不可(换言之,以社会事业作基础之势力)"。他公开表示:"弟相信只有此种社会势力始能抵抗帝国主义,推翻封建巢穴。因此之故,凡国内主张用社会势力以抵抗帝国主义推翻封建军阀巢穴者,吾辈皆可引以为一时同志;反之,凡主张亲交甲国以抵制乙国(如亲美派之所为),或利用甲军阀以推倒乙军阀(如国民党之所为)者,吾辈皆在排斥之列。"总之他认为,"反对帝国主义,须建在民族自觉之上;推翻军阀势力,须建在社会自觉之上。所有李鸿章式之'以夷制夷'政策,孙逸仙式之推倒军阀方法,皆宜严行摒弃。吾辈今日之所应从事者,即以如何唤起民族新觉悟,与夫如何建筑社会新势力。此外一切皆非根本办法。"③

关于此前不谈主义的态度,他也做出了新的解释。他说:"吾会之所以不主张轻易决定一种主义,随便介绍一国政治者,盖以现在世界潮流顷刻万变,国民根性又素未深究,即或介绍之主义与政治一一成功,试问成功后之中国,能与世界最新潮流不违背乎?能与国民根性不抵触乎?……吾会既明斯义,所以主张从事预备工夫。所谓预备工夫,对于主义,则吾辈现正从事深思苦索之研究;对于事业,则吾辈现所从事者皆为将来一切理想组织之基本。吾辈不怕不走,只怕走错,今日吾会所取之态度或可免'走错'之讥欤。"他认为,"今日会中虽不标明主义,而各人信仰起码亦

---

① 《致左舜生》,《王光祈文集·时政文化卷》,第153页。
② 《少年中国学会最近的进步》,《先驱》1922年第10期,《五四时期的社团》(一),三联书店1979年版,第457页。
③ 王光祈:《致"少年中国学会"同志》,《少年中国》1923年1月第4卷第2期。

系社会主义，所未能一致者，不过实现之方法及其组织耳。故今日共同从事预备工夫，仍有大部分共通之点"，不像有些人所言是"各备其所备"。"要而言之，吾会中之事业家必须决定一个共同主义，而此共同主义必须加以切实之研究，待以时日而后可。至于今日则主张社会活动，反对政治活动，便为本会之主义，把第一步做到，再说第二步。"① 这里，王光祈主张在从事社会活动的前提下承认可以信仰主义并且可以信仰社会主义的立场，已清晰可见。

总之，王光祈出国之后的思想发生了一系列微妙变化。这与他在国外所受影响有关，也与国内思潮及时局变化有关，还与少年中国学会内部的主义之争有关。这种变化表明了王光祈思想的某些进步。不过由于其所经营的少年中国学会不久解体，他本人又远离国内斗争实际，他的思想终究没有发生根本性质的改变。然而他一如既往地遵循着当年少年中国学会的宗旨，并为此在国外孤军奋斗，直至去世。

第二节 以"菜园新村"构想发扬工读互助主义

1919年7月下旬，王光祈在读了左舜生《小组织的提倡》一文后，给左舜生写信，提出自己对"新生活组织"的构想；后以《与左舜生书》为题，发表在《少年中国》第1卷第2期上。他的这个构想一般被称作"菜园新村"。其主要内容是："我们先在乡下租个菜园，这个菜园距离城市不要太远，亦不要太近，大约四五里为宜。这个菜园不要太大，亦不要太小，只要够我们十余人种植罢了。菜园中间建筑十余间房子，用中国式的建筑法，分楼上楼下两层。楼上作我们的书房、阅报室、办公室、会客室、藏书室、游戏室等等，楼下作我们的卧室饭厅等等。园子西南角上建筑一个厨房，东北角上建筑一个厕所，房子后身砌上一个球场。园子周围挖下一条小溪，溪边遍种柳树，柳树旁就是竹篱，竹篱里头就是我们的菜园了。"② 大家在菜园里的生活日程的安排：每天种菜两个钟点，读书、翻

---

① 《政治活动与社会活动》，《先驱》1922年第10期，《五四时期的社团》（一），三联书店1979年版，第132页。

② 《王光祈文集·时政文化卷》，第53页。

译各三个钟点，其他时间娱乐、阅报。种菜是为了从事"户外劳动，于身体有益"，易于学习，且有收效最快；读书是为了"寻精神上的快慰"；翻译是为了"介绍欧化，以革新一般人的思想"；还可以办印刷局，既传播新知，又获得收入。各国出的新书，我们可以立即把它们翻译、印刷出来，"我们就是文化交通上的'火车头'！"除了这些之外，他还构想："我们在园中要附设一个平民学校，附近农家子弟均可以到学校读书，不纳学费。我们还要常常到那些农家与他们诚诚恳恳的周旋。每逢星期，还要聚集他们开一个演说大会，散会之后，我们还要开演幻灯。或购置留音机器一架，使他们大家快活呀！""我们有家眷的可以同住，我们穿的衣服鞋子都归他们办理。厨中事情由我们自己担任，是不雇佣仆役的。"[①] 王光祈设计的这个"菜园新村"集劳动、读书、教育、娱乐、生活、家庭为一体，构成比较完整的半工半读体系。他的这个构想集当时流行的泛劳动主义、新村主义和无政府共产主义之大成。王光祈后来将这种主义命名为"工读互助主义"，它是"少年中国"理想的具体实践。

一、"菜园新村"的时代背景

在20世纪初年，这个旧秩序遭到空前破坏、中央集权被严重削弱、偶像被打倒、价值被重估，思想文化形成断层的特殊年代，各种学说乘隙涌入，新思潮纷呈一时。特别是五四运动的波涛，使得各种新思潮来势汹涌，冲破传统思想的禁锢，使中国人民的思想得到一次大解放。当然，潮流涌来时难免泥沙俱下。五四时期被中国人当作新思潮传播的社会主义学说十分庞杂，既有马克思主义的科学社会主义，又有各种各样被称为"社会主义"的资产阶级和小资产阶级的思想流派，如无政府主义、无政府工团主义、互助主义、新村主义、合作主义、泛劳动主义、基尔特社会主义、伯恩施坦主义等。对这些主义和学说，他们正在进行分析、比较和选择，希望能从中找到挽救民族危亡和改造中国社会的良方。

经过五四爱国运动，中国人民有了新的觉醒。特别是青年中的一批先进分子，以救国救民、改造社会为己任，重新考虑中国的前途，探求改造中国社会的新方案。他们纷纷撰写文章、创办刊物或成立社团，以介绍、

---

① 《王光祈文集·时政文化卷》，第54页。

传播和研究国外的各种新思潮。当时，鼓吹新思潮的刊物如雨后春笋，先后出现400多种。这些刊物的绝大多数都宣称以改造社会为宗旨，有的还在文章中提出各种各样的改造中国社会的方案。

王光祈出身于封建的书香门第，自幼受到传统文化的熏陶，年稍长就读著名的成都高等学堂分设中学堂。他在近代新式学堂读书这一重要经历，奠定了他民主爱国的思想基础。当时，各种报刊书籍均针对时弊，提出改革社会、救国救民的主张，对年轻人产生了很大的影响。辛亥革命兴起，王光祈积极参加保路运动中学生的罢课活动，并对川籍民主革命家邹容、彭家珍等烈士推崇备至。这些活动坚定了他对建立一个真正新中国的追求，使他逐步成为一个爱国主义者和激进的民主主义者。然而，辛亥革命虽然推翻了封建君主专制制度，建立了中华民国，但中华民族并没有因此走上富强繁荣之路，亡国灭种的阴影仍笼罩着神州大地。"中国向何处去"的探索成为当时时代的主题。中国的先进分子纷纷探求救国救亡之路，王光祈也不例外。他在1914年致周太玄的信中就表示要打破旧中国的现状，创造新的路子。这一年，他就读于北京中国大学。在这期间，他参加北京《京华日报》的工作，并兼作四川《群报》驻京通讯记者，后又担任了四川《川报》驻京通讯记者。新文化运动兴起，他积极投身其中，并结识了新文化运动的思想家李大钊等人，为《新青年》《每周评论》《少年中国》《晨报》等报刊撰写了大量文章，宣传新文化运动，探索救国之路，遂成为新文化运动中著名的社会活动家。

1918年7月，王光祈以第二名的优异成绩毕业于中国大学。这年12月，陈独秀和李大钊发起创办《每周评论》，王光祈是该刊主要撰稿人之一。与此同时，王光祈还在《晨报》副刊上发表了不少文章，其中流露出了泛劳动主义和工读主义的思想。如他在《学生与劳动》一文中指出，20世纪是"劳动主义盛行的时代"，人人都要劳动。"现在要由这个不良政治、腐败社会里头，寻出一个极有兴趣的新生活来，就是学生与劳动这个意思，就是一面工作、一面读书，终身工作、终身读书。"[①] 在《劳动者的权力》一文中，王光祈提出劳动者应当要求自己的权利，要实行"生产机

---

① 《王光祈文集·时政文化卷》，第7页。

关公有"①，教育平等。这些主张得到了很多人的共鸣。

这年的5—6月间，我国留学生为反对段祺瑞政府与日本秘密签订《中日陆军共同防敌军事协定》，先后有3000余人罢学回国。雷宝菁、张尚龄、曾琦等陆续到达北京。王光祈跟他们经常有书信往来，彼此熟悉，于是常邀周太玄、陈淯、雷宝菁、张尚龄、曾琦等在南池子陈淯的住处或中央公园（今中山公园）聚谈，探讨社会改造的路径。这6人作为少年中国学会最初的发起人，讨论了由王光祈起草的《吾党今后进行意见书》。意见书上称："同人等欲集合全国有为的青年，从事专门学术，献身社会事业，转移末世风俗。……知改革社会之难而不可以徒托空言也，故首之以奋斗继之以实践；知养成实力之需时而不可以无术也，故持之以坚忍，而终之以俭朴。务使全国青年志士，皆具先民敦厚之风，常怀改革社会之志，循序以进，悬的以趋。勿为无意识之牺牲，宜作有秩序之奋斗。"

左舜生（1893—1969），湖南长沙人，历史学家，青年党党魁。原名学训，字舜生，号促平。上海震旦大学毕业。1920年任中华书局编译所新书部主任，出版《新文化丛书》等，主编《少年中国》月刊。1924年任《醒狮周报》总经理，次年加入中国青年党。1935年任该党中央执行委员会委员长。抗日战争初期回长沙，参加湖南文化界抗敌后援会，选为理事。后以青年党代表身份参加国民参政会。1946年在上海创办《中华时报》《青年生活》，次年任国民政府农林部部长。1949年去香港。著有《中国近代史四讲》《黄兴评传》《近代中日外交关系小史》《左舜生选集》等。

1919年，左舜生经过五四运动的洗礼，接触众多的思潮，他独立思考，提出了自己对成立社会组织的理念，写出了《小组织之提倡》一文，发表在1919年7月2日上海的《时事新报》副刊《学灯》上，在当时，引起了不少人的关注。

在这篇文章里，左舜生提出："理想上的'小组织'是由少数同志组织的一种学术事业生活的共同集合体。"团员必须有独立工作能力，与家庭断绝经济关系，劳动所得完全归公共使用和分配，子女也归集体负责教养。他满情憧憬地写道："我想现在这班人的堕落不出三种原因，一是愚

---

① 《王光祈文集·时政文化卷》，第16页。

昧，二是生计的艰难，三是缺少精神修养。我敢信这种'小组织'可弥补这三种缺陷。我想我们现在的生活的方法是极不自然的，将来无论如何不能不改变。这种'小组织'可以给我们种种实验。"

王光祈读到这篇文章后，十分地兴奋，连夜挑灯写了一封长信给左舜生，详细谈了自己的具体设想。这封信后来以《与左舜生书》为题发表在《少年中国》第1卷第2期上。他在信上表示："对于新生活的组织，已经有了办法，我们少年中国学会会员都是极端赞成的，而且是急欲见诸实行的。"他对这种新生活组织规划为大家共同生产一起读书的"菜园"。这是何等令人神往的田园诗般的美好生活！它既符合传统中国文人的生活情调，又反映着现代青年知识分子的独立追求。王光祈显然是将工读生活与当时正在流行的新村运动巧妙地结合起来。

王光祈设计的这个菜园新村，集劳动、读书、娱乐为一体，构成比较完整的半工半读。毛泽东在湖南设想的岳麓山新村几乎差不多。我们从王光祈设计的这个菜园新村可以看出，他的这一构想结合了当时流行的泛劳动主义、新村主义和无政府共产主义。王光祈自称他的这种主义或可叫作"工读互助主义"。

二、"菜园新村"的思想渊源

王光祈的"菜园新村"构想，不是心血来潮的、毫无根据的幻想，而是根植于中国传统思想，受到中国古典空想社会主义和陶渊明休闲思想的影响，康有为"大同"思想的熏陶，特别是"新村主义"的强烈触动，诱发了王光祈建立"菜园新村"的强烈愿景，继而以信函的形式公诸于世。

（一）中国古典空想社会主义和陶渊明休闲思想的影响

王光祈的母亲"罗氏出身'书香门第'，光祈从小即随母识字念书。"[1] 少年时在母亲的教养下，"能背诵许多古诗，且能作五言诗。"[2] 9岁进私塾读书，接受中国传统式的幼学教育，即传统文化与传统伦理道德教育，这其中自然包括中国古典空想社会主义和陶渊明休闲思想的影响。特别是王光祈到北京中国大学学习法律期间，他一边学习，一边在清史馆打

---

[1] 四川省温江县志编纂委员会编纂：《温江县志》，四川人民出版社1990年版，第907页。
[2] 韩立文、毕兴：《音乐学家王光祈生平事略》，《音乐探索》1983年第1期。

工，参与《清史稿》的编撰工作以挣取学费，接触大量的中国历史和中国古典社会主义思想，铸就他对中国国学的深厚情感。

中国"古典空想社会主义"以"安贫乐道""不患寡而患不均"为标识："丘也闻有国有家者，不患寡而患不均，不患贫而患不安。盖均无贫，和无寡，安无倾。"① 由"均"而"安"，由"安"而"和"，由"和"而国家"无倾"。由非物质论、非国富论引出中国古代道德论与"幸福"论。儒家之义为道德之首，"富且贵，与我如浮云"②，由此安贫乐道的颜回受到孔子的嘉奖："贤哉！回也。一箪食，一瓢饮，在陋巷。人不堪其忧，回也不改其乐。贤哉！回也。"③ 这是以"大同"主义、"礼运"精神为号召的古代"公有"思想。《礼记·礼运篇》是中国古典空想社会主义的基本纲领，突出反映中国古代的"公有"思想。"大道之行也，天下为公。"④ 很显然，我们在王光祈"菜园新村"里，可以看到这些思想的影子。

中国历史上的魏晋南北朝时期是社会政治动荡不安的时代，文人士大夫纷纷地采取了对政治不闻不问、面向自然的生活态度。而他们这种崇尚田园生活的心态，也促成了这一时期休闲思想的逐渐成熟。宗白华在《美学散步》中，曾对魏晋南北朝的艺术作了概括的描绘："汉末魏晋南北朝是中国政治上最混乱、社会上最苦痛的时代，然而却是精神史上极自由、极解放，最富于智慧、最浓于热情的一个时代。"⑤ 中国古代杰出的诗人陶渊明开创的田园诗充满了对纯洁田园生活的热爱。他的散文作品《桃花源记》为我们勾勒出了理想中的"世外桃源"，这是中国传统隐逸文化所向往的理想社会。历代文人名士和布衣百姓在喧嚣的尘世中都希望寻觅到能够隐逸的"世外桃源"，并以这样的理想社会形态作为独善其身的精神寄托。毋庸置疑，王光祈所构想的"菜园新村"中，那种"劳动""种菜""读书"活动，那种"菜园""柳树""竹篱""小溪"环境，几乎就是那个时代的一个翻版的"世外桃源"。

---

① （魏）何晏注、（宋）邢昺疏：《论语注疏》卷十六《季氏》，上海古籍出版社1990年版，第145页。
② （魏）何晏注、（宋）邢昺疏：《论语注疏》卷六《雍也》，上海古籍出版社1990年版，第50页。
③ （魏）何晏注、（宋）邢昺疏：《论语注疏》卷六《雍也》，上海古籍出版社1990年版，第50页。
④ （清）阮元校刻：《阮刻礼记注疏》卷七《礼运第九》，浙江大学出版社2015年版，第1679页。
⑤ 宗白华：《美学与意境》，人民出版社1987年版，第183—184页。

（二）康有为"大同"思想的影响

王光祈在读私塾时，"受塾师蒋春帆的影响，对戊戌变法和维新六君子印象深刻。"① 1908年，王光祈考入四川高等学堂分设中学堂。在读中学期间，所在"中学是一所富于革命精神的学校。校长刘志士是川中有名的学者，不仅是汉学专家，还大力提倡新学。王铭新、杨沧白、刘咸荣等四川学界的名流，都先后在该校任教。他们倡导学生阅读鼓吹改革、推翻清朝的进步报刊，严复的《天演论》和康有为的《大同书》等。王光祈所在的丙班同学中，如周无（太玄）、李劼人、魏嗣銮（时珍）、曾琦（慕韩）、郭沫若、蒙文通等，都是有学识的人，彼此在一起，议论时事政治。""如饥似渴地吮吸着新文化、新思想、新知识养料。"②受到康有为的"大同"思想的启蒙，对那种"大同社会"亦是十分向往。

康有为在1902年完成的《大同书》，述论建立在农本主义与民本主义基础上的大同社会愿景。在此社会中，"人人皆教养于公产而不恃私产，人人即多私产，亦当分之于公产焉，则人无所用其私。""惟人人皆公，人人皆平，故能与人大同也。"有了土地公产还不够，还要实行"资本"公产。私人住宅也不复存在，"只有公所、旅舍，更无私室"；吃饭一律排队进大食堂，"饮食列座万千，日日皆如无遮大会"，"亦有机器递入会室，听任取乐"③，以及相应的社会制度、丰富的物质和精神生活等等。王光祈"菜园新村"的"小组织"社会，大家平等相待，共同读书、翻译、种菜、娱乐、生活，还"附设一个平民学校，附近农家子弟均可以到学校读书，不纳学费。我们还要常常到那些农家与他们诚诚恳恳的周旋。"这几乎就是一个"大同"社会的缩小版。

（三）19世纪西方空想社会主义的影响

1912年秋，王光祈考入中国大学专门部法律本科学习，其间先后兼任《四川群报》《川报》驻京记者，《京华日报》编辑，《新青年》《晨报》撰稿人等。民国初年的这个时期，封建帝制被推翻，新制度刚刚建立，国门被打开，西方各种思潮趁机涌进中国。在这种情形之下，王光祈当然会最先接触这些思想，尤其是有关社会改造的新思想。1918年7月，王

---

① 四川省温江县志编纂委员会编纂：《温江县志》，四川人民出版社1990年版，第907页。
② 韩立文、毕兴：《音乐学家王光祈生平事略》，《音乐探索》1983年第1期。
③ 康有为：《大同书》，上海古籍出版社1956年版，第300页。

光祈以第二名的优异成绩毕业于中国大学，旋即与李大钊、周太玄、陈愚、曾琦、雷宝菁、张尚龄等筹组"少年中国学会"，被推为筹委会主任兼会计。"是年冬，陈独秀、李大钊发起创办《每周评论》。王光祈是这个在五四运动的思想准备方面起到了重要作用的刊物的主要撰稿人之一，并执笔为创刊号写了《国际社会之改造》的社论。"① 此后，他还在《每周评论》《新青年》上发表了多篇文章。他积极参加1919年爆发的五四运动，同时也是促使他全身心投入社会改造活动最好的洗礼。1919年7月1日，"少年中国学会"在北京正式成立，王光祈被选为执行部主任，负责主持该会日常工作。在各种思潮涌入中国的时期，关于社会问题、社会主义、无政府主义等书籍出版很多，王光祈曾"购置多种加以浏览"②。他吸收克鲁泡特金的无政府主义的互助论，认为"无政府主义者，反对一切强权的组织而主张互助自由也，""举其大纲，就是劳动互助四个大字。"③

1919年3—4月间，周作人在《新青年》第6卷第3号、第7卷第2号上分别发表《日本的新村》《新村的精神》两篇文章。在国内首次比较详细地介绍了日本的"新村"和"新村主义"，在当时的进步青年中产生广泛影响。王光祈作为《新青年》的撰稿人，完全应该读到这两篇文章。"新村"虽然来自日本，其创始人为武者小路实笃，但从理论渊源上找寻，日本的这种"新村主义"应该是来自于西方19世纪的空想社会主义。19世纪早期，以法国的圣西门（空想社会主义的创始人）、傅立叶（空想社会主义的领导者）和英国的欧文为首的空想社会主义，深刻揭露了资本主义的罪恶，对未来的理想社会提出许多美妙的天才设想。他们企图建立"人人平等、个个幸福"的新社会。他们甚至进行了社会实验，1824年欧文在美国印第安纳州购买了1214公顷土地，开始新和谐移民区实验，但实验以失败告终，而欧文也因此破产。也有人提出："新村主义是融克鲁泡特金的互助主义、托尔斯泰的泛劳动主义、北美工读互助主义为一炉的小资产阶级空想社会主义。"④ 这也是有一定道理的，因为"菜园新村"的

---

① 韩立文、毕兴：《音乐学家王光祈生平事略》，《音乐探索》1983年第1期。
② 左舜生等：《王光祈先生纪念册》，文海出版社1936年版，第30页。
③ 王光祈：《致君左》，《少年中国学会会务报告》1919年第4期。
④ 《全国都应成为毛泽东思想大学校——纪念中国人民解放军建军三十九周年》，《人民日报》1966年8月1日社论。

构想后来就转变为在城市的"工读互助团"。

按照"新村主义"的构想，只要组织几个人到农村弄一块土地，盖几间房子，共同劳动，自由读书，一种真正的人的生活就实现了。日本的武者小路实笃不仅提出来这样的理论，而且他还真是进行实践：由于他个人有这个财力，在日本九州购买了340亩土地，建了三所房屋，办起了一座"新村"，实验他构想的田园诗般的"新村生活"。这个"新村"，在日本名噪一时，受到许多热血青年的追捧，乃至一些中国青年的向往。周作人便是其中之一，他还到日本的"新村"进行参观，这是他发表文章几个月后的事。尽管如此受到热捧，但是由于社会现实、经费来源（全靠武者小路实笃稿费维持）等原因，"新村"逐渐衰落了。至1923年9月1日东京大地震，在巨大的自然灾害的客观原因下，完全退出了历史舞台。

事实上，在王光祈提出"菜园新村"的构想时，其实面临的最大困难就是启动经费问题，从他"我们在乡下租个菜园"的设想看，就有些"小家子气"，原因自然是经费。王光祈一个穷学生，要自己买土地办"菜园新村"，实在是难以想象。再者，他身边的知识分子，绝大多数是来自城市，不可能同王光祈一样熟悉农村。因此，"菜园新村"的提出，虽然在当时受到热议和追捧，但之后不得不改变方向，由农村的"菜园新村"转变为城市的"工读互助团"（关于"工读互助团"将另文专题论述），并且进行了实践。

（四）左舜生《小组织的提倡》的直接启发

1919年2月初，少年中国学会负责人王光祈参加完少年中国学会上海会员在吴淞同济学校召开的筹备会议由沪返京，顺便取道南京，与左舜生会晤，一起商讨建立共同生活的小组织，希望在这种小组织发展壮大的基础上实现达到改造社会的目的。之后，左舜生经过思考，写了《小组织的提倡》一文，发表在1919年7月2日上海的《时事新报》副刊《学灯》上，引起了不少人的关注。

在这篇文章里，左舜生提出："理想上的'小组织'是由少数同志组织的一种学术事业生活的共同集合体。"团员必须有独立工作能力，与家庭断绝经济关系，劳动所得完全归公共使用和分配，子女也归集体负责教养。他满怀憧憬地写道："我想现在这班人的堕落不出三种原因，一是愚昧，二是生计的艰难，三是缺少精神修养。我敢信这种'小组织'可弥补这三种缺陷。我想我们现在的生活的方法是极不自然的,将来无论如何不能不改变。这种'小组织'可以给我们种种实验。"

几天后,王光祈读到了这篇文章。他当即写了一封长信给左舜生。在这封信里,他以澎湃的激情,挥洒着自己对新生活的憧憬、向往和追求。"舜生!我昨天读了你的文章,《小组织的提倡》,知道你要创造一个崭新的生活出来,我欢喜得连吃饭都忘了!……"①

如果说,左舜生勾勒了一个粗糙、模糊的公社生活架构,那么,在这封信里,王光祈则以激动、欢快的节奏,描述了一个恍若田园诗篇的生活图景——"菜园新村"。文章发表后,众多读者纷纷来信,他们热烈讨论着小组织的可能。不久,《时事新报》副刊"学灯"开辟专栏,刊载各种各样的观点、质疑和争论。一时之间,"小组织"成为众多知识青年的新话题。

三、"菜园新村"的历史意义

20世纪20年代的中国,内有军阀割据纷争,外有列强侵略压迫,在民不聊生的情况下,在各种社会改造思想传入中国之际,一些有志于改变中国面貌的有识之士提出了他们的关于社会改造的主张,设计了自己心目中的理想社会,并试图将这些设想付诸现实。"菜园新村"正是在这样一个时期构想的小范围的理想社会,尽管没有能付诸实践,但它积极的历史意义是不可忽略的。

(一)获得同仁的积极响应

李大钊在读了王光祈《与左舜生书》一文后,于1919年9月发表了具有鲜明"菜园新村"意思的文章《"少年中国"的"少年运动"》:"'少年中国'的少年好友呵!我们要作这两种文化运动,不该常常漂泊在这都市上,在工作社会外作一种文化的游民;应该投身到一山林里村落里去,田间篱下那绿野烟雨中,一锄一犁地作那些辛苦劳家的伴侣。吸烟休息的时候,田间篱下的场所,都有我们开发他们、慰安他们的机会。"②"我所希望的,'少年中国'的'少年运动',是物心两面改造的运动,是灵肉一

---

① 《王光祈文集·时政文化卷》,第52—53页。
② 李大钊:《李大钊文集》(下册),人民出版社1984年版,第43页。

致改造的运动,是打破知识阶级的运动,是加入劳工团体的运动,是以村落为基础建立小组织的运动,是以世界为家庭扩充大联合的运动。"① 从中看出,李大钊对"菜园新村"是寄予很大很大的希望的,甚至于号召"少年好友"到"山林里村落里去",开展"两种文化运动"("少年中国""少年运动")。

王光祈的《与左舜生书》一文发表后,没过几天,宗白华写出了《我的创造少年中国的办法》一文。作为后来的诗人、美学大师,尽管认为"两君(左舜生、王光祈)所说的……略带了高蹈隐居的意味","还是消极方面的意思多,积极方面的意思少",但在文章的开篇,还是肯定了左舜生、王光祈"意思极为高尚"。在宗白华看来,左、王两人构想无论如何美好,都更多地是一种个体的生活方式。它不完整、不彻底,对于旧社会的改造、新社会的产生,它的影响更是零碎的、局部的、缓慢的。他说,不应该是一个小组织,也不仅是一个菜园子,"应该跳出这腐败的旧社会以外,创造个完满良善的新社会"②。

此外,王光祈的"菜园新村"构想还得到了蔡元培、胡适、陈独秀等人的支持。③

(二)为"工读互助团"提供理论铺垫

王光祈构想的这个"菜园新村"集劳动、读书、娱乐为一体,构成了比较完整的半工半读体系。他的这个构想集当时传播到中国的泛劳动主义、新村主义和无政府主义之大成。王光祈甚至将"菜园新村"这种方式命名为"工读互助主义",成为"少年中国"理想的具体实践。

1919年12月4日,王光祈在北京《晨报》发表《城市中的新生活》,设想把有志脱离旧家庭、旧社会的青年组织起来,半工半读,过财产公有的集体新生活,以此为新社会的起点。这样一个综合了无政府主义、空想社会主义、克鲁泡特金的互助论、日本的新村运动等当时几乎所有流行思潮的倡议,迅速得到响应。蔡元培、李大钊、陈独秀、胡适、周作人等一大批社会知名人士纷纷支持,募款捐钱,不到半月筹到1300元,超过原计划的1000元。12月24日,北京"工读互助团"率先成立,随后席卷全国。

---

① 李大钊:《李大钊文集》(下册),人民出版社1984年版,第44页。
② 《少年中国》1919年第1卷第2期。
③ 《中国共产党90年历程》,《中国新闻周刊》2011年第23期。

（三）开启一些进步人士进行"新村"尝试

王光祈提出"菜园新村"的构想，自己虽然没能够践行，但却有人在践行：

1920年春，墨西哥归国华侨余毅魂、陈视明等人在江苏昆山县子红村建立了"知行新村"，共同劳动，团结一致组织学习，幻想以新村作为理想试验园地。国内外常有人前去参观访问。书画家思翁曾为他们写一对联："日出而作，日入而息；各尽所能，各取所需。"陈独秀访问后对所见所闻十分兴奋，大加赞许，并与张东荪、蔡元培、吴稚晖等捐钱赞助。后因农场发展规模扩大，不易实行而中止。①

同是1920年春，王拱璧结束在日本的留学，径直返回家乡河南省西华县孝武营村，以农村为阵地，探索救国救民道路，营建"青年村"。在对本村状况调查的基础上，召集村里"正干有为"的青年，成立了5人团体——"素社"。通过民主选举成立村委会（我国首个实行自治的村庄），王拱璧任主委，并选举村长、副村长各1名。成立了包括邻村青年在内的青年自治会，将村名由"孝武营村"改为"青年村"（沿用至今），构想建立"人人有劳动，家家有地种，贫富有饭吃，男女有权柄"的理想社会。他还从教育入手，提倡剪辫放足，破除迷信，改革婚丧陋习，成效明显。大力发展教育，将本村小学堂改为"青年公学"（河南最早的一所农村中学），实行"农教合一"的教育制度，培养农林人才，王拱璧亲任校长，建立董事会，实行民主管理。青年公学因成绩显著，曾被《北京晨报》报道，受到人们的称赞，引起北洋政府教育部和国外学者的重视，参观者络绎不绝。"青年村"建立6年后，因土匪洗劫而涣散。②

此外，在此影响下，一些进步人士还组建有一些新村，如南京启新农工场有限公司（新村名称）、上海龙华新村等，其存续时间均不长。

（四）促使恽代英、毛泽东也提出"新村"设想

1919年11月1日，恽代英与林育南商讨组建新村时，对未来的新生活作了详尽的规划："我们预备在乡村中建造简单的生活，所以需费不多。

---

① 《中国共产党90年历程》，《中国新闻周刊》2011年第23期。
② 漯河市地方史志编纂委员会编：《漯河市志·人物》，卷四十一，中国方志出版社1999年版，第1051页。

村内完全废止金钱，没有私产，各尽所能，各取所需。"①他们还设想设一会计专管对外金钱出纳，举一买办专营买卖俱事；村内男女服装一致，设立图书室、工作厂，注意女子儿童的教育事业；对外鼓吹新文化以改造环境；新村内以农业为主，兼营林果畜牧。他们对未来的新村生活充满了希望，认为"这样去做，必然安闲而愉快"。

1919年12月1日，毛泽东在《湖南教育月刊》发表《学生之工作》一文。他是这样来设计他的理想社会蓝图的：创造新学校，实行新教育，让学生们在农村半工半读；再由这些新学生，创造新家庭，把若干个新家庭合在一起，就可创造一种新社会；在这个社会里，设立公共育儿院、公共蒙养院、公共学校、公共图书馆、公共银行、公共农场、公共工厂、公共剧院、公共病院、公园、博物馆等等；以后，把这些一个个的新社会连成一片，国家便可以逐渐地从根本上改造成一个大的理想的新村。他在这篇文章中写道："今不敢言'模范国''模范都''模范地方'，若'模范村'则诚陈义不高，简而易行者矣。"②

恽代英、毛泽东的"新村"构想，显然是比王光祈更进一步，因为他们的眼光比王光祈看得更远，不仅仅是一个"小组织"，也不满足于"菜园子"，而是要构建这样一个社会，建立这样一个社会制度。

（五）"菜园新村"构想孕育了一批中国共产党人的先行者

尽管王光祈"菜园新村"构想只是一种乌托邦式的空想社会主义，它既没发动群众积极参与，也没制定具体可行的措施和方针，只是一种理想化了的新村建设的图景，但它表现了中国先进的知识分子改造旧社会、建设新农村的向往和憧憬，是中国先进知识分子寻求救国救民真理的突破与尝试，也为先进知识分子最终选择马克思主义作了铺垫。③

众多周知，赞同"菜园新村"的李大钊、陈独秀、恽代英、毛泽东等是中国共产党的创始人，并且在以"菜园新村"为理想的"少年中国学会"的左翼会员中，除了发起人之一的李大钊，加入共产党的有毛泽东、恽代英、邓中夏、杨贤江、沈泽民、高君宇、刘仁静、赵世炎、张闻天、黄日葵、侯少裘、张申府、周佛海。中共"一大"代表有四分之一出自少

---

① 恽代英：《恽代英日记》，中共中央党校出版社1981年版，第652页。
② 毛泽东：《学生之工作》，《湖南教育月刊》1919年12月1日。
③ 《建党伟业》，《深圳特区报》2011年7月18日。

年中国学会会员。其中刘仁静、张申府后来脱党,周佛海先为中共,后为国民党,最后堕落为汉奸。

此外,少年中国学会会员在科学、教育、文化、艺术领域,更是声名卓著,著名的有:杨钟健、舒新城、朱自清、宗白华、田汉、许德珩、郑伯奇、李初梨、李劼人、方东美、周炳琳、康白情、苏甲荣、恽震、邵爽秋、周太玄、魏时珍等人。这些都在各自领域颇有建树。在实业界,则有20世纪40年代的中国船王卢作孚。这样一些曾经在历史上发挥过重大作用的人物曾聚拢在同一个学会里,在古今中外的历史上都是罕见的,难怪40年代时有人言道:当今中国,已成"少年中国学会"的天下了。①

总之,王光祈构想的"菜园新村"在当时具有一定的积极意义,受到许多热血青年的关注,起到了促进社会改造的进步作用。特别是对新村运动最坚决的支持者竟然是中国第一批马克思主义者,中国共产党的早期领导人,从年长一辈的李大钊,到年青一代的毛泽东、蔡和森、恽代英等都是如此。但"菜园新村"的梦想还是很快破灭了,面对这样残酷的事实,他自己也感到痛心疾首,甚至于自责。他后来写道,"是我生平一桩极可耻的事"。而几个月后,他又把目光投向了城市,开始设想"城市中的新生活",创建了"工读互助团"。

第三节 以"工读互助团"促进马克思主义传播

王光祈并不满足于少年中国学会这样一个社团的建立,还进行了更多的创建"少年中国"模式的尝试。1919年底,王光祈同陈独秀、李大钊、蔡元培在北京、上海发起组织了"工读互助团"。工读互助团是一种理想社会的雏形。在互助团中学员一面从事体力劳动,一面学习,目的是要实现"人人做工、人人读书,各尽所能、各取所需"的理想社会。但是1920年后,各种"工读互助团"因经济等诸多原因纷纷解散。虽然"工读互助团"只是昙花一现,充满着乌托邦式的幻想,但它在中国革命实践的最初阶段作为改造中国社会的"救时良方"试验推行,是一个不应忽略

---

① 《中国共产党90年历程》,《中国新闻周刊》2011年第23期。

的环节。它作为五四时期先进的中国知识分子探索救国真理途中的一个阶段，对中国近现代政治思想的发展产生了重要的影响，对马克思主义的传播并最终成为中国思想界的主流起到了重要的促进作用。

一、王光祈工读互助主义思想的内容

五四时期是中国社会激烈动荡和转变的一个时期，同时也是中国思想界最活跃的一个时期，各种流派外来思潮在中国风起云涌。当时涌入中国的新思潮，除了马克思主义，还有空想社会主义、基尔特社会主义、无政府主义、新村主义、泛劳动主义、工读主义等。"社会主义"成为当时中国最时髦、最流行的一种新思潮，令人眼花缭乱目不暇接。对于这些形形色色的学说流派，当时年轻的中国知识分子一时是难以辨别的。在迫切希望改造中国社会的青年知识分子眼里，这些思潮大都被当作社会主义思想来加以接受的，在中国思想界出现了竞相宣传各种带有社会主义标记的社团和刊物。秉其"要与恶社会宣战，非自己先行创造一个生活根据不可"[1]的认识，王光祈杂糅了当时在中国流行的各种"社会主义"学说和中国传统的"大同"理想，创立了一种与五四前的工读主义有一定联系但又有很大差别的"工读互助主义"或名之为"工学主义"。他渴望在中国建立一个没有阶级、没有剥削、没有贫穷的国家。他厌恶美国式的民主，向往社会主义。那么究竟什么是社会主义呢？他是主张旁通博采，不是主张一派，是比较各派的，兼收并蓄。其概要是："第一，现在的经济组织，非根本推翻不可；第二，现在社会上一切虚伪和束缚，非从根本铲除不可；第三，将来的组织，是宜在个人自由主义之下，为一种互助的、进步的、自由的、快乐的结合。"王光祈认为"这种主张如果没有适当的名词，就叫他为中国式……主义。"[2]王光祈的工读互助主义思想，吸收了克鲁泡特金的互助论及其无政府主义，欧文、圣西门、傅立叶的空想社会主义，托尔斯泰的泛劳动主义和日本武者小路实笃的新村主义，创造一个少年中国的乌托邦。这个乌托邦是一个兼容并包的集合体，为此，王光祈作了具体的规划和设想，首先提出了他所描绘的"菜园"新村主义的蓝图。

---

[1] 王光祈：《少年中国》1919年第1卷第2期。
[2] 王光祈：《致君左》，《少年中国学会会务报告》1919年第4期。

王光祈十分向往这种世外桃源式的生活，把他幻想的这种乡村乐园，作为他理想社会的雏形，改革中国的起点。王光祈的菜园蓝图由于没有土地以及赞成新村主义者都以城市为生活的根据等原因，各地办新村的计划均未能实现。

此后王光祈将他的理想转到城市，设想在城市组织工读互助的"新生活"，把城市中新生活的小组织定名为"工读互助团"，将菜园新村主义转移到城市中来，发展为工读互助主义的空想社会主义，并在北京城里首先成立起工读互助团，进行工读互助主义的新生活实验。他在1919年12月4日《晨报》上发表了《城市中的新生活》一文，说自己过去"注重乡间的新生活，今天我所提倡的是城市中的新生活"[1]，提议组织一种"男女生活互助社"，帮助青年脱离家庭压迫，培养独立生活能力，养成互助劳动的习惯，创造读书的机会。"为苦学生开一个生活途径，为新社会筑一个基础。"[2]文章发表后，他即四处奔走、宣传，"工读互助团"主张得到了在当时思想文化界名流李大钊、陈独秀、周作人等及一大批男女青年的支持和响应。王光祈工读互助团有如下特点：第一，"工读互助"。这是王光祈工读互助主义思想所带有的空想社会主义的主要特征。入团资格：一是作工，二是读书。他强调团员要养成互助劳动的习惯及精神。"养成互助习惯……由团员本互助精神，以尽其所能。""实行半工半读，庶几可以达教育和职业合一的理想。"第二，"各尽所能"。"工作以时间为准，不以工作结果为标准。""我们既主张互助，自应强者帮助弱者，智者帮助愚者。将来办理久了，已养成互助习惯，即简章中所谓'每日每人必须工作四小时'的规定都应该取消，纯由团员本互助的精神，以尽其所能罢了。"第三，"各取所需"。这是王光祈反复强调的。王光祈在《工读互助团》及其《简章》中规定：团员享有的"权利"是："团员生活必须之衣食住，由团体供给，惟书籍系为团体公有。""团员所必须的生活费用由团体供给。现在团体对团员所供给的各种费用，尚略有限制。将来办理久了，已养成互助习惯，便可由团员自由取用，已实行'各取所需'的原则。"第四，"工作所得为团体公有"。王光祈在"新生活"实行办法中指出："共同工作所

---

[1]《王光祈文集·时政文化卷》，第26页。
[2]《王光祈文集·时政文化卷》，第26页。

得之收入，为团体公有之财产。""工作所得必须归团员公有。团体得盈虚利害，便是团员得盈虚利害；团员得痛苦幸福，便是团体得痛苦幸福，因为团员是团体的一部分。"①

王光祈认为"工读互助团是新社会的胎儿，是实行我们理想的第一步。现在北京方面已成立了，各省亦将次第组织，这真是可喜的现象。若是工读互助团果然成功，逐渐推广，我们'各尽所能、各取所需'的理想渐次实现，那么，这次工读互助团的运动，便可以叫做'和平的经济革命'。"②王光祈对工读互助团寄予了很高期望，希望将来各地的小组能够联络起来，实行"小团体、大联合"的计划，使团员随便到什么地方，皆有工可做，有书可读。"将来办理久了，已养成劳动互助的习惯，所有一切简章规约，皆可废止。大家以后的生活便是：'日出而作，日入而息，凿井而饮，耕田而食，帝力——政府——于我何有哉！'"③

二、工读互助主义思想的实践及其失败

王光祈的工读互助主义思想是在中国特定的历史环境中，为了改造黑暗的社会，依靠"思维着的理性"，糅合了各种社会主义思潮，设计出美好的理想王国，并通过"工读互助团"的典型示范来达到彼岸。王光祈试图通过实行"人人工作、人人读书，各尽所能、各取所需"的工读互助团这个榜样的作用，来逐步实现改造社会的目的。一时工读互助运动风靡全国，影响很大，北京、天津、武汉、南京、上海、长沙、广州、扬州等地青年纷纷组织起工读互助团。王光祈的工读互助主义，在广大青年中燃起无限的希望。1919年12月4日，他在北京《晨报》发表《城市中的新生活》一文，正式提出组织工读互助团的建议时"不到二三日，便有数十位同志来信愿从事此种生活；一星期后，外省亦有许多同志来信讨论此事。"1919年底，王光祈在北京首先组织了四、五十名青年，成立了第一个工读互助团，开始了"新生活"实验。北京中国大学组织了"中大工读互助团"，北京铁路管理学校组织了"毅士工读互助团"。在武汉，1920

---

① 《王光祈文集·时政文化卷》，第88页。
② 《王光祈文集·时政文化卷》，第81页。
③ 《王光祈文集·时政文化卷》，第90页。

年1月，恽代英等发表了《共同生活的社会服务》一文，宣布要创办一个独立的共同生活，其目的在于"有一个实验各尽所能、各取所需的生活机会"，"有一个推行工学互助主义的好根基"。随后创立了与工读互助团性质相近的团体"利群书社"，还筹办了"工学互助团"。在长沙，毛泽东、蔡和森等人也曾有办"新村"的设想。1920年2月，毛泽东在北京参观了北京女子工读互助团，"觉得很有趣味"[①]，随后列名发起上海工读互助团。同年3月，毛泽东又致信长沙新民学会会员周士钊说："我想我们在长沙要创造一种新生活……，办一个自修大学。我们在这个大学里实行共产的生活。……这种组织，也可以叫做'工读互助团'。"[②]在上海，1920年3月，由彭璜组织创办了工读互助团，得到陈独秀、王光祈、张国焘等人大力支持，5月，由天津女子师范毕业生平莽英在上海狄思威尔路筹办了上海女子工读互助团，6月，由湖南籍学生在上海创办了"沪滨工读互助团"。可见，在当时工读互助主义在中国形成较大影响。

"工读互助团"是具有五四时代特点的中国式的空想社会主义。工读互助团虽然名噪一时，影响颇广，但其生命极其短暂。1920年3月，由于薄弱的经济基础与共产主义分配原则的矛盾，团员的个人主义、自由主义与集体主义生活方式的矛盾，均无法克服，王光祈在北京成立的工读互助团第一、二组只实验了三四个月，大约在1920年3月下旬，便先后解散了。第三、四组成立晚，大约在同年秋也解散了。王光祈在北京的工读互助团，大都是在募捐得的款项赔完、用光为止，其寿命最多不过半年左右。最终工读互助主义的实验由此宣告失败。到1920年6—7月份，其他各地组建的工读互助团相继宣告解散或夭折。

王光祈的工读互助主义是半空想社会主义、半无政府主义的，实现"理想社会""新社会"的手段和途径也是空想的。他主张"不流血的经济革命"，在当时的中国是根本行不通的。美妙的理想毕竟犹如蓬莱仙阁。"新村"与"工读互助团"的失败，使先进分子从虚幻中醒悟过来，"腐肉不去，新肉不生；……粪土上决不能盖造一所花园。"[③]从杭州专程到北京参加工读互助团的施存统在失败后总结说："从这一次的工读互助团的试

---

① 《中国革命博物馆》,《湖南省博物馆·新民学会资料》，人民出版社1980年版，第62页。
② 《中国革命博物馆》,《湖南省博物馆·新民学会资料》，人民出版社1980年版，第66页。
③ 毛泽东:《学生工作》,《湖南教育月刊》1919年第10卷第2号。

验，我们可以得着两个很大的教训：（一）要改造社会，须从根本上谋全体的改造，枝枝节节地一部分地改造是不中用的；（二）社会没有根本改造以前，不能试验新生活，不论工读互助团和新村。"① 陈独秀也指出："在全社会的一种经济组织、生产制度未推翻以前，一个人或一个团体中没有单独改造的余地。"② 因此工读互助团失败后，大批的先进分子开始积极研究和信仰马克思主义即科学社会主义。

三、工读互助主义思想在促进马克思主义传播中的作用

列宁曾指出："在分析任何一个社会问题时，马克思主义理论的绝对要求，就是要把问题提到一定的历史范围之内。"我们应该坚持实事求是的原则，用唯物史观把王光祈工读互助主义思想放到五四时期中国特定的历史环境中，进行具体的分析、考察，作出科学客观的评价。王光祈工读互助主义思想在五四时期形成了中国有史以来第一次有一定影响和规模的乌托邦实践——新村和工读互助团，虽然只是昙花一现，但它在中国革命发展历程中是不可忽视的。它在20世纪的中国思想史上，印下了深深足迹，特别是对马克思主义在中国广泛而深入的传播，起了重要的促进作用，这表现在：

（一）促使了新文化运动阵营的分化

工读互助团的失败，导致少年中国学会随即发生严重分化，这也是新文化运动阵营彻底分化的标志。少年中国学会是由李大钊、王光祈、陈愚生、张尚龄、周太玄、曾琦、雷宝菁7人于1918年联合各方面的青年有志之士筹备组织起来的，在五四时期是会员最多、历史最长、影响深远的学会。王光祈发起的工读互助运动的失败，使少年中国学会也发生分化。李大钊、恽代英、毛泽东、邓中夏、黄日葵、高君宇、沈泽民等一批先进的知识分子开始转向科学社会主义，信仰马克思主义；曾琦、左舜生等则转向国家主义派，后来走上与共产主义为敌的道路；还有一批则仍沉醉于超阶级的"纯学理"研究之中，走上"科学救国""教育救国""音乐救国"的道路，如王光祈在痛苦与失望之中远赴德国留学，在攻读政治

---

① 官守熙：《工读互助团的兴起与失败》，《人民日报》1984年2月10日第10版。
② 陈独秀：《关于社会主义的讨论》，《新青年》1920年第8卷第4号。

经济学三年之后，决定改学音乐，转向以文化报国的道路。这样分化的一个直接后果，是使赞同或受工读互助主义思想影响的一大批先进青年彻底抛弃空想社会主义、无政府主义，转而接受马克思主义。他们以马克思主义为指导，紧密地团结在一起，极大地提高了团体的战斗力和纯洁性。此后，以宣传、研究、传播马克思主义为宗旨的社团如"马克思主义研究会""俄罗斯问题研究会"等纷纷涌现，并逐渐发展为共产主义小组，马克思主义在中国得到广泛而深入的传播，马克思、恩格斯和列宁的名字在广大青年中成了最受爱戴的名字。

（二）促使一大批青年彻底实现了世界观的转变

工读互助团的失败，把流行于五四时期的种种空想社会主义的问题集中而又典型地暴露出来了，从残酷的现实中受到了教育，对以前不切实际的幻想进行自我反思后表现出了对科学社会主义即马克思主义的坚定信仰。从1920年夏季起，早期的共产主义者走上了把马克思主义同中国工人运动相结合的正确道路，用马克思主义的唯物史观来观察和分析社会问题，对工农群众的态度和改造社会的认识发生了质的飞跃，找到了在中国实现科学社会主义的阶级力量，真正地认识到工人阶级的历史地位和作用。此前，青年们虽然认识到要消除知识分子与劳动阶级间的差别，提出用"工读结合"和"平民教育"的办法解决"劳心者"与"劳力者"的对立，但那时是以"恩赐"的观点对待这一问题的。在工读互助主义思想破产后，青年们不只是把工人阶级当作一个值得同情的阶级来赞颂，而进一步地将他们视为赖以谋社会改造"根本解决"的主力军。因此，他们迫切要求把文人"纸面上的笔墨运动"，变成真正的"劳工阶级的运动"和"街市上的群众运动"。于是，青年们开始深入到工人中，创办刊物、夜校，组织工会，启发工人觉悟，架起马克思主义与中国工人运动之间的桥梁。

（三）促进新文化运动向新的方向发展

1915年9月，陈独秀在上海创办的《新青年》杂志，开始是进行反封建的启蒙运动，其主要内容是批判儒学，进行文学革命。他发动的新文化运动，以民主、科学为大旗，向统治了中国两千年的封建专制、迷信开战。五四之后，随着工读互助团的失败，科学社会主义即马克思主义逐渐在思想界得到了认可和传播，在中国出现了一个以宣传马克思主义为中心的波澜壮阔的思想运动。《新青年》从1920年9月出版的第8卷第1号起，成为上海共产主义小组公开宣传马克思主义学说的机关刊物。1920年11月，上海共产主义小组又创办了理论性机关刊物《共产党》月刊。一部分马克思主义经典著作开始被全译为中文，如陈望道翻译的《共产党宣言》第一个中文全译本就是在这时正式出版的。列宁的一些著作也开始在中国译载。为向工人宣传马克思主义，各地共产主义小组相继创办了一些通俗刊物，如上海的《劳动界》、北京的《劳动音》、广州的《劳动者》等。与此同时，各地共产主义小组还通过办夜校形式，把马克思主义灌输到工人群众中去，提高工人的阶级觉悟，并开始组织工人团体，使各地工人运动得到极大的发展。同时马克思主义者同反马克思主义者就社会主义问题和无产阶级专政问题进行了大论战并取得了胜利。由于各地共产主义小组的积极斗争，使马克思主义占了主导地位并进一步与工人运动相结合，这就为中国共产党的成立在思想上和组织上作了准备。

五四前后，当中国的先进知识分子发出"根本改造"社会的呼声，他们还划不清科学社会主义和形形色色的空想理论的界限，普遍接受了无政府共产主义等思潮的影响。马克思主义在当时的新思想运动中并不占主导地位，王光祈所倡导的工读互助团和类似团体在各地的出现，充分地反映了这一情况。但也正是由于工读互助团和类似团体的出现，经过实践、认识，再实践、再认识，为中国的先进知识分子划清科学社会主义同形形色色的空想理论的界限，认清真理与谬误，清除无政府共产主义等思潮的影响，转变到马克思主义，走上革命的道路，提供了重要的条件。因此，王光祈的工读互助主义思想及其实践，作为五四时期先进的中国知识分子探索救国真理途中的一个阶段，对中国近现代政治思想的发展产生了重要的影响，对马克思主义的传播并最终成为中国思想界的主流起到了重要的促进作用。

第四节　以社会改造理想重塑民族文化

鸦片战争以来，中华民族一直在内忧外患的困局中挣扎，艰难地寻找着一条民族复兴之路。近代社会赋予中国知识分子双重社会角色：文化的传承者，国家政治社会发展的探索者。近代一系列思想探索和社会改革运动，知识分子作为社会中最活跃的一分子始终积极地参与其中，在中国近现代历史舞台上发挥着文化与政治的双重功能。王光祈，这位中国近现代史上著名的爱国民主主义者，五四时期的杰出社会活动家，在20世纪头20年中国社会激烈动荡、急剧转变的年代，站在时代的前列，与新文化运动主将陈独秀、李大钊、胡适、蔡元培等奔走呼吁，办报纸、创学会，探索新思想、重塑新文化、寻求国家出路，在政治、历史、国际关系、外交等诸多方面都发表了自己独特的见解，代表了五四时期爱国知识分子的主流思想。他的社会改造思想，集中体现了主流知识分子对理想国家的规划与设计，其所蕴涵的文化改造和重塑，是20世纪初社会转型时期用优秀的传统中华文化来重塑国家形象、改造社会面貌、再创民族辉煌的积极探索与努力。

一、重塑文化的基本路径

文化是民族之根、文明之源。五四时期的中国，已经经历了戊戌、辛亥两次社会的变动。透过中国社会、政治巨大的反复和晚清以来数十年中国历史的曲折、改革的失败的经历，新文化运动中成长起来的这批青年认识到：没有国民文化的重塑、思想舆论的革新、社会风俗习惯的改造、国民素质和觉悟的提高，任何政治改革都不能成功；只要大多数国民仍在愚昧与迷信的束缚之中，一切目标崇高的政治革命就难逃以暴易暴的劫运，一切社会改革的深化就无从谈起。"文化存则民族存，文化亡则民族亡。"于是他们从文化重塑入手，"振作少年精神""转移末世风气"。王光祈概括为初期少年中国学会的四句话"宗旨"："振作少年精神，研究真实学术，发展社会事业，转移末世风气。"成为"少年中国学会"同仁改造社会的理想主义认同。

值得注意的是，这群有着以天下为己任的强烈使命感的反传统、反现状的青年知识分子重塑民族文化、改造社会的理想，是从传统文化的修、齐、治、平的套路起步的。王光祈在《会务报告》里对上述四句话宗旨的诠释，涵盖了其宗旨内容的务虚与务实的韵意："振作精神"是一抽象要求，"社会事业"当时尚无实际行动，"研究真实学术""转移末世风气"才是符合这批青年知识分子身体力行的工作。这群怀有少年中国理想的青年，无论是王光祈、曾琦、周太玄、张梦九，还是李大钊、恽代英、黄日葵、邓中夏等都是国学底子深厚、深受传统文化思想熏陶的学子，因而都自觉不自觉地用带有浓厚传统色彩的士子那种以天下为己任的使命意识和修身治学的套路来进行砥砺品德、深究治学、重塑文化的构想。试图以批判的、入世的、独立的知识分子传统，来移末世风气，改造国民文化心理，提高国民素质，达到改造社会的目的。五四时期的中国社会处于变革期的剧烈动荡中，转型的社会反映在思想文化领域所呈现的，是新旧思想文化激烈地碰撞、交锋。受新文化运动影响的青年知识分子在理论和现实中艰难地探寻一条既能实现其美好理想、又能改造中国现状并能充分发展他们个性、才华的正确道路。他们否定、弃绝旧社会，追求精神上的解放，追求精神上的纯洁、奋发、探究、创造，试图用符合世界潮流的文化来提高民族素质，滋养民族内在精神。王光祈把它表述为"就是要使中国这个地方——人民的风俗制度、学术生活等等——适合于世界人类进化的潮流，而且配得上为大同世界的一部分。"[1] 显然，在王光祈这里，改造中国社会的理想不限于建立"少年中国"，还要创立一个天下大同的世界——"少年世界"。他说，我们中国人创造少年中国不是一种国家主义的，而是一种世界主义的，这是我们国际分工的一种责任。创造少年中国也是创造少年世界的一种预备工夫。[2] 由此，社会的改造与道德的自我提升、民族文化的重塑较好地联系起来，使得以少年中国来实现强国的理想得到了更多的有识之士的认可。

从个人改造到社会改造进而到政治改造，是王光祈这批知识分子通过重塑民族文化来改造国民社会的基本程序。他们认为，只有整个民族的思想意识、文化素质得到改造，政治革命、社会改造才能成功。这是积前此八十年一次次政治改革和革命落空、失败的经验教训，几代中国启蒙思想家的共同认识。这批青年知识分子试图从大本大原上着手，即通过自我道德修养，致力学术，从事教育、文化和其他社会实业，振兴风气，以此为渐进的社会改良手段。他们自觉不自觉地按传统士子那种以天下为己任的使命意识和修身治学的道德文章的套路来设想规划理想。这看来几乎是一种传统的修、齐、治、平套路的修身养性功夫，正是当时真诚的青年知识分子对自身改造和社会改造的关系的普遍认识和自觉要求。当时的毛泽

---

[1] 王光祈：《少年中国之创造》，《少年中国》1919年第1卷第2期。
[2] 王光祈：《我们的工作》，《少年中国》1922年第4卷第1期。

东，也正在与蔡和森等人的书信中把自我的修养和提高作为大本大原、可大可久之基认真地讨论。后来成为著名哲学家、美学家、诗人的宗白华，也曾以极大的热情在《少年中国》上连续发表文章，探讨创造少年中国的办法，其中就特别注重探讨会员个人的人格修养问题，提出"造成一班身体知识感情意志皆完全发展的人格，然后再发展各种社会事业"①。曾琦在赴法留学前以"造成一个最纯洁最坚实的团体"②来殷殷寄语"少年中国学会"同人。王光祈自始至终都反对任何形式的政治变革手段，他为创造少年中国而提出的两项事业是"革新思想，改造生活"，他认为：我们今后的个人生活，要有秩序，要一天天地踏踏实实去努力，为实现少年中国的理想而严格自律，"有了这种觉悟，有了这种勇气，然后个人生活才有改善的希望"，"社会才能有长足进步"③。事实已经证明：任何新型文化的重塑与建设，都必须有其相应的经济方式为其实现的现实基础。民国建立后的政治和经济、社会现状，使王光祈以少年中国的文化理想来重塑国家形象的设计，只能陷于空想。

　　随后爆发的五四爱国运动，对持"少年中国理想"的知识分子思想观念产生了重大影响。强烈的民族和国家责任感，使得他们思索如何将文化教育的改造与社会改造联系起来。中国要真正自立于世界民族之林，不靠表面的船炮更新、民国建立，或物质昌盛，而"根底在人"，在"尊个性而张精神"。少年中国学会的宗旨在成立大会时被确定为："本科学的精神，为社会的活动，以创造少年中国。"这使得少年中国理想从初期带有传统色彩的士子砥砺品德、深究治学的道德构想转变为与当时的整个时代思潮合拍和相呼应的一种更宽泛的口号上来。少年中国学会也由此成为较具现代风格的知识精英的学术和社会活动的松散团体。首先，"本科学的精神"。宗旨的第一句汇入了时代对科学、民主的呼唤，它要求以科学的态度发展、吸纳会员，凡"志同道合"者必须是拥护和参加新文化运动、从事或预备从事教育文化实业、有志于改造中国社会的青年学子，文、理、工、农、医、商、政治、法律、经济"各科之一种研究之"，有品行而能著述，方能以"道义相规，学术相间"。这群志同道合的中国青

---

① 宗白华：《我们创造少年中国的办法》，《少年中国》1919年第1卷第2期。
② 曾　琦：《留别少年中国学会同人》，《少年中国》1919年第1卷第3期。
③ 王光祈：《"少年中国"之创造》，《少年中国》1919年第1卷第2期。

年，有许多人选择了献身于科学研究的人生道路。他们在各自的领域，对于近代中国自然和社会科学起了重要的作用。① 其次，"为社会的活动"，即以教育和实业来改造中国。王光祈自始至终主张以社会活动救国，主张在科学、民主、理性精神指导下的社会活动，这也是"少中"同人早期所认定的"创造少年中国"的唯一正确道路。他们一致认定，教育和实业应是他们所从事的社会活动的主要内容。宗白华的一段话代表着这种共识："我们（创造少年中国的理想）并不是用武力去创造，也不是从政治上去创造，我们乃是从下面做起，用教育同实业去创造。教育实业本是社会的事业，所以我们也可以说是从社会方面去创造少年中国。"王光祈说："主张社会活动，反对政治活动，为本会之精神所在。"② "只要教育实业办好，我们精神生活、物质生活皆可达到极圆满的地位"③，"将精神文化与物质文明建筑在一个基础之上，以实现吾人之理想"的少年中国。④ 第三，"以创造少年中国"。少年中国学会是为了实现创造少年中国的理想而成立的实体，王光祈说"集合全国青年，为中国创造新生命，为东亚辟一新纪元"，创造"适合于20世纪思潮之少年中国"。这个理想"大"而"宽泛"，充满浪漫主义和理想主义。它允许各种主义并存而不标举一种主义，彼此求同存异，只是在最高的价值认同——"少年中国理想"上一致。这种兼容并包的取向，使得"少年中国"成为五四时期影响最大、会员最多、分布最广、历史最长、分化也是最明显的社团，在全国青年中有着极大的影响和感召力，王光祈等爱国民主主义知识分子的强国之梦也进入最辉煌、最有影响的时期。黄仲苏曾做过这样的具体记述："少中学会初非一种纲纪严整、规律详密、服从某一领袖、遵守某一主义之集团，而是一种追求光明的运动。会员莫不反对封建主义，崇尚进取，重视新知识，于各种新制度极感兴趣，思想自由，不受约束，所持信仰亦不一致。"⑤ 方东

---

① 王光祈走上了音乐救国之路，周太玄研究生物学，魏时珍从事"关于分量论数学基础"，杨钟键研究地质学古生物学，王崇植在机电工程领域，田汉选择戏剧，李劼人选择小说，朱自清的诗和散文，宗白华的美学和哲学论文，方东美的哲学研究，谢循初的心理学。
② 王光祈：《政治活动与社会活动》，《少年中国》1922年第3卷第8期。
③ 王光祈：《少年中国学会之精神及其进行计划》，《少年中国》1919年第1卷第8期。
④ 王光祈：《政治活动与社会活动》，《少年中国》1922年第3卷第8期。
⑤ 《王光祈先生纪念册》，沈云龙：《中国近代史料丛刊》第19辑，王光祈先生纪念委员会编印，海文出版社1936年版。

美晚年也回忆道："'少中'会员"皆个性独特，而思想自由，情感富赡。"①

二、社会改造与民族文化重塑相结合的学理分析

20世纪初的中国，社会的转型反映在思想文化领域呈现出的是新旧思想文化激烈地碰撞、交锋，各种思想流派碰撞激荡、百家争鸣。以王光祈为代表的爱国民主主义知识分子，上承陈独秀开启的新文化运动、下启马克思主义在中国传播，在经历了19世纪到20世纪的交替，目睹了清王朝与中华民国的朝代更迭、第一次世界大战和俄国十月革命后世界格局的变动之后，具有了新的思考视觉。他们不仅相当看重文化精神力量在社会变革中的作用，而且勇于在实践中尝试。他们进行了社会活动与民族文化重塑相结合的尝试——半工半读的工读互助主义运动。

首先，是理论上的融合。十月革命胜利后，各类报纸开始报道俄国革命与社会主义运动的消息，形形色色的主义、思想涌入中国。历经克鲁泡特金的互助论、托尔斯泰的泛劳动主义思想以及"武者小路实笃"的新村主义思想的影响和冲刷后，王光祈的少年中国理想，主张以渐进的、局部的、非暴力革命的手段来进行社会改革，建立没有剥削、没有压迫、人人充分享受自由的社会。对王光祈来讲，受之影响颇深是克鲁泡特金的互助论。这是一种有组织有秩序的积极建设理论，旨在实现"极公平极快乐的互助社会"。王光祈认为："新社会的道德，就是'劳动与互助'五个大字，因为要劳动才可以生活，要互助才可以进化。"② "将来的组织是宜在个人自由主义之下，为一种互助的进步的自由的快乐的结合。"③ 李大钊也认为，精神改造的运动，就是本着人道主义的精神，宣传"互助""博爱"的道理。④ 托尔斯泰的泛劳动主义，王光祈也大加推赞："今日列宁之所以有此政治改革成绩者，皆托尔斯泰昔日之社会活动之力也。""吾只有歌之咏之以表其崇拜信仰热忱，奉为吾党社会活动惟一无二之良师也。"这种"视人人参加生产劳动"为消灭社会不平等和社会阶级差异的根本途径

---

① 《王光祈先生纪念册》，沈云龙：《中国近代史料丛刊》第19辑，海文出版社1936年版。
② 王光祈：《无政府共产主义与国际社会主义》，《每周评论》1919年第8号。
③ 王光祈：《致君左》，《少年中国学会会务报告》1919年第4期。
④ 李大钊："少年中国"的"少年运动"，《少年中国》1919年第1卷第3期，人民出版社1980年影印版，第1页。

的社会改良思想，与当时盛行的"劳工神圣"的观点不谋而合，得到了新型知识分子的大力推崇。新村主义是在泛劳动主义的基础上的一种和平社会改造主张，提出体脑并重、人人既劳动又读书而建立理想社会的一种空想社会主义模式。新村主义切合了彼时的中国青年既要经济独立又要读书求学的需求，也构成了王光祈"少年中国"理想的一部分。此外，少年中国学会的其他会员，也对此学说推崇不已，川籍赴法勤工俭学学生赵世炎称自己为"崇拜此学说之一人"[①]；毛泽东、张昆弟等1918年寄居长沙岳麓书院时，曾计议建设新村；恽代英、林育南1919年在湖北时，也对建设新村作过设想。王光祈对此有具体的设想："我们奋斗的地盘不在都市，而在农村"，办法就是在城市近郊租个菜园，村内有书房、阅报室、办公室、图书室、游戏室、卧室、饭厅，村民们通过种菜、读书、译书三种方式，实行半工半读。

其次，是实践上的尝试。实现理想还需要有具体的步骤。在王光祈看来，第一步，是对人的改造，即为教育，包括思想的革新、素质的培养、教育的普及、技能的训练、权利义务的意识等等。这批知识分子对教育有一种相同的观点：教育是社会改革和政治改革的前提。王光祈指出：我们天天在文字上鼓吹改革社会，从未有改革社会的实际运动，所以必须改掉知识分子向来"只说不做""纸上谈兵"的毛病。他的设想，智识阶级、劳动阶级、资产阶级，三个阶级的联合与改造便是实现"少年中国"的人的因素。理想的第二步，是社会事业，即"为社会的活动"。发展社会事业才是改造中国的对症良药。教育与实业是"少中"社会事业的两翼，是国人精神、物质自救的途径，也是"少中"同仁改造中国的路径。王光祈认为，中国贫弱混乱的根源在于大多数民众的"无知"与"无业"。无业者饱食终日，无所用心，国民生产也日趋退化；无识者群居终日，言不及义，不知什么叫"人生"，"疏懒不知振作"，因此，发展社会事业才是改造中国的对症良药。少年中国学会的社会事业计划中，主要有地方基础教育事业（创办平民学校、半工半读学校、平民讲演团等）、出版事业、新闻事业（筹办通讯社、翻译馆），还有一些具体措施，比如，组织国内的和国外的旅行团和进行社会调查等。最好的办法就是"尽自己的力量，随

[①] 赵世炎：《赵世炎选集》，四川人民出版社1984年版，第1—5页。

时随地创办平民学校、半工半读学校"这类"不要学费且能顾全他的生活的学校",王光祈说:"平民教育与平民演讲亦包括在此项事业中。"① 显然,这群从传统书斋里走出来的青年知识分子虽然看到了社会活动的力量,但却尚未来得及具体地思考与筹划更为广阔的社会事业,从而使得他们"为社会的活动"因措施的单调而显得苍白。按照这种设想,有一大批真诚的有志之士从事教育这种"社会运动",大多数"少中"会员这时都立志献身于教育事业,其中很多人,后来都成了国内著名的教育家。② 以实业救国而闻名的当属卢作孚。

为切实地实施社会活动的计划,王光祈于1919年底率先在北京成立了国内第一个工读互助主义团体——北京工读互助团,以实现"吾人理想的工读社会",也为将来大规模改革的预备。③ 工读互助团在当时的中国知识界风靡一时,被称为"新社会的胎儿""少年中国理想的第一步",得到了陈独秀、李大钊、蔡元培、胡适、周作人等知识界名流的大力支持。蔡元培特撰《工学互助团的大希望》一文,肯定北京工读互助团的实验;恽代英在《未来之梦》一文中呼吁必须"发起共同生活","靠这种共同生活的扩张,把全世界变为社会主义的天国"④;毛泽东在写给友人的书信里几次谈及对工读互助团的关注,提出"我想我们在长沙要创造一种新的生活,可以邀合同志,租一所房子,办一个自修大学。我们在这个大学里实行共产的生活。……这种组织,也可以叫做'工读互助团'。"工读互助运动在20年代初盛行一时,除北京外,上海、南京、天津、广州、扬州、武汉都成立了工读互助团。本文无意去探讨工读互助团运动脱离现实的空想所遭致的失败,而是观其批判现实、再造现实的真诚和勇气。它代表了先进知识分子对改造社会问题的思考和尝试,在中国近现代人们探讨改造社会的道路上留下了承前启后的重要一页。

20年代黑暗中国的现实没有给王光祈等留下按照自己设想而从容改造国家社会的余地。曾经怀有共同理想的这群青年知识分子在激烈的社会

---

① 王光祈:《少年中国之创造》,《少年中国》1919年第1卷第2期。
② 李劼人、魏时珍、郭沫若、卢作孚、周太玄以及共产党的早期领袖恽代英、杨贤江,也在教育理论和教育实践上多有建树。郭志强、钟思远:《王光祈与李劼人》,《音乐探索》2010年第4期。
③ 王光祈:《政治活动与社会活动》,《少年中国》1922年第3卷第8期。
④ 恽代英:《恽代英文集》(上),人民出版社1984年版,第238、244页。

风暴冲刷下经历了双重的分化：一是选择政治改造道路和还是坚持文化改造理想的分化；二是投身政治活动者是信仰共产主义还是信仰国家主义的分裂。第二次的政治分歧导致了彼此间的对立和敌意。① 可贵的是，"少年中国的灵魂"王光祈本人在远离祖国的他乡仍然坚持着自己强国的理想，殚精竭虑地研究中国文化，关注中国社会改造，在生命的最后时刻也不忘"少年中国"的理想。直到马克思主义在中国的传播和中国共产党的成立，"少年中国"这个20世纪初爱国知识分子的强国之梦，终于迎来了中国民主革命的新阶段。

第五节　以"妇女解放运动"促导社会平等

陈东原曾说："中国妇女能有独立人格的生活，其成就归功于《新青年》的介绍，五四运动提供了这项成就的钥匙。"② 这一历史经历者的言说实已指出，将妇女从传统的社会束缚中解放出来，不仅是五四运动的重要组成部分，也是它的一个重要成果。王光祈创建的少年中国学会，以"本科学的精神为社会活动，以创造少年中国"为宗旨，提倡妇女解放，成为推动社会平等的又一重大举措。

一、王光祈的妇女解放思想

王光祈在1919年初提出了"新生活"主张，认为要由少数同志组织一种学术、事业和生活的共同集合体，"脱离家庭，过共产式的生活"，以解决愚昧和生计的艰难，并弥补"缺少精神修养"的缺陷。他认为这种新生活，对妇女问题也不能漠视，如果女性品行纯洁，而且"她的丈夫却合这种小组织的资格，应得一同加入"③。原因是，如果妇女问题不解决，"我们新生活园里一定充满不快的空气"，更不用说妇女对于人生问题，有

---

① "少中"成员陈天启、左舜生、方东美在晚年的回忆中都谈到1925年"少中"成员中共产党人与国家主义者的激烈争吵以及邓中夏离时说的"与诸君再相见于战场"以示决裂的话。吴小龙所著《少年中国学会研究》对此问题进行了研究，颇有建树。吴小龙：《少年中国学会研究》，上海三联书店2006年版。
② 陈东原：《中国妇女生活史》(1928年)，商务印书馆1937年版，第365页。
③ 王光祈：《致夏汝诚先生书》，《少年中国》1919年第1卷第2期。

时可能"还有十分精到的见地"①。他因而主张经常召开有男女共同参加的茶话会，讨论人生问题。

王光祈自认为其主张男女平等，并且"恐怕有时还矫枉过正"②。这是因为他看到，"现代女子在社会中的地位是极悲惨的、极不平等的"；这就需要"已经有了觉悟的女子"挺身而出，"要求解放"，从读书开始，"发展社会事业，谋人类幸福"③。

对女性在家庭中不平等地位的揭露和批评，是新文化人在妇女解放问题上的一个共同思想内容。王光祈先从生育的角度说，"生育责任有女子单独负担，男子不能分劳，这是生理上的限制，无可奈何"，但生育却"不是女子的绝对义务"；现在，既然社会上对男女的供给相等，那么男女对于社会应尽的义务，也应该相等。他进而批评传统的男权意识说，"女子怀胎之时，不能努力从事他种工作"，男子于是利用之以"压迫女子"；而"女子因生计上的困难，便从此屈服于男子"，这就导致男子视女子为育儿机器乃至"娱乐玩具"！不仅如此，男子更"出其偷盗所得的金钱，买了若干穷而无告的姬妾"，以供其取乐，"可怜误以生育为义务的女子，遂堕入惨无人道的十八层地狱！"④

在答 M.R 女生的咨问书中，王光祈从女性的反抗精神角度说，婚姻不自由是女子所受的"极多"痛苦中的一种，也是"极重要的一种"，它需要首先通过"革命"予以解决；现代女子受黑暗势力的压迫"已到极点了"，"凡有觉悟的女子，切不可再藏名隐姓、含羞怕辱，不敢出来与黑暗势力奋斗。"⑤可见王光祈不仅一般地主张男女平等，更主张女性主动为寻求自我解放而斗争。

王光祈提出的解决男女平等问题的途径是："必先使妇女的生活能够独立；要使妇女生活独立，必先使妇女先有职业、有技能；要有职业技能，便非受过教育不可"，即教育是解决男女平等问题的首选办法。他举例阐述其主张说，一如家庭改组问题，"为女子解放、社会改良最切要的

---

① 王光祈:《致裴山先生》，《少年中国》1919 年第 1 卷第 2 期。
② 王光祈:《致黄蔼女士书》，《少年中国》1919 年第 1 卷第 2 期。
③ 王光祈:《致冰先生书》，《少年中国》1919 年第 1 卷第 2 期。
④ 王光祈:《答 A.Y.G 女士》，《少年中国》1919 年第 1 卷第 6 期。
⑤ 王光祈:《答 M.R 女士》，《少年中国》1919 年第 1 卷第 4 期。

事",但新家庭的女性,如果没有受到相当教育,"家庭幸福仍是不能圆满,不过是由大家庭改组为小家庭罢了";又如女子贞操问题,在"国故党"看来是天经地义的事,应当表扬,但在"新青年"看来,却是毫不合理、应该攻击的事,对于这两种相反的论调,如果女性没有受过相当教育,亦无法做出有能力的辨别;又如婚姻问题的解决,必须先有男女平等社会交往的机会,而"要有真正纯洁的社交,又非男女均受相当教育不可";其他如女子参政问题等,更应从教育入手,才能真正解决。①

对于如何进行女子教育建设,王光祈认为"仍需女子自身起来解决",却不能由男子"代庖","一则因为男子脑筋中大多数充满了升官发财的念头,决无余力顾及女子教育,二则因为男子怕女子受了教育,自己便专制不成了",因此应首先由有觉悟的女子出来"组织一个女子教育协进会",以实现如下目的:普及女子国民教育,筹备大学预备学校,大学对女子开放和改革家庭教育。达到这些目标,可能通过如下三种方式:(一)发行女子教育周刊、旬刊或半月刊,"专(门)鼓吹上述四个目的",如是一方面可以使女子内部消息灵通,而使主张趋于一致,也容易形成团结,以便实现共同的目的;(二)用课余时间筹办女子义务夜校,实行普及女子教育;(三)组织女子教育讲演团,在公共场所讲演,或作家庭劝导。王光祈认为只要长期实行这三个方法,"表同情于女子教育运动的渐多",到那时即可要求大学对女子开放,否则"便给他一个示威运动"。王光祈总结其论说,"女子解放运动,非有热烈情感、坚强意志"不能成功,受过教育的女子应该强于在大街小巷作"救世军"的妇女;"这个麻木不仁的社会,快要破产的社会,非给他一个示威运动、根本改造不可","所以我希望现在的新女子莫做'女政客',应做'革命祖母'。"很明显,王光祈的言说虽然基于妇女教育和女性解放,而其意旨所向却更为远大,即体现出通过革命改变社会现状的取向。

二、王光祈对妇女解放的实践活动

王光祈的男女平等和妇女解放思想,在当时趋新知识分子中间或许并不特别突出,但其言说和具体实际活动却不能被忽视。如在与其他人一起

---

① 王光祈:《对大学开女禁问题的意见》,《少年中国》1919年第1卷第4期。

主张大学应当对女性开放的同时，王光祈组织少年中国学会会员特别会晤南京女界同胞十余人，并提出组织女子周刊，与会同志"非常赞成"；一位广东女士甚至写信给王光祈，表示意愿汇款专门购买这种女子周刊，并向各处分发和宣传妇女解放思想。[①]

王光祈提出创办女子周刊的想法，系受李超事件的刺激。李超是北京女子高等师范学校的学生，因其不顾传统家庭观念，入新式学校读书，备受虐待，忧愤成疾而死（11月30日）。针对这一事件，王光祈特发表《改革旧家庭的方法》一文。王光祈在文中首先提出应为李超开一个追悼会，并提出应以之为题目向旧家庭、旧社会作一种示威，即"应该有一种家庭革命的实际活动，救出现在将死未死的女子"。他提出"革命的实际活动"的办法有两项：一是组办女子周刊，二是组织女子互助社。对于前者，王光祈先是指出没有及时为李超开追悼会的原因，一是"我们没有通信机关，互通信息"，二是"没有一个言论机关，把黑暗情形表现出来"；"现在应该由有觉悟的女子出来，组织一种报纸，一方面可以引起社会同情，一方面可以使女子内部互通声息"，进而才能"向旧社会开展总攻击"。[②]

至于新办女子周刊的办法和内容，王光祈认为篇幅不要太大，应当"如从前《每周评论》样式，每千份不过九元左右；或办周刊或办半月刊，均视经费多寡而定"。王光祈认为在北京创办一种女子周刊，"纯由女子组织"，"我预料他的价值，必在上述几个报纸（指上海《女子联合会旬刊》、湖南《女界钟》等）之上"；并且，如果销路不错的话，以卖报的收入，即可支持办报本身。至于刊发的文章，他说到材料缺乏时，"陈独秀先生等尚可以投稿"以为支持。在王光祈看来，这种宣传男女平等和妇女解放的报纸，应该由女性组织发行，"因为女子问题是要有女子来解决，男子是靠不住的"。这最后一个说法本身不免偏颇，但王光祈却有实际行动以示其言行一致，即其在编辑《少年中国》的妇女问题专号时，就把女性所写的文章放在前面。

[①] 王光祈：《改革旧家庭的办法》，《晨报副刊》1919年12月2日，"前言"。
[②] 王光祈：《改革旧家庭的办法》，《晨报副刊》1919年12月2日，"前言"。

关于组织女子互助社，王光祈在答 A.Y.G 女士书中就已经有所陈述。他从女性不堪家庭压迫的角度立论说："现在有许多女子受不了黑暗家庭的压迫，设法逃出家庭，来到社会里头，但是社会里的黑暗阴险，更胜过家庭百倍。因此流于自杀或流于堕落的，不知有若干人。而且逃出家庭后，因为生活不能独立，所感的痛苦较之家庭痛苦更加十倍。故现在受家庭虐待的女子，宁肯忍气吞声或捐躯自杀，而不敢脱离家庭！"改变这种情况的一个可行的办法就是组织女子互助社，"凡是受不了家庭压迫的，均可到这个社来服务，一方面可以顾全生计问题，一方面可以在万恶社会中自为风气，既不受家庭压迫，亦不受社会欺诈。"他站在女生的立场所述的理由是："与其忍气吞声于黑暗家庭之下，不如逃出黑暗势力范围，另谋独立生活"，况且，"劳动为人生天职，并非卑贱之事"，"假若女子互助社成立，还可以发行出版物，发挥我们的主张，岂不是一件很好的事么？"①

在李超事件发生后，王光祈进而认为，女子脱离家庭后的第一个困难就是生活问题，而组织女子生活互助团体，"一方面可以维持生活，一方面可以免掉社会上的欺诈。"②王光祈提出的女子生活互助团的组织，分两个部：（一）生计。有两种办法，一是做手工，如织袜子、手巾及其他小工艺等，二是做如国货及书报之类的买卖；这些工作每天只需做五六个小时即能维持生活，其他时间则用作读书及娱乐。（二）求学。他认为将来北京大学开放，女性当可作旁听生，选择几种功课研究；如果此法暂时不可行，"我们便可用团体名义，请几位有学问的先生，每天教我们二三点钟，比较在学校利益更多"，"只要我们有一种艰苦卓绝的精神，组织这种互助团体，我预料自愿作义务教员的一定不少。"③

王光祈所说的女子互助团体，实际上就是指少年中国学会筹建的工读互助团在北京女子高等师范院校附近的第三个分支，因其成员全是女性，故名女子工读互助团。这一互助团的主要活动其实就是王光祈主持的，他为该团选择了工作，制定了详细的预算。该团的活动得到了新文化运动领

---

① 王光祈：《答 A.Y.G 女士》，《少年中国》1919 年第 1 卷第 6 期。
② 王光祈：《改革旧家庭的办法》，《晨报副刊》1919 年 12 月 2 日，"前言"。
③ 王光祈：《答 A.Y.G 女士》，《少年中国》1919 年第 1 卷第 6 期。

袖人物如陈独秀、李大钊、蔡元培、胡适等人的帮助和撰文支持,因此名噪一时。1920年2月,参观了女子工读互助团以后,毛泽东在给陶毅的信中认为那是一个"很有趣味"的团体,并认为其前途取决于"他们的能力和道德力如何"。①

女子工读互助团在社会上的影响比较广泛。比如在四川,一些青年便极力赞成成立类似的组织,认为那是反抗帝国主义和封建主义的"好方法"。其一个具体例子是,当时成都一教会女子学校强迫一个家境贫寒、依靠教会培养的女学生同一个"教友"结婚。该女生才十岁,"教友"则是续弦,因此该女生极不情愿,只得脱离学校,躲避在同学家里,生活困难。有人据此事件撰文认为,帝国主义办的教会学校强迫女生结婚属于无理行为,提出"现在要救济那些可怜的女子,顶好依照北京工读互助团的办法","靠自己劳动的生产,来维持自己学业的进行",这样的团体"应该赶快成立,万不可缓了"。②

王光祈自己对女子互助社及其作用怀抱莫大期望,认为如果该社办好了,对女性而言就是"自己奋斗、自己生活",因而可以发出一种宣言:"凡是受黑暗家庭虐待的女子,或是因婚姻压迫的女子,或是生活困难的女子,你们都可以到我们社中生活,而且我们可以共同向旧家庭、旧社会开始总攻击,我们团体便是与旧家庭抵抗的大本营。"③或许,正是基于对女子互助社的作用的预期,王光祈也对其整体即工读互助团怀抱莫大的希望说:"工读互助团是新社会的胎儿,是实现我们理想的第一步。……若是工读互助团果然成功,逐渐推广,我们'各尽所能、各取所需'的理想渐渐实现,那么,这次工读互助团的运动,便可以叫做'平和的经济革命'。"④

---

① 毛泽东:《致陶毅信》,1920年2月,收入中共中央文献研究室、中共湖南省委《毛泽东早期文稿》编辑组,湖南人民出版社2008年版,第420页。
② 半 点:《强迫得岂有此理》,《星期日》1919年第32号。
③ 王光祈:《工读互助团》1920年1月5日,张允侯等:《五四时期的社团》(二),三联书店1979年版,第379页。
④ 王光祈:《答A.Y.G女士》,《少年中国》1919年第1卷第6期。

三、王光祈妇女解放运动的评述

男女平等和妇女解放是"五四时期"知识分子倡导的家庭和社会革命的重要组成部分。作为"五四时期"知识分子之一，王光祈的男女平等和妇女解放思想其实并不比其他人更加突出，而且其对家庭与社会革命的主张，也带有明显的无政府主义特点。因此，王光祈提出的妇女解放思想和实践，虽然带有一定的革命色彩，但其致力于此的实践，尤其是包括女子工读互助社在内的工读互助团，实际上并不适应当时变动剧烈的社会现实，也不同于要求对传统与现实社会进行根本改造的真正的革命派的主张与实践。

同时，王光祈在爱情、婚姻和家庭观念上的不彻底性，也使其男女平等和妇女解放的思想与实践活动，均不可避免地存在局限。比如，王光祈与吴若膺的恋爱关系就违背了其所主张的妇女解放主张，这就引起了其在婚姻家庭观念上的一种自我辩解的悖论。他认为，现代女子在社会中的地位极悲惨不平，而婚姻不自由是女子所受极多痛苦中极重要的一种，因此他主张男女平等，主张女性为寻求自我解放而斗争，也进行了一系列解放女性的实践活动。而在现实中，他本人却在婚姻之外不止与一位女性进行过所谓自由的恋爱，这实际上是对其妻子的不公，也暴露了其在某种程度上对女性的不尊重。又如，他认为婚姻有形式的和实质的两种形式，前者指有订婚书、举行结婚典礼等的男女结合，后者指两性间只有夫妻的"事实"，而无一切形式的手续，他自己"主张实质的结婚，而极端反对形式的结婚"，并声称"我以为两性间因恋爱而有夫妻的事实，并不必发生组织家庭问题，彼此仍可以继续保持未婚以前各自在社会上原有的状态——即是没有家庭的状态。"这是一种无家庭的思想。实际上，家庭是社会基本的组织单位，稳定、和谐的家庭是社会稳定的根本。王光祈这一"没有家庭的状态"的主张，明显反映出的无政府主义倾向，或根本就是其无政府主义思想的一个特定表现。在一个动荡与混乱的时代，"无政府"的思想主张和实践，或可以解决某些特定的或部分的社会问题，却终究不是促进社会良序发展的最佳选择。由此看来，尽管王光祈还作了促进男女交际自由、妇女讲演会和谈话会等方面的努力，却未能改变其实践活动的失败命运。

第六节　王光祈与瞿秋白社会改造思想比较研究

1919年5月，王光祈受张澜之聘，和李大钊、瞿秋白担任《晨报》编务，在《晨报》副刊开辟了"马克思主义研究"专栏。[①] 王、瞿二人竟然有这样一次同事之交，但二人又竟然没有任何更深入的往来。王光祈与瞿秋白有许多相似之处：都是没落的"士的阶级"家庭出身，都在五四运动中崭露头角，当时都是在北京的学生，都当过编辑，都对当时社会深为不满，都有改造社会的动机和理论追求，二人在五四之后都选择了出国，都对音乐有爱好[②]。然而二人的结局却完全不同，瞿秋白在五四之前思想较为消沉无为，一味"逃避"，五四之后则表现得积极激进，最后走向革命之路；而王光祈在五四之前思想就较为激进，接受新思想熏陶，而五四之后则表现得中庸改良，最后走向"逃避"之所。瞿秋白在失意的时候从事文学研究；王光祈在改造失意时选择从事音乐研究。瞿秋白后来回国成为坚定的马克思主义革命者，并一度成为中国共产党的领袖人物，最终为共产主义事业献出年仅36岁的生命；王光祈则心系祖国却坚持文化革命、音乐救国并攻读音乐学博士，44岁时客死异乡。王、瞿二人的命运既是两个个体的自由抉择，更是历史处于十字路口的"五四时期"中国知识分子不由自主的时代命运。

一、王光祈与瞿秋白社会改造思想简介

（一）王光祈社会改造思想

其一，王光祈的社会改造目标建立在无政府主义基础之上。王光祈的社会改造直接目标是建立"少年中国"，最终目标是建立"少年世界"。1920年8月，王光祈为少年中国学会所拟《约章》第一条："本联合结合各地革新团体，本分工读互助的精神，以实行社会改造。"[③] "我们理想的社会是无阶级的，智识阶级同时便是劳动阶级，劳动阶级同时便是资产阶

[①] 《王光祈年谱》，四川音乐学院、成都市温江区人民政府编：《王光祈文集》附录一，巴蜀书社2009年版，第396页。

[②] 王光祈长于竹笛，是中国音乐学研究第一人；瞿秋白对音乐也有爱好，1923年6月15日（24岁）他在《新青年》季刊第1期发表亲自拉着手风琴逐音配字翻译的《国际歌》，他是《国际歌》中文歌词的第一个译者。

[③] 《少年中国》1920年第2卷第5期。

级。"① "少年世界"这一目标社会充满了空想色彩,类似于"天下大同",其原则是追求大多数民众的幸福和个人的自由平等,其特征是无阶级、无政府、无强权、无政治斗争等。

无政府主义契合王光祈社会改造的观点。王光祈受胡适思想影响很大,胡适并不赞成革命,连学生运动都不提倡,认为学生应该先"将自己铸造成器,然后才能救国"②。王光祈赞成无政府主义的互助论,强调不同阶级之间的互利调和合作,而不是敌对斗争,反对暴力革命。由此可见,王光祈的"少年中国"既反对俄国式的社会主义(他称之为"国家社会主义")③,又反对美国式的资本主义,实际是一种无阶级的、公有制的、按需要分配的、适于人类进步的空想社会或者未来社会。以理想的个人自由和平等为出发点,作为无政府主义者的王光祈,对"少年中国学会"宗旨的定性为"主张社会活动,反对政治活动"。④

其二,实现其社会目标的手段是"反强权""反集权""反暴力""去政治化""反对政治革命"。反对一切强权政治或集权政治是王光祈社会改造的思想前提,因为强权或集权违背了"个人自由和平等"这一基本原则。在王光祈看来,苏俄社会主义是一种政治集权、经济集产的"强权"和"集权",不是其心目中的理想社会。王光祈明确反对俄国式的社会主义:"俄国社会的民本主义,是关于经济组织有所改造,比较的差强人意,但是该国列宁所奉的马格斯之国家社会主义,采集产制度,国家权利甚大,究竟与个人自由有无妨碍实是一个疑问,我极反对机械的个人生活。受这种劳农政府支配的国民,处处都有一种国家权利紧紧跟随,个人生活便成一种机械了",因此,"实是一件不合民情的主张"。⑤ 从中我们可以看出,"自由""平等"思想对王光祈影响更大,对个人自由强烈向往,对国家主义集体主义极为反感,认为那必将导致强权,必将导致"机械的个人",不自由的个体。

---

① 王光祈:《少年中国学会之精神及其进行计划》,《王光祈文集·时政文化卷》,第78页。
② 胡 适:《胡适文存》第3卷,黄山书社1996年版,第330页。
③ 王光祈:《无政府共产主义与国家社会主义》,《王光祈文集·时政文化卷》,第41页:"细考布尔扎维克(即布尔什维克)的所为,近似于国家社会主义。"
④ 王光祈:《政治活动与社会活动》,《王光祈文集·时政文化卷》,第125—126页。
⑤ 王光祈:《王光祈致左舜生》,《少年中国学会会务报告》1919年第4期。

王光祈也反对高度集中垄断的资本主义经济制度，因为这违背了"追求大多数民众的幸福"原则。一方面极力追求个人自由，但另一方面王光祈又极力反对资本主义："美国因拜金主义，造成一种世界无敌的财阀，一般平民生活于这种财阀之下与我们生活于军阀之下同是一样痛苦。"①"他们不正当消费影响我们正当生活；我们反对他们是为人类谋幸福"，"凡是主张资本主义的，虽是至亲好友亦是我们的仇敌"。②

　　王光祈"反政治斗争"的观念基于他对历史的看法和对时局的预判。其一，对于戊戌变法和辛亥革命这段历史，王光祈的评论是："然而今日则何如？夫得志后之进步、国民两党党人，其明争暗夺、贪赃枉法、眼光短小、举动乖张，原不足有为。""主张政治改革者之效果，吾国民在此三十年中已饱览遍尝，几疑黄帝子孙将从此永无得见天日矣。"③王光祈对于政党政治彻底失望："一切党系过去的历史，纷陈于吾人面前，令人触目惊心，不敢与他们携手。"④

　　其二，对于当时的社会思潮主流，王光祈的判断是政治改革破产，社会改革兴起："忽而世界潮流陡转，国内舆论一变，有识之士莫不群相告曰：昔日各党所抱政治改革之理想，至今日可谓破产殆尽矣。吾人不能再以毕生百分之九十九之光阴，为争夺政权而谋改革中国之用。吾人须从今日起，即以毕生精力投之于社会事业。若思想不革新，物质不发达，社会不改造，平民不崛起，所有一切其他政治改革皆是虚想。"连"胡适之先生之不否认现代政治组织，犹且宣言二十年内不作政治活动"。因此，对于诉求政治活动的青年，王光祈深表遗憾，"此诚可令人痛哭流涕、长太息者矣"。⑤

　　王光祈明确反对政治革命甚至政治参与，王光祈对政治革命是否能达到目的提出了五大疑问。这五大疑问可以归结为"不愿、不能、不行、不值、不容"的五不主张：不愿争权，不能维护政权，没有社会改革政治改革行不通，依靠贤人的自上而下的革命不合时代精神没有价值，列强不能

---

① 王光祈：《王光祈致左舜生》，《少年中国学会会务报告》1919年第4期。
② 王光祈：《留学界的两大潮流》，《旅欧周刊》1920年第56号，"论说"栏。
③ 王光祈：《政治活动与社会活动》，《王光祈文集·时政文化卷》，第125—126页。
④ 王光祈：《少年中国学会之精神及其进行计划》，《王光祈文集·时政文化卷》，第77页。
⑤ 王光祈：《政治活动与社会活动》，《王光祈文集·时政文化卷》，第125—126页。

容忍这种强力政府在中国存在。① 王光祈对暴力革命能否改造中国社会持十分怀疑的态度，尤其认为暴力革命的时机未到，因为民智未开。

其三，王光祈坚持走文化路线实现社会改造，其社会改造实质是"改革"（或"改良"）而非暴力"革命"。三十年来的政治活动所带来的失望结果、失败教训和舆论转向使王光祈坚信当时中国的社会改造必须先做好"预备工夫"，那就是"社会改革"（即社会改良），而不是政治革命。尽管王光祈的社会活动是要做开启民智的工作，但他认为社会改造的先锋和主力是青年、留法的华工和华侨，"智识阶级中我们认为现在正受教育的青年学生，最有希望。""劳动阶级中我们认为现在留法的华工，最有希望。""资产阶级中我们认为最有希望的便是华侨。"中国农民只是改造中国的后备军。② 对中国人集体素质的不信任，使他最终寄希望于"智识阶级"去开启中国农民的心智，但改造中国最终还是要靠"将来学生、华工、华侨三派人的联合"。

王光祈寄希望于提高民智、和平改良，认为进行文化改革运动比政治革命运动更容易实现、更符合实情、更迫切、更有成效，认为改革的先后顺序应该是从个人到团体再到社会，"先将中国人个个都造成一个完全的'人'，然后再讲什么主义。""先有一种习惯而且生活有要求某种主义的必要，然后给他一个主义，始能运用自如。"③ 先打好基础作好"预备工夫"。也就是说，王光祈认为，当时进行革命的时机还不成熟，他写道："我们现在提倡主义的人，不要专想把招牌挂出，务要名实相符，方不辜负一场'流血的革命'。"④

（二）瞿秋白社会改造思想流变

其一，早期文化救国思想以及马克思主义倾向。瞿秋白作为最早接触苏俄社会主义的知识分子之一以及后期一度成为中国共产党的最高领导人，其社会改造思想有一个"从空想到科学"，从"文化救国"到"阶级革命"的流变过程，并非先天的马克思主义者。瞿秋白曾经在《多余的话》中自责自己"本是个半吊子的文人而已"，有"潜伏的绅士意识"；

---

① 王光祈：《政治活动与社会活动》，《王光祈文集·时政文化卷》，第 125—126 页。
② 王光祈：《少年中国学会之精神及其进行计划》，《王光祈文集·时政文化卷》，第 76—78 页。
③ 王光祈：《少年中国学会之精神及其进行计划》，《王光祈文集·时政文化卷》，第 75 页。
④ 王光祈：《少年中国学会之精神及其进行计划》，《王光祈文集·时政文化卷》，第 76 页。

"最早我同郑振铎、瞿世英、耿济之几个朋友组织《新社会》杂志的时候，我是一个近于托尔斯泰派的无政府主义者。"①此时，瞿秋白与王光祈的社会改造思想很相似。瞿秋白参与编辑过的《新社会》旬刊《发刊词》："我们是向着德莫克拉西一方面以改造中国的旧社会的。我们改造的目的就是想创造德莫克拉西的新社会——自由平等，没有一切阶级一切战争的和平幸福的新社会。"②《新社会》旨在向国人宣传社会学知识，以期这些知识有助于新文化运动的社会改造目的更易实现。

《新社会》认为社会改造运动"是研究的——根据社会科学的原理，参考世界的改造经验"，还借鉴了很多社会学理论以及研究方法，推崇"克鲁泡特金的'互助论'和无政府主义"，认为它是建立在科学考察基础之上的科学社会理论，连蔡元培、李大钊、孙中山等都受到过这种理论的影响。瞿秋白对此理论予以肯定，而王光祈却发起工读互助运动将之付诸实践。此时瞿秋白的社会改造思想与王光祈如出一辙，王光祈的"工读互助运动"与瞿秋白早年所主编的《新社会》也不无联系。《新社会》的刊物名称明确地定位要将当时认为最好最新的社会制度介绍到中国来，被广泛看好的克鲁泡特金之无政府主义是首先要大加介绍的内容之一。

五四运动使瞿秋白认识到群众的力量。无政府主义对于当时的身经磨难、生存维艰的瞿秋白而言，无异是一针兴奋剂，因为无政府主义对于当时中国最大的鼓舞是舍弃精英思维，转身平民思维，认同一般低下层劳苦大众的思想、意志和力量。因此，瞿秋白兴奋地写道："从前中国的革新运动——戊戌新政，庚子以后的新政，辛亥革命，几次几番的再造共和，都不是真正的革新，因为总带着'君子小人'主义的色彩。现在'德莫克拉西'到了中国了！革新的时机真到了！"③瞿秋白明确地反对精英主义。他号召大家竭力打破君子小人主义，实施平民教育。就在这一时期，《新社会》编辑之一郑振铎也看到了瞿秋白倾向马克思主义的一面："在编辑

---

① 瞿秋白:《多余的话》，林文光:《瞿秋白文选》，四川文艺出版社2010年版，第112、115、117页。
② 郑振铎:《发刊词》，《新社会》1919年第1期。
③ 瞿秋白:《瞿秋白文集》第1卷，人民出版社1987年版，第22、25页。

过程中也不是没有争论的，秋白那时已有了马克思主义者的倾向。"①

其二，转变成为真正的马克思主义者。1920年3月，李大钊在北京大学成立了"马克思主义学说研究会"，瞿秋白也加入其中，开始系统研究社会主义思想。据瞿秋白在1921年1月给俄共中央的报告：五四以后，"在中国的学生当中，建立了许多研究社会主义学说的小团体。例如，在北京组织了仁社、互助社和改造社，在天津有觉悟社。现代中国的报纸杂志都在从事社会主义学说的宣传……其中最受欢迎的有《晨报》《时事新报》《青年周报》以及《解放与改造》《人道》等杂志。"②可见，在瞿秋白眼里，1920年时互助社等许多团体是倾向社会主义的。"记得当时懂得了马克思主义的共产社会同样是无阶级、无政府、无国家的最自由的社会，心上就很安慰了，因为这同我当初的无政府主义，和平博爱世界的幻想没有冲突了。所不同的是手段。"③正如同王光祈曾经把马克思主义认同为无政府主义一样，瞿秋白也可能把一些无政府主义思想误认为社会主义了。瞿秋白也曾对无政府主义抱有重大期待，也曾追求文化改良之途，但他最终还是选择了马克思主义并为之献身。

1920年10月，瞿秋白以特约记者的身份前往苏俄考察。考察期间，他以极大的热情客观公正地向国内介绍列宁领导下的苏维埃社会主义国家初创阶段的真实情况，宣传社会主义和共产主义的伟大理想，并在那里经张太雷的介绍加入了中国共产党。1921—1922年，瞿秋白到莫斯科受到列宁两次接见，看到了苏俄翻天覆地的变化，认为"俄国革命史是一部很好的参考书"。1923年归国时，他已成为中国共产党的早期马克思主义理论家，而在不久后的五卅运动和大革命时代，他便成了"党内最有威信的领导人之一"。他对马克思主义的信念至死不渝："我的思路已经在青年时期走上了马克思主义的初步，无从改变。"④

---

① 郑振铎：《记瞿秋白同志早年二三事》，《新观察》1955年第12期。
② 周一平：《中共党史研究开端述论》，《上海革命史资料与研究》第1辑，开明出版社1992年版。
③ 瞿秋白：《多余的话》，林文光：《瞿秋白文选》，四川文艺出版社2010年版，第119页。
④ 瞿秋白：《多余的话》，林文光：《瞿秋白文选》，四川文艺出版社2010年版，第122页。

二、王光祈和瞿秋白社会改造思想的分野

（一）瞿秋白对新村运动、无政府主义、空想社会主义等的看法

1920年年初，李大钊在《星期评论》上发表《美利坚之宗教新村运动》，瞿秋白深受启发。1920年1月21日，瞿秋白在《新社会》杂志发表"读《美利坚之宗教新村运动》"一文，指出：美国宗教新村运动称之为新式"理想"的"桃园"，他们失败的原因"本来不是'社会主义'的缺点，正为着'非社会主义'所以会衰落失败。"在总结新村运动所以失败的基础上，瞿秋白第一次明确表示赞同马克思主义："马克思主义派的直接运动……是普遍的较易的进步的办法。"1920年4月，瞿秋白写了《伯伯尔之泛劳动主义观》的评价文章。他指出，同无产阶级革命思想相比，托尔斯泰"想以模范的宣教改革社会"，这是"托尔斯泰的谬误"，因为这在现实中是难以进行的，只是一种美好的想法。而伯伯尔反对无政府主义温和的改良，"主张创造新社会——将来的社会——主张激烈的改革运动——革命——根本的改造。如此才能消灭资产阶级的垄断'尊荣'和'精神'的财产。"[①] 瞿秋白赞扬德国无产阶级革命家伯伯尔是"实际的改革者"，这标志他已经由激进的民主主义转向了科学社会主义。

对于五四学生爱国运动，以胡适为代表的一些教授并不赞成，甚至进行劝诱，王光祈深受影响，可是瞿秋白则同这种错误主张进行了坚决的斗争，帮助他的朋友重新坚定了信念。"在学联的会议上，他常激昂慷慨地进行说理斗争，驳斥那些企图破坏运动的论调。他对北洋政府是毫无幻想的，坚决主张斗争到底，扩大社会影响，掀起全国性的民族民主运动，推翻卖国反动的北洋政府。"[②] 瞿秋白已经将马克思主义理论自觉转化成为行动自觉，在反对无政府主义、改良主义中充分体现了一位革命家的风范。

（二）王光祈对马克思主义学说的看法

王光祈在《俄罗斯之研究》一文中对"俄罗斯的过激派"的"俄罗斯革命"的认识还停留在"无政府主义"层面。他说："过激派即是信仰无政府主义，无政府主义的要点，就是'解放'二字。"[③] 而王光祈对无政府

[①] 瞿秋白：《瞿秋白文集》第1卷，人民出版社1987年版，第79—80页。
[②] 郑振铎：《记瞿秋白同志早年二三事》，《新观察》1955年第12期。
[③] 王光祈：《俄罗斯之研究》，《王光祈文集·时政文化卷》，第8页。

主义的定义是:"无政府主义者,反对一切强权的组织,而主张互助自由的社会者也。"① 后来,他经过仔细考证,又将社会主义划分为"国家社会主义"(马克思主义、布尔什维克)和"无政府主义"(克鲁泡特金)。王光祈最终倾向于"无政府主义"。

王光祈的工读互助运动基本是胡适改良主义思想的试验品,胡适的说法基本被王光祈所接受了:马克思主义"太偏向申明'阶级的自觉心'一方面,无形之中养成一种阶级的仇视心,不但使劳动者认定资本家为不能并立的仇敌,并且使许多资本家也觉劳动(者)真是一种敌人。这种仇视心的结果,使社会上本来应该互助而且可以互助的两种大势力,成为两座对垒的敌营,使许多建设的救济方法成为不可能,使历史上演出许多本不须有的惨剧。"② 但与胡适不同的是,王光祈避免谈政治,这一点胡适表示明确反对:"国内的新分子闭口不谈具体的政治问题,却高谈什么无政府主义与马克思主义,我看不过了,忍不住了——因为我是一个实验主义的信徒——于是发愤要想谈政治。"③

"问题与主义"的论战,开始于1919年7月胡适写的《多研究些问题,少谈些主义》一文。6月,陈独秀因散发传单被捕,李大钊也随后被迫离京,胡适乘机独揽了《每周评论》的编辑权,改变了这个刊物的方向,对马克思主义发起攻击。与此同时,少年中国学会的上海会员给北京会员写信,提出了"多研究常理,少叙述主义"的口号,而负责总会会务的王光祈则以北京会员名义复函表示赞同。

少年中国学会在1921年7月的南京会员大会前,李大钊书面表达学会确有标明主义之必要,而且不可不为社会主义的意见。会上,邓中夏、高君宇、黄日葵等坚持认为少年中国学会应该接受马克思主义,成为从事革命活动的组织,但以王光祈为代表的学会组织者则无法接受马克思主义。④ 后来,正因为对社会改造路线的意见不一致,少年中国学会彻底分裂了。

---

① 王光祈:《读梁乔山先生与某君论社会主义书》,《王光祈文集·时政文化卷》,第13页。
② 胡 适:《胡适文存》第2卷,黄山书社1996年版,第196页。
③ 胡 适:《胡适文存》第3卷,黄山书社1996年版,第96页。
④ 蔡 韦:《五四时期马克思主义反对反马克思主义思潮的斗争》,上海人民出版社1979年版,第30—31页。

三、王光祈与瞿秋白社会改造思想差异产生的因素分析

王、瞿二人在社会改造思想上的差异主要表现为路径选择的不同：瞿秋白的社会改造路线倾向"激进""革命"；王光祈社会改造的路线倾向"改良""非政治""非暴力"。这与二人所处的阶级阶层经济地位、社会历史大背景以及个人集体心理因素不无关系。

（一）家庭因素差异

王光祈的祖父王再咸，是清代咸丰壬子科举人，后在北京教馆教书，曾作过后来相继出任四川总督的赵尔巽、赵尔丰两兄弟的授业老师。其父王展崧，四川温江县秀才，曾在清政府内阁供职，后回家经营锅厂，在王光祈出生前两月客死隆昌。王光祈的母亲罗氏，出身书香门第，知文能诗。王光祈9岁时，其家尚有几亩园林和院落，还可到一所私塾上学。王光祈15岁时赵尔巽调任四川总督，将王光祈母子接到成都相见，并从四十八家当铺罚款中，指拨纹银一千两，存入东、南门两家最大的典当商铺生息，每年可支息四十余两，供他们母子生活。王光祈因此而命运转机，进入成都第一小学堂高年级，此间赵尔巽命他每周交一篇作文，"亲自给他改削，同时并给他报捐了一个同知前程。"① 王光祈20岁时，由于辛亥革命后成都兵变，一场浩劫断绝了王光祈一家赖以生活的四十两息银来源，陷入赤贫，搬回老家居住，母亲也在此时病逝。王光祈22岁时，在赵尔巽（时任清史馆总裁）的帮助下，到清史馆任书记员，月薪8元，后升为30元，这一工作一直持续到赴德留学时止。王光祈赴德留学由其同学魏嗣銮支助。②

可见，王光祈的家庭与封建贵族有千丝万缕的联系，其命运常常受达官贵人的影响，其经济地位更是长期受上层富裕阶级人士的资助而不能独立，因此决定了其与上层阶级之间的"依附"关系。正是这种依附关系使王光祈无法完全与上层阶级保持距离而是保持情感联系，因此王光祈虽有改造社会的思想，却无法摆脱对上层阶级的依赖。同时，王光祈的家庭生计还因为"四川兵变"这样一种暴力革命而几近家破人亡，

---

① 李劼人：《诗人之孙》，《李劼人选集》第5卷，四川文艺出版社1986年版。
② 《王光祈年谱》，《王光祈文集》附录一，第396页。

这样的记忆使他无法认同革命之途。最后他找到了"无政府主义"这种"最终的解决"办法，即便这一途径不切实际，也要一味坚持到底。王光祈作为保路运动的亲历者，却对武昌起义和保路运动几无只字评论。他也曾参加了保路运动的罢课游行，还剪掉了自己头上的辫子，可是，支持保路运动的他却无法面对曾经有恩惠于己的赵尔巽、赵尔丰家族，因此这种支持无疾而终，对保路运动也三缄其口。这些就是王光祈选择改良而非革命的家庭因素。

瞿秋白也生于没落书香之家，父亲长期在外失业流浪，母亲关心他的教育，上过五年小学，12岁剪掉辫子，13岁挂"国丧"的白灯笼，15岁因贫辍学，16岁时母亲因贫困服虎骨酒和火柴自杀而到武昌学英文，17岁到北大旁听半年，18岁考到一个既不要学费又有"出身"的北京俄文专修馆免费学俄文。瞿秋白几乎一直在与贫病作斗争。五四运动时，被选为俄文专修馆出席学生代表大会的代表，参加了北京中等以上学校学生联合会，并领导学生参加天安门广场大专院校学生的集会游行及火烧赵家楼，痛打曹汝霖、章宗祥、陆宗舆等卖国贼的斗争。在街头宣传中，一度被捕，拘禁在北京大学法学院里。曾被推为被捕学生代表之一，带领大家坚持斗争，后在全国人民抗议下，反动政府被迫释放。因为世态炎凉，那个高高在上的"士的阶级"或"地主阶级"不给他留下任何后路，所以瞿秋白有坚强的革命斗志和反叛精神。

瞿秋白与"士的阶级"完全脱离，无论在精神上还是在经济上都与这个阶级划清了界限。而王光祈的家庭虽然一度陷入困顿，却几次受恩惠于地主阶级，一次次被上层阶级所挽救。这使得王光祈无法拿起革命的武器去瞄准恩人，也很难从精英主义转向革命主义。他甚至自始至终反对政治运动只作社会运动，表面上看这是他"抱定了某种主义"，而骨子里却是无法接受政治运动或革命，他只能选择夹缝中的改良路线，明知不可为而为之。王光祈在经济上剪不断与上层阶级的联系，在精神上也无法摆脱与这个阶级的温情与困扰。

（二）社会历史因素

五四时期知识分子在"社会改造"的改造途径问题上出现了意见分化，是否参与政治或政治斗争是分化的焦点。这种分化是历史的，中国近代史是中国知识分子救国于水火的一段历史。而救国运动大致是围绕"文化路线"和"政治路线"两边摇摆。戊戌变法只有政治运动而没有进行文化运动而失败，所以开展洋务运动；洋务运动引进西洋文化并没有改变落后挨打的局面，所以再进行政治运动"辛亥革命"；辛亥革命最终没有在文化上深入群众所以失败，所以开展新文化运动；而文化运动并不能彻底改变中国面貌，所以，知识分子当中的有识之士们纷纷认识到还是要回到改造社会的政治运动。五四运动成为一个分水岭，大多数知识分子都意识到社会改造运动成了一种时代潮流。

五四时期各种思潮的大量涌入，相互之间的交流和交锋激烈。一战后，互助论、无政府主义一度风靡中国文化界，人们似乎一下子找到了新社会的曙光。可是无政府主义由于其浅薄的根基只许诺空虚的前景缺乏务实的路径而很快被有识之士所抛弃，马克思主义以其理论的彻底性和革命的现实性而快速占领了群众。在政局瞬息万变的年代里，知识分子对于各种救国思潮目不暇接，各自忖度自身而选择不同的社会改造理论都是情有可原的。王光祈选了自己能选的最佳选项，瞿秋白则在历史洪流的裹挟中顺应了政治革命。

（三）心理因素

以个人情感而言，瞿秋白的母亲之死是因为被曾经的"士的阶级"家族所抛弃，极为贫困的家境使其母亲自杀。人情冷暖，人与人之间的冷漠关系，孔教、封建社会的种种弊端使瞿秋白产生了以革命形式改造社会的动机。王光祈的母亲则死于王光祈20岁时，也因贫病而死，但王光祈母亲的死却直接的是因为辛亥革命之后的成都兵变，银行被洗劫其家财无源所致，或者说是因为下层造反者所导致。这样的经历只能使王光祈痛恨暴力、痛恨"革命"，而无法痛恨封建地主阶级。这是王光祈终生反对暴力、反对强权的心理基础。

从时代的集体意识而言，五四时期的知识分子绝大部分还是以卢梭的"集体民主主义"为主旨的，因为这与中国传统思想式的"群体""民本"思想是一致的。人们更倾向于接受差异性更小的思想，而不是反差太大的思想。正因为如此，当时的知识分子集体倒向底层民主，而不是精英专制。陈独秀"劳力者治人，劳心治于人"的观念无疑对所有知识分子包括自己都是一次难得的深省和鞭策，而李大钊则提醒知识分子"须知'劳工神圣'的话，断断不配那一点不作手足劳动的人讲的：那不劳而食的知识阶级应该与那些资本家一样受排斥的。"[1] 由于知识分子本身的阶级局限，他们开始出现了集体的自我身份不认同感。它使五四知识分子无法主导"文化革命"的社会改造运动，因为他们必须首先革自己的命才能名正言顺地进行全社会革命，因此，知识分子集体陷入"自我革命"与"社会革命"的两难泥潭之中不可自拔。整个五四时期的精英舆论都直指自身的身份，因此，五四知识分子实际面临着两大改造任务：一是对现实中国社会的改造，一是对自身知识分子身份的改造。然而，自我身份的改造如何得以实现？有些选择了去做工，有些人选择了去乡村，更多的人无可选择。知识分子大都生活在都市，真正"改造自身"到农村去参加劳动，去开展启蒙民众活动的极少。因此，知识分子试图改造自身的阶级局限性，成为真正的劳工阶级，结果是失败的。而历史的紧迫性由不得知识分子过多纠结于自身的身份认同问题，社会改造的任务压倒一切，于是，知识分子的"自身革命"进行得并不彻底。这在他们选择社会改造路径上就体现了出来。

持精英主义的知识分子主张"改良"，而视自己为底层劳工者则主张并实践"革命"。王光祈是前者，瞿秋白是后者。王光祈虽然反对精英主义，主张实施平民的教育，但在潜意识中他仍然认为中国的未来要靠以大学生为代表的青年这种"平民"，对中国社会的普罗大众是缺乏信心的。因此，从某种意义上来讲，王光祈仍旧未脱离"精英意识"。

这就是为什么后来王光祈虽然选择了出国，却没有去俄国而是去德国，未研究社会学而是研究音乐学的缘故。王光祈的社会改造停留在梦想阶段，他的身份、他的家庭背景、他的经济背景和他的心理背景都没有让他走上真正"革命道路"的条件和可能性。因此，他最终只能成为革命的观望者，而未成为革命者本身。

---

[1] 李大钊：《"少年中国"的"少年运动"》，《少年中国》1919年第1卷第3期。

四、从王光祈与瞿秋白看五四时期新知识分子思想分流

（一）时势造英雄——历史的偶然性

瞿秋白在就义前的自白《多余的话》中，认为自己成为革命者甚至革命领袖是个"历史的误会"，可是这种误会并不是所有人都可以恰巧碰上的，历史"误会"地选择了瞿秋白，而决不会误选王光祈。瞿秋白为了生活所迫考进了可以免费学习的俄文专修馆，而恰巧瞿秋白有天才般学习外语的才华，学得了过硬的俄文语言功底，又加上他参与编辑《新社会》刊物使得他有机会直接前往俄国。恰巧俄国发生了社会主义革命，他恰巧是当时唯一能找到的俄文翻译，他便可以直接接触到苏共最高领导人，了解共产主义思想，最后成为一名马克思主义者。这一切都似乎是"巧合"，但瞿秋白在五四运动中的表现却绝非巧合。

王光祈虽然在国内时期也大量接触李大钊这样的马克思主义者，但他最终仍旧选择了"新村运动""互助论""空想社会主义"这样一种相对温和的"社会改造"思想。王光祈选择了去德国，研究音乐学和外交，也绝不会误会地选择到苏俄去研究共产主义。

（二）英雄造时势——历史的必然性

可以说，王光祈是没有转化成为马克思主义的中国知识分子的代表。与王光祈相比，瞿秋白实现了这种思想观念的转化，进而在实际行动上也发生了转化。瞿秋白也曾经是"文化至上主义"者，认为文化救国是唯一的、最佳的途径。王光祈始终是文化救国论者，而瞿秋白、毛泽东等人则早早地实现了思想上的大反叛。这种反叛是时代的潮流，是历史的必然。

五四时期的社会改造运动的结果最终必然产生分化：文化改良主义和马克思主义革命学说。历史的意义正在于取舍之间，而历史之所以最终选择了马克思主义的革命学说之路，并非偶然，而是必然，这是因为文化改良主义被当时的历史证明根本行不通。想必王光祈的内心也很清楚这一点，可是由于自己的身份背景与经济背景，他只能选择"逃避"之途——坚持文化改良救国，不参与政治，远离祖国又心系祖国，最后越走越远，以"音乐救国"的更大空想聊以自慰。马克思主义唯物史观和科学社会主义学说成为改造中国社会的主流思想，是被瞿秋白式的中国五四知识分子集体选择的结果。

第二章　王光祈的音乐思想

　　王光祈是我国五四时期有影响的社会活动家，也是我国音乐学领域划时代的先驱，近代音乐学的开拓人，中国甚至整个东方比较音乐学研究的奠基人。日本著名音乐学家岸边成雄先生称王光祈为"东方研究比较音乐学之第一人"；李岚清同志评价其为"中国近现代音乐学的开拓者"。他于1920年4月留学德国，从1922年起改攻音乐，1923年开始发表音乐文章，从此音乐著述不断，在比较音乐学、音乐史学、音乐美学、音响物理学等领域上取得了卓越的成就与贡献，成为中国近代音乐学学科的奠基人。

第一节　王光祈音乐思想的形成及内涵

一、王光祈音乐思想形成的历史背景

　　1908年王光祈16岁，考入成都有名的高等学堂，与郭沫若、李劼人、周太玄、魏时珍等先后同班。在具有激进思想老师的带动下，阅读进步书刊，思想活跃。1911年四川保路运动兴起，王光祈积极投入保路运动洪流。10月10日武昌起义胜利，王光祈立即剪掉头上辫子，对未来充满憧憬。

　　辛亥革命后，四川政局混乱。1914年王光祈抱着"要彻底打破现状，创造新路子"的志向，在亲友的资助下乘船东下，经重庆、上海到北京，是年秋，考入中国大学专门部法律本科。1916年经周太玄推荐，到《京华日报》做兼职编辑，并结识了主编《晨钟报》副刊的李大钊。在与李大钊多次的交往中，王光祈的思想有了新的飞跃，"新造民族之生命，挽回

民族之青春"成了他奋斗的目标。

1918年12月王光祈参与陈独秀、李大钊创办《每周评论》，并为创刊号写了社论《国际社会之改造》，热情欢迎"十月社会主义革命"。之后，又不断在《每周评论》《晨报》副刊和《新青年》等刊物上发表文章，如《择业》《国际的革命》《学生与劳动》《工作于人生》《劳动者的权力》等。王光祈在这些文章中表现出非常可贵的进步思想，如提出择业的标准是要为"大多数人谋幸福"，不能"有害他人"；"国际社会党的活动，最大的目的就在求人类大多数的幸福"；"只吃不做的时代已经过去了"；工作就是"以自己的劳动力作成有益于人的事业"，提出"为共同生活而工作，以创造未来之世界"；指出世界上最不平的就是"田主、资本家终日快活，""劳动者替他们做奴隶，做牛马"，主张"劳动者应当要求自己的权利"，等等。此外，他还参加邓中夏、许德珩组织的北京大学平民教育讲演团，做过《什么是善》《青岛交涉失败的原因》等讲演。

1919年五四运动爆发，游行队伍高呼"外争国权，内惩国贼""拒绝巴黎和约签字""废除二十一条"等口号，并火烧赵家楼，痛打卖国贼章宗祥。王光祈参加了火烧赵家楼的游行，并以《川报》驻京记者身份撰写大量稿件，介绍北京爱国学生运动，写回的通讯及文章有50余篇，在他的这些通讯及文章的影响下，四川的爱国运动得以蓬勃开展。

1918年就和李大钊、周太玄等酝酿的"少年中国学会"于1919年7月1日正式成立，王光祈被选为执行部主任，主持学会工作。王光祈还先后介绍恽代英、毛泽东、张闻天等加入"少年中国学会"。学会出版了《少年中国》刊物，宣传"振作少年精神，研究真实学术，发展社会事业，转移末世风气"等进步思想。1919年12月，王光祈在蔡元培、李大钊、陈独秀等人的支持下，发起成立了"工读互助团"，一面从事体力劳动，一面在各校听课。他以为这是实现"各尽所能、各取所需"的道路。"工读互助团"在初期很是火红，但由于经济问题无法克服，团员的思想又不一致，1920年3月之后，陆续自行解散。而"少年中国学会"随着革命运动的发展也产生了分化：以李大钊、毛泽东、邓中夏、恽代英、张闻天为代表的马克思主义派和曾琦、李璜、左舜生为代表的国家主义派产生严重分歧，彼此针锋相对；而以王光祈为代表的中间派则主张走教育和实业救国之路，后来"少年中国学会"也彻底瓦解。

为寻求救国的道路，王光祈于1920年4月离开中国前往德国。在4月7日写的《去国辞》五章中，充分表达了他出国是为救国的心愿及对少年中国的感情。他说这次出国是"与我少年中国短别离"，"欲洗污浊之乾坤，只有满腔之热血，唯我少年，誓共休戚。""唯我少年，努力努力！"

初到德国，王光祈是攻读政治经济学的，并写了不少研究社会、经济、时事的政论文章寄回国内。在《王光祈简历》中，王光祈写道："在1920年6月，作为上海最老也是最大报刊《申报》的特派记者，前往德国，完成了两百多篇的报道文章。"

他在德国，接触了德国的哲学、美学、社会学，更重要的是德国这个音乐之邦浓郁的音乐气氛深深地感染了他，他说："德国人之所以奋发向上，激情澎湃，与音乐须臾相关。""我感到西洋如德法等国，他们的音乐，就是他们精神上的粮食，不可须臾离开的。人不吃饭要饿死，不睡觉要困倦死，他们不听音乐，也必定要烦闷死的。西洋的音乐，与西洋的国民精神，关系最密最深。西洋一般人的勇敢快乐、努力进取、活泼向上，是与他们的音乐极有关系的。他们有高尚雄大的音乐，所以他们有高尚雄大的国民精神。"加之他从小就接受孔孟的礼乐思想，特别是儒家"和"的思想，感到与音乐中的"和谐"以及他所追求的"合理的社会改革"相吻合，因此，他从1923年起，改学音乐理论，决心走"音乐救国"的道路，并以音乐为事业终其一生。

二、王光祈音乐思想形成的缘由探究

1922年7月，王光祈由法兰克福搬迁至柏林，居住在玛瑞安多夫尔（Mariandorfer）街16号，它位于柏林的施特格利兹（Steglitz）地区。与法兰克福的住处相比而言，这里才算得上是真正的郊区。居住在此地区的中国人极少，可能一是因为房租相对便宜，二是由于与柏林留学学生会的纠葛使得王光祈也不愿意住在中国留学生的聚集区内。这一段时间的经历对于王光祈而言，一定不算愉快。根据王光祈的自述，他是1923年起决定投身音乐专业的，那么，在这一年多的时间中，他是如何思考音乐的，如何转变的，值得研究。

（一）音乐在德国社会中所起的重大作用

当时的欧洲，传统文化的精华在意大利，近当代建筑与美术的中心则在法国，而德奥则是音乐的国度。音乐无时无刻不在德国人的身边，外国人去德国生活，只要你参加当地的社交活动，就不可能不感受到音乐对于德意志民族的影响。王光祈对于德国人的生活观察是极为细致的，所以很早就注意到不少细节。在1921年的夏天，王光祈参加了"德意志国民党"举办的一次郊外活动，有三种情形吸引了王光祈的注意：小朋友的玩具之多，成年人对于政治与生活话题的投入，以及青年人对于随着音乐翩翩起舞的兴趣。对于舞会，他是这样描绘的：①

> 与我同去的妙龄女郎及少年男子，既无意于儿童玩具，复无意于讲演政治及畅谈生活；至是，突闻将开跳舞，无不生气勃勃，兴致洋洋。音乐之声一起，男女之防立撤，于是，相依相抱，大跳特跳，直至夜半十二钟，尤不忍归。我素日认为性情庄重、不苟言笑之几个女子，到此，亦莫不眉飞色舞，大有情不自禁之感了。

这种情景，不禁引发了王光祈深深的思考：一次大战之后，德国是一个战败国，而中国是战胜国，而且在美国及英法的联手高压之下，德国正处于经济危机之中，货币大幅度贬值，甚至造成有些地区连粮食也颇有紧张之感，但为什么他们的精神状况却依然健康向上呢？

> 我是一个外国来宾，而且有无限心事，当然对于儿童玩具、演讲政治、畅谈生活及男女跳舞种种，都没有兴味。我那天自朝至暮，在会场中踱来踱去，一言不发。冷眼旁观，觉得欧洲人自少至老，无不心有所托，情有所泄；所以他们永远是活泼泼的，只知向前进取，不知烦闷悲观。我们中国人则大半落落寡欢，缺乏兴趣。我们二三十岁的青年，有时还比不上欧洲七八十岁老人之兴味浓厚。

王光祈悟出了一个道理：德国人的乐观向上，是因为他们有所寄托，而中国人不仅没有寄托，而且情绪没有地方发泄。于是王光祈得出一个结论，中国青年人烦恼的最大原因，是由于"生活颠倒"，而这种颠倒，是

---

① 王光祈:《中国人之生活颠倒》，《王光祈旅德存稿》，上海中华书局1936年版，第577页。

相对于德国人的颠倒。他还在文中提到，德国人到十五岁以后，"情窦初开，遂知有所谓恋爱。其时亟亟所从事的，则为音乐、美术、唱歌、跳舞诸技艺"；而且这种学习，是父母们极为支持的，"虽值此战后经济困难之时，而此种学习音乐跳舞之费用绝不吝惜"，而学习这种技艺的原因，是为了"将来少年时代男女交际场中之用"，于是年轻人"每逢休暇之日，一对一对的初恋男女，互揣乐器，偕往幽静的山林与繁华的园囿，以消磨他们春花秋月的时光。"所以音乐的学习，便成为青年人享受生活、享受爱情的一个必备技能了。

当然以上这些文字，可能只是王光祈灵光乍现的一种感慨，对于德国音乐的认识还十分肤浅，但随着他对于德国的了解增多，王光祈对于音乐在德国人生活中所起的作用的思考也就越深入。1922年，在搬迁至玛瑞安多夫尔街16号以后，他撰写了《德国人之婚姻问题》，在此书中，他对于德国音乐的阐述，明显要深入得多：

> 德国音乐为世界第一，音乐大师中如巴赫（BACH）、贝多芬（BEETHOVEN）、莫扎特（MOZART）、瓦格纳（WAGNER）皆为世界空前之人物。因此之故，德国人民对于音乐一道，涵养甚深，而且极为普遍，几无人不懂音乐。故世人尝呼德人为"听的民族"，盖谓其两耳特较他种民族为灵敏也。男子多习提琴VIOLINE（闻相对论始祖安斯坦[①]亦颇擅此技）。女子则多习钢琴KLAVIER，虽值此战后生活困难之时，而为父母者对于此种学习音乐之费从不吝惜。每有男女之会，辄复合奏一曲，引吭高歌，声韵悠然，令人心醉。

他在文中谈到德国上流社会的交际时，音乐起到了很大的作用，列举了两个很有意思的例子。其一，一对属于不同政党的德国青年男女，因为合奏一曲而互生好感，青年男子感叹道："吾辈人类之相互了解，音乐实远甚于政治。"青年女子亦感慨道："吾但愿与子终老于音乐之宫矣。"这是让王光祈十分惊讶的，居然持不同政见的男女，会因为音乐上的和谐，

[①] 指相对论发明者爱因斯坦。1921年9月22日，王光祈曾于法兰克福写了《我所知道的安斯坦》一文，1922年初刊载于《少年中国》"相对论"专号上。

而抛开政治观点,在中国,这是无论如何也不可能想象的事情,这使他"足见音乐之魔力"。

而另一个例子,是让王光祈十分汗颜的:他与同学参加德国人的宴会,席间,有德国女郎请中国人奏上一段音乐,无奈,中国同学中,"则十人之内,便有九人不懂",但德国人直性子,往往坚持邀请不止,无奈之下,便有同学"只好高唱一段'小东人闯下了滔天大祸'以应之,令人闻之,冷汗直流。盖德国人初不必到上海舞台去领教'济公活佛',但从吾辈留学生毫无美术陶养方面观之,已大可想见其中国文化之程度矣。"1922年,王光祈开始学习小提琴。

其实从居住在法兰克福时期,善于思索的王光祈便开始观察,为什么国力已经十分虚弱的德国,它的文化却坚强地存在?是什么在支撑着这个战败国家人民的意志?又是什么使德国战后的工业和人民生活水平快速地回升?如果能够寻找出答案,那么对于同样处于水深火热之中的中国,是不是能够有所启示?自己的"少年中国"梦想是不是能够早日实现?随着王光祈对于上述这些问题答案的追寻,一个让王光祈不曾料到的答案却渐渐浮出水面,音乐在德国人的生活中所起的作用,实在是太大了。

(二)对于中国"礼乐"的思考

随着王光祈对于德国人生活的深入了解,他感到,音乐无异于德国人精神食粮。探求欲很强的王光祈决定去了解一下德国人的音乐历史,同时他也在思考一个问题,音乐对于德国人来说,有那么大的功能,对于中国人来讲,又意味着什么呢?不久,王光祈便找出了答案,1923年9月,他的连载报道《德国人之音乐生活》(共十篇)也随之问世。在头尾两篇稿件中,王光祈已经鲜明地流露出他即将转学音乐的讯息。

王光祈开宗明义地提出,中华民族能够在数次的外族入侵之后,坚强地繁衍至今,是因为我们所具有"民族性"。但今天,我们的国家面临着衰亡,就是丢失了这种"民族性"。这种以"爱和平,喜礼让,重情谊,轻名利"为内容的"中华民族性"是建立在孔子的学说的基础之上,而孔子的学说则"完全建筑于礼乐之上,所谓六艺亦以礼乐二字冠首",礼乐与中华民族的兴衰是有着直接关系的,所谓"礼乐不兴,则中国必亡"。在谈到东西方音乐比较之时,他表示中国音乐的宗旨十分高贵,但形式太过简陋,而西洋音乐经过数千年不间断的进化,"皆超过吾国旧有音乐百

倍以上，其尤令人注意者，即处处用科学方法，以研究音乐，大可引为改造吾国音乐之师资。"最后，他提出了自己的想法：①

> 吾人如欲扫除中国下等游戏，代为高尚娱乐，廓清残杀阴氛，化为和平祥气；唤起将死民族，与以活泼生机；促醒相仇世界，归于大同幸福；舍音乐其莫由。吾所日夜梦想之"少年中国"能否实现，吾将以是卜之。

在这里，王光祈把孔子的思想、"少年中国"的理念以及音乐的手段，结合成了一个有机的整体。正是这样一种逻辑关联的建立，使得王光祈把音乐变成了实现自己终身目标"少年中国"的一种手段，这才使得日后，他是那么坚决地走上音乐道路，义无反顾；这也使得他始终能够有一个理由说服自己，说服朋友，因为音乐变成了一种振兴民族大业的方法，坚持音乐，就是坚持救国。当然，在他撰写此文的时候，也许对于音乐救国这一途径，还不那么具有把握，所以用了"吾将以是卜之"这样的字眼。但这种犹豫是极为短暂的，在系列报道的第十篇《音乐中之民族主义》一文的结尾，他已经表露出投身音乐的决心：②

> 吾国素以"礼乐之邦"自豪于人。礼也者，小而言之，则为吾人起居进退之仪，大而言之，则为日常侍人处世之道，要之，所以指导吾人外面之行动者也。乐也者，小而言之，则为陶养吾人性灵之具，大而言之，则为散布人类和平之使，要之，所以调谐吾人内心之生活者也。吾国孔子以此二事，养成吾人今日之"中华民族性"，蕃衍于大地之上，与各强族并存，虽屡为人所征服，而终不至于灭亡者，赖有此也。今日虽濒于危殆，而吾当犹可致力，使吾颓废民族复兴者，亦赖有此也。至于古礼古乐之不宜于今者，吾当自应起而改造之，以应世界潮流，而古人制礼作乐之微意，则千古不磨也。今人竞言"爱国救国"从事政治改革运动矣，而吾当则更请先言"爱族救族"，从事社

---

① 王光祈：《德国音乐与中国》，《申报》1923年10月7日。
② 王光祈：《音乐中之民族主义》，《申报》1923年10月21日。

会改革运动。盖未有社会不良，而政治能良者也，未有民族不强，而国家能强者也，唤醒民族改良社会之道奈何，曰自礼乐复兴始。

当王光祈撰写完《德国人之音乐生活》之后，他已经决定要身体力行地去复兴礼乐，并且定下了一个基本方针，那就是用西方人治乐的科学方法，去复兴孔子提倡的"礼乐"精神。所以，王光祈"治乐"的目的，绝对不是为了单纯地改进中国落后的音乐面貌，而是站在一个政治家的立场上，希望独辟蹊径，找到救国良方。王光祈在以后的多篇著作的序言中都提到了复兴礼乐与实现"少年中国"理想之间的关系，甚至在《少年中国运动》一书中，花了大量篇幅去讲述了如何靠音乐兴国的理论。最终让他感到无奈的是，即便是会中的好友，对于此能够持认同、理解态度的也寥寥无几。不少留德同人，在离德回国时，还规劝他，以而立之年，再学西方音乐，实在是不明智的选择。

不过王光祈是个很执着的人，又是一个行动能力极强的人，既然定下了方向，他马上便展示了其惊人的学习能力：两个月后，拿出了第一本音乐专著《欧洲音乐进化论》，他写道：

> 中国音乐既那样衰落，西洋音乐又这样隔阂。究竟怎么样办呢？依我的愚见，我们只有从速创造国乐之一法。现在一面先行整理吾国古代音乐，一面辛勤采集民间流行谣乐，然后再利用西洋音乐科学方法，把他制成一种国乐。这种国乐的责任，就在中华民族的根本精神表现出来，使一般民众听了，无不手舞足蹈，立志向上。
>
> 因为要利用西洋科学方法，所以我们便不能不先研究西洋音乐的进化。在西洋音乐进化中，占最重要地位的，是希腊、意大利、德意志、法兰西、英吉利等国；所以我作西洋音乐进化论，亦只限于欧洲方面。

对于王光祈而言，这种写作的过程，就是他自己学习的过程。虽然有许多德语文献可以参考，但是他当时并不具备流利阅读的水平，所以宗白华回忆说："翻字典读德文书，是一件如何繁杂的事情，然是他有匪夷所思的成就，所以他的学问，是完全靠自己研究了解的，是用自己聪明得来的。"王光祈边翻译、边理解、边思考，很快就由一个音乐的门外汉，变成了对于西方音乐最系统、最专业的中国传播者。自此之后，"音乐救国论"贯穿了王光祈的一生。

三、王光祈音乐思想的内涵及历史地位

王光祈音乐思想，内容非常宏大，同他的社会政治思想及其一生的音乐实践活动有密切的关系。在《少年中国运动》序言中，王光祈明确指出，"少年中国运动"不是别的，只是一种"中华民族复兴运动"。他说："政治不良系由于无良好社会，良好社会之所以不能养成，又由于无良好人民之故，所以我们应该先'造人'，先'造社会'为一种'社会活动'。"从而他提出"救族""教族""育族"。他说："吾国孔子学说，完全建筑于礼乐之上。所谓六艺亦以礼乐二字冠首，吾人由此以养成今日中华民族之'民族性'。昔日吾族之所以繁衍一时者，以保有此'民族性'之故。吾国昔时之屡为外族征服，而终能自拔者，亦以保有此'民族性'之故。"他又说："音乐一物，在吾国文化中，遂占极重要之位置，实与全部人生具有密切关系。""欲使中国人能自觉为中华民族，则宜以音乐为前导。何则？盖中华民族者，系以音乐立国之民族也。"

王光祈的"音乐救国"的思想基础就是孔子的礼乐思想，具体主张是"从速提倡音乐"，"用'礼'以节制吾人外面行动，用'乐'以陶养吾人内部心灵"，以音乐"救族""教族""育族"，从而达到"救国"的目的。

目前，国内外学者研究者的研究视觉主要集中于王光祈的音乐学、音乐史，对他在音乐教育领域的研究以及王光祈在音乐教育领域的贡献，目前所见论文并不多见。[①] 客观地讲，王光祈一生虽著述等身，但关于中国音乐教育的论文、专著或教材却鲜于面世，唯一的音乐教育教材是1928年由中华书局出版的《小学唱歌新教材》。同时，由于他本人并未在国内直接从事音乐教育的具体实践工作，身后不免有一些质疑之声。

但是，纵观王光祈的音乐理论研究和音乐著述，在以音乐为媒介改造国人、以复兴礼乐而及复兴中华民族的目标之下，他的所有的音乐研究

---

① 四川音乐学院胡扬吉、包德述持相同观点。

成果都是围绕中国音乐教育事业的发展而展开。[①]他所开拓的音乐学研究领域和其达到的水平，在20世纪20—70年代雄踞我国专业与业余音乐教育著述的前几位：[②]他是第一位向中国人全面、系统地介绍西方音乐文化，传播音乐知识，并写出第一批有关西方音乐研究著述的音乐理论家；他是第一位现代意义上的民族音乐研究者，是中国音乐教育事业的积极倡导者和推动者；他第一个把兴起于19世纪的比较音乐学介绍到中国，开辟了用西学的研究方法研究中国民族音乐的新领域，并使得中国的比较音乐学研究、民族音乐学研究和教育实践与欧洲站在了同一个起跑线上；他开拓了中国音乐史的结构体系和研究方法，把中国音乐史的结构体系从此前的史学断层论（断代史研究，如萧友梅），推向了纵贯五千年文明史直到近代的细致梳理；他开拓了中国古琴研究的翻译，用五线谱代替了中国古代音谱；他把西方（主要是德国）的音乐教育理念带到了中国，倡导"礼乐复兴，以唤醒中华民族之复兴实现我们日夜梦想的'少年中国'！"王光祈与同时代的李叔同、萧友梅、黄自、贺绿汀、青主等人一起，构成了影响中国音乐教育事业的近代第一批音乐文化学者。

第二节 王光祈音乐思想的实践

王光祈虽身处他乡，但始终心系祖国，为中国音乐教育事业摇旗呐喊、躬身践行、呕心沥血。虽然他一生没有直接从事音乐教育事业，但其"身不能至，心向往之"，花费大量时间与心血，全面、系统地介绍德国音乐教育的各个方面，多角度阐述中国音乐教育的重要性和紧迫性，并为中国音乐教育事业的发展在理论与实践上不断努力，为我们留下了宝贵而丰硕的文化遗产。

---

① 包德述：《王光祈在音乐学领域的开拓精神》，《昆仑巨声——"2009王光祈研究国际学术会议"论文集》，巴蜀书社2010年版。

② 据《中国近代音乐目录》《中国音乐年检》数据统计。胡扬吉：《王光祈与音乐教育》，《黄钟流韵集——纪念王光祈先生》，成都出版社1993年版，第217页。

一、系统介绍德国音乐教育体系

为了普及西洋音乐知识，发展中国音乐教育事业并复兴中华民族，身处德国的王光祈撰写了《德国国民学校与唱歌》《德国音乐教育》等论著，系统地介绍了德国的音乐教育体系。

《德国国民学校与唱歌》详细地介绍了德国音乐教育的状况，德国义务教育的任务、内容、进程，乐器使用情况，歌唱的方法等。这可以从书中篇目详见端倪：德国音乐之所以普及，国民学校之三种任务，乐器之采用，歌唱之艺术，八学年中之教授程序，歌调十篇。在介绍德国国民学校的音乐状况时，通过深入的分析，王光祈认为德国音乐之所以获得高度的发展，之所以德国民族形成了"非有音乐不能生活的境地"，全在于其重视音乐文化传统和德国音乐教育的"普施"——即音乐教育的广泛性、全民性以及多形式、多途径、多层次的发展。正如其所言："查德国音乐之所以'提高'，固由于该国自十八世纪以来，音乐界中天才辈出，产生许多千年不朽的作品。而今日之音乐之所以如此普及，则又由于十九世纪以来，教育普施，造成许多读书解乐的群众。"[①] 在介绍德国国民学校的音乐教学情况时，王光祈不仅详细地把各年级所教学的音乐基础知识予以说明、罗列，而且阐述了教学的方法、手段。此外，在"歌调十篇"一节中，不仅介绍了所选歌调的内容与曲作者，更是不辞辛劳地译配歌词，且歌词格调清新、健康、高雅，很适合儿童的生理、心理特点。《德国音乐教育》是一篇全面考察德国音乐教育的专文，文中不仅强调了音乐教育在德国的重要性，指出中国音乐教育落后的现状，而且对德国音乐教育的四大方面（中小学音乐教育、私家音乐教育、大学音乐教育、社会音乐教育）进行了较为详尽的评介。所有这些，不仅开阔了当时中国教育界人士的视野，更为当时的中国音乐教育工作者提供了一个可供参考的范本。

"他山之石可以攻玉"，王光祈全面、系统地介绍德国音乐教育，并有意识地将之与中国音乐教育现状相联系，客观地加以比较、分析，不仅体现了其对音乐教育理解的全面和高度，而且体现了其谋民族发展的爱国主

[①]《王光祈文集·音乐卷》（下），第8页。

义情怀。其在《德国国民学校与唱歌》一书中所言就是最好的说明:"我希望这本书,能使中国教育界的西洋音乐知识稍稍普及,更由此以引起国人研究音乐的雄心,以创成代表中华民族的国乐;更由'礼乐复兴',以唤醒中华民族之复生,实现我们日夜梦想的'少年中国'!"[①]

二、创编《小学唱歌新教材》

身在国外的王光祈,依然与国内音乐界息息相连,非常关心国内的音乐教育事业,与国内一些积极投身音乐教育的实干家保持着联系,以了解国内音乐教育动向,探讨学校音乐的发展。他在与山东音乐教育家李华萱的通信中非常关注自己为中华书局编的四册《初级小学音乐用书》[②]的使用情况,询问李:教学用书是否受欢迎?学生是否爱唱?与西谱相比如何?[③]等等。王光祈所作的《少年中国歌》由李华萱印成单行本,用作湖北省立一中及湖北省师范学校的音乐教材。王光祈对歌词认真校对,从德国写信给李华萱,对其中的错别字一一纠正:改"'都'此不平"为"'睹'此不平","'登'昆仑"为"'上'昆仑",等等。

1928年3月,《中华教育界》第17卷第3期登载了王光祈《小学唱歌新教材》的部分歌曲,这是王光祈短暂一生中不多的音乐创作之作品。在编者按中,编辑介绍:"小学唱歌教材,新鲜合用者少。兹本局请王光祈先生编有《新鲜唱歌》一巨则,不日印行。特录一部分在本志发表,一睹为快。"此教材编辑的九首歌曲均系王光祈从幼儿生理、心理特点和学习能力为出发点,融知识、趣味、学语等为一体而编写的儿童歌曲。每首歌曲虽音调简单、歌词寥寥几句,却词曲生动、朗朗上口。其中《燕子》《冬天冬天》《谁愿知道》《兵士》《跳舞》是王光祈译词配歌,译自德国民

---

① 《德国国民学校与唱歌·序言》,《王光祈文集·音乐卷》(下),第4页。
② 王光祈在与李华萱的通信中提及的这本书,是否即为后一年(1928年)在中华书局所属《中华教育界》编辑的《小学唱歌》,尚有待材料支撑。据初步分析,二书应为一书。《王光祈致李华萱书五则》,四川音乐学院、成都市温江区人民政府编:《王光祈文集·音乐卷》(下),《王光祈文集》第3卷,巴蜀书社2009年版,第478页。
③ 《王光祈致李华萱书五则》,《王光祈文集·音乐卷》(下),第478页。

歌;《黄河》《家书》《田家四季歌》《种豆》为王光祈自创。① 王光祈对借用西洋乐谱填以中国诗歌的"学堂乐歌"填词不甚赞同,而是"我主张:'介绍西洋乐谱,应该同时介绍谱中原诗'","因为西洋诗歌乐谱的内容是与它的诗歌意义相应的,假如我们另作中国诗歌以实之,结果往往弄得'风马牛不相及',反之,我们若将谱中原诗译出,同时输入,那么即或我们的译诗尽管作得不好,但是那篇著名乐谱,你总是应该听听的。"因此,他译词配歌的五首,言词贴切日常生活,惟妙惟肖、通俗易懂、节率抑扬、生动风趣,适合儿童的心理、行为特征。如《燕子》:"燕子尾巴,好像叉叉,一年要搬两回家……"自创四首歌曲在选题、作词、谱曲等方面非常考究,以对儿童进行民族意识的教育为主旨。如《黄河》,选题自中华民族母亲河与中华民族脊梁的长城,内容生动、趣味横生:"黄河之水真正黄,好像豌豆汤,自称北方王,谁敢和他比长短。长城停留不服气,偏要试一试,由西杭到东,从此黄河有兄弟。"韵律和谐,节奏明快,口语诗化。

《小学唱歌新教材》是王光祈"宜竭力提倡音乐教育"的最好佐证。现今所保存的王光祈音乐教材唯此一本。尽管在时隔近一个世纪以后的今天读来,难免有过于通俗简单和过于形象化之嫌,然而作为一个五四时期曾经叱咤风云的文化名人,能躬身为垂髫儿童(低龄儿童)写作,足见其为中国音乐教育践行的真诚与决心。通过国民文化——美育——音乐素质的提高和音乐教育的普及,来"唤起将死民族,与其活泼生机",实现民族的复兴,乃王光祈竭尽十几年的心血研究音乐、音乐学的目的。

三、开辟中国比较音乐学

王光祈留德之时,正是比较音乐学在德国学术界活跃的时期。在音乐之都的德国,王光祈置身于音乐氛围浓郁的柏林,便开始以学者的敏感和眼光,前瞻性地运用当时盛行的新型研究方法、全新的学术观念进行思考和研究。"研究各种民族音乐,而加以批评,系属于'比较音乐学'范

---

① 何福琼《王光祈儿歌九首》一文,提出四首自创歌曲中《种豆》一首"究竟属编曲或选译尚难确定"的疑问。毕兴、苑树青:《黄钟流韵集——纪念王光祈先生》,成都出版社1993年版,第171页。

围。"① 这是王光祈对比较音乐学的最初认识。柏林学派的几位核心人物（也是后来成为王光祈导师 E.M.von 霍恩博斯特尔、C. 萨克斯等），对王光祈研习音乐产生了重要影响。他决定"采取西洋科学方法，整理本族固有文化"，用比较音乐学的研究方法了解、认识和研究中国和东方各民族音乐文化，对包括乐律、乐调、乐谱等为主的"乐制"进行研究。

王光祈比较音乐学主要的两部著述《东西乐制之研究》《东方民族之音乐》是在他 1927 年考入柏林大学接受霍恩博斯特尔、萨克斯等指导之前完成（前一部 1924 年撰写，1926 年中华书局出版，后一部 1925 年撰写，1929 年中华书局出版）。在这两篇王光祈比较音乐学成名之作里，他一方面从不同国家民族特性角度，另一方面从人类音乐的整体高度，把世界音乐划分为三大体系：中国乐系；希腊乐系；波斯亚剌伯乐系，客观分析各民族音乐之间的不同和他们的渊源联系，绘制了世界三大乐系流传图，形成了他"划分世界三大乐系"的比较学音乐思想。同时，通过对比中西律制及调式的比较研究，他评价了研究中国律制的意义："我国音乐界虽然始终喜用十二平均律，然在世界上将一个'音级'分律如此之多的，则只有中国一国。当次欧洲音乐界由少律趋向多律之时，我们重新研究古律，实时一种对于世界文化极有价值之举。"

师从霍恩博斯特尔后，王光祈继续用比较音乐学的研究方法进行音乐研究。在他 1934 年（去世前两年）所完成的《论中国古典歌剧》的博士论文中提到，"尽管本文是以我多年悉心研究的中国史料作为依据，但就其方法而言，还是受到欧洲的影响。这一点要感谢希德迈尔和霍恩博斯特尔两位先生。"明确了他的研究方法是比较音乐学。这篇博士论文从哲学和美学的角度置中国戏曲的哲学和美学思想于世界的范围内，采用比较研究的方法对中国不同的乐律、戏曲结构概念、戏曲音乐表达方式、演员表演等进行分析，与同一时期他的其他音乐著述如《中国音乐史》《中西音乐之异同》等一起，显露出王光祈在观点和深度上已经达到当时的世界比较音乐学水平，对后来民族音乐学研究具有极其深远的影响。

---

① 王光祈:《东方民族之音乐》,《王光祈文集·音乐卷》(下)，第 405 页。

四、大力倡导现代意义的民族音乐教育

20世纪初，绝大部分的中国人对"乐舞"的认识上还停留在"乐者，乐也"，即仅仅停留于消遣、娱乐层面上的理解。中国知识界在思想上对音乐教育也缺乏重视，视音乐教育为国民教育的边缘科目。对此，王光祈痛心疾首："音乐的价值，在现在堕落的中国人看来，似乎已经等于零了，没有一顾的资格。……中国人数千年来，皆生活于孔子学说之下，而孔子学说又以音乐为其基础。……国故党，日日打着孔子招牌招摇，而孔子最重视之音乐，则视之为'末技小道'。欧化党，则只看见外国之国富兵强或科学发达，而对于欧洲文化之美术，到处弦歌不绝之音乐，则充耳不闻，且从而谥之为'无用之学'。"①

在王光祈所处的时代，人们对美感尚未进行深入的探究。蔡元培最早提出了"美育"一词："美感者，合美丽与尊严而言之，介于现象世界与实体世界之间，而为津梁。"②在中国首倡美育，并呼吁"文化运动不要忘了美育"③。作为蔡元培拥护者和学生的王光祈，到德国之后不久就在《东西乐制之研究》中谈到音乐的美感："音乐之中含有'美感'，能使人态度闲雅，神思清爽，去野入文，怡然自得，以领略有生之乐。""习音乐乃是涵养德性之妙法，胜于读一百本'修身教科书'。"④"音乐是畅舒感情的唯一利器。"⑤稍后，他又提出了以高尚的音乐取代低俗迷信之氛围："吾人如欲扫除中国下等游戏，代为高尚娱乐，廓清残杀阴氛，化为和平祥气；唤起将死民族，与其活泼生机；促醒相仇世界，归于大同幸福；舍音乐其莫由。"焕发民族之生机与活力，涵养德性，砥砺品德，"转移末世风气"非音乐莫属，这就是音乐的重要价值。

王光祈把音乐所蕴涵的节奏美、旋律美、结构美与审美者的人生价值紧密联系起来，倡导美育中的音乐意义，反复强调音乐的"谐和"对于社会、民族、人类的重要性，强调"谐和"的美学含义："大凡学过音乐的人，都知道谐和（harmonie）这个字的重要。音乐之所以能够使人心旷神

---

① 王光祈：《东西乐制之研究》，《王光祈文集·音乐卷》（下），第102页。
② 蔡元培：《对于新教育之意见》，《中国人的修养》，金城出版社2014年版，第247页。
③ 蔡元培：《文化运动不要忘了美育》，《中国人的修养》，金城出版社2014年版，第229页。
④ 王光祈：《东西乐制之研究》，《王光祈文集·音乐卷》（下），第103页。
⑤ 王光祈：《欧洲音乐进化论》，《王光祈文集·音乐卷》（上），第353页。

怡，就是因为其中音乐谐和的缘故。音乐自身既含有谐和作用，于是听乐的人，也立时受到影响，与它互相谐和起来。"① 这是音乐独有的美感，它并不抽象，当人享受、体验时，也就是审美主体与客体的交融之时，思想受到启发，情操获得陶冶。通过音乐，把道德境界和审美境界统一起来，使社会规范和道德原则成为人们感情接受和自觉恪守的行为。对此，王光祈以德国为例："现在德国虽遭战败，内则经济困难，外则强邻压迫，然德国人士仍无不兴趣浓厚，向上进取，无时或息，决不似中国人之稍遇挫折，便生意索然，这便是德国国民学校注重兴趣教育的结果。"② 这也是美育、音乐为核心的素质教育的重要之处。

王光祈、蔡元培等一批仁人志士能够在 20 世纪初的中国社会，把国民的素质教育提高到关系国家的兴衰和中华民族的复兴来倡导，实为难能可贵。从谭嗣同的维新变法到孙中山民主共和，从鲁迅弃医从文到王光祈音乐救国，无不留下一批又一批先进知识分子为提高国民素质而做出的努力。实现中华民族的伟大复兴，首先要提高国民素质，这已经成为那一代有志之士的共识。

五、积极普及国民音乐教育

我国古代的教育体系中，先秦以前对"乐教"非常重视。孔子的"兴于诗，立于礼，成于乐"和"礼乐相济"的思想，倡导以"六艺"教授学生，是对音乐教育功能和社会功能的最好诠释。然而，先秦以后，随着"礼崩乐坏"，墨子定义音乐为享乐："乐者，乐也"，道家也信奉音乐的形而上的意义："大音希声"（老子）"至乐无乐"（庄子），音乐逐渐被淡出了意识形态的中心地位。王光祈研究音乐，首先肯定音乐的社会价值，肯定音乐艺术是"人类生活……感情之表现"③。他在著述中不断强调音乐艺术的教育与社会作用，从德国"国民非有音乐不能生活"④ 的音乐文化在塑造国家民族性中蕴藏的巨大能量，到中国"礼乐之邦"和礼乐的复兴。此时王光祈所说的"礼""乐"，显然是指中国传统文化中的精华，"吾中

---

① 王光祈：《欧洲音乐进化论》，《王光祈文集·音乐卷》（上），第 353 页。
② 王光祈：《德国国民学校与唱歌》，《王光祈文集·音乐卷》（下），第 9 页。
③ 王光祈：《东方民族之音乐》，《王光祈文集·音乐卷》（下），第 405 页。
④ 王光祈：《德国国民学校与唱歌》，《王光祈文集》，第 8 页。

华民族之精神，系于礼乐。"①他认为：音乐可以"兴邦""立国"："欲使中国人能自觉其为中华民族，则宜以音乐为前导，何则？盖中华民族者，系以音乐立国之民族也。"②他希望用孔子的礼乐精神——和谐主义，创造充满和谐精神和民族性的"国乐"，"凡有了'国乐'的民族，是永远不会亡的"③，通过"国乐"重塑民族文化进而达到复兴中华民族的目的。在《音乐在教育上之价值》一文中，王光祈从"声学"的角度，阐述音乐——这门时间艺术对人的智力发展所具有的奇特作用，这是其他学科不能替代的，这即是音乐的教育功能；而大凡音乐落后的民族，则是"不聪不明"之不文明民族，"礼乐不兴"为亡国之兆，盖此为音乐之社会功能。由此可见音乐于国于民的重要意义，普及我国音乐教育已经到了非常紧迫的时候了。

对中国音乐教育落后状况及其原因，王光祈进行了独特的分析，"在吾国通常称呼富有智慧之人为'聪明'，亦无非以其人之听觉、视觉特较常人为聪为明而已。"也即人的智力与人的感知觉有关，中国"现在已成为世界上一个不聪不明的民族"，"不聪"的原因是缺乏教育首先是音乐教育，"德国人的耳朵好，并不是天生的，而是由于他们努力所训练出来的。……反之，中国人的耳朵坏，亦不是天生的，只是未受音乐教育而已。""大凡一个民族之衰，先从耳朵衰起……反之，一个民族之兴，亦先从耳朵兴起。"改变"不聪的民族"的现状，需要系统的音乐教育。如何进行系统的音乐教育呢？他提出了普及音乐教育的方法：身体力行著书立说，介绍音学、乐学的基本知识给国人。为此，王光祈专门著《音学》一书，从物理学、声学、生物学、解剖学、心理学等角度，详细分析了音乐所产生的机制和功用，介绍音色、音阶、母音等音乐学、韵律学、生理学等基础知识，以积极的姿态"竭力提倡音乐教育"④。希望通过音乐，唤起"民族自觉之心"，实现"少年中国"的理想，"如唐朝时代，中国声威播于四方，而音乐文化亦大放异彩。……故吾辈不欲创造'少年中国'则已，如其欲之，则当先自'耳朵'创起。"在20—30年代的中国，王光祈能以

---

① 王光祈：《德国人之音乐》，《王光祈文集·音乐卷》（中），第525页。
② 王光祈：《东西乐制之研究》，《王光祈文集·音乐卷》（下），第105页。
③ 王光祈：《欧洲音乐进化论》，《王光祈文集·音乐卷》（上），第378页。
④ 王光祈：《音乐在教育上之价值》，《王光祈文集·音乐卷》（下），第465页。

开阔的学术视野，严谨的治学态度，置音乐于"整个时代背景""整个人生"中，研究音乐与相关学科之间的关系，重视音乐的教育、社会功能，虽然尚存在形而上的夸大社会作用的理论局限，但此探索精神仍然是难能可贵的。

第三节　王光祈音乐思想的评价

王光祈投身于音乐学事业的最根本缘由在于期望通过发展中国音乐事业，达到改造中国人之人生，重塑中华民族之特性，改造社会以唤醒民族，完成民族文化复兴的理想。

一、音乐思想之核心

前面已经谈到过，"礼乐"是中国传统的思想形式，以"礼""乐"配合起来组织社会，这是中国古代音乐伦理学中的一个重要创见。王光祈赴德留学后，在德国这个四处充满音乐的国度，处处感受到了音乐动人的力量，认识到音乐足以唤醒民族的精神力量。他结合孔子礼乐教化的思想，认为振兴礼乐，可以改善社会人心，提振国民精神。基于这样的"新"发现，他感到日思夜想的"少年中国"理想有了立脚的基点。

熟读经史的王光祈清醒地看到，虽然孔子的"兴于诗，立于礼，成于乐"，表达了其"遵循礼仪以为表率，以礼乐教化人民，以达到国家大治"的政治愿望，但最终经过历史的检验，却是不能实现的政治空想。孔子的最高立意是要"教化人心"，解决"人的问题"。王光祈看重的也正是这一点，他在《德国人之音乐生活》中对"谐和"思想的内容是这样阐述的："礼也者，……所以指导吾人外面之行动者也。""乐也者，……所以调谐吾人内心之生活者也。"同时，他在《欧洲音乐进化论》中指出："内心谐和的生活，好比一种音调；外面合理的行为，好比一种节奏，……假如一种礼法，他的规定不合我们内心谐和生活的要求，那么，这种礼法就是不近人情，我们直可以掉头不顾。"可见，他的"谐和"思想的核心是"乐"，"礼"只是"乐"的附属品。为了健康快乐地生活，封建之"礼"是可以反的，这也正是五四精神之所在，是符合人性、人心的时代主流。

关于音乐在社会发展、国家进步中的作用，王光祈在德国生活的时间越长，他的感受就更深。他撰写的《德国人之婚姻问题》中例举的一对属于不同政党的青年男女，因为合奏一曲而互生好感，并愿"吾但愿与子终老音乐之宫矣"的例子，使他深刻感受到"音乐之魔力"[①]，并从中悟出一个道理：德国人之所以奋发向上，激情澎湃，与音乐须臾相关。这一点，深受王光祈影响的李思纯亦有同感："我感觉西洋如德法等国，他们的音乐，就是他们精神上的粮食，不可须臾离的。人不吃饭要饿死，不睡觉要困倦死，他们不听音乐，也必定要烦闷死的。西洋的音乐，与西洋的国民精神，关系最密最深。西洋一般人的勇敢快乐、努力进取、活泼向上，是与他们的音乐极有关系的。他们有高尚雄大的音乐，所以他们有高尚雄大的国民精神。"[②] 鉴于此，他开始尝试着把"少年中国"理念与音乐的手段相结合，把音乐变成一种呼唤民心向上的方法。他以"少年中国学会"创始人的立场，独辟蹊径，以音乐为良方，身体力行着呼吁"正人心，救时弊"，一往无前，不计枯荣。

二、音乐思想之"音乐救国"

在王光祈的所有音乐论著中，给人感受最深的是，字里行间处处洋溢着鲜明而强烈的爱国主义思想情感。这特别体现在他的有关建立具有"中华民族特性"的主张中，他不仅对此有着宏大的理想，而且还进一步提出了一整套的理论和方法。王光祈在《欧洲音乐进化论》一书中写道："著书人的最后目的是希望中国将来产生一种可以代表'中华民族性'的国乐。"他所主张的"国乐"其实就是一种音乐，足以发扬光大该民族的向上精神，而其价值又同时为大家所公认。王光祈是把音乐研究活动与复兴民族文化、振奋民族精神的目标紧紧联系在一起的。强烈的爱国主义情感、对祖国丰富的音乐遗产的了解和挚爱，正是他主张建立民族性国乐的思想基础。他认为要国家强盛，必须民族团结，民族有独立精神，民族有自信心，从而达到"救人——救族——救国"的目的。

从"音乐救国"思想的形成中可以看出，王光祈在少年时代就忧国忧

[①] 王光祈：《德国人之婚姻问题》，王勇：《王光祈留德生涯与西文著述研究》，上海音乐出版社2006年版，第48页。

[②] 《王光祈先生纪念文集》，文海出版社1936年版，第125页。

民，希望将中国改造成为没有压迫、没有剥削的，自由、平等的"少年中国"。他出国前的一系列活动都是基于强烈的爱国主义精神的支持；他改学音乐，高举"音乐救国"大旗，也是有强烈的爱国主义精神支撑着。他在《德国人之音乐生活》一文中写道："吾人如欲扫除中国下等游戏，代以高尚娱乐，廓清残杀阴氛，化为和平祥气；唤起将死民族，与以活泼生机；促醒相仇世界，归于大同幸福；舍音乐其莫由。吾所日夜梦想之'少年中国'能否实现，吾将以是卜之。"在这里，不难看出他的"音乐救国"思想有着强烈的爱国情怀和爱国主义精神。

三、音乐思想中"国乐之旨"

王光祈时代，是我国新文化建设初期，对如何创建和发展中国音乐，争论颇多。有的主张"复古"，有的主张"洋化"，而王光祈"音乐救国"思想中所体现的，不是"复古"，也不是"洋化"，而是在立足于本民族传统音乐的基础上，借鉴西洋，走中西融合的道路，"创造伟大'国乐'"。

王光祈说道："什么叫'国乐'？就是一种音乐，足以发扬光大该族的向上精神，而其价值又同时为国际之间所公认。因此之故，凡是'国乐'须具备下列三个条件：（1）代表民族特性；（2）发挥民族美德；（3）畅舒民族感情。"所谓"代表民族特性"，他说："音乐是人类生活的表现，与其他诗歌绘画一切美术相同。各民族的思想、行为、感情、习惯既彼此悬殊，其表现于音乐方面，亦当互异。"[①] 所谓"发扬民族美德"，他说："音乐之功能，不是拿来悦耳娱心，而是引导民众思想向上。因此，凡是迎合堕落社会心理的音乐，都不能称为国乐。"[②] 所谓"畅舒民族感情"，是"畅舒民众的感情，不是一部分智识阶级的感情。假如我们只主张恢复古乐，那么，其结果只能畅舒考古先生或高人隐士的感情，不是一般民众的感情，亦不能算是国乐。"[③] 他的国乐观，对国人的音乐观、音乐理念所产生的影响至今尚存。

---

① 俞玉姿、修海林：《论王光祈的音乐思想》，《黄钟流韵集——纪念王光祈先生》，成都出版社1993年版。

② 俞玉姿、修海林：《论王光祈的音乐思想》，《黄钟流韵集——纪念王光祈先生》，成都出版社1993年版。

③ 俞玉姿、修海林：《论王光祈的音乐思想》，《黄钟流韵集——纪念王光祈先生》，成都出版社1993年版。

孔子"礼乐"思想的基础是"仁",核心是"谐和"(Harmonie)。王光祈提倡的"谐和"思想与孔子的"谐和"思想有联系但不是一回事。他说:"音乐之所以能够使人心旷神怡,就是因为其中音节谐和的缘故。音乐自身既含有谐和作用,于是听乐的人,也立时受着他的影响,与他互相谐和起来。"显然,王光祈主张的谐和不是孔子时代的"礼乐"规范,而是和现代生活、现代意识、现代社会紧密联系在一起的。他的意图,是要建立一种民族性的国乐。在两千多年的中华传统文化中,"礼乐"思想、礼乐文化是中国传统音乐教育理念的主要来源,也是有着爱国传统的中国知识分子、音乐人、音乐理论家强国之梦的载体。

可贵的是,王光祈还提出了创造国乐的三个步骤:"第一步须将古代音乐整理清楚;第二步再将民间谣乐收集起来;第三步悉心研究,从中抽出一条定理出来","作为我们制乐的基础"。[①] 王光祈能在半个世纪以前对民族音乐提出了研究方法——这是我国民族音乐研究最早的方法论的探索,对建立我国民族音乐学具有重要的意义,至今中国民族音乐研究仍然沿用这些基本的方法。

四、音乐思想的开拓性

在"音乐救国"思想的支持下,王光祈在音乐研究的各个方面下了极大的功夫,如下:

《王光祈文集》音乐卷第一编"中国音乐研究"所列的著作,就有《翻译琴谱之研究》《中国词曲之轻重律》《中国音乐史》《论中国古典歌剧》等四部;所列的文论,就有《论中国音乐》《论中国记谱法》《中国音乐短史》等九篇。著作和文论所涉及的内容主要有:"律""调""记谱法""中国器乐""语言韵律""戏曲"等等。

《王光祈文集》音乐卷第二编"西洋音乐研究"中有《欧洲音乐进化论》《西洋音乐与诗歌》等八部著作,《德国人之精神生活》《阳调与阴调》等两篇文论。内容涉及西洋音乐史、西洋作曲技法、和声学、复调学、乐器法、配器法、歌剧艺术、音乐家(包括近代勋伯格、斯特拉文斯基、兴德米特等26位音乐家)及其作品介绍,等等。

---

① 《王光祈文集·音乐卷》(上),第378页。

《王光祈文集》音乐卷第三编"比较音乐学及其他相关研究"中,有《德国国民学校与唱歌》《东西乐制之研究》等五部著作和《音乐在教育上之价值》《声音心理学》等十篇文论。研究其面之广,成果之丰,实属惊人。他的所有论著,是留给我们的可贵的遗产。

五、"音乐救国"思想的局限性

王光祈创建的"少年中国学会"和"工读互助团",幻想通过宣传,通过工读互助的方式,建立人人劳动、人人平等,没有剥削、没有压迫的社会,而在现实中,"少年中国学会"和"工读互助团"的破产表明了这个理想的不可行性。他的"音乐救国"思想,最终也想达到救国救民、实现"少年中国"的目的。他以为"要唤起中华民族的再兴,只有这'恢复民族特性'的一个方法"。"什么是'中华民族特性'?简单说来,便是一种'谐和(Harmonie)态度'。这种'谐和态度',是我们此前生存大地的根本条件,也是我们将来感化人类的最大使命。这真是我们中华民族的唯一特性,我们应该使之发扬光大的。""因为要发扬光大这个'谐和主义',所以我们更不能不积极利用音乐之力,因为音乐与谐和是有密切关系的。"他是想通过音乐"造人""造社会",使人和谐,使社会和谐,通过救人——救族——救国的途径,唤起中华民族的再兴,拯救整个民族,达到他理想的人人平等的社会。他的这种理想,在半封建半殖民地的中国,在一个充满内忧外患的国度里,是无法实现的,最终也只能限于空想。这是他"音乐救国"思想最大的局限性,也是"音乐救国"没有实现的根本原因。

六、对中国当代音乐文化的启示

随着中外文化交流日益频繁,我国音乐形态也愈发多样化,但在当代音乐发展的重要时期,音乐的国民性仍应作为我国当代音乐发展的核心特性。在这一点上,王光祈的音乐思想可以帮助我们反思当代音乐,为音乐发展提供启示。首先,王光祈强调了音乐的功能与重要性,他在建构音乐民族性上认为国乐具有民族特性、民族美德和民族感情三个特征,应包括民族性、教育性和群众性三个标准,这才是一种能代表中华民族的音乐。有中国精神的作品才最能表达出中国情感,更能凝聚人民的团结、爱国之心,这是音乐的功能性体现,也是弘扬民族精神的重要途径。

其次，在西方流行文化盛行的今天，要创作中国音乐，应梳理我国礼乐文化，寻找中国特色的文化身份。王光祈在发掘中国音乐精神上，他申明自己是孔子的信徒。在对东西方音乐文化比较时，他积极向西方国家介绍我国传统音乐文化，塑造我国良好的音乐文化形象。他也敢于肯定自我的经验和音乐文化经验，将我国音乐的好坏总结出来与西方去对比。他的比较研究，旨在提高国人对音乐的文化身份认知，更好地提升我国的音乐文化水平，他的理念在当今时代仍行之有效。

再次，王光祈的研究为我国音乐发展中面临的"古今关系"和"中西关系"问题，提供了解决思路。他认为古老的传统音乐虽好但不足以表达现当今人们的情感，复古的音乐不能作为现今民族音乐，而西乐只能代表西方人的生活状态，不能代表我国的民族生活，所以我们的国家、民族必须要建立起有自己国家特色的民族音乐，即"国乐"。这种国乐应该与我国民族音乐的标准相接近，而且应该有新的观念，同时也不脱离我国古老音乐的特征。王光祈提出他创造这种国乐的三个具体步骤："第一步须将古代音乐整理清楚；第二步再将民间谣乐收集起来；第三步悉心研究，从中抽出一条定理出来。究竟中华民族的音乐特色在哪里？这种特色，是否可以代表民族特性，发挥民族美德，舒畅民族感情？如其有之，即可以将此定理作为我们制乐的基础。"[①] 这种国乐必须带有民族特性且结合西方音乐技法来创造，用辩证的眼光看待"古今关系"与"中西关系"，采用"中学为本，西洋为用"的观念，对中国音乐进行整合是王光祈针对这一问题的解决思路。

最后，在对音乐文化的理论评论上，王光祈认为世界各民族间音乐的科学基本原理是相通的，但又各具民族性。他提倡用科学原理对音乐进行分析、批评，理清中西音乐在文化与学理层面的差别。他把音乐分为具有文化属性和不具文化属性两个不同层面。前者更具民族音乐性，是绝对不能西化的；而后者是更为广阔的国际化层面，应多交流学习。王光祈在《中西音乐之异同》等著作中大量提及此类观点，说明音乐科学是理智型的产物，音乐作品是感情的结晶。王光祈这种音乐文化批评方法，充实着科学精神，洋溢着爱国情怀，是我们在音乐文化批评中仍应遵从的方式方法。

---

① 王光祈:《欧洲音乐进化论》,《王光祈文集·音乐卷》(上), 第378页。

第四节　王光祈与中国音乐文献学

文献学是以文献和文献发展规律为研究对象的一门科学。"音乐文献学是以音乐文献为研究对象,旨在揭示其形态变化、社会流传和整理利用特殊规律,并为开展音乐文献工作提供理论依据的一门专科文献学。"[①]中国音乐文献学在对各种音乐文献进行研究的工作中,对古典音乐文献的整理与揭示尤为重要。王光祈先生作为中国近现代音乐学的奠基人、开拓者,对中国音乐史学和文献学的发展同样做出了独特的贡献,是该领域的先驱者。

由于我国是一个历史悠久的"礼乐"之国,在漫长的历史进程中,特别是造纸术和印刷术的发展,使各种典籍、文物上关于音乐文献的记载数量繁多,种类丰富。要对涵盖中国几千年的音乐文化的产生、融合、发展、嬗变等诸多因素进行研究,绝非易事。因为这些研究不仅涉及的材料散见于各种记载中,大多分散、零乱,缺乏系统整理;而且中国古代记谱法极不规范,各种记谱法并不统一,很难解释清楚;更无任何音响资料加以佐证。正是"由于中国古典音乐文献大都零星地散落在其他古籍中,故需要对它进行搜集、挖掘、整理、介绍,以使人们能方便地使用",这是音乐文献工作者的重要任务。[②]王光祈正是在这样的阵地上为中国音乐事业而奋斗。

一、王光祈与《中国音乐史》

王光祈先生所撰《中国音乐史》成书于1931年,1934年由中华书局出版发行。20世纪后半叶以来,此书几经再版,本文所依系广西师范大学2005年版。[③]此书共分为十章,涉及律、调、谱、器之进化等方面内容,以专题史的编撰体例描述了中国音乐的历史发展脉络。

学术界曾对王氏所著《中国音乐史》做过不少研讨和评述,就目前研究来看,有关论作可以大体分为两类,即专对此书进行评析的一类和涉

[①] 郭小林:《论音乐文献学》,《音乐探索》1990年第3期。
[②] 赵玉卿、郑莲:《古典音乐文献学漫谈》,《交响》1998年第4期。
[③] 王光祈:《中国音乐史》,广西师范大学出版社2005年版。

及此书内容的一类。如朱舟的《王光祈〈中国音乐史〉述评》[1]和廖辅叔的《重印〈王光祈中国音乐史〉赘言》[2]，即是对王光祈《中国音乐史》的专论。其他论作虽然所论并非仅限于王氏所著《中国音乐史》，但其研讨内容颇可参考。以发表时间先后为序，如杨荫浏的《音乐史问题漫谈》[3]，冯文慈的《王光祈的音乐史学方法和学风——为王光祈研究学术讨论会而作》[4]，黄翔鹏的《音乐学在新学潮流中的颠簸——王光祈先生诞生百周年随想录》[5]，郑锦扬的《从三本〈中国音乐史〉管窥：二三十年代中日学者的中国音乐史视野》[6]，徐元勇的《新知识、新视野、新思维成就新研究——王光祈音乐学研究之启示》[7]，徐富平的《文献学视野中的〈中国音乐史〉出版现状分析》[8]等。这些论作均对王氏所著《中国音乐史》进行了相关的研究与评价，所论涉及《中国音乐史》的撰述内容、编排方式以及作者的学术思想等。

王氏的著述题名为《中国音乐史》，初见书名，似觉其内容贯古通今，是一部通史性著作，但浏览后便知此书实乃中国古代音乐史著述，并无近现代音乐史之内容。著者为何将其题名为《中国音乐史》，而非《中国古代音乐史》？包括大家知道的最早由叶伯和编撰的《中国音乐史》至稍晚由郑觐文编撰的《中国音乐史》，都是以《中国音乐史》来题名而非添加"古代"二字以示强调。因为他们的著述都产生于20世纪20—30年代，其时距清朝覆亡未远，而民国时期音乐发展时间尚短，故而冠以"中国音乐史"书名。

---

[1] 朱舟：《王光祈〈中国音乐史〉述评》，《音乐研究》1984年第4期。
[2] 廖辅叔：《重印王光祈"中国音乐史"赘言》，《音乐探索》1985年第4期。
[3] 杨荫浏：《音乐史问题漫谈》，《音乐艺术》1980年第2期。
[4] 冯文慈：《王光祈的音乐史学方法和学风——为王光祈研究学术讨论会而作》，《音乐探索》1984年第4期。
[5] 黄翔鹏：《音乐学在新学潮流中的颠簸——王光祈先生诞生百周年随想录》，《音乐探索》1993年第1期。
[6] 郑锦扬：《从三本〈中国音乐史〉管窥：二三十年代中日学者的中国音乐史视野》，《中国音乐》1998年第2期。
[7] 徐元勇：《新知识、新视野、新思维成就新研究——王光祈音乐学研究之启示》，《中国音乐》2010年第3期。
[8] 徐富平：《文献学视野中的〈中国音乐史〉出版现状分析》，《图书与情报》2011年第3期。

从编撰体例上来说，王氏所著是一部专题史著作。朱舟认为王光祈的《中国音乐史》用当时一种新的体例，分章叙述了历代乐律、宫调、乐谱、乐器的产生与发展变化等情况，旁及乐队等各个环节。其重点阐述的是乐律与宫调两个部分，约占全书的一半。① 郑锦扬认为王氏的《中国音乐史》体系不同寻常，力图以分类的形式来认识、反映中国音乐的历史。他的书中，律、调等律学和乐学理论内容最为突出，各部类音乐依次分述，而对乐谱、乐器（包括乐队）和音乐（舞乐、剧乐、器乐）等则作专述。② 两位学者均恰如其分地指出了王光祈音乐史著述撰写体例的特点。不过，这种撰写体例优长与局限并存。其优长在于，以专题史的体例来撰写使得层次分明，集中对某一专题进行历时性论述，使人一目了然。然而，相对于21世纪的中国音乐史著述多采取按朝代更替顺序撰写而看，专题史的方式则缺乏同时代各专题间的横向联系。

从材料选取上看，王氏在其书自序中云："本书十之七八系余个人心得，其余材料则取之于国内时贤著作者，十分之一；取之于国外西儒著作者，亦十分之一。"③ 我们不难发现这本史书的价值所在，即大量观点、心得出自王光祈先生本人。其史料的选取基本为文献史料，书中所附参考书目凡十五条，其中尚包括西文著述，为后来的音乐史研究提供了参考线索。当然，王书引据的文献史料也有疏漏的地方，由于他当时研究写作时身居德国，图书资料并非十分完备，因而他在书中也指出了一些有待今后研究的问题。同时，因当时国内科学的考古发掘尚属于起步阶段，考古资料更为欠缺，所以不具备运用音乐考古资料进行音乐史研究的条件，以致王氏的史书缺乏实物史料的例证。

从研究方法上看，王氏在他的著述中提出了"实物研究法""推类研究法"以及"旁证"等研究方法，并以研究"律管"问题为例，认为研究古代历史当以"实物"为重，"典籍"次之，"推类"又次之④，这种以实践为基础的科学研究方法在今天依然适用。王氏重视音乐实践与理论结合

---

① 朱 舟：《王光祈〈中国音乐史〉述评》，《音乐研究》1984年第4期。
② 郑锦扬：《从三本〈中国音乐史〉管窥：二三十年代中日学者的中国音乐史视野》，《中国音乐》1998年第2期。
③ 王光祈：《中国音乐史》，广西师范大学出版社2005年版，第1页。
④ 王光祈：《中国音乐史》，广西师范大学出版社2005年版，第4页。

的例证在其著述中随处可见，如其将昆曲与小工笛结合，唐燕乐与琵琶结合进行研究，便为其例。这种以实践为基础，并结合理论进行研究的方法是值得肯定的。

王光祈是中国比较音乐学的先驱，其音乐史著述自然少不了运用比较研究的方法。如他在论述三分损益法理论时，指出中国在西汉末叶京房以前均在管上进行这一理论探索，而古代希腊则在弦上求之。通过比较，证明中国律制源于本土，而"中国律制自希腊学来"的说法是错误的。除中西比较之外，王氏还运用历史比较研究法。例如，在此书"律之起源"这一章中，他指出："吾人若将《管子》《吕氏春秋》《淮南子》《史记》《前汉书》《后汉书》以及郑康成解说一一比较，则知各书所言十二律相生之法其时代愈后者，其解释亦愈为明了详确。"[1] 此外，王氏在乐器分类法方面也有自己的独到之处，他对八音分类法的利弊进行客观分析，又参照西洋近代"乐器学"分类法将乐器分为三大类，即敲击乐器、吹奏乐器和丝弦乐器。至今这种乐器分类法依然通行，由此可见王氏的理论贡献。

王光祈的史学观念，也贯穿于他的《中国音乐史》书中，对此已有学者做出很好的概括。如冯文慈认为王光祈严格区分了传说和历史的界限，其对待历史文献的态度是严肃的，方法是科学的、严格的。[2] 又如廖辅叔认为作者具有实事求是的科学态度，正是由于他坚持实事求是的态度，到他既无实物又无典籍，因而无从推论的时候，他就只好"暂时存疑"了。[3] 但王光祈的史学观并不仅仅如此，还体现了传统史学与现代研究相结合的思路，如王氏在讨论律管问题时，认为应当关注初民的"阴阳思想"，而不应完全以今日"物理见解"为出发点，从中可以窥见他对科学与阴阳数术之间关系的把握较有分寸，既不将古代阴阳学说简单斥为迷信，又崇尚现代的科学研究方法。

但由于时代和研究材料的局限，王光祈所撰《中国音乐史》在有些方面也存在一些瑕疵。如在"乐器之进化"一章，他先对所引乐器图的来

---

[1] 王光祈:《中国音乐史》，广西师范大学出版社2005年版，第21页。
[2] 冯文慈:《王光祈的音乐史学方法和学风——为王光祈研究学术讨论会而作》，《音乐探索》1984年第4期。
[3] 廖辅叔:《重印王光祈"中国音乐史"赘言》，《音乐探索》1985年第4期。

源作了解释，即所附各图皆取自法国人苦朗氏所作的《中国雅乐历史研究》，而苦朗氏又系绘自乾隆二十四年所刊《皇朝礼乐图示》、北宋末叶王溥《宣和博古图录》以及明末朱载堉《乐律全书》等。经过了若干的辗转绘制，图像史料不免有失真之处。如王氏在所论敲击乐器之中，有周代的青铜乐器"铙"，但细审该图，实即乐器"钹"而非"铙"，此图显系误绘（图一）[①]。王氏在书中引《周礼》所言"鼓人以金铙止鼓"，而考古发现的周代铙，其形制如倒置的编钟，无悬挂装置，乃手持击奏（图二）[②]，周代之后，"钹"才有"铙"的别称。再如，青铜乐器"钲"在周代常见，属于一种体鸣军乐器（图三）[③]，而王氏书中所绘则像一个击奏的鼓（图四）[④]，也当系误绘。由此可以看出，由于所依文献的问题，加上缺乏考古材料，王氏在有关音乐史料的筛选上存在一些失误，我们在阅读时应加以辨别，以免以讹传讹。

图一　王书所绘"铙" 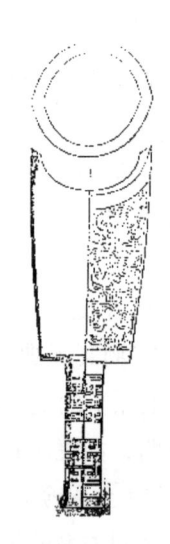　　　　图二　周代铙

[①] 王光祈：《中国音乐史》，广西师范大学出版社2005年版，第151页。
[②] 方建军：《中国古代乐器概论》，陕西人民出版社1996年版，第124页。
[③] 方建军：《中国古代乐器概论》，陕西人民出版社1996年版，第102页。
[④] 王光祈：《中国音乐史》，广西师范大学出版社2005年版，第150页。

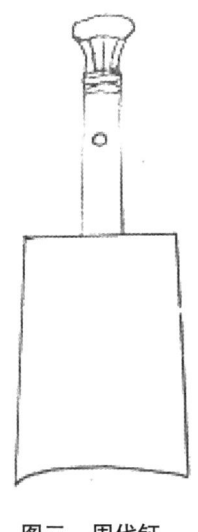

图三　周代钲　　　　　　图四　王书所绘"钲"

从最早叶伯和编撰的《中国音乐史》，到郑觐文、王光祈等人的《中国音乐史》，再到当今踵出不绝的各类中国音乐史著述，可以看出音乐史书的编撰也经历了一个相对漫长的发展过程，其中的史学观念、研究方法、历史内容和观点也随着时代的变迁和学术的发展在不断地更新和完善。在音乐史学史的发展过程中，王光祈的《中国音乐史》可谓开启了专题史编撰的先河，从他所处时代看，他对音乐史料的梳理分析，应居于当时的学术前沿。并且，他的著述对后世中国音乐史的研究和撰写，均产生了一定的影响，具有不可忽视的学术价值。诚如朱舟先生所言："王光祈的《中国音乐史》，不愧为我国音乐史学领域里的一部拓荒之作。"[①]

二、为中国音乐文献学的发展提供基本方法

在音乐文献学的发展历程中，历代文献研究者进行了大量的音乐文献整理和研究工作，如汉代的刘向、刘歆，明代的朱载堉，清代的章学诚，现当代的杨荫浏、刘师培、周庆云、吉联抗、王光祈等都在古典音乐文献的搜集、整理、研究、传播方面做出了重要的贡献。特别是我国著名的音乐学家王光祈以炽热的爱国热忱和对国家、民族高度的责任感，克服种种

---

① 朱舟：《王光祈〈中国音乐史〉述评》，《音乐研究》1984年第4期。

困难，对中国古典音乐进行了系统的研究，并提出了在音乐文献研究中的基本方法。

其在《中国音乐史》第一章提及其写作此书的原因时明确指出："欲将整理中国音乐史料之方法，提出讨论。"① 其音乐文献的研究方法可以归纳为音乐进化论、唯物史学论、音乐比较观三种基本方法。

（一）音乐进化论

王光祈在《中国音乐史》自序中说："吾国历史一学……只'挂帐式'的史书，而无'谈进化'的著述。从前'纪事本末'一类书籍近于言'进化'矣，但亦只限于该'事'之本末，而对当时社会环境情形却多不作深刻探讨。此与近代西洋治'历史学'者大异。"② 他主张，研究音乐史时"宜以有关音乐进化者（直接的或间接的）为限，譬如美术史、政治史、宗教史、哲学史之类。"而且强调，不能喧宾夺主、舍本逐末，对于这些相关的历史，"只须'涉历'，不必'研究'。"③ 并用这种进化论的思想研究中国音乐文献，我们仅从《中国音乐史》每个章节的标题命名如律之进化、调之进化、乐谱之进化、乐器之进化等就能窥见作者进化论观点。他的进化观点，表现在尊重传统不墨守传统，重视典籍不迷信典籍，从进化的过程探究事物的本质。他用进化的观点认为刘向《世本》中所记载的"庖羲作五十弦，黄帝使素女鼓瑟，哀不自胜，乃破为二十五弦"的记载不可信，因为"世界各种乐器之进化，实以'丝弦乐器'最为晚，因其材料及组织，皆较其他敲击或吹奏乐器为复杂故也。换言之，断非黄帝以前管律尚未发明之时所能有。"倒是《书经》里面"击石扮鼓，百兽率舞"还带几分"石器时代"一类的本色。④

（二）唯物史学论

在唯物史学论中，先生认为研究音乐时应用"实物"为重，"典籍"次之，"推类"又次之；英雄主义与时势主义兼顾，理论与实用并重，部分与整体兼顾，形式与内容结合等多种研究方法，其中"实物研究法，为一般治史者所最宝贵之方法。假如实物不可复得，则只好求之古代典籍。因为

---

① 王光祈:《中国音乐史》,《王光祈文集·音乐卷》（上），第66页。
② 王光祈:《中国音乐史》,《王光祈文集·音乐卷》（上），第62页。
③ 王光祈:《中国音乐史》,《王光祈文集·音乐卷》（上），第407页。
④ 王光祈:《中国音乐史》,《王光祈文集·音乐卷》（上），第68页。

古籍所述虽然极有价值，但是我们现在所有的上古书籍，皆不是当时原版出品，……是否可靠，已属疑问。……必须要先打几个折扣方可。假如并典籍而无之，则只好利用类推研究法，以作聊胜于无之举。"并根据此方法得出"我国古代所谓'五音'，系规定音阶距离的大小"，"我国古代律管进化，系由'少'而'多'"，"音律之数以五音为数，当与当时阴阳五行等迷信有关"，"先有律管，后有律数"等关于古代律制的根本思想。[①] 先生关于音乐进化观的研究方法，对今天的音乐文献研究者们影响极大，许多研究者将其奉为圭臬，并以此方法进行文献研究，取得了丰硕的成果。

（三）比较音乐观

王光祈率先将比较音乐学的研究方法引入我国，为我国现代音乐文献的研究奠定了基石。日本著名音乐学家岸边成雄先生称王光祈为"东方研究比较音乐学之第一人"。他以比较研究的方法，对我国古代音乐历史和乐律学进行了梳理和归纳，为后世学者开辟了一条音乐文献研究的新路。俞人豪先生在《王光祈与比较音乐学的柏林学派》一文中认为："在此众多领域中，我认为他在比较音乐学这一领域中的学术成就不仅在中国，而且在整个东方均具有开拓性，因而具有特殊的价值。而且由于他在该领域研究中所形成的学术观点对他其他领域的著述产生了不容忽视的影响，所以研究他的比较音乐学理论就愈加必要了。"[②] 陈其射先生也在《深刻的思想启示——在王光祈音乐观下的后学反思》一文中评价到："王光祈吸收了西方比较音乐学的精髓，确立了自身的比较音乐观。他对中西音乐各种基本要素、内在本质进行了对照和分类，寻求二者的内在联系和分野的标志。用比较音乐观作了十七部价值极高的著作，其中《东西乐制之研究》《各国国歌评述》《中西音乐之异同》《东方民族之音乐》堪称是中西比较音乐学开创的经典之作。他著述中的比较音乐观拓展了我国近代音乐学的研究视野，使中国音乐、西洋音乐、东方民族音乐同时纳入研究范围。用'四分之三音'等无可争辩的事实说明东西方音乐应该并重，中西音乐是'不同之不同'，而不是不及之不同'。"[③] 由此可见，先生的比较音乐学研究方法对中国音乐文献学的发展起到了巨大的推进作用。

---

① 王光祈：《中国音乐史》，《王光祈文集·音乐卷》（上），第68页。
② 俞人豪：《王光祈与比较音乐学的柏林学派》，《音乐探索》1986年第3期。
③ 陈其射：《深刻的思想启示——在王光祈音乐观下的后学反思》，《音乐探索》2009年第1期。

三、为中国音乐文献学的发展指明方向

王光祈进行音乐研究的时候，正是我国面临古今交际、中西融合的政治、军事、文化大变革时期。伴随着欧洲列强的侵入，中国一部分先进的知识分子开始向西方学习，对封建主义文化进行彻底的否定和批判，他们只看到了西方列强的强大，以为中国无论在什么地方都不如西方列强，主张"全盘西化"。也有一部分人试图从中国几千年的文化传承中找到自信，他们对帝国主义的军事、政治、文化侵略深恶痛绝，对西方的一切无限抵制，企图复兴和保存中国封建文化的全部，即"国粹主义"。

远在德国的王光祈怀着对祖国和人民的炙热感情，认为创造一种表现中华民族特有"民族性"国乐是舒畅民族感情、增强国人民族自信心、号召整个中华民族慨然向上的有效手段。他认为："吾之志，在以乐为学，而不以乐为技。吾将遍究各国之音乐，考其嬗变，审其异同；吾国先民音乐之素养，视各国为深，吾尤将发湮扶微，张皇幽渺，使吾国音乐，亦得与欧洲各国，各占一席，一洗外人讥我为无耳民族之耻。"①

王光祈辩证而科学地解决了"中西关系"问题，他既抨击"国故党人只知把古人已经发现的保守住，决不想再辟天地，创造新生活"②的抱残守缺的复古主义思潮，同时也批评"一般新学之子，日日想慕西洋文化，讴歌西洋文化，而对本族文化认为一钱不值"③的全盘西化的民族文化虚无主义倾向。指出："音乐这东西，不如其他洋货，可以随便取用，是要自己出力一分，才能享受一分。因为音乐是人类生活的表现，东西民族的思想、行为、感情、习惯既各有不同，其所表现于音乐的，亦当然彼此互异。"④"盖国内虽有富于音乐天才之人，虽有曾受西乐教育之士，但是若无本国音乐材料（乐理及作品等等），以作彼辈观摩探讨之用，则至多只能造就一位'西洋作曲家'而已，于国乐前途仍无何等帮助。而现在西洋之大音乐家，固已成千累万，又何须添此一位黄面黑发之'西洋音乐家'？"⑤

---

① 李岚清：《中国近现代音乐学的开拓者——王光祈》，《音乐探索》2008 年第 2 期。
② 王光祈：《旅欧杂感》，《王光祈文集·时政文化卷》，第 99 页。
③ 王光祈：《少年中国运动宣言》，《王光祈文集·时政文化卷》，第 164 页。
④ 王光祈：《欧洲音乐进化论》，《王光祈文集·音乐卷》（上），第 357 页。
⑤ 王光祈：《中国音乐史》，《王光祈文集·音乐卷》（上），第 66 页。

他主张，建立民族新音乐的正确方向应是："在理论方面，则采取西洋科学方法，整理本族固有文化，由此以唤起中华民族的独立精神（亦可称为民族文化复兴运动）；在实际方面，则为从事各项社会事业，增进精神物质幸福，由此以实现中华民族的丰富生活（亦可称为民族生活改造运动）。"① 他这种对待"中西关系"的主张，不仅对中国音乐学及中国音乐文献学的发展指明了正确的方向，在世界交流日益频繁的今天仍然具有积极的指导意义。

四、为中国音乐文献学的发展研究提供蓝本

他在《欧洲音乐进化论》中提出创造国乐之法："一面先行整理吾国古代音乐，一面辛勤采集民间流行谣乐，然后再利用西洋音乐科学方法，把他制成一种国乐。"② 所以王光祈即从这三个方面着手研究，因为先生当时在国外，无条件从事第二项工作，所以他主要从第一、第三项着手。对于第一项"先行整理吾国古代音乐"方面，王光祈虽然在国外，在经济拮据、时间和精力紧张、资料不全的情况下，尤对中国古代乐律、乐谱、音调等方面进行整理研究，完成了著作《翻译琴谱之研究》《中国诗词曲之轻重律》《中国音乐史》《论中国古典歌剧》等，文论《论中国音乐》《论中国记谱法》《中国音乐短史》《中国乐制发微》《译谱之研究》《"中国"音乐词条》《中国道白戏剧与音乐戏剧》等，留下了丰厚的音乐理论遗产，不仅为传播中国音乐文化作出了巨大的贡献，还对中国音乐文献学的发展和完善奠定了坚实的基础。他在音乐文献方面的研究成果主要有三个方面：

（一）律制

王光祈认为"从新研究中国古律，实是一种对于世界文化极有价值之举。"③ 中国音乐史中关于律制的资料非常多，散于各种文献典籍中，王光祈考诸正史，旁采专著，从浩繁的典籍中择要选出可信的史料，按历史的顺序，将先秦时期三分损益律、汉京房六十律、宋钱乐之三百六十律、宋

---

① 王光祈：《致苏州会议诸同志》，《王光祈文集·时政文化卷》，第160页。
② 王光祈：《欧洲音乐进化论》，《王光祈文集·音乐卷》（上），第358页。
③ 王光祈：《东西乐制之研究·自序》，《王光祈文集·音乐卷》（下），第104页。

蔡元定十八律、明朱载堉十二平均律等系统地加以论述，对我国古代音律科学家在分律上作出的种种探索和他们追求旋宫转调的理论和实践进行明晰的梳理，有叙有议地将各种律制作了较为详尽的解释，使人们能够从中看到历代乐律发展的概貌和演化的脉络。还针对"中国各代正史，对于各律，往往仅记其名称，未详其音值；即有，亦与近代算法不同，令人阅之，不得要领"[①]的状况，他在《中国音乐史》《论中国古典歌剧》《论中国音乐》《中国音乐短史》《中国乐制发微》等著述中，不仅从律的起源、进化等方面入手对中国几千年来遗留下来的古代音律理论作了一次系统、全面的分析整理，还运用现代科学的计算方法——"平均音程值"的计算方法（用1表示平均律全音，0.5表示平均律半音）将各律的音值一一算出，并标出详细的数据，便于人们研究和查阅。他是我国历史上采用统一计算方法对不同音律作系统、精密计算的第一人。在当时没有任何辅助计算器材的情况下，仅计算一项，都需要耗费先生大量的精力。难怪他在《东西乐制之研究》中自我感叹："著者计算音值，往往至于深夜。虽已仔细校阅，然仍恐不免错误，幸读者指出，以便再版时更正（譬如著者计算钱乐之三百六十律时，只误减一数，遂致全盘皆错。不得已乃从头再算一通，最后错误虽已改正，而所浪费之时间则已不少矣）。"[②]并对各种律制进行分析和比较，全面地显示了各个时代音律科学的概况，有力地驳斥了"近代西儒所谓中国乐制系从希腊学来"的论调。我国精研词律的当代词宗夏承焘在他的《学词日记》里面对其进行了高度的评价，认为："阅王光祈《东西乐制之研究》述古代定律（三分损益法、下生上生法、隔八相生法）、司马迁算律法、郑康成算律法及京房六十律、宋钱乐之三百六十律、宋蔡元定十八律、明朱载堉十二平均律诸节，皆明白易晓。"

（二）调式

对我国"调式"的研究一直以来是一大学术难题，不仅因为古代文献中关于调的各种记载纷繁复杂，还因为每个调的正名、异名、俗名、古名、今名等五花八门，很难统一，要将其一一捋清，谈何容易。王光祈知

---

① 王光祈：《东西乐制之研究·自序》，《王光祈文集·音乐卷》（下），第105页。
② 王光祈：《东西乐制之研究·自序》，《王光祈文集·音乐卷》（下），第106页。

难而进，在《中国音乐史》《论中国古典歌剧》《论中国音乐》《中国音乐短史》等著述中，不仅列举了我国先秦时期五音调与七音调、隋代苏祗婆三十五调、唐代燕乐二十八调、南宋七宫十二调、元曲昆曲六宫十一调、以及明清时期二黄、西皮、梆子各调等调式，还对各种调式进行解释，对我国古代调的产生、发展及其由繁而简的变迁过程进行清晰的叙述，系统地分析和探索了我国古代宫调理论的发展线索。

（三）曲谱

王光祈对中国古代乐谱有着极其浓厚的研究兴趣，他在《翻译琴谱之研究》《论中国的记谱法》《东西乐制之研究》《中国音乐史》《论中国古典歌剧》《译谱之研究》等著作中，对律吕字谱与宫商字谱、工尺谱、宋俗字谱、七弦琴谱、琵琶谱等古代音乐谱式进行了列举和介绍，辅以板眼符号的详尽讲解。不仅将乐谱的发展历史进行了梳理，还将古代音乐多种多样的记谱方法和原则进行详细叙述，并且从音乐进化的历史发展观出发，将所有的乐谱归纳为"手法谱"和"音阶谱"两大类。他认为："近代通行之工尺谱，则系由'手法谱'进化而成'音阶谱'。"即手法谱的产生当然先于音阶谱。这个观点已为今天音乐学界同仁所公认。更难能可贵的是王光祈重视"进化"的思想，在《中国音乐史·自序》里提倡："凡研究某人作品，必须先研究当时政治、宗教、风俗情形，哲学美术思潮，社会经济组织等等，然后能够看出该氏此项作品所以发生之原因也。"[①]

第五节　王光祈的歌剧观

王光祈是民国时期中国音乐学领域最优秀的先行者之一，也是首位采用比较音乐学研究法以"歌剧"（中国戏曲，主要是昆曲）为研究对象获得外国博士学位的中国第一人。[②]

[①] 王光祈:《中国音乐史·自序》,《王光祈文集·音乐卷》(上)，第62页。
[②] 王光祈之前的1916年，萧友梅以《19世纪前的中国乐队》获得了莱比锡大学的哲学博士学位，王光祈于1934年以《中国古典之歌剧》获得了波恩大学音乐学专业哲学博士学位。

一、从事中西歌剧比较的起点

1920年，王光祈在德国学经济学后，德国音乐文化的先进性和市民素质使这位一直渴望建设"少年中国"的学者身临其境地感受了音乐文化的重要价值，他认为，礼乐不兴的祖国需要有科学的音乐来拯救。在爱情受到挫折之后，为了履行自己音乐救国的宏愿，王光祈于1923年突转专业，从事起音乐理论研究工作。从这一年起，他的"少年中国"理想便化作音乐之魂并在音乐学的世界里渐渐挥起了双翼。也正是从这一年开始，他就不断地以向国内报刊写文章的方式来介绍欧洲歌剧的发展状况。这些从改造国民性、走出弱等民族的音乐发展主张，立定了他的歌剧观念的基础。

王光祈写的第一篇音乐文章——《德国人之音乐生活》，最早刊登在1923年10月7日的上海《申报》上。[①]他的这篇文章几乎同时被上海的其他音乐杂志转载，如上海音乐学校傅彦长主编的月刊《音乐界》的第11期上，题为《德国人的音乐生活》；上海中华音乐会出版的由招伟民、祝湘石、罗伯夔和黄咏台编的《音乐季刊》第2期（1923年11月）、第3期（1924年4月）、第5期（1925年4月）；随后，该文又在1923年12月的《少年中国》第4卷第8期、第9期上发表。总的来看，上海的这些杂志报刊所发王光祈的《德国人之音乐生活》（共十篇）在内容和主旨上并无多大差别，观点完全一致。王光祈在这篇大文章的第一小篇——《德国音乐与中国》里比较了东西方音乐的差异后，觉得中国音乐虽意趣高远，但形式过于粗陋；西洋音乐经过数千年的进化，值得深入学习：

> 皆超过吾国旧有音乐百倍以上，其尤令人注意者，即处处用科学方法，以研究音乐，大可引为改造吾国音乐之师资。吾人如欲扫除中国下等游戏，代为高尚娱乐，廓清残杀阴氛，化为和平祥气；唤起将死民族，与以活泼生机；促醒相仇世界，归于大同幸福；舍音乐其莫由。吾所日夜梦想之"少年中国"能否实现，吾将以是卜之。[②]

[①] 王光祈1920年出国前就与上海的《申报》《时事新报》及北京的《晨报》立下协议，王光祈作为这几家报社在德国的特约记者。

[②] 王光祈：《德国音乐与中国》，《少年中国》1923年第4卷第8、9期。

他写的《西洋音乐与戏剧》1925年5月在上海中华书局出版后，一时为国内不少文艺家所关注。又九年后的1934年12月22日，他以《论中国古典歌剧》获得了德国波恩大学的博士学位。从1923年到1935年的十多年间，王光祈虽身处欧洲，但他的观点却不仅对当时的欧洲人，而更对远在万里之隔的祖国同胞乃至其后国人认识中国戏曲和西方歌剧的异同产生了深刻持久的影响。

在王光祈看来，中国戏曲就是歌剧。虽说在他近前的许多国人如曾志忞、萧友梅等人都曾这样说过，但是与前人相比较起来看，似乎直到王光祈，戏曲是歌剧之说，才仿佛具有了更充分的可信度。究其原因之一不难发现，王光祈作为30年代最深入地向西方介绍中国戏曲者，也是大量向中国传输戏曲作为与西方歌剧文化进行同一等级对话的承载物的论者，他的观点在其死后，不断地受到了关注。

中国戏曲被王光祈以文化进化论的历史学视角和比较音乐学的方法解读，成为中国古代歌剧或古典歌剧。从表面上看，这似乎与五四时期的反对旧戏曲的文化论者们的观点似乎并无二致，也与西方民族音乐学等各领域争相试用的比较音乐学的做法大致相同，但事实上，他在研究中国音乐上却比前人迈出来一大步。

问题是，他的这一步迈得究竟有多大？王光祈的这种将西方歌剧与中国戏曲等而划之的观念是否正确？如何廓清其歌剧观念的进步性与时代的局限性？如何评价他对民国以来中国音乐戏剧思潮的影响？这都是非常重要的研究命题。这的确也是今日学界在研究现代音乐史和歌剧史时所必须要予以科学进行论证的关键所在。

二、两种歌剧著述

全面筛选并分析王光祈文存，最能集中地代表王光祈歌剧观念的代表作有两种：一是本文前述中提到的来到德国5年后写出的《西洋音乐与戏剧》；二是他的博士论文《论中国古典歌剧》。除这两部著作以外，按照王光祈对歌剧研究的时序看，他在德国学习前到博士论文写出答辩之前，最重要的歌剧论文至少还有三种：（一）《吕利歌剧〈阿尔美德〉序曲研究》（*Die Overture der Oper 'Armide' von Lully*，1928年作）；（二）《席德迈尔的先莫扎特时代德国歌剧研究》（*Die deutsche Oper [vormo mozartsche*

Zeit] von Ludwig Schiedermair, 1930 年作）[①]；（三）在获波恩大学的博士学位后的 1935 年，王光祈又在德国柏林的精神劳动出版社（Geistige Arbeit, Berlin）出版了一本《中国的道白戏剧和音乐戏剧》(*Das gesprochene und das musikalische Drama in China*)。若论影响力，他这后三种涉及歌剧和中国戏曲的文本到目前为止并没在中国国内出版过，因此，它们对于我们考察王光祈的歌剧观念在中国产生的影响并不构成绝对的必要性，而只有当这些观念在欧洲人那里有了反应，并在之后假设又返销到了中国本土的话，那我们才有必要去追踪。实际上，后三种文论的影响并没有出现，中国学界研究王光祈的音乐乃至歌剧观念都只是 20 世纪 20 年代末和新中国成立后、80 年代至今这个阶段。

席德迈尔教授当时是王光祈博士论文的指导老师，他那个时代已经是传统史学的顶级学者，贝多芬与莫扎特研究的权威人士。从王光祈这几年中三篇论文的选题、论域、学术兴趣点的比重可见，席德迈尔教授在歌剧观念上对王光祈的影响同样不可否认。席德迈尔研究莫扎特时代之前的歌剧，而他的博士生王光祈研究的则是京剧之前身——昆曲，师生二人对当时仍然繁荣的西方歌剧却显得鲜有兴趣。由此联系我们也可以发现，这师徒二人在研究的选题中都较侧重着眼于某一个辉煌音乐时代的前生和前兆，用研究来讲述对象产生的原因，从发生学意义上正本清源，这似乎是他们比较喜欢和擅长的，而这常常也是一些成熟的历史学家看好的选题——抓腰眼，抓转折点，抓史学的关键点，而不是完全地研究现实中的音乐现象和歌剧创作等领域。

王光祈的这部著述，前者可以看作是其知识的基础和准备，后者则是其对西方音乐戏剧认识、对中国戏曲比较的必然结果，一前一后地反映出王光祈歌剧观形成的全过程。

[①] 席德迈尔（Ludwig Schiedermair, 1876—1957）：德国音乐学家，国际最重要的贝多芬、莫扎特研究专家，是当今德国著名钢琴家瓦伦汀·希德迈尔（Valentin Schiedermair, 1963— ）的曾祖父，王光祈在波恩大学读博士时的音乐学导师。席德迈尔曾在慕尼黑大学、莱比锡和柏林等大学读书，1901 年以《巴伐利亚的选侯费迪南德·玛利亚在艺术上的追求》获博士学位，1912 年开始任教于波恩大学，后任音乐系主任。席德迈尔 1914 年出版的莫扎特书信全集已成为学界莫扎特研究中最重要的文献之一。1931 年"莫扎特中央研究院"（Zentralinstitut für Mozart-Forschung，即 Akademie für Mozart-Forschung 的前身）成立后，席德迈尔被选为研究院首任主席，任职 20 年之久。1927 年 3 月 26 日，在贝多芬去世 100 周年之际，席德迈尔在贝多芬的出生地创立了著名的"贝多芬波恩档案馆"（Das Beethoven Archiv in Bonn）。

仔细研究这前后两种不同的选题，再比对两者的理论依据和学术立场，我们也能发现，王光祈的歌剧观经历了本土中国戏曲的耳濡目染，又经历了对西方音乐戏剧的识读，最后才出现了由此及彼、反复进行中西音乐文化比较的全过程。这样的话，其学术立场"以西衡中"就是无法避免的。因此，《西洋音乐与戏剧》是王光祈所有文存之中最早、最集中地向中国读者介绍西方歌剧的文本。正因为有了这种对西方歌剧乃至大戏剧的认识，他才有了用这些已有的综合知识结构以及欧洲人的歌剧常识，并以中国人理解中国戏曲（以昆曲为例）的优势来完成了他向欧洲人较为全面深入地阐释中国戏曲的可能。而这也就验证了王光祈本人当年在给留德学生会的复函中正式提出的自己的愿望："此次来欧，抱有两大宏愿：拟集合欧美两洲素日生死患难之青年同志，一方面拟将中国文化播扬于海外，一方面拟将欧美文化介绍于国内。"

　　就王光祈的歌剧观念对中国歌剧理论和思潮的影响而言，他的文化进化论观、比较音乐学的方法论更为20世纪30年代以后的中国学者所关注。由于《论中国古典歌剧》是在1982年才被译为中文，因此，它在歌剧观念上所构成的影响力远不及《西洋音乐与戏剧》。那么，王光祈对民国时期的歌剧思潮所起的作用表现于哪些人的歌剧观念和实践中呢？

三、《西洋音乐与戏剧》对国人认识歌剧的影响

　　清末民初到1925年前后，中国学者中将传统戏曲看作歌剧者并非从王光祈开始，在此之前至少二十年间，戏曲就早已被国人直接当作可以与西方强势发展的歌剧相提并论的对象。特别是在1925年前后，一部分在戏剧观上受了当时国际上民族主义文艺观念影响的留学生从日本、欧美归国，如话剧作家余上沅、赵太侔、胡适、徐志摩、宋春舫等人，提出了"国剧"的口号。"国剧"一词，并非汉语，乃近代日本人在引进西方戏剧学术时以借汉语字组合后而译为之。在对待中国传统戏曲的态度上，这些归国留学生是以国际眼光看改良，他们绝大多数认为，中国戏曲就是歌剧，并且也只有在题材、表现功能、艺术手法上向西方话剧和歌剧看齐，才能使落后的中国戏曲成为具有文化进步性的剧种。

　　因此，这批海归派所酝酿的"国剧"观念在某种程度上已取代了对歌剧特性的具体探讨。但从专业背景上看，上述人士都是以语言文字作为

论剧、作剧的戏剧文学家或爱好者，他们极少涉及音乐在歌剧中的特殊功能。

事实上，在这二十年光景中，歌剧的社会化普及，主要是通过一些杂志报章和一些国内外团体的演出来推动。民国前后，文明戏和新剧家们热烈的学术探讨使歌剧这个日语词在中国现代文化语境中的使用频率节节攀升，但真正让这个词语普及化和社会化的，则是后来以上海的报章杂志有密切联系的早期文艺理论家先后向国人介绍这些歌剧、咏叹调、宣叙调名词和歌剧本事。按照他们文章发表时间的前后顺序，主要有如下文人：梁启超、曾志忞、孙绩丞、唐新雨、丰子恺、傅彦长、张若谷、王光祈。

相比较看，傅彦长、张若谷等人受到王光祈的影响远早于并大于其他人。我们先来看王光祈在《西洋音乐与戏剧》中的主要歌剧知识内容，然后再看他的观点对国内学者产生的反应。

从歌剧史人名与主要关键词的汉译方法看，王光祈使用的写作材料几乎全部取自于德文版的初级歌剧读物。与其说是其专著，倒不如说是其编著，因为他整本书的论述结构都体现出文化进化论的研究视角。

将整个欧洲歌剧史分为七个阶段：1.滥觞时代：从低条人入波斯（希腊及时歌名）发展为希腊悲剧，再到希腊趣剧；2.衰微时代：神剧——性剧——诗剧（Poetry）；3.复兴时代：从佛罗伦萨歌剧产生到那不勒斯歌剧学派；4.流传时代：法国、英国和德国；5.格鲁克歌剧改革；6.成熟时代：叙述法、奥、意、英、德国的歌剧状况；7.印象主义、表现主义、写实主义与国剧的勃兴。王光祈在书中主要叙述了欧洲戏剧史的起源和歌剧诞生，再按照欧洲歌剧发展史的顺序逐个作简要概述。以作家、作品的体例，仅仅列举了歌剧史中 61 位作曲家的生卒年月和作品名称。对歌剧本体的核心理论问题的论述在该书的下编，作者对西方歌剧通用的分幕、场、说白和中国戏曲做了粗略比较，让中国读者从本土戏曲的视角来想见西方歌剧的结构与表演方法。

所以，与其说《西洋音乐与戏剧》是写给当时中国读者的一本歌剧通俗读物，倒不如说是王光祈本人在德国初涉歌剧理论的学习阶段做的歌剧史笔记。

《西洋音乐与戏剧》最有研究价值的地方，同时也是最值得我们注意的地方是：这本书虽是编译和转述，但有不少地方会引发当时国人的误读。该书卷首说：

> 欧洲戏剧（Drama）可以分为两种：一曰"歌剧"（Opera），剧本编制用诗词题材，并谱入音乐以歌之，略如吾国的"昆曲"与"京戏"；二曰"语剧"（Schauspiel）（或译为道白剧），剧本编制用白话题材，一如寻常人相语，略如吾国现在所谓"新剧"。在语剧之中，又分为两种：（甲）"无乐语剧"，全剧之中，不设音乐，大概普通"语剧"，皆属此类；（乙）"有乐语剧"，即是全剧之中，往往插入几段音乐，或歌唱，为之点缀，如莎士比亚的《仲夏夜之梦》（Ein Sommernachtstraum），则插有德国音乐家门登思宋（Mendelssohn）的音乐，易卜生的《白尔梗堤》（Peer Gynt），则插有那威音乐家葛礼克（Grieg）的音乐。①

王光祈在此把歌剧并入欧洲戏剧。他的分类法依从了当时欧洲戏剧论者的观点，即把歌剧作为一种韵文体的诗剧，以是否有歌唱作为表现戏剧的手段来衡量是不是歌剧的前提，他的这种说法并没有自己独到的见地。在这种认识基础上，中国戏曲必然会作为近似歌剧的一种来对待。他的最有价值的地方在于把"道白剧"翻译为"语剧"，因为在1925年之前中国文化语境中，尽管曾有曾志忞、宋春舫等少数留学欧洲和日本的早期留学生这样看，但他们都没有使用"语剧"这个译法。王光祈1928年提议将过去的"文明戏"和"新剧"命名为"语剧"的提法，比1928年洪深在上海提出译为"话剧"的称谓提前了三年。②

作为民国早期赴欧洲专攻音乐学后又专撰歌剧书的作者，王光祈这本书所起到的正面影响和负面作用同样都是不容忽视的。王光祈这时所体现出的对中西方"歌剧"所作的比较是非常粗浅的，充其量是一种"平行研究"。他的主要目的还是为了向国人介绍西方歌剧的发展历史，可是他向国内输入的这些西方歌剧知识随后引起了有心人的探究。这些人并没有完全停留在他的戏曲就可以看作歌剧的观念层面上。这些学者一方面接受了其分类

---

① 王光祈：《西洋音乐与戏剧》，中华书局1925年版，第1页。
② 1928年，上海南国社的洪深在该社一次"鱼龙会"上将其定名为"话剧"，从此划清了它与中国戏曲和歌剧的界限。这种称谓虽说多有不妥，但一直沿用至今。

法上的合理性，而另一个方面却无法接受他把戏曲作为歌剧来看的观念。

无论是1923年王光祈写《德国人之音乐生活》，还是1925年王光祈《西洋音乐与戏剧》的出版，傅彦长这位在20年代初就以输入西方音乐为所长的艺术理论家及时地关注到了王光祈的这种观念。尽管王光祈在欧洲，但在上海的傅彦长对西方歌剧的认识和研究并不见得就比1923年的王光祈弱。

从傅彦长不少与歌剧相关的文字、歌剧术语的个人化译法上看，他这时也已认真地研究了不少西方歌剧史论原典，但他并不同意王光祈等人把歌剧等同于戏曲的说法。他很推崇瓦格纳歌剧，在他看来，是歌剧就应该有如下内容：

> 歌剧有（一）序乐，（二）宣叙调，（三）抒情调，（四）音乐对于剧情的伴奏，（五）两部合唱，（六）三部合唱，（七）数部合唱，（八）混声合唱，（九）结束。
>
> 不过我做这篇的大意，就是要人晓得欧洲歌剧是一件非常麻烦的研究。欧洲大歌剧的从头吹，打，唱，没有说白到底，实在是所谓中国歌剧所没有的事。[①] 两方面的比较，非本题的范围，所以不说了。不过诸位听过欧洲鼓剧的宣叙调的人，曾否觉得大鼓书也有此种好处。西洋音乐很注重音量，就是对于演奏有轻重的意思；我觉得京剧里面骂曹的打鼓一段的确在中国器乐演奏的方面，有很大的不同性……
>
> 我觉得我们中国人所以不喜欢欧洲歌剧的缘故，恐怕还是他们用宣叙调吧。其实歌剧而要用有剧情的表现，当然要用宣叙调。请看唱大鼓书唱得好的，神气何等十足。至于器乐的伴奏，因为要显出剧情的缘故，固然也应该要用大吹大擂，抖颤音 tremolo，极短音 pizzicato 等。中国的大锣我并不嫌它吵闹，可是锣鼓演奏的单调，实在使我讨厌。[②]

从上述表述可见，傅彦长当时对西方歌剧的认识还停留在很浅显的初

---

① 傅彦长此处的所谓"中国歌剧"指的是中国戏曲。两部、三部、多部合唱实际上包括了重唱和合唱。

② 傅彦长：《欧洲的歌剧》，傅彦长、张若谷、朱应鹏：《艺术三家言》，上海良友图书出版公司1927年版，第85—90页。

级阶段。但他对歌剧音乐多声部性质的强调，对西方大歌剧一唱到底的实情具有的认识，在当时都是较为内行的说法。傅彦长一方面强调了西方歌剧在音乐表现剧情上的优势，也对中国人不熟悉西方宣叙调的原因作了分析，所以他才觉得京剧和昆曲不可以与西方歌剧简单地划等号。他强调宣叙调作为表现歌剧剧性的重要功能是很有见地的。但他的问题在于，大歌剧一唱到底也好，有戏剧性效果的中国大鼓书中的器乐性段落也好，这都是中西方戏剧中较为特殊的例证，不能以偏概全地用来解释歌剧和戏曲之间的本质区别，这些问题的解释依然是皮相的。

张若谷是傅彦长的学生，他也与傅彦长一样很关注王光祈的歌剧观念。由于王光祈的《西洋音乐与戏剧》影响较早，且有一定的专业性特点，所以在傅彦长和张若谷这些艺术专业的理论人士看来，书中的可信度或许会更强一些。张若谷吸取了王光祈歌剧观念中的少量成果，如他在是年11月22、23、26日连续发表《西洋乐式剖要——为出席西洋音乐会诸君作》三篇，介绍了西洋音乐会知识；在论述到歌剧时，张若谷特别引用了王光祈《西洋音乐与戏剧》中的观点，详细地划分出了歌剧的四种形式。到1928年，张若谷已密切关注了王光祈在国内出版的绝大部分音乐论著，这从他和傅彦长、朱应鹏三人合著的《艺术三家言》下卷《王光祈的音乐丛刊》一文中也能得到证实。[①] 张若谷热情地称赞"王光祈先生是现代中国研究西洋音乐界中最有希望的一位人才"，而且他也对王光祈的民族音乐论观大加赞叹。在学习和研究中，张若谷试图用王光祈提出的民族音乐研究法进行大胆的实践。张若谷、傅彦长和朱应鹏三人的朋友、现代作家徐蔚南（1900—1952）[②] 在1927年6月26日《申报》的《艺术界》

[①] 据不完全考证，到1927年底，张若谷至少已研读过了王光祈的下列著述：1.《欧洲音乐进化论》，2.《西洋音乐与诗歌》，3.《西洋音乐与戏剧》，4.《德国国民音乐与歌唱》，5.《东西乐制之研究》。此外，他也注意到了上海《申报》上刊登的王光祈的一些论文和欧洲音乐的介绍。

[②] 徐蔚南，原名毓麟，笔名半梅、泽人，人称徐半梅，江苏盛泽人。现代作家和翻译家。就学于上海震旦学院，后官费留学日本。曾以散文《山阴道上》崭露文坛。他先后执教于复旦大学和大夏大学。1928年任世界书局编辑，主编《ABC丛书》，共出版152种。在沪期间，曾参加曾朴办的"法国文化沙龙"，与翻译家李青崖、美学家张若谷、邵洵美、诗人徐志摩、戏剧家田汉等人在一起讨论歌剧。抗战胜利后，他主持了《民国日报》复刊工作，又任《大晚报·上海通》的主编以及上海通志馆的副馆长，还兼任大东书局编纂主任。新中国成立后，他在上海文献委员会任副主任。与王世颖合著有《龙山梦痕》《都市的男女》等；译作《一生》《女优泰绮思》等。学术著作《艺术哲学》等，译著有《胡志明传》《苏联短篇小说选》《莫泊桑小说集》。徐蔚南对外国歌剧颇有喜好和研究。

刊出了《建设中国小歌剧》一文，文中的民族音乐主张与王光祈和张若谷的看法比较接近。

虽然王光祈的歌剧进化论使张若谷很受启发，但张若谷却表现得比较冷静。在张若谷看来，把旧戏曲当歌剧，犯了概念性的错误。尽管王光祈已经明白了中国戏曲音乐是以文学家为主轴转，而不是以本质上的原创音乐为核心，但他依然要把戏曲称为古典歌剧，而在这一点上，张若谷与王光祈的差异就非常明显，他与傅彦长站在一起。

张若谷认为仅靠视觉感受看舞台，而不能从听觉上分辨歌剧和戏曲两者间的本质差别要不得。无论打着歌剧旗号的实践者，还是一帮把戏曲看做"国粹"的保守的"糊涂虫"，都片面地理解了歌剧的实质。

但是，张若谷是个冷静而善于独立思考的人。仔细比较他当时极其推崇的王光祈对西方歌剧的相关论述，他的《歌剧ABC》要比王光祈的《西洋音乐与戏剧》说理更明确，歌剧和各种组成要素的定义和概念分明，对剧本故事的介绍更能抓住戏剧性音乐结构和文本结构的要害，不但说理简明扼要，其中也不乏有个人的深切体会和理论建树。

相对在前后出版的其他中文类歌剧读物，张若谷的《歌剧ABC》更侧重从歌剧美学和比较戏剧学角度对歌剧作出深度的阐发。与有欧洲留学经历的萧友梅、王光祈和宋春舫等人相比，他更明确地从多层次、多角度上界定了歌剧定义，并试图彻底分清戏曲和歌剧的本质内核，他以此来避免因简要概括而导致的内涵和外延结合后逻辑不严密的问题。

"歌剧的灵魂为音乐，其他一切舞台上的背景与动作都是歌剧的肢体"。[①] 张若谷在这里揭示出了歌剧的本质是音乐，主要目的是为分清楚和传统戏曲的界限。他认为歌剧不同于其他剧种（京剧、昆曲等旧剧，新剧，即话剧）不但存在"音乐的许多缺陷，不足以表现人生繁复的意境与情绪；而且简直是没有戏剧作家的内在灵魂"[②]，从戏剧内容和音乐创作形式上以及舞台表演的呈现手段上都否定了把传统戏曲和歌剧的等量齐观。他对中国戏曲的态度完全表现了激进派的西化主义倾向，从这个问题上看，他与王光祈所持的音乐进化论和国乐论有着很大的不同。这种激进

---

① 张若谷：《歌剧ABC》，上海世界书局1928年版，第15页。
② 张若谷：《歌剧ABC》，上海世界书局1928年版，第15页。

观念来自于从欧洲音乐戏剧进化论的角度看戏剧，"近代的歌剧，就是音乐发展的最纯全的结晶。"[①] 按照文化进化论观点，他认为无论中国戏曲、古希腊戏剧、印度"南提阿"和日本能乐等戏剧形式都是旧时代遗物。这些古遗物"只能当作雏形歌剧的古董题材，都不能与欧洲近代的纯歌剧相比拟。"[②] 张若谷指出了戏曲音乐的缺陷，但具体在什么缺陷上，又是如何体现出来的，张若谷没有作进一步解释，只是从欧洲音乐进化论的角度把歌剧看成是超越任何以往戏剧形式的新剧种，是想说明歌剧与其他所有戏剧形式的差别和无比的优越性，其观点不乏欧洲文化中心论色彩。

此外，当时的作家和歌剧爱好者徐迟也曾受王光祈的影响，他在读了王光祈的音乐著作和奥林·唐斯的《音乐的诱惑》（*Olin Downes, the Lure of Music*）后，与1936年11月编译出版了《歌剧素描》（上海商务印书馆1936年版）。[③] 该书写了11位欧洲歌剧作曲家和歌剧本事。[④]

四、从《歌剧之进化》到博士论文《论中国古典歌剧》

继王光祈《西洋戏剧与音乐》在中国出版，并在少数学者群中形成了一定影响后，直到其博士论文写成前，真正能代表王光祈对中西歌剧比较研究的成果或基本的歌剧观点之论著，当属其所著《中国音乐史》中的第九章《歌剧之进化》。

王光祈以音乐在中国传统戏曲中的发展过程及其形态特征为中心，对中国戏曲的发展史做了十分简要的回溯。其中，最具有价值的比较是这样说的：

> 吾国歌剧之作者，实以文人为主人翁。音乐家则为文人之奴隶。文人即将好曲子作好，乃令乐工填注工尺，而乐工则只能按照曲中字

---

① 张若谷：《歌剧ABC》，上海世界书局1928年版，第16页。
② 张若谷：《歌剧ABC》，上海世界书局1928年版，第17页。
③ 徐迟：《西方古典之于我》，《音乐爱好者》1996年第2期。
④ 1937年，徐迟又把罗西尼、多尼才蒂和贝利尼三人增写入《歌剧素描》。1937年12月出版有《世界之名音乐家》（系百科小丛书之一，长沙商务印书馆1937年版）和《音乐家和乐曲的故事》（上海商务印书馆1938年版）。《自序》中说："以上二书（《歌剧素描》和《乐曲与音乐家的故事》）是姊妹篇，都是介绍音乐家及其音乐创作的，是根据英文书译过来再重新编写而成的，是再创作。"

句，一一呆填，毫无发表自己意思之余地。正如建筑家即将房屋图拟好，乃令泥浆木匠，按图办理，不得有所增损也。故吾国之制谱者只能谓之"乐工"，不能谓之"音乐家"，职是故也。①

尽管我们现在来看中国戏曲思维的关键是从属于文学家的，而西方歌剧则是以音乐家为核心，但王光祈1934年研究中国戏曲后得出的这样的结论在当时还是比较具有专业的水平的。《歌剧的进化》这部分内容的核心观点最后仍然转移到了他的博士论文《论中国古典歌剧》中的第一章《中国戏曲的发展》中，而原来《歌剧的进化》中的观点没有任何变化（对于一个正忙于博士论文的人甚至一辈子从事一个学说研究的人而言，这是有情可原的）：

> 还要说明一点，剧作者在戏曲音乐中占有极重要的地位，音调和宫调都由剧作者决定，剧作者必须读曲词指定相应的宫调，目的在于特征性地表达唱词的内容，……由于中国观众十分尊重剧作者，因此就要求作曲者必须精确地重现唱词的旋律。另外，还要求演员尽可能地做到字正腔圆。②

歌剧之中，并非以音乐的有无来定其作为歌剧的本质，而应该看这种音乐是否具有独创的情感表达能力。王光祈虽在中西"歌剧"的比较中看到了中国戏曲中音乐家主体地位的缺失，但他毕竟没有强调音乐的原创性和多声性对歌剧的发展能起到怎样的制约性作用。

更为严重的后果是，王光祈的这种眼光，本身就是具有了被"他者化"了的嫌疑，难说不在其中对中国人产生认识上的西方中心主义和中国戏曲有待进化的逻辑在里面。最大、最明显的问题是，王光祈在对待中国戏曲这种研究对象时，更多地采用了单单从音乐的角度来论述，而不是从

---

① 王光祈:《中国音乐史》（第九章），《歌剧的进化》，原：上海中华书局1934年版。今：四川音乐学院、成都市温江区人民政府编:《王光祈文集·音乐卷》（上），巴蜀书社2009年版，第507页。

② 王光祈:《论中国古典歌剧》，四川音乐学院、成都市温江区人民政府编:《王光祈文集·音乐卷》（上），巴蜀书社2009年版，第533页。

歌剧作为音乐戏剧这个必要性的辩证法角度。

客观地推演，我们也可以清楚地看到，《中国音乐史》第九章中《歌剧的进化》基本上已先验地展示出了王光祈博士论文《论中国古典歌剧》的最基本的逻辑起点，而后者只不过是第九章内容和主旨上的一种细化和放大，他的这种歌剧观并没有得到更大、更深的发展。在这种只重视核心要素——音乐的关键作用的局限下，他的博士论文在选题上就出现了以偏概全的问题：他的论题主要谈的是昆曲，而昆曲只不过是数百种中国古代戏曲中的一个；只要能说明和解释昆曲这种特殊类型的近似于音乐戏剧的这种戏曲，是否能涵盖中国戏曲的全部内容和实质呢？显然不可。

音乐在中国戏曲中并不居于绝对的主导地位，对于绝大多数戏曲而言，戏曲中的唱念做打等各要素之间的关系是彼此相互渗透的，各剧种之间的关系不仅是演员唱念做打的全面竞争关系，有很大可能是"一招鲜吃遍天"的特技竞争的关系。有可比性地与欧洲歌剧进行对话的中国戏曲剧种，也只有其中的唱功戏（"做工戏"和"武打戏"则可以拿来与欧洲的舞剧或哑剧进行比较）。王光祈选择昆曲作为中西歌剧比较的对象之所以具有某种合理性就是这样，昆曲这种唱功戏剧中多以音乐为主要手段揭示主人公的性格、心理，并以之推动剧情的发展。

王光祈写作《中国古典歌剧》的目的和动机："目前中国戏曲的研究，甚至中国音乐史的研究尚处于开始阶段。"[①] 他认为在他之前的戏曲理论或戏曲史实材料是松散而不集中的，且讹误很多，即便他较为欣赏的王国维所写的《宋元戏曲史》"也只是从文学角度出发，而并未顾及音乐"[②]。因此，他要从音乐的角度对中国戏曲做一番系统性和开创性的研究。因为在此之前，他的音乐知识面已经广泛涉及中西音乐史、乐制学、音响学、记谱法、音乐教育、乐器和歌剧等十几个音乐学科之中。王光祈为何没有选择西方歌剧作为自己的研究方向而选择了中国戏曲，这一点并不奇怪。作为一个爱国者，又在西方学音乐学，如果从最复杂、最综合的歌剧上来研

---

① 王光祈（原德文署名为 Kwang-chi Wang）：《论中国古典歌剧》（*Die Chinesische Klassiche Ope*），最早出版于日内瓦《东西方》杂志 1934 年第 1 期（*Orient et Occident Geneve*,1934）。今据金经言译《音乐学丛刊》第 2 辑，1982 年第 2 期。

② 王光祈（原德文署名为 Kwang-chi Wang）：《论中国古典歌剧》（*Die Chinesische Klassiche Ope*），最早出版于日内瓦《东西方》杂志 1934 年第 1 期（*Orient et Occident Geneve*,1934）。

究中国戏曲，这种成果的研究意义和价值相对而言就更为丰富。

这篇论文的书写主要是作者受到了一门较为年轻的比较音乐学的影响。1925年，即他改学音乐后的第五年，王光祈就在《东方民族音乐之比较》的自序里说：

> 研究各种民族音乐，而加以比较批评，系属于"比较音乐学"范围。此项学问在欧洲方面，尚系萌芽时代，故此种材料极不多见。至于本书取材，则系：凡关于东方各种民族乐制悉以英人 A.J.Ellis（生于1814年，死于1890年，对于"比较音乐学"极有贡献）所著书籍为准。

而在他的博士论文中，王光祈尤为明确地说明了他在德国学习比较音乐学所接受的学术方法论的影响，论文前言说：

> 但就方法而言，还是受到欧洲的影响。这一点要感谢教授席德迈尔（Schi ermair）和霍恩博斯特尔（Hornborstel）两位先生。①

王光祈的博士论文处处能看出西方比较音乐学方法在其中的使用。应该说，他对昆曲做的系统性的史学论述就是在这种比较研究方法论下，在与西方歌剧音乐相对应的比较中展开的。他之所以把中国戏曲视为歌剧，在他的博士论文中并没有从正文详细解释和说明，但这种遗憾似乎被他仅仅用了一个脚注就打发掉了。因此，对于他的理由，这个脚注确实是非常重要的证据：

> 在中国古典戏曲（即被王光祈言称的"歌剧"）音乐中，对戏曲剧本的自然语调与词义和戏剧性的情节二者，人们更注重前者。除此之外，欧洲"歌剧"（Oper）这一名词适用于中国戏曲。因为中国戏

---

① 霍恩博斯特尔（Erich moritz von Hornborstel，1877—1935），生于维也纳，23岁获化学博士。民族音乐学家，比较音乐学柏林学派重要代表之一。受音乐学家施通普夫的影响后致力于音乐心理学研究，1917年获柏林大学音乐学院教席。王光祈当是霍恩博斯特尔的第一代学生。据考证，1924年左右，王光祈就已经通过读霍恩博斯特尔的音乐学著作写成了《东西乐制之研究》。

曲与欧洲歌剧有某些类似，它也试图把唱歌、吟诵、道白和乐队伴奏等等统一在紧密的结构之中。①

他认为，中国的乐律比之欧洲尽管缺欠统一但是产生最早。"中国戏曲与欧洲歌剧之间本质区别就在这里。后者拥有多种音乐上的表达方法（即指的是欧洲的多声部音乐）。"王光祈无疑受这个时期中国戏曲理论总结的启发，他将无声不歌、无动不舞的审美观念在论文中也做了相同的阐释，"古典戏曲的演员总以某一种动作来说明唱词的内容，这与现今的中国歌剧和欧洲歌剧演员不同，后者常常习惯于原地不动地站着唱或者坐着唱。"

从王光祈的这种学术角度看，他一方面从一度创作的多声部音乐的角度上指出了戏曲音乐与西方歌剧音乐之间的差异，而另一方面也从二度表演的角度上指出了西方歌剧以音乐为主，而中国戏曲在表演上有优势。但我们不得不说，他这种认识并没有比在他之前的其他中国现代音乐家对歌剧和戏曲的认识上有更大的进步。这种比较还停留在皮相的和粗浅的表面层次上——以西衡中，试图通过对中国戏曲音乐与西方歌剧之间的比较来提高中国音乐的世界地位，增强自己的主体意识和民族自豪感。正如他在《中国音乐史》中所声明的，"创造伟大'国乐'跻于国际世界而无愧"，而《中国古典歌剧》的博士论文则"是以欧洲读者为对象的"。

王光祈作中西歌剧比较的层次，明显是属于微观层面的，只论音乐之有无与繁复与否，并不强调这种"有的"戏剧是否具有可以被简单地归为一类的可能。也就是说，他仅仅看到了不及的不同，而没有意识到是否具有可比性。总体看，王光祈研究中国戏曲得到了如下基本认识：

1. 意识到了中国音乐的单音音乐，注重线性之美及其逻辑有别于西方的"织体之美"。他认为昆曲这种古典戏曲的特征是属于"声韵音乐"，"即把音乐建立在唱词的声韵之上。因为中国歌曲由于其单个字的声调就足以表现出一种旋律线的形式，所以作曲者只需将歌词的自然韵律写进乐谱里就行了。"②

---

① 王光祈：《论中国古典歌剧》，《王光祈文集·音乐卷》（上），第522页。
② 王光祈：《论中国古典歌剧》，《王光祈文集·音乐卷》（上），第531页。

2. 王光祈根据他对昆曲的理解推测说：至于昆曲以前之曲谱，现在一无所存。——惟据余推测，则当时元剧之音乐，似与近代西洋所谓"吟诵"相近。换言之，即是非曼声轻歌，亦非化装演说，乃是近于平常语言强调，而又具有音乐上高低急徐之美是也。故元剧之中，以大加衬字、善使俗语、多用底板为特色，盖已打破宋词曼声清唱之习，虽曲中仍沿用唐宋曲牌名称，殆已有名无实矣。——其后，明代昆曲盛行，于是剧中音乐一变为注重描写"字音"。制谱者之最大责任即在应用何种工尺，殆能尽将曲中各字之平上去入阴阳，一一唱出。此种方法是否创自魏良辅，吾人已不得而知。但就魏氏所点《琵琶记》而言，业已具此作风。而明末沈宠绥氏所著《度曲须知》，于读"字"一道，尤再三致意。因此之故，吾国近代各种音乐书籍，大都列有四声一章，连篇累牍，讨论不休。

王光祈对中国戏曲字音关系和西方音乐的比较后，得到这种"中国古代之歌剧"是以文学家为中心而非以音乐家为中心的结论，是非常鲜明的。可以说，一部中国文学史亦可以视为一部中国音乐史，但这种音乐史之中，依词填曲确实是戏曲音乐的一大特征。在博士论文的第十一章比较中国的音乐美学之后，王光祈说，"中国戏曲和欧洲歌剧之间的本质区别就在于：后者在音乐上拥有多种表达方法。另外，关于唱词的发音，也仅需顾及词的重音就可以了。"[①] 王光祈的博士论文无论在音乐的原创性还是在表演的美学性上做的比较显得非常简单化。这种比较一直没有超出他在一开始转学音乐学时期（1923年）的认知观念，虽然在王光祈看来，固然西方音乐的进化程度很高，但欧洲的音乐无法代替中国音乐。"因为音乐是人类生活的表现，东西民族的思想、行为、感情、习惯既各有不同，其所表现于音乐的，亦当然彼此互异。"[②]

歌剧艺术是门综合性极强的艺术，王光祈站在中国戏曲的角度以自我确认的文化心态来论中西方的歌剧，表现出文化对话的迫切心态和民族主义的学者立场，也用西方人较为认同的论证方式找出了一些把中国戏曲与西方歌剧相提并论的音乐学论据，这是十分难能可贵的。

[①] 王光祈:《论中国古典歌剧》,《王光祈文集·音乐卷》(上)，第549页。
[②] 王光祈:《欧洲音乐进化论》,《王光祈文集·音乐卷》(上)，第357页。

第六节　王光祈的戏曲思想

王光祈在音乐研究上造诣精深，他在戏曲上的研究，也值得学术界总结、归纳。近代以来，王国维（1877—1927）、吴梅（1884—1939）等晚清、民国学者对中国戏曲研究，一方面是建立在中国古代传统戏曲研究的基础上，一方面是建立在西方现代歌剧与东方戏曲思想的交流上。王光祈在受到王国维等中国传统学术流派戏曲研究影响的同时，积极进行西方歌剧与中国传统戏曲比较研究，形成了自身独特的戏曲思想。

一、戏曲思想之形成历程及阶段

王光祈戏曲思想的形成，大致可以分为三段时期：

第一阶段是王光祈青少年时期，主要是1914年之前。由于王光祈出生于书香世家，自幼在母亲教诲和私塾中学习中华古典文化，并且对音乐有着强烈的兴趣和特有的天赋。王光祈中学时，非常醉心于川剧，并学习掌握了川剧的各种乐器和唱腔，为他戏曲思想自幼就打下了良好的基础。后来王光祈将川剧的研究扩展到中国古典戏曲的研究上。

第二阶段从1914年至1920年。1914年王光祈到北京，考入中国大学攻读法律。王光祈大学期间正值国内政治舞台风云变幻，中国有志之士纷纷探索改造社会之路。1915年，陈独秀创办《新青年》对封建礼教猛烈进攻，引进西方先进思想。王光祈由此开阔了眼界，思想充实。王光祈读书期间还在《四川群报》《每周评论》等报刊杂志上发布若干文章。在五四运动期间，王光祈与李大钊、曾琦、李思纯等人组建了"少年中国学会"。[①] 根据少年中国学会成员李璜（1895—1981）的回忆：少年中国学会的"造意、创始、与乎主持其事，则为王光祈会友"[②]。

虽然此时王光祈的政治思想还不够成熟，但他在吸收西方克鲁泡特金的无政府主义，欧文、圣西门、傅立叶的空想社会主义，托尔斯泰的泛劳动主义后，形成了其"少年中国乌托邦"的空想社会主义。王光祈的理想社会蓝图中展现了其世外桃源的生活思想，"每日种菜两小时，读书三小

---

① 吴小龙:《少年中国学会研究》，上海三联书店2006年版，第5—24页。
② 李　璜:《少年中国学会的发起与成立》，《传记文学》1979年第35卷第1期。

时，译书三小时，其余时间游戏和阅报"①，他甚至还组织成立了"工读互助团"。到1920年，由于薄弱的经济基础和共产主义分配原则的矛盾，工读互助团虽然解散，但却是王光祈实现"少年中国"理想的一次实践。

王光祈的空想社会主义思想，充满了戏曲的艺术手法的展现。特别是戏曲中"喜剧"表演艺术，一直贯穿在王光祈的空想社会主义的乌托邦中，其乌托邦场景"日出而作，日入而息，凿井而饮，耕田而食"可谓是借助歌舞故事从艺术的角度表现人们生活。如果将王光祈的空想社会主义与戏曲表演艺术联系在一起，不难看出留学欧洲后的王光祈戏曲思想寄托在其构建的"工读互助团"的乌托邦中。王光祈构思设计的"空想社会主义"的世外桃源充满了戏曲艺术的表现模式，与中国当时社会现实距离太大，导致不到半年"工读互助团"即宣告失败。后来王光祈很多未能实现的乌托邦构想也寄托在其戏曲思想中，希望通过戏曲表现形式展现给世人。同时，正是王光祈"空想社会主义"的失败促成其出国留学，也造就了他戏曲思想的最终形成。

第三阶段从1920年至1936年。1920年，王光祈赴德国留学。对于当时的德国而言，音乐无时无刻不在熏陶着德国人。"德国人民对于音乐一道，涵养甚深，而且极为普遍。"②通过对德国音乐文化的观察，王光祈对于音乐在德国人生活中所起的作用思考越来越深入，并且在1922年开始学习小提琴。在此期间，王光祈对于德国人生活的深入了解，1923年10月11日起在《申报》上连载《德国人之音乐生活》(共10篇通讯)，报道德国人一战战败后乐观开朗、积极向上，反思中国青年处在"生活颠倒"之状态，体现了自己对于德国音乐文化与德国人音乐特性的理解。王光祈每见德国人积极乐观的生活状态，个人的戏曲思想被激发，"每逢休假之日，一对一对的初恋男女，互揣乐器，偕往幽静的山林与繁华的园圃，以消磨他们春花秋月的时光。"③这种享受爱情与生活的场景，时常在王光祈的脑海中与当时中国青年进行着对比。这种生活场景的思索，也为王光祈戏曲表演思想打开了无穷的想象空间。此后王光祈全身心投入于

---

① 韩立文、毕兴：《音乐学家王光祈生平事略》，《音乐探索》1983年第1期。
② 王光祈：《德国人之婚姻问题》，王勇：《王光祈留德生涯与西文著述研究》，上海音乐出版社2006年版，第48页。
③ 王光祈：《王光祈旅德存稿》，中华书局1936年版，第582页。

"音乐救国"的路径研究中。1927年4月28日,王光祈进入柏林洪堡大学,在德国著名音乐教授霍恩博斯特尔、舍林尔、沃尔夫、萨克斯等人指导下,攻读音乐学。这期间,王光祈发表了多篇论文,并时刻关心祖国的安危。

  1932年,应波恩大学聘请,王光祈担任了该校东方学院的讲师。在此期间,王光祈教授了《戏剧课程》(1935)、《现代道白戏剧》(1936)等课程。这些戏剧课程的开设,使王光祈不仅深入研究东西方戏曲艺术,而且使王光祈的音乐救国思想有了重要的载体作为其音乐传达的途径。

  王光祈的音乐思想力求多角度表达音乐精神,在继承民族音乐元素上,融入民族独立自强的爱国精神。而音乐思想的形成发展需要传承载体,王光祈在西方音乐思想与中国国乐思想比较研究上,这两者之间的桥梁就是戏曲。王光祈在他的论文中,"不仅注意从昆曲音乐的本体来谈声韵音乐的表层现象,而且还从中国传统文化的背景中去寻求深层的根源。"[①]可见,王光祈将戏曲音乐置身于立体结构中思考研究。学者们研究王光祈的东西方音乐思想、救国理念往往未能将他的戏曲思想融入其中,而王光祈的戏曲思想正是他解读东西方音乐思想的重要桥梁,戏曲艺术作为音乐载体表现出来。王光祈将西方现代音乐理念与中国传统国乐精神互通共融,以戏曲作为沟通两者的桥梁。

  1934年,王光祈以博士论文《论中国古典歌剧》不仅使其获得德国波恩大学的音乐学博士学位,而且该文对中国古典戏曲系统的论述,成为中国戏曲研究的划时代之作,也标志着王光祈中国戏曲思想研究的进一步升华。

二、戏曲思想的主要内容

  王光祈对于中国戏曲的研究集成于他的论著《论中国古典歌剧》《中国的道白戏剧与音乐戏剧》,以及《东西乐制之研究》《中国乐制发微》《中西音乐之异同》《东方民族之音乐》等,也是研究王光祈戏曲思想的重要资料。王光祈的中国戏曲思想是运用西方歌剧、音乐等研究方法对中国

---

① 崔小玲:《试析王光祈论"声韵音乐"——读〈论中国古典歌剧〉札记》,《南京艺术学院学报·音乐与表演版》1989年第2期。

传统戏曲进行系统整理研究，形成了自己独特的研究思想。王光祈的中西合璧的戏曲研究思想可谓是开历史之先河。王光祈戏曲思想影响了戏曲乐律、乐谱、音阶、乐队、音乐风格等诸多方面，为现代戏曲音乐材料构成指明了方向。王光祈戏曲思想的主要内容，包括以下三个方面：

（一）"比较音乐学"的指导思想

王光祈对于中国传统戏曲的研究，运用在德国所学西方比较音乐学理论，自己不仅对中国戏曲的发展阶段进行了划分，而且将中国戏曲与欧洲歌剧比较研究，将中国古代北方戏曲与南方戏曲比较研究，这种比较研究的方法也开创了中国比较音乐学研究之路。"比较音乐学"指导思想是王光祈戏曲思想的内核和基础。

王光祈在他的博士论文《论中国古典歌剧》中将中国戏曲发展分为三阶段：第一阶段为先古典戏曲（约1250—1530年）——宋元时期的南戏和元杂剧；第二阶段为古典戏曲（约1530—1860年）——明清时期戏曲四大声腔；第三阶段为现代戏曲（约1860年至今）——清代咸丰以来声腔剧种发展时期。[①] 关于戏曲的起源问题，王国维在其《宋元戏曲史》中认为戏曲起源于元杂剧，王光祈在王国维的结论上继承发展，提出"到了13世纪中叶才出现了真正的戏曲"[②]。王光祈在继承发展王国维戏曲研究的同时，利用西方比较音乐学，深入剖析了13世纪之前的散乐与新产生的戏曲之间的不同之处。王光祈认为散乐中的直接道白与间接道白混在一起，而戏曲中仅有直接道白；散乐是用文言写成，戏曲是用口语写成；散乐在篇幅、结构上没有固定形式，而戏曲有固定"套数"。

王光祈充分运用比较音乐学研究方法，将南方戏曲与北方戏曲进行对比。王光祈敏锐地发现北方戏曲在中国北方发展的同时，在中国南方产生了另一种南方戏曲。南曲在结构上比较自由，如在同一出戏内，允许出现不同宫调，不同角色也有自己的独唱、合唱声部。王光祈认为明代音乐学者魏良辅（1489—1566）用其独特手法谱了《琵琶记》旧剧本的曲，形成了"昆山戏曲"（昆曲）的风格，"这种古典戏曲统治中国舞台达三百年之

[①] 王光祈：《论中国古典歌剧》，民国学术丛刊·博士论文编：《中国古代乐器考·论中国古典歌剧》，吉林出版集团2009年版，第181页。

[②] 王光祈：《论中国古典歌剧》，民国学术丛刊·博士论文编：《中国古代乐器考·论中国古典歌剧》，吉林出版集团2009年版，第193页。

久"①。由此可知王光祈所谓的中国古典戏曲，主要指的是魏良辅改革以来的昆曲。王光祈认为中国传统戏曲第二阶段为其代表，而在古代戏曲诸多剧种和声腔中昆曲又是其代表。这样造成了有的学者认为王光祈将昆曲以点带面，这"固然是王光祈在写作过程中对研究对象没有作明确界定的疏漏，也是读者没有仔细深读文章的结果"②。王光祈的《论中国古典歌剧》中不仅有昆曲，还包括宋元明的杂剧、南戏等。

王光祈以昆曲为研究线索的原因，在于他将昆曲与欧洲歌剧、中国现代戏剧比较后，认为"古典戏曲的演员总以某一种动作来说明唱词的内容，这与现今的中国歌剧和欧洲歌剧演员不同，后者常常习惯于原地不动地站着唱或者坐着唱。"③这正与王光祈的音乐与多学科相结合立体研究的思想所一致。单调地原地站立，无论多么好的剧目总显得乏味，而当音乐与舞蹈、唱词相结合时，音乐的魅力自然就会体现出来。

（二）"声韵音乐"思想

王光祈对中国古典戏曲的深入研究，对以昆曲为例的中国古典戏曲音乐特点精粹概括。"这种古典戏曲的特点是'声韵音乐'，即把音乐建立在唱词的声韵之上。"④王光祈认为由于中国语言中人们对于每个字的声调，把字分为四类，平声、上声、去声、入声，而中国歌曲中某单个字的声调足以表现出一种旋律，所以作者们只需将歌词的自然韵律写进乐谱中。所以"声韵音乐"决定着中国古典戏曲的创作方式，使得戏曲音乐必须要求作曲者精确地掌握唱词的旋律。

王光祈"声韵音乐"思想深深体现在中国古典戏曲的创作上，而且"它还是一个关系到昆曲音乐从创作到演唱再到欣赏这一艺术创作与审美全过程的命题。"⑤从创作和演唱上来说，"声韵音乐"音乐建立在唱词声

---

① 王光祈:《论中国古典歌剧》，民国学术丛刊·博士论文编:《中国古代乐器考·论中国古典歌剧》，吉林出版集团2009年版，第194页。

② 曾美月:《〈论中国古典歌剧〉导读》，民国学术丛刊·博士论文编:《中国古代乐器考·论中国古典歌剧》，吉林出版集团2009年版，第172页。

③ 王光祈:《论中国古典歌剧》，民国学术丛刊·博士论文编:《中国古代乐器考·论中国古典歌剧》，吉林出版集团2009年版，第219页。

④ 王光祈:《论中国古典歌剧》，民国学术丛刊·博士论文编:《中国古代乐器考·论中国古典歌剧》，吉林出版集团2009年版，第194页。

⑤ 崔小玲:《试析王光祈论"声韵音乐"——读〈论中国古典歌剧〉札记》，《南京艺术学院学报》（音乐与表演版）1989年第2期。

韵之上，使得"昆曲中的各种角色都有符合人物个性的特性音调"[①]，而在欣赏上，王光祈指出作曲者精确重现旋律和演员的字正腔圆都是与听众的想听清楚唱词有关。王光祈发现中国古典戏曲特点"声韵音乐"，并在"声韵音乐"思想引导下探索中国古代南北方戏曲艺术，在研究剧目的创作、演唱、欣赏上都体现出其"声韵音乐"思想。通过对声韵音乐的结构与戏曲音乐表达的研讨，王光祈声韵音乐与戏曲音乐相互对应，相互制约、演变。

王光祈"声韵音乐"思想，也认为近代以来流行的皮簧梆子音乐一味追求音乐的引人入胜、畅快淋漓，但"只有几个简单调子，唱来唱去，又未免过于简陋，殊不若昆曲变化之多。"[②] 王光祈"声韵音乐"思想贯穿于其研究中国传统戏曲艺术的始终，也使后人在研究、创作戏曲上既能灵活运用旋律变化的组合，也能看到声韵音乐的局限性。同时，王光祈也指出，"声韵音乐"使戏曲的旋律结构需着眼于唱词发音的清晰性，因此作曲家为表达唱词的含义，只有采用节奏变化或者速度变化。这也就与欧洲歌剧按照"展开——发展——高潮——结局"的编排模式在音乐表达方式上相比显得力不从心。

由于"声韵音乐"思想的影响，王光祈认为剧作者在戏曲音乐中占有极为重要的地位，因为音程和宫调都由剧作者决定。而由于南北戏曲风格的不同，长久以来"声韵音乐"对各种旋律形式之间的联系、节奏的安排以及旋律的装饰上的影响使北方戏曲富于戏剧性，热情奔放；反之，南方戏曲富于抒情性，流丽委婉。而到了1840年鸦片战争后，中国的民族危机不断上升，中国人民"对古典戏曲那种纤细柔弱的风格和精雕细琢的剧词再也不能感到真正的满意了"[③]。王光祈认为在近代激荡的社会环境中，此时以俗曲为代表的中国古典南方戏曲被中国北方戏曲所取代，"二黄""梆子"两种新的"风格"形式统治着当时的中国舞台。音乐更为流畅、舞蹈更为通俗易懂的现代戏曲把古典戏曲排挤掉了。

---

① 罗天全：《他促进昆曲艺术走向世界——王光祈〈论中国古典歌剧〉学习札记》，《音乐探索》2010年第2期。
② 王光祈：《中国音乐史》，广西师范大学出版社2005年版，第180页。
③ 王光祈：《论中国古典歌剧》，民国学术丛刊·博士论文编：《中国古代乐器考·论中国古典歌剧》，吉林出版集团2009年版，第197页。

(三)"伦理之舞"思想

王光祈认为中国的"舞",与西方近代舞乐有着很大的不同,其中,最根本不同在于西方是"美术的舞",而中国是"伦理的舞"。"伦理之舞"思想的提出,可谓是对中国古代雅乐的点睛式概括。王光祈的戏曲研究中也深深体现了中国儒家文化与中国礼乐文化的完美结合。由于王光祈自幼深受传统文化尤其是儒家文化的影响,所以王光祈认为中国古代伦理观念代替了音乐观念。礼既能处理好人们的外部关系,也能平衡个人的内心生活。王光祈认为"中国戏曲,甚至中国音乐,几乎都单纯地被置于伦理道德的范围之中。"[①] 所以中国古典戏曲就是"伦理之舞"的展示,舞蹈艺术的重点置于伦理象征性意义中,使得戏曲舞蹈更多的被看作教化的手段,如"手如何举,则为表示忠;足如何动,则为表示孝"[②],所以剧作者们总喜欢歌颂伟大的人物、忠烈的事迹。同时笔者发现王光祈儒家伦理思想并不是一味偏执地信守伦理道德,而是吸收中西方的优点。由于王光祈在德国学习西方音乐时,发现西方音乐侧重于刺激人的神经,而中国古典戏曲在儒家伦理引导下以"善"为本,追求人的精神安慰。王光祈深刻意识到中国音乐使人平静,而不注意"美",则势必会被天然淘汰。所以王光祈的儒家伦理充分吸收了中西方不同类型音乐形态,古今中外兼容并收。王光祈的"伦理之舞"是将中国儒家"伦理"与西方美学之"舞"的结合。

王光祈儒家思想更是希望通过儒家传统文化的强调中华民族传统文化的独创性,展示中国文化精神。由于当时中华民族面临着历史危机,王光祈希望在戏曲表演上发挥儒家传统文化的力量和精神,用音乐振奋人心,用戏曲鼓舞士气,"礼乐复兴"是中国艺术文化不可缺少的重要组成部分。

王光祈对于戏曲的研究,一直将戏曲艺术放在伦理美学之上研究。中华文明的伦理基础延续不断,也是王光祈希望寄托儒家伦理思想能使中国古典戏曲在现代继续传承下去。当时对于王光祈等学者来说,虽然中国古典戏曲已经产生并存了多个世纪,历史文化内涵丰富,但对于中国古典戏曲的研究,可谓刚刚起步,而当时中国被西方列强侵略不断、军阀混战

---

① 王光祈:《论中国古典歌剧》,民国学术丛刊·博士论文编:《中国古代乐器考·论中国古典歌剧》,吉林出版集团2009年版,第198页。

② 王光祈:《中国音乐史》,广西师范大学出版社2005年版,第175页。

迭起等因素，阻碍了中国古典戏曲的复兴。专业古典戏曲演员纷纷转向现代戏曲表演，对于古典戏曲的传承更是严峻的挑战。王光祈如此强调中国儒家伦理思想对中国古典戏曲的影响，正是希望借此体现出中国古典戏曲传承的重要性，引起世人的警示。因此，王光祈堪当"不仅是我国现代音乐史的第一位音乐学家，而且也是开启'新儒家'音乐思想先声的第一人"[①]之评价。

此外，王光祈的民族音乐思想、音乐救国思想、空想社会主义思想也深深影响了他的戏曲思想，使其戏曲思想融入了近代中国社会发展的特殊性，对于中国现代戏曲思想产生了重要影响。

20世纪前期中国戏曲研究蓬勃发展，王国维、吴梅等学者相继发表多部论著，可谓是中国戏剧史学科的创世之作，意义重大。只是王国维《中国戏剧史》等这些论著的内容，侧重于对传统戏曲文献的整理和研究，较少甚至于不涉及戏曲音乐形态等具体问题；吴梅《顾曲麈谈》《中国戏曲概论》等论著，则主要对曲牌调式进行了整理，基本不涉及音阶、律制、乐队等问题。而王光祈的戏曲研究，则在继承了王国维、吴梅等学者研究成果的基础上，恰恰弥补了上述研究的某些不足，更是为现当代音乐工作者研究中国传统音乐提供了研究范式。

三、戏曲思想的历史地位

王光祈的戏曲思想，形成于留学欧洲之后。在赴欧的16年学习中，王光祈毅然决然放弃自己原有的专业，从决心转投音乐到成为中国戏曲思想的奠基人，而令国人钦佩不已。他的中国戏曲研究思想以博士论文的形式展现，引起了国际学术界的关注。可惜天不予年，王光祈在开设新兴戏曲课程后，积劳成疾，不幸于1936年病逝，一代中国音乐大师陨落，令人惋惜。

王光祈1934年完成的音乐学博士论文《论中国古典歌剧》，以及他所撰写的《中西音乐之异同》等相关学术研究论文，对于中国戏曲研究具有跨时代的意义。王光祈的戏曲思想是建立在音乐思想基础上，正是王光祈在音乐研究上将欧洲"比较音乐学""历史进化论"等欧洲音乐学术思想

---

① 林大雄：《王光祈的"新儒家"音乐思想初探》，《音乐探索》1993年第1期。

吸取，并结合中国传统戏曲艺术，采纳中国学者的音乐学研究成果，使其发现中国戏曲与西方歌剧、话剧的不同之处，造就了他独特的戏曲思想。王光祈在德国波恩的音乐导师席德迈尔指出：王光祈掌握了西欧、特别是德国方面研究音乐的方法与途径，由此设法与他祖国的音乐与戏剧的艺术相接近。王光祈戏曲研究的独特视角，引起了相关学术界的关注，也为进一步研究王光祈戏剧思想提供了切入点。

王光祈的戏曲思想与王国维、吴梅等近代学者的戏曲思想有所不同，王国维的戏曲思想"从文学的角度切入对戏曲的研究"[①]；而王光祈的戏曲思想则是以历史为切入点，将戏曲研究放在历史背景下，并且引用西方的科学实验方法和数学计算方法，将中西方戏曲艺术研究相结合。在研究重点上，王国维以金元戏曲为基础；王光祈则是突出了明代流行的糅合了唱念做表、舞蹈及武术表演的昆曲。在研究方法上，王国维及众多学者"往往只执戏曲这一综合艺术之一端来观照论评"[②]；而王光祈则是力图建立"以音乐为中心对'古典戏曲'进行立体化的综合剖析的框架"[③]。总之，王光祈的戏曲思想受到了王国维等人的影响，加之其留学欧洲后吸收欧洲歌剧理论，形成了其独特的中西合璧的戏曲思想。

作为特定的历史时代产物，王光祈的戏曲思想对于中国戏曲艺术的研究占有重要的一席，开启了中国戏曲研究之路，为中国戏曲与西方歌剧的交流做出了巨大的贡献，为中国现代戏曲的发展做了重要的思路、理论准备，并且保留、传播了中国传统戏曲文化；王光祈的戏曲思想，也是研究音乐史、舞蹈史的宝贵资料。

王光祈的戏曲思想对中国戏曲研究有着跨时代的意义。王光祈在德国留学期间发现当时欧洲还没有对于中国传统戏曲思想的研究成果，而且当时在中国国内对于戏曲的研究著作也是寥寥无几。所以王光祈在留学期间对欧洲歌剧进行了大量的调研，分析了欧洲对于中国戏曲的研究思想，总结了优点与不足，在波恩大学教学期间开设了中国戏曲课程。并且，王光

---

① 宋俊华：《王国维的戏曲概念》，《中国戏曲学院学报》2003年第2期。
② 崔小玲：《试析王光祈论"声韵音乐"——读〈论中国古典歌剧〉札记》，《南京艺术学院学报·音乐与表演版》1989年第2期。
③ 崔小玲：《试析王光祈论"声韵音乐"——读〈论中国古典歌剧〉札记》，《南京艺术学院学报·音乐与表演版》1989年第2期。

祈运用西方比较音乐学理论将西方古典歌剧与中国传统戏曲联系起来，客观地比较分析，理清了中国传统戏曲的发展线索，明晰了中国古典戏曲向现代戏曲的转型之路，全面地指出了中国传统戏曲的特点，高瞻远瞩地指明了中国现代戏曲的发展之路。可见王光祈的戏曲思想极大地促进了中国现代戏曲研究向历史的深处开发，揭示了中国传统戏曲发展与中国传统儒家文化的密切联系，并且创新性地将儒家思想与戏曲发展相结合，运用西方现代歌剧理论，振兴中国传统戏曲。

王光祈对昆曲的音乐、词牌、作曲手法，有着自己独到的见解，也将中国戏曲与欧洲歌剧统一在紧密的结构中。由于20世纪初我国没有任何学者对昆曲等中国古典戏曲进行史料整理，更无研究，因此王光祈对昆曲等中国古典戏曲的研究具有很高的学术价值和开拓性。

王光祈独特的戏曲思想，为现当代戏曲研究打下了坚实的基础。他的戏曲思想也深深影响着昆曲、川剧的发展。王光祈是第一位用西方语言文字向国外介绍中国"昆曲"的中国学者，特别是他的博士论文《论中国古典歌剧》在中西歌剧比较中对昆曲进行研究，"缩小了昆曲和西方文化的距离，促进了西方社会对昆曲艺术的进一步了解。"[1]同时，王光祈的戏曲思想，对昆曲、川剧等中国现当代戏曲的发展、创新，影响亦十分著。不少川剧作家受到了王光祈戏曲思想影响，他们运用了中西混合乐队编配，将西洋和声理论有机地与中国民族乐器配合，"运用西洋歌剧的方法从传统唱腔音乐中提炼音乐动机，深化川剧音乐内涵"[2]，使川剧音乐语言的戏剧性增强，与西方歌剧主题动机发展方法结合，提升了川剧的艺术感染力。如川剧《沙家浜》、新编历史剧《长乐悲歌》等，均如此，可谓"从传统唱腔音乐中提炼音乐动机，深化川剧音乐内涵"[3]。

王光祈对于川剧、昆曲等中国戏曲的影响，传承了民族音乐文化的精髓，加强了民族音乐文化之间的相互渗透，促进了祖国戏曲文化的发展。

王光祈的戏曲思想，为现今中国学术界的戏曲研究，提供了理论基础，其弘扬民族音乐文化、振奋民族精神为戏曲艺术教育奠定了思想基

---

[1] 罗天全：《他促进昆曲艺术走向世界——王光祈〈论中国古典歌剧〉学习札记》，《音乐探索》2010年第2期。
[2] 胥必海、谭勇：《王光祈国乐思想与川剧》，《川剧文化园地》2010年第5期。
[3] 胥必海、谭勇：《王光祈国乐思想与川剧》，《川剧文化园地》2010年第5期。

础。王光祈的戏曲思想与其音乐思想相辅相成，也寄托着民族复兴的豪情。有论者指出："王光祈后来之所以倡导礼乐复兴，并以音乐为实现其少年中国理想之手段而终身不辍，是与他对儒家学说的内在认同以及他在德国的外在经历密不可分的。"[①] 这可谓颇有见地。尽管王光祈的戏曲思想受到了时代的局限，但是他在音乐上的探索，为国人及世人留下了可贵的贡献。总之，王光祈的戏曲思想内涵深邃，对中国戏曲的研究具有跨时代的意义，无疑值得进一步整理、发掘。

第七节 王光祈音乐民族主义建构论析

音乐和政治作为人类社会生活的两大领域，在近代以来的历史变迁中，关系复杂，多姿多彩。从某种意义上说，探讨二者之间的关系，对一个民族和国家的政治生活、社会生活和文化生活具有特别的意义。正如罗曼·罗兰所说："一个民族的政治生活只是它生命的浮面；为了探索它的内在生命——它的各种行动的源泉——我们必须通过它的文学、哲学和艺术而深入它的灵魂，因为这些部分反映了他人民的种种思想、热情与理想。"[②] 二者的关系，从大的方面说，或许民族主义与音乐、流行音乐与现代政治是最突出的两大问题，本节的题域显然聚焦在前一个问题上。作为现代中国著名的社会活动家和音乐学家的王光祈，可谓音乐与政治关系的一个典型个案，集中展现这种关系的就是王光祈的民族主义音乐观及其指导下的音乐学研究。鉴此，本节拟从音乐与政治关系的视角，梳理和分析王光祈的民族主义思想与其音乐研究及思想之间的互动，以阐释其音乐民族主义建构及价值。

一、民族主义与音乐：政治与艺术的现代性互动

政治和艺术尤其是音乐有着复杂的关系，我国上古时代的典籍《乐

---

① 宫宏宇：《王光祈初到德国》，《黄钟》2002年第3期。
② ［法］罗曼·罗兰著，孙梁译：《罗曼·罗兰文钞》，广西师范大学出版社2004年版，第103页。

记》即有"声音之道，与政通矣"的说法[①]；一些当代西方作曲家也认为，"音乐中有种非常清醒的精神，这种精神能够把哲学、行为艺术等其他文化领域的元素吸收进来并把音乐和政治理解为同源的。"[②] 自近代以来，尤其是18世纪以来，这种关系的一个突出体现，就是民族主义与音乐抑或政治与艺术的一种现代性互动。

（一）民族主义：政治现代性的原动力和最初指标

一般认为，民族主义是现代的思潮和事物，大体出现于18世纪中叶以后[③]，18世纪美、法革命及其民族国家的诞生是其显著的标志。19世纪欧洲的民族主义伴随德、意等民族国家的建立而达到了高潮。20世纪伴随"一战"和"二战"而进一步向全世界蔓延，尤其是欧洲以外的亚非拉等地区。

民族主义有政治、经济、社会、文化、心理和语言等各个方面的意涵，但首先是政治的。英国著名学者盖尔纳在其《民族与民族主义》一书中开篇即谓："民族主义首先是一条政治原则。"[④] 从政治意义上说，民族主义是现代政治的原动力。自近代以来的人类政治思想和活动，基本上都是以民族和民族主义为中心、为目标、为主体而展开的。它是最具统合性的现代意识形态，对于任何一个现代国家和民族而言，都是最具感召力、最具持久力的武器。正如英国当代社会学家吉登斯指出："民族和民族主义就是现代国家的特有属性。"[⑤] 民族主义同时也是现代政治最基本的指标，即人类政治现代性的起点和原初要素。人类政治传统与现代最基本的区别是民族国家及其整个的制度体系和思想观念。政治现代性首先是民族化和大众化。现代政治发展出来的其他一些指标和要素，诸如民主化等，都是以民族主义为基础和前提的，都是建筑在民族国家之上的。任何一个国家和政治共同体，从传统向现代演进都不能逾越民族主义以及民族国家这一

[①]（清）阮元校刻：《阮刻礼记注疏》卷三十七《乐记第十九》，浙江大学出版社2015年版，第2587页。

[②][德] 海尔、伯尼希著，胡燕珍译：《音乐问题如数家珍》，吉林出版集团2011年版，第199页。

[③] 作为语词的民族主义"Nationalist"出现在18世纪初。[英] 威廉斯著，刘建基译：《关键词：文化与社会的词汇》，三联书店2005年版，第317页。

[④][英] 盖尔纳著，韩红译：《民族与民族主义》，中央编译出版社2002年版，第1页。

[⑤][英] 吉登斯著，胡宗泽、赵力涛、王铭铭译：《民族——国家与暴力》，三联书店1998年版，第141页。

漫长的历史阶段。

（二）民族主义推动音乐现代转型：从"普遍艺术"到"民族化身"

民族主义在欧洲兴起伊始，就与音乐发生了紧密的关系，借助音乐实现自己的目标，也推动着音乐的现代转型。我国现代音乐家李绿永早在20世纪40年代初就曾谈到这一点，他说："18世纪时，许多西方弱小民族，每逢遭到异族欺凌时，他们就利用了发展了自己民族的民间音乐作为号召同族去抗拒敌人的手段。"① 而且，伴随着民族主义的蔓延和民族国家的增加，欧洲的文学艺术领域，如果说18世纪还可以看作是"世界的世纪"的话，那么，19世纪则就演变成民族的世纪。因为"就在这个世纪里出现了文学艺术中的民族主义的问题，这个世纪的整个的艺术产品都带有民族主义问题的色彩。所谓民族乐派的大量作品仅由于他们和过去诸世纪中'国际'的诸流派相对立而被认为具有其存在的价值。"② 也就是说，"音乐不再是一种普遍的艺术，它与某片土地，与某种民间传统联系到一起，找到了与世界的另一种正式的关系；它在化身民族的同时就赢得更具体的形式。"③ 一句话，民族主义推动了音乐的现代转型，即民族化和大众化，这种民族化和大众化从内容和形式两个方面都如此。王光祈在谈及近代中国政治对音乐形式的影响时指出："1840年，鸦片战争爆发，中国开始了一个黑暗时期，此时的昆曲日趋衰落。不久从1849年至1866年，又兴起了太平天国运动。由于连年战乱，中国人对昆曲婉转华丽的风格和深奥典雅的唱词已完全失去兴趣，他们所喜欢的戏曲，其音乐要高亢激越，唱词则要简明易懂。因而又出现了新的风格，这就是所谓的二黄和梆子，这两种戏曲形式至今仍统治着各地舞台。"④

进入20世纪后，伴随着第一次世界大战，不仅欧洲各国的民族主义进一步高涨，殖民地和半殖民地民族和国家也掀起了摆脱殖民统治、争取民族独立和解放的新的民族主义浪潮，民族主义与音乐在这些民族和国

---

① 李绿永：《略论新音乐》，张静蔚：《搜索历史——中国近现代音乐文论选编》，上海音乐出版社2004年版，第258页。
② [美]保罗·亨利·朗著，杨燕迪译：《西方文明中的音乐》，贵州人民出版社2009年版，第834页。
③ [法]法兰克福著，郭昌京译：《音乐像座巴别塔——1870—1914年间欧洲的音乐与文化》，复旦大学出版社2011年版，第4页。
④ 《王光祈文集·音乐卷》（上），第257页。

家中形成新的紧密互动,也同样推动着这些民族和国家音乐的现代转型。"1914年,音乐民族主义的支持者决定以其他的形式继续战斗。……从这场'可怕的战争中'体会到令人难以忍受地重建'种族领地'的必不可少的边界。音乐不得不用自己的方式去完成这一痛苦的使命,'为创立种族找回艺术特有的价值'重新建立边界。为使音乐扎根民族文化而进行的斗争在第一次世界大战前夕没有取得胜利,而这次大战则标志着音乐向'民族化'迈出新的决定性的一步。"①

　　民族主义和战争也改变了音乐家们世界主义的音乐观,催生并强化了他们的民族主义音乐观,音乐民族主义成为一种特殊的思潮。"一战"爆发后,法国印象主义音乐家德彪西就指出:"相信一种民族精神所具有的特性可以完完整整地传递给另一个民族是错误的。这种错误常常使我们的音乐发生扭曲,因为我们以盲目的热情采纳人家的程式,没有一点法国的东西可以掺和进去。如果把人家的程式跟我们的程式进行对比,而丝毫不改变我们的思想节奏,那就比较好了。"②1915年3月,德彪西在《不妥协报》上发表《终于,只靠我们了……》一文,凸显了民族主义对音乐民族化的强大推动力。他奋笔写道:"伟大的慰藉人心的音乐界不久将要恢复其中断的光荣任务了。我们甚至认为,经过战火的考验,音乐界将会变得更纯洁、更出色、更坚强。我们音乐武器的成就应当在我国艺术史的下一章立即有所反应。我们终于会明白,胜利将给法兰西的音乐意识带来必要的解放。"③因为在德彪西看来,法国音乐长期处于照搬和"拿来"外国音乐尤其是德国音乐的窘况,他以民族主义的眼光审视和批判了这种现象,指出:"一个半世纪以来,我们对我们民族的音乐传统是不忠实的。……我们过去经常欺骗群众,把某种时尚流派当作纯粹的法国传统介绍给公众,而这种时尚流派是没有任何资格配得上这美丽称号的。多少寄生之物掩盖和扼杀我国音乐谱系上的细枝嫩叶,蒙骗过粗心的观察家啊!因为我

---

① [法]法兰克福著,郭昌京译:《音乐像座巴别塔——1870—1914年间欧洲的音乐与文化》,复旦大学出版社2011年版,第5页。
② [法]德彪西著,张裕禾译:《热爱音乐:德彪西论音乐艺术》,北京燕山出版社2012年版,第159页。
③ [法]德彪西著,张裕禾译:《热爱音乐:德彪西论音乐艺术》,北京燕山出版社2012年版,第186页。

们对舶来品入籍的宽容是无边无际的。"① 但是，战争的炮火无情地打碎了法国音乐界对德国音乐的"痴迷"，他告诫和提醒说："我们应当懂得大炮所具有的野蛮的说服力。今天发扬光大我们民族的一切美德，胜利将会使艺术家们重新具有法兰西血统的纯洁感和高贵感。"② 德彪西平生最遗憾的莫过于人们对法国音乐"纯洁性"的怀疑。他曾谈道："人们一般认为法国音乐的东西，也同样是德国的，对他来说，这是感到遗憾的根源。"③ 王光祈也清楚地认识到了这一点，他说："欧洲音乐自古代希腊而后，初盛于意大利，继起于荷兰，后昌于德奥。最近更因民族主义思潮之发达，欧洲大小各国又有各创'国乐'，以代表其'民族之声'的趋势。"④ 他还对欧洲音乐的民族化情形作了这样的描述："德国音乐自十八世纪以来，尝为欧洲音乐界之盟主，已如前函所述，惟音乐为人类生活之表现，各民族之思想行为感情习惯，既各有不同，则其所表现于音乐也，亦当然互异。日耳曼民族之乐，拉丁民族不必尽懂，拉丁民族之乐，斯拉夫民族不必尽懂，推而至于各小民族，亦无不如此。因之遂有所谓'国乐'者，应时而生。"⑤

从历时性和共时性的结合上看，民族主义与音乐的结合或者说推动音乐的现代转型。如果说19世纪作为音乐民族化和大众化的世纪还仅仅是、抑或主要是欧洲的现象，那么，20世纪音乐的民族化和大众化可谓遍及整个世界。

（三）民族音乐对民族主义的彰显和强化

民族主义推动了音乐的现代转型，促成了音乐的民族化和大众化，产生了所谓的民族音乐。它不仅是一个民族和国家文学艺术领域的重要组成部分，而且也是一个国家和民族及民族主义的一种象征，反过来极大地彰显和强化了民族主义。在各种艺术形式中，音乐以其独特的魅力几乎成为

---

① ［法］德彪西著，张裕禾译：《热爱音乐：德彪西论音乐艺术》，北京燕山出版社2012年版，第186—187页。
② ［法］德彪西著，张裕禾译：《热爱音乐：德彪西论音乐艺术》，北京燕山出版社2012年版，第187页。
③ ［法］德彪西著，张裕禾译：《热爱音乐：德彪西论音乐艺术》，北京燕山出版社2012年版，第207页。
④ 《王光祈文集·音乐卷》（上），第377页。
⑤ 《王光祈文集·音乐卷》（中），第548页。

"阐述和传播民族观的首选方式"①。"在创建民族的过程中，各种文化的位置问题首次对音乐提出来了。音乐与民族主义的关系，即使不是更能说明问题，也明显地重于民族主义与绘画的关系。音乐召集公众集会并为其伴奏，传播归属感。"②在维系和重振民族精神方面更是如此。美国音乐心理学家霍德杰斯指出："如果一个群体在面临危难时立刻四散逃亡，群体的每个成员的生存处境就会处于更大的危机。于是，有助于群体同一性的行动便显示出不可估量的价值，而音乐的最为强大的属性，恰恰在于它在群体中为达到共同的目标而显示出的号召力和凝聚力。只要一个群体具有团结和统一的感情，群体的成员就会共享其中的某种理想、目标、见识、梦想和信念。这里的共享方式，除了音乐和舞蹈之外，还有更好的途径吗？"③从19世纪到20世纪，在民族主义的大潮下，民族音乐对民族主义的彰显和强化达到了一个新的高度，并愈加强劲有力。音乐通过"民族之声""大众之声"，塑造和强化了一个民族的"集体记忆"和共同理想，以特殊的方式彰显和强化了民族认同和民族精神。

二、王光祈音乐研究的动力：民族主义政治理想"少年中国"

在中国现代音乐史上，王光祈的独特地位主要在于他超乎常人之音乐研究及其拓荒性的丰硕成果。王光祈缘何有此毅力和孜孜以求的音乐研究历程，除了偶然和特殊的因素之外，最主要的力量源泉和支持其坚持下去的是其信念和理想。这种信念和理想就是他鲜明的民族主义意识形态及其符号——"少年中国"。

（一）民族主义的政治理想——"少年中国"

王光祈在政治上并没有固定的党派观念和主张，但他是一个坚定的民族主义者。可以说，民族主义是他基本的政治信仰和诉求，这一点，他自己有过清楚的表白。1920年12月，他在致恽代英的信中说："我是一个反对国家主义的人，我以为国家只是一种政治组织，可以随时取消的，不过

---

① ［法］法兰克福著，郭昌京译：《音乐像座巴别塔——1870—1914年间欧洲的音乐与文化》，复旦大学出版社2011年版，第2页。
② ［法］法兰克福著，郭昌京译：《音乐像座巴别塔——1870—1914年间欧洲的音乐与文化》，复旦大学出版社2011年版，第1页。
③ ［美］霍德杰斯著，刘沛、任恺译：《音乐心理学手册》，湖南文艺出版社2006年版，第57页。

国家主义虽不必主张，而民族主义却不可不提倡。我所说的民族主义，当然不是拿我们民族去侵略他人的民族，只是主张我们这种又勤又俭的民族、素有文化的民族，要在世界上谋一个安全的地位。我们若对于世界上四分之一的人类，都不设法拯救，那便是我们对不住世界，对不住人类。我决定要标出'民族主义'四字来运动，因为我在外国受刺激太多了，外国人无论新旧，早把'劣等民族'四字头衔送我们了，但是我又相信我们勤俭智慧的民族，很有改造世界的能力。朋友们！我们提倡民族主义呀！今年开会时，亦请你代我提出。"[1]对民族主义明确而坚定的信仰，使他对民族主义与之相关的意识形态有高度的敏感性和辨识力。1924年3月，在《〈少年中国运动〉序言》一文中，他把民族主义与国家主义相区隔，提出"中华民族主义"的概念，指出西洋的文化侵略政策使"我们中国领土之内，平地忽然添了许多'籍隶中华而心存外国的侨民'，西洋人的'文化侵略政策'亦遂从此告厥成功了。我们学会会员余景陶、李幼椿君等，因此之故，著了许多'民族主义教育''反对教会学校'的文章，在各杂志发表，亦渐渐引起国人注意了。近来本会南京会员欲组织学校，其所标之义，一则曰实现本会的宗旨，二则曰创造中国的教育。这些都是我们对于中华民族根本思想加以拥护的一种表现（著者按：余、李诸君之文，虽有时常用'国家主义'的名词，但按其实质，多系一种'中华民族主义'）。"[2]1925年10月，在王光祈填写的《少年中国学会改组委员会调查表》中，"对于目前内忧外患交迫的中国究抱何种主义"一项，他填写了如下内容："我相信民族主义，不相信国家主义，不相信共产主义。但认为在最近的中国，国家及共产两种运动皆各有其用处，只求不要过火，我都相对赞成。民族主义系以争求中华民族独立自由为宗旨（汉、满、蒙、回、藏统称为中华民族），其方法系从'研究真实学术，发展社会事业'入手，以培养民族实力。至于将来中国政治经济组织应采何种形式，则须待各派合作之大革命后，再按照彼时世界现状及趋势，与夫国民程度及愿望而定。此时不宜胶执己见，多立党派，减少国民对内对外战斗能力。"[3]再一次明确和强调了当下他的民族主义信仰和主张。

---

[1] 《王光祈文集·时政文化卷》，第111—112页。
[2] 《王光祈文集·时政文化卷》，第166页。
[3] 《王光祈文集·时政文化卷》，第161页。

王光祈民族主义理想的一个符号性表达，就是他的"少年中国"[①]。这是一个典型的民族主义话语表达，这种表达在中国先有梁启超，后有王光祈，但这种表达无疑是模仿19世纪欧洲出现的民族主义团体诸如"少年意大利""少年德意志"等。王光祈既然把"少年中国"作为未来实现的政治目标，那就意味着他面对的现在的中华民族不具有现代民族的品质和朝气，已经颓废衰朽了。他说："我们中华民族的颓唐堕落，现在可谓达到极点了。"[②]，而他认为造成这种悲惨境地的根源是迷失了我们的"民族特性"。所以，"若要使之重兴复生，决非枝枝节节从西洋搬点智识进来所能奏功。必先细心详审我们的'民族特性'究竟在什么地方，他之所以优于白种劣于他人的，又在什么地方？探源索本，去短留长，然后再将他大吹大擂地抬出来，使四万万国民皆向着这种特性发挥，把那种颓唐堕落的现象，根本加以扫除。好像是人在睡梦沉沉之中，忽闻长者呼其本名，立即惊醒觉悟！又如烈士暮年，有人道其少时侠气，不禁追怀旧事，持剑起舞！我以为要唤起中华民族的再兴，只有这'恢复民族特性'的一个方法。"[③]

那么，在王光祈的心目中，"少年中国"是一个什么样子呢？他对此说道："吾人最终目的即为创造'少年中国'。夫少年中国之形式为何如乎？则应之曰：吾人所欲创造之'少年中国'，即适于二十世纪之少年中国是也。""盖吾人所创造非十九世纪十八世纪之少年中国，亦非二十一世纪二十二世纪之少年中国，实为适合于二十世纪思潮之少年中国。故十九世纪之'少年意大利党''少年德意志党'所造之'少年意大利''少年德意志'，在当时视为少年者，在今日吾人视之，则亦老大意大利、老大德意志而已。何则？彼所创造之意大利、德意志，固非适合于二十世纪之思潮也。同人等因个人观察之不同，故有以英美式民主主义之组织为适合于二十世纪者，亦有以俄国式社会主义之组织为适合于二十世纪者，更有以安那其式Anarchism之组织为适合于二十世纪者。要之，吾人所欲建造之

[①] 王光祈在最初提出"少年中国"这一概念时，因"梦想大同世界"，排斥"国家主义"，特意把"少年中国"中的"中国""解释为地域名称"，"不是指国家"。但这并不妨碍他的民族主义理念，或许这正是其民族主义思想的一个特点，即更诉诸民族的拯救和复兴。《王光祈文集·时政文化卷》，第47页。
[②]《王光祈文集·音乐卷》（上），第353页。
[③]《王光祈文集·音乐卷》（上），第353页。

'少年中国'，为进步的，非保守的；为创造的，非因袭的；在并世国家中为少年的，而非老大的也。"① 可见，王光祈的所谓"少年中国"，是一个适乎世界时代发展潮流、展现民族特性的独立、和谐的现代民族（国家）。

民族主义往往都会把最大的希望和目光落在青年的身上，认为青年是创建新的民族共同体抑或复兴民族的生力军。作为一个坚定的民族主义者，王光祈当然也不例外。他呼吁青年担负起恢复民族精神的责任，他说道："我们中国有我们中国悠久的历史，我们民族有我们民族博大的精神，如今堕落了，被人侵略，被人轻视，成为世界上一个弱小国家、劣等民族！""这种堕落的责任，当然应该由过去人物担负；恢复我们民族精神的责任，当然应该由我们青年担任。"② 王光祈倡导由青年复兴民族，创造一个现代民族（国家）——并谓之"少年中国"，充分显现了他这一单纯而又鲜明的民族主义政治理想。

（二）践行政治理想的"少年中国运动"

在王光祈看来，"少年中国"目标的实现，要靠"少年中国运动"。王光祈在《什么是"少年中国运动"》一文中指出："'少年中国运动'不是别的，只是一种'中华民族复兴运动'。"③ 并且，他尤其强调这一运动的民族主义属性，指出："我们'少年中国运动'与国内其他各种运动不同的地方，便是我们眼中只看见了一个'中华民族'。再进一步说，我们只看见了一些'中国人民'，无论什么功罪，我们都不归之于人民身上。……我们与其忙于'爱国''救国''建国'，不如赶快'救族''教族''育族'。……现在我们所应努力的，小之则为改造我们个人，大之则为改造全体民族，纯是一种自反的自修的国民改造运动。"④ 进而，他指明了践行少年中国运动的方针和路径，他说："我们的方针计有两种：（甲）民族文化复兴运动；（乙）民族生活改造运动。"⑤ 由此观之，少年中国运动是一个纯粹的民族主义运动。

而践行"少年中国运动"，就要有组织，有组织才有力量。这个组织

---

① 《王光祈文集·时政文化卷》，第172页。
② 《王光祈文集·时政文化卷》，第80页。
③ 《王光祈文集·时政文化卷》，第162页。
④ 《王光祈文集·时政文化卷》，第162—163页。
⑤ 《王光祈文集·时政文化卷》，第163—164页。

就是王光祈与同仁等创办的"少年中国学会"。关于王光祈和该会的关系，他生前的好友和同志左舜生这样说道："少年中国学会"是王光祈"首创的同时也是他生命所寄托的"①，他"对于'少年中国学会'是'从一而终的'。"②他另一好友和同志周太玄也认为，王光祈要"借助这个学会来实现他的理想。简直可以说他的整个人生观都是寄托在这个学会。""光祈没有这个学会，便无生趣；这个学会若没有光祈，便没有灵魂。"③而作为从事"少年中国运动"的专门组织，该会的宗旨是明确和一贯的。1919年7月，王光祈在《少年中国》第1卷第2期上发表《"少年中国"之创造》一文，手订并宣布了该会的宗旨："本科学的精神，为社会的活动，以创造'少年中国'。"④他本人又把该会定性为"思想的、社会的、国际的革命团体"⑤。周太玄也指认该会"是一种为百年大计的独创的团体，而非简单的模仿移植的西方组织"⑥。由此看来，王光祈与"少年中国运动""少年中国学会"之间不可分离。如果说，王光祈是这个组织的灵魂和人格化，"少年中国运动"是"少年中国学会"的实践活动和行为过程，那么，"少年中国学会"就是王光祈生命价值和精神寄托的组织化和实体化，当然也是"少年中国运动"的组织者、发动者和基本主体。因此，少年中国学会是一个纯粹的民族主义团体，不属于任何一个阶级或阶层，或者说是一切有志拯救和复兴民族之士的联合体。而连接这一切的精神纽带则无疑是王光祈"少年中国"的民族主义政治理想。

（三）从"少年中国运动"到"音乐兴国"

作为"中华民族复兴运动"的"少年中国运动"，王光祈认为其重点在于文化运动；而文化运动则不重在"理智"的培养，而重在情感和意志的唤起和塑造。1923年11月，他就此明确指出："近年国内一般有识之人，

---

① 左舜生：《王光祈先生事略》，沈云龙：《近代中国史料丛刊》第19辑，《王光祈先生纪念册》，文海出版社印行，第3页。
② 左舜生：《王光祈先生事略》，沈云龙：《近代中国史料丛刊》第19辑，《王光祈先生纪念册》，文海出版社印行，第9页。
③ 周太玄：《王光祈与少年中国学会》，沈云龙：《近代中国史料丛刊》第19辑，《王光祈先生纪念册》，文海出版社印行，第19页。
④ 《王光祈文集·时政文化卷》，第52页。
⑤ 《王光祈文集·时政文化卷》，第132页。
⑥ 周太玄：《王光祈与少年中国学会》，沈云龙：《近代中国史料丛刊》第19辑，《王光祈先生纪念册》，文海出版社印行，第24页。

渐渐知道，从政治方面去求中国社会的进步，是已经无望了，大都掉过头来，转向社会方面着手；因为社会是一切政治的本源，未有社会不良而政治能良的。在各种社会运动中，尤以文化运动为最重要；因为文化运动是一切社会运动的思想中枢，没有文化运动，便没有社会运动。不过近年来国内所谓文化运动，大半偏于理智方面。我们试就国内新出版物一看，谈哲学、科学、社会主义、政治问题的，为数极众，而陶养感情的作品，如雕刻、绘画、音乐之类，则颇不多见。我们知道我们人类的精神作用，除理智外，尚有感情、意志两种极为重要，照现在国内文化运动趋势看来，将来中国人的思想，一个个都能比孔子、孟子还要进步，但是讲起感情意志来，一个个都赶不上愚夫愚妇的安宁与坚决。"①而激发、培育和表达个体尤其是群体情感与意志最有效者非音乐莫属。一般认为，音乐直通人的心灵，是情感和意志最直接的表达方式。《乐记》中即有"凡音者，生于人心者也；乐者，通伦理者也。"②古希腊人也发现音乐有"一种感召心灵的神奇威力"③。黑格尔则径直强调："音乐是心情的艺术，它直接针对着心情。"④有当代西方音乐心理学者更认为："音乐是表达共同的信仰、伦理、态度以及人们在其社会或其亚群体中的价值的极为有力的途径。"⑤王光祈同样看到了这一点，指出音乐"是发展我们人类情感的利器"⑥。

当人们发现或感受到音乐这种甚至让人感到有些神奇的力量后，运用和借助这种力量也就是一种必然的选择。远在上古时代，中国的孔子、孟子和古希腊的柏拉图、亚里士多德等都发现并重视运用音乐的力量治国、育民、理政。现代著名音乐家江文也指出："现代的音乐家是纯粹为音乐而音乐，孔子则认为音乐为治国或教育门人必备之工具，这点是值得我们深思的。"⑦从这个意义上说，抱定拯救民族和国家的王光祈，与所谓"为音乐而音乐"的音乐家不同，更易于发现孔子音乐思想的巨大价值。事实

---

① 《王光祈文集·音乐卷》（上），第352—353页。
② （清）阮元校刻：《阮刻礼记注疏》卷三十七《乐记第十九》，浙江大学出版社2015年版，第2587页。
③ ［法］朗多尔米著，朱少坤译：《西方音乐史》，人民音乐出版社2002年版，第7页。
④ ［德］黑格尔著，朱光潜译：《美学》（上册），商务印书馆2006年版，第332页。
⑤ ［美］霍德杰斯著，刘沛、任恺译：《音乐心理学手册》，湖南文艺出版社2006年版，第539页。
⑥ 《王光祈文集·音乐卷》（下），第9—10页。
⑦ ［日］江文也著，杨儒宾译：《孔子的乐论》，华东师范大学出版社2008年版，第62页。

也正是如此，王光祈认为，"孔子既知音乐如此重要，乃将全部学说，建筑于礼乐之上，以造成中华民族之'民族性'。"① 所以，音乐在我国文化中，"占极重要之位置，实与全部人生具有密切关系"②。但是，后来，"我们这种不肖的黄帝子孙，对于先民文化，不能发扬光大，反把一个'礼乐之邦'，弄成一种'无乐之国'。"③ 至于近代以来的中国音乐"一方只存古代'善'之躯壳，他方则又无西洋'美'之陶养，故其衰落之程度，直至于不可思议"④。他通过考察中西各民族历史和文化，提出并阐明了音乐关乎一个民族的兴衰的道理，指出"大凡一个民族之衰，先从耳朵衰起。犹之乎人老，先从耳朵老起。吾国昔时常以'礼乐不兴'为亡国之兆，其在西洋亦然。譬如古代希腊灭亡之日，正值其音乐衰落之时。盖一个民族将亡，其第一步即是耳无闻，第二步是目无见，第三步是脑不能思，第四步是'呜呼哀哉'！""反之，一个民族之兴，亦先从耳朵兴起。证之吾国一切文物教化，多自律管（如用黄钟以定度、量、衡、时历等等）、乐章（如孔子之以音乐立教等等）而起。又如唐朝时代，中国声威播于四方，而音乐文化亦大放异彩。其在西洋亦然，譬如十九世纪德意志民族勃兴，而其音乐文化亦复独霸一时。"由此，他声言："吾辈不欲创造'少年中国'则已，如其欲之，当先自'耳朵'创起。"⑤ 他在《东西乐制之研究》的自序中自信而坚毅地写道："昔少年意大利之兴也，实由该国之人，既闻诗人但丁之歌，复睹古都罗马之美，乃油然而生其建国之念。此无他，意大利人能自觉其为意大利民族之故也。著者不揣愚昧，以为吾党若欲创造'少年中国'，亦惟有先使中国人能自觉其为中华民族之一途。欲使中国人能自觉其为中华民族，则宜以音乐为前导。何则？盖中华民族者，系以音乐立国之民族也。现在中国人虽已堕落昏愦，不知音乐为何物，然中国人之血管中，固有之音乐血液，从新沸腾。吾将使吾日夜梦想之'少年中国'，灿然涌现于吾人之前。因此之故，慨然有志于中国音乐之业，盖

---

① 《王光祈文集·音乐卷》（下），第103页。
② 《王光祈文集·音乐卷》（下），第542页。
③ 《王光祈文集·音乐卷》（上），第357页。
④ 《王光祈文集·音乐卷》（下），第532页。
⑤ 《王光祈文集·音乐卷》（下），第468页。

亦犹昔日少年意大利之歌但丁之诗，壮罗马之美而已。"[①]他在《音乐与人生》一文中也再次强调："'枯燥的人生''残酷的人生'以及'凄凉的人生'，均为民族衰亡的主要象征。补救之道，只有从速提倡音乐一途。"[②]可见，非常明确的是，王光祈把音乐作为从文化上恢复民族特性乃至复兴民族的着力点和起点，作为"少年中国运动"——"中华民族复兴运动"——"民族文化复兴运动"的重要组成部分，作为他本人矢志奋斗和力行的坚定目标。换言之，王光祈从文化运动到"音乐兴国"有着自然抑或必然的逻辑。周谦冲在《王光祈与现代中国的文艺复兴运动》一文中分析说："光祈专攻音乐主要目的，还是在创造发扬蹈厉的新国乐以复兴祖国。所以光祈曾说，要'以音乐再造中华民族'，可见他是'音乐兴国'主义的一个坚决信仰者。"[③]至此，我们可以说，从"少年中国"的政治理想到实现这一理想的"少年中国运动"，再到"音乐兴国"，构成了王光祈建构音乐民族主义的基本前提和强劲坚实的动力基础和机制。

当然，正如阿克顿指出："流放是民族性的温床，正如压迫是自由主义的学校；当马志尼是马赛的一名难民时，他便构思了'青年意大利'的观念。"[④]王光祈将民族主义与音乐结合，或者说建构一种特殊的民族主义——音乐民族主义来实现其民族主义理想——"少年中国"，也是在远赴欧洲历经艰辛、苦读苦思的结果，与马志尼在他乡的难民状况具有某种相似性。

三、对音乐民族主义的建构：目标与内涵、路径和方法

考察王光祈对现代中国音乐民族主义的建构，不仅从其音乐研究及思想发轫的动因和机制上，而且更要从他音乐观中梳理出其建构的目标与内涵、路径和方法，这恰恰是其音乐民族主义建构的基本方面。

（一）目标与内涵

音乐民族主义（Musical Nationalism）是一个语义和内涵较为复杂的

---

① 《王光祈文集·音乐卷》（下），第105页。
② 《王光祈文集·音乐卷》（下），第543页。
③ 周谦冲：《王光祈与现代中国的文艺复兴运动》，沈云龙：《近代中国史料丛刊》第19辑，《王光祈先生纪念册》，文海出版社印行，第75页。
④ ［英］阿克顿著，胡传胜等译：《自由史论》，译林出版社2012年版，第408页。

概念[1]，一般用于描述自18世纪尤其是19世纪以来，先发端于欧洲后波及世界各地的音乐与民族主义互动的政治和文化现象，以及在此过程中形成的意识形态和对音乐民族化的强调。在此，主要把它界定为通过音乐这种艺术形式阐发和表达的民族主义，是音乐与特定民族及其民族主义结合所形成的一种特殊形态和表达方式的民族主义。它首先体现为一种意识形态，即音乐中的民族主义，也包含这种意识形态下各种音乐实践、活动及其形式。时人曾把王光祈的音乐思想和活动称为"'音乐兴国'主义"，实即音乐民族主义。

如前所述，王光祈建构音乐民族主义的终极目标，说到底是实现他的政治理想，建构现代意义上的中华民族（现代中国民族国家），即"少年中国"。作为一个坚定的民族主义者，在本民族危机深重的环境下，还能潜心研究音乐，其目的和目标不言而喻。而建构现代中国的"国乐"和"民族音乐学"，是其音乐民族主义的主要载体和具体目标。这两个具体目标在当时的历史条件下都属于也必然从属于其民族主义的政治理想。王光祈在《德国国民学校与唱歌》一书的序言中写道："我希望这本书，能使中国教育界的西洋音乐知识稍稍普及；更由此以引起国人研究音乐的雄心，以创成代表中华民族的国乐；更由'礼乐复兴'（质言之，即中国古代文化复兴，因'礼乐'是中国古代唯一最有价值的文化）以唤醒中华民族之复生，实现我们日夜梦想的'少年中国'！"[2]当然，他也谈到创造"世界音乐"的问题，指出"我们的国乐大业完成了，然后才有资格参加世界音乐之林，与西洋音乐成一个对立形式。那时或者产生几位世界大音乐家，将这东西两大潮流，融合一炉，创造一种世界音乐。"但是，他强调"这不是我的最后目的，而是第二代著书人的最后目的。"[3]

如果对王光祈音乐民族主义的建构目标进一步分解和细化，可以看

---

[1] 关于音乐民族主义（Musical Nationalism）一词，国外有不同的界定，《哈佛音乐词典》中征引文献对此界定："音乐民族主义是指对特定国家、地区或种族的音乐理念和主题，如曲调、旋律、节奏与和声的利用。音乐民族主义还包括对民间元素的使用以作为如歌剧等作品的基础。"也有西方学者认为："（音乐）民族主义最初是作为对主流欧洲古典传统（即'德国''意大利'与'法国'音乐）的对立面而存在的，其后发展成为更多面向的运动，到19世纪时它包含了民族解放和民族自决的意味在其中。"

[2]《王光祈文集·音乐卷》（下），第3页。

[3]《王光祈文集·音乐卷》（上），第357页。

到，其音乐民族主义所展现的具体内涵主要有三个方面：一是在承认人的音乐性的基础上，强调音乐的民族属性。他"主张'音乐作品'是含有'民族性'的"[1]。何以言之呢？他分析说："音乐为人类生活、思想、感情之表现。各民族之生活、思想、感情既各有不同，因而音乐习尚亦复彼此互异。如中华民族有中华民族之乐，日本民族有日本民族之乐，法国人有法国人之乐，德国人有德国人之乐。各依习尚，制为作品，是即所谓'国乐'者是也。"[2] 而中国音乐的民族性，他认为恰恰又是孔子及其儒家的礼乐思想培育起来的。他说："吾国孔子学说，完全建筑于礼乐之上，所谓六艺亦以礼乐二字冠首，吾人由此以养成今日中华民族之'民族性'。"[3] 强调音乐的民族属性，就是强调音乐的根。从音乐民族主义的内涵上说，就是对民族认同的重新塑造，从而阐明了"我们是谁？我们从哪里来？"这样的根本问题，因之成为其音乐民族主义建构的基本点。

二是创建现代中国民族音乐——"国乐"。从一般意义上，王光祈认为，国乐"就是一种音乐足以发扬光大该族的向上精神，而其价值又同时为国际之间所公认。"他还提出国乐须具备的三个条件：1. 代表民族特性；2. 发挥民族美德；3. 畅舒民族感情。[4] 他强调国乐对于一个民族的攸关价值，他说："凡有了'国乐'的民族，是永远不会亡的。因为民族衰废，我们可以凭着这个国乐使他奋兴起来；国家虽亡，我们亦可以凭着这个国乐使他复生转来。"[5] 为此，王光祈竭力创造中国的国乐，他的所谓"国乐"就是"代表'中华民族性'"的现代中国音乐[6]。这里，现代的音乐形式，虽然也有民族属性及民族风格的问题，如他所谓的中国"古代音乐与现今民间谣曲"等，但是，王光祈所主要强调的是"国乐"内在的精神意涵，即所谓的"中华民族特性"。那么，"什么是'中华民族特性'？简单说来，便是一种'谐和（Harmonie）态度'。这种'谐和态度'，是我们前此生存大地的根本条件，也是我们将来感化人类的最大使命。这真是我们

---

[1]《王光祈文集·音乐卷》（上），第 4 页。
[2]《王光祈文集·音乐卷》（下），第 457 页。
[3]《王光祈文集·音乐卷》（中），第 525 页。
[4]《王光祈文集·音乐卷》（上），第 377 页。
[5]《王光祈文集·音乐卷》（上），第 378 页。
[6]《王光祈文集·音乐卷》（上），第 357 页。

中华民族的唯一特性。"① 他反复阐释和说明这一点，1927年，他在《论中国音乐》一文中指出："数千年来，孔子的世界观始终占有统治地位。所以，这一世界观也是中国音乐的建设性因素和基本思想。孔子所关注的思想就是：借助音乐来培养中国人的性格，从而使他们能与周围的人们以及自然非常和谐地共同生活。"② 次年，在《中国音乐短史》一文中又写道："孔夫子之学说，盛行中国者已二千余年，其基础实建筑于音乐之上。彼盖欲藉音乐之力，使中国人养成一种富于'和谐性质'之国民；无论对着人类或自然界，均能彼此谐和相处。"③ 即使面对"国内一部分国外大部分持'征服态度'的人们"，"我们的'谐和态度'不但不应该抛弃，而且极须努力扩张。"④ 否则就背离了民族特性。王光祈建构现代中国的"国乐"，极力坚持和伸张中华民族的"谐和态度"，从音乐民族主义的内涵上说，可谓是对这一民族价值观的重新发现和再阐释，重申了民族的这一基本价值取向，回答了"我们向何处去"的问题，因之成为其音乐民族主义建构的重点。

三是创作音乐民族主义的象征——国歌，并建构其规范。国歌是"国乐"和音乐民族主义的集中体现，也是一个民族及其民族主义的象征。王光祈特别看重国歌的民族主义属性和价值，对国歌的产生、作用、规范以及现代中国国歌问题详加阐发。首先，关于国歌的产生，他认为是民族主义催生了国歌。他在《各国国歌评述》一文中指出："国歌之发生，常在'民族意识'养成以后；没有'民族意识'，即没有国歌产生。"⑤ 其次，关于国歌的作用，他认为国歌主要表达一个民族的整体情感和诉求——民族主义，现代民族及国家不可或缺。他说："国歌这样东西是常与政治结缘的，是在抒出民族全体感情"⑥，也"是各个民族把他们自己的愿望，制成一种'有节奏的口号'"⑦。"一个独立国家，要想伸张他的民族势力，或是已亡将亡的国家要想维持他的民族命运，这种国歌的创造，又是一种万

---

① 《王光祈文集·音乐卷》（上），第353页。
② 《王光祈文集·音乐卷》（上），第258页。
③ 《王光祈文集·音乐卷》（上），第284页。
④ 《王光祈文集·音乐卷》（上），第355页。
⑤ 《王光祈文集·音乐卷》（下），第225页。
⑥ 《王光祈文集·音乐卷》（下），第230页。
⑦ 《王光祈文集·音乐卷》（下），第215页。

不可缓之事。"① 它"最能雅俗共赏，情智兼包，而且常常挂在嘴边，不致遗忘，较之古人卧薪尝胆的办法，简便普及多了。"② 再次，关于国歌的规范，他提出了歌词和曲调的基本要件。就歌词来说，"第一，必须能表达出'民族特性'与'共同理想'"；"第二，必须文字浅显，韵味深长"③。1926年10月，王光祈在《评卿云歌》一文中又进一步明确为三个方面："陶铸民族意识"，"须有确当理想"，"须使民众易解"④。就曲调而言，"第一，调子组织必须合乎国民口味"；"第二，调中音节必须向上发扬"⑤。最后，他不满意当时中国"通行的国歌"——《卿云歌》，创作了新的国歌——《少年中国歌》。他批评《卿云歌》"为四千年前的古董"⑥，"不足以促进'民族意识的发达'，故此歌只可谓之为'天下歌'，而不能谓之为国歌。"⑦ 他为此创作了三首《少年中国歌》，并自己配了一篇曲谱。其歌词如下⑧：

少年中国主人翁，昂然独立亚洲东。手创东方古文化，常为人道作先锋。彼以耶来，我以孔对。彼尚强权，我讲仁义。请君看将来，将来谁胜利！

少年中国主人翁，昂然独立亚洲东。酷爱自由与平等，从来天下本为公。日出而作，日入而息。凿井而饮，耕田而食。万事皆自为，何有于帝力。

少年中国主人翁，昂然独立亚洲东。环顾四邻兄弟国，多在他人压迫中。朝鞭夕棰，弗如犬豕。睹此不平，安能自己。且上昆仑山，高呼起起起！

王光祈对此加以解释说："上列三章，第一章是言中华民族的特色，

---

① 《王光祈文集·音乐卷》（下），第230页。
② 《王光祈文集·音乐卷》（下），第215页。
③ 《王光祈文集·音乐卷》（下），第215页。
④ 《王光祈文集·音乐卷》（下），第473页。
⑤ 《王光祈文集·音乐卷》（下），第215页。
⑥ 《王光祈文集·音乐卷》（下），第218页。
⑦ 《王光祈文集·音乐卷》（下），第219页。
⑧ 《王光祈文集·音乐卷》（下），第223页。

第二章是排斥帝制思想，第三章是言中华民族的使命。要之，皆在唤起国民独立自尊之心。倘若歌中思想，一旦成为全国共同信念，则外力侵略（无论文化的、武力的、政治的、经济的）不足畏，复辟运动不足防，而推翻某某世界帝国主义，亦自有其道。中国人的生路，须于此中求之。"[①] 王光祈对国歌的创作及其规范的建构，就是以音乐作武器的民族主义诉求：内唤醒和重塑中华民族，外反抗侵略，争取民族独立和解放。从音乐民族主义的意义上说，创作规范化的国歌是对民族认同、民族理想与精神的浓缩和集中表达，极具象征性和仪式化，因之成为其音乐民族主义建构的典型形式。

总之，从目标和内涵来看，王光祈音乐民族主义的建构，将音乐与民族文化特性和民族理想信念相结合，明确了音乐民族主义的终极目标和具体目标，清晰地展现出其内涵的基本点、重点和典型形式。

（二）路径和方法

作为一种特殊形态的民族主义建构，如果说目标与内涵是解决或清晰化建构是什么这一问题的话，那么，路径和方法则是解决或清晰化怎样建构的问题，展现了王光祈的思考轨迹和逻辑脉络，在彰显其建构的过程及其特点的同时，与目标和内涵一起体现了他的创造性。从建构的路径看，主要体现为以下几个方面：

其一，诉诸历史。这是一般民族主义建构的典型特征，也是王光祈建构音乐民族主义的基本路径。他通过撰写中国音乐史，系统清理和研究中国传统音乐及其思想，对其价值重新发现。他在《中国音乐史》一书的自序中写道："吾人既相信音乐作品，与其他文学一样，需建筑于'民族性'之上，不能强以西乐代庖，则吾人对于'国乐'产生之道，势不能不特别努力。而最能促成'国乐'产生者，殆莫过于整理中国乐史。"并进一步指出："民族精神一事，非片面的理智发达，或片面的物质美满，所能相助者；必须基于民族感情之文学艺术，或基于情智各半之哲学思想，为之先导方可。尤其是先民文化遗产，最足引起'民族自觉'之心。音乐史，亦先民文化遗产之一也。其于陶铸'民族独立思想'之功，固胜于一

[①] 《王光祈文集·音乐卷》（下），第223—224页。

般痛哭流涕、狂呼救国之'快邮代电'也。"① 他在《欧洲音乐进化论》中也明确提出："这种国乐，是要建筑在吾国古代音乐与现今民间谣曲上面的。因为这两种东西，是我们'民族之声'。"② 他还特别强调说："惟欲创造'国乐'，则中国固有材料，却万不能加以忽视。"③ 上述思想表达，王光祈用了"民族性""民族精神""民族自决""民族独立"和"国乐"等一系列民族主义的概念，尤其是"国乐"一词，在这里可以说是音乐民族主义的一个核心概念，非常清楚地表明了他诉诸历史、诉诸中国音乐史的目的，绝不在"为音乐而音乐"，而在于建构现代中国的民族主义，特别是音乐民族主义。或者说，正是通过中国音乐史的研究，他发现并重估孔子及其儒家礼乐思想对于建构现代中国"国乐"和音乐民族主义的价值。孔子及其思想作为中华民族的文化符号和人格化象征，无疑是共享的历史遗产、共有的精神财富，对重塑民族认同，解决"我们是谁？我们从哪里来？"这一民族主义建构的根本问题，是最具根本性和吸引力的历史文化资源。对此，他曾反复表达自己这一认知理路，他说："什么是中华民族的根本思想？而中华民族的根本思想又是从何种'民族文化'产生出来的？我尝因此深思苦索中国人的性格，详考细察西洋人的习俗，最后乃恍然大悟。中华民族的'民族文化'便是中国古代的'礼乐'，由这种'礼乐'以养成中华民族的根本思想。……我们的古礼古乐，诚然有许多不适于今的地方，而且简陋得很，但是古人立礼制乐的本意则千古不磨。我们现在宜利用西洋科学方法，把他整理培植出来，用以唤起我们中华民族的根本思想，完成我们的民族文化复兴运动（请参看拙著《欧洲音乐进化论自序》《德国音乐与中国》《音乐中之民族主义》诸文）。"④ 因为在他看来，"民族文化——即一民族精神之所由系，生活之所由出——则各民族各自有其特殊色彩与根本思想。这种特殊色彩与根本思想是由遗传、历史、信仰、环境、习惯等等所养成的，万不能彼此随便通融假借。"⑤ 换言之，一个民族的精神品格，往往深藏于其特有的历史和文化之中，只有对其历

---

① 《王光祈文集·音乐卷》（上），第62页。
② 《王光祈文集·音乐卷》（上），第357页。
③ 《王光祈文集·音乐卷》（上），第4页。
④ 《王光祈文集·时政文化卷》，第166页。
⑤ 《王光祈文集·时政文化卷》，第164页。

史加以系统的清理和缕析，才能发现。近代德国思想家赫尔德就曾说过："民族的品性！必须由关于其禀赋与历史的事实来确定。"①

进而言之，民族主义诉诸历史的论说逻辑，往往是借助和回溯过去，着眼和描画未来，谋求改变现在。正如美国学者贝尔所说："民族主义者永远认为自己现正处于受困而不完美的境地，处于较光荣之过去和较光荣之未来的中途。"②王光祈也是如此。他之所以一生矢志于创造美丽的"少年中国"，是因为在他看来，过去的中国曾经年少而美丽，现今的中国既不年少也不美丽，他说："我们中国有我们中国悠久的历史，我们民族有我们民族博大的精神，如今堕落了，被人侵略，被人轻视，成为世界上一个弱小国家、劣等民族！"③而现实的窘况无疑是民族的极大耻辱，使民族失去了已有的价值信条和尊严，必须重新找回价值，恢复尊严，以雪前耻。如何才能实现呢？王光祈与其他民族主义者一样，只有向历史寻求解决之道。英国著名学者史密斯指出："尊严必须从内部被'重新发现'"，"尊严成为被外部缺陷所掩盖的'真正的价值'。民族主义的目标是找到内在的价值，实现真正自我的尊严。亚洲的习语'西方的技能，东方的道德'就表达了这一层意思，它暗含着亚洲有着内在精神上的卓越，尽管西方有着技术上的威力。这样的姿态保卫遭耻辱群体的内在尊严，并且给予受压迫者和被边缘化者以反转地位的承诺，他们由此而能够恢复自己的伟大过去。"④总之，王光祈诉诸历史，不仅在于重新发现民族之根，而且还在于重新发现民族价值和尊严，重塑民族自信和民族理想，归根结底，都是回答"我们是谁？我们从哪里来？向何处去？"的问题。因此，这一建构路径主要是对音乐民族主义意识形态——民族认同、理想和精神的重建上。

其二，学习、借鉴和吸收西洋音乐的某些元素。王光祈不仅系统地研

---

① [德]赫尔德著，张晓梅译：《反纯粹理性——论宗教、语言和历史文选》，商务印书馆2010年版，第3页。
② [美]贝尔著，[英]史渊主编，黄中宪译：《何为民族主义兴起的因素？》，三言社2006年版，第121页。
③ 四川音乐学院、成都市温江区人民政府编：《王光祈文集·时政文化卷》，巴蜀书社2009年版，第80页。
④ [英]史密斯著，叶江译：《民族主义：理论，意识形态，历史》，上海人民出版社2011年版，第31页。

究了中国音乐史，而且还进行了大量的中西音乐的比较研究，他更清楚中国传统音乐之所短和西洋音乐之所长。正因如此，他积极主张借鉴西方音乐的元素尤其是乐谱和乐器等，来建构现代中国的"国乐"。他在《译谱之研究》一文中谈道："我虽为极力主张创造中国'国乐'之人；但对于乐谱及乐器两事，却主张尽量采用西洋业已发明者。盖此两事，只算一种'工具'；我们所希望之'国乐'，乃系作品精神方面适用于中国'民族性'者也。"[①] 并且，他认为，"后进"民族的"国乐"建构之路，学习和借鉴"先进"民族的"艺术"已有先例。他在谈到欧洲"后进"民族"国乐"之创造时指出："欧洲后进各种民族，在最近两世纪之间，备受德国音乐影响，美术思潮日益蓬勃，遂欲进而创造其所为'国乐'。一方则利用欧洲各先进民族之已有艺术，他方又融合本国固有之民间歌谣，跳舞各乐，造成一种国乐，以代表其民族精神。"[②] 当然，王光祈将这种学习和借鉴定位在"工具"层面，而"目的"层面还是指向"民族性"和"民族精神"，即音乐民族主义的思想内涵。显然，这种建构路径主要体现在对音乐民族主义形式——现代中国音乐即"国乐"形式的创建上。

其三，在此基础上，实现中西结合。诉诸历史和学习借鉴西洋音乐元素，作为王光祈建构音乐民族主义内容和形式的两大主要路径，也是其建构过程中的基本环节。这种特殊的民族主义建构的完全实现，还要靠两条建构路径的汇合——内容建构和形式建构的结合，这是由音乐的属性决定的。王光祈常说："'音乐科学'（Musikwissenschaft）是含有国际性的，可施诸万国而皆准（譬如从物理学等方面去观察之类），而音乐作品（Komposition）则是含有民族性的，每个民族皆有其特别嗜好。因为前者是理智的产物，后者是感情的结晶，所以我们对于现在的西洋文化，如自然科学之类，皆可以尽量移植国内；独音乐一物，却不能如此横吞硬吃！"[③] 作为一个古老而又落后的民族，音乐的内涵与精神是民族的和中国的，音乐的方法和形式可以是西洋的或中西结合的，两者应结合起来。王光祈说："中国音乐既那样衰落，西洋音乐又这样隔阂，究竟怎么样办呢？依我愚见，我们只有从速创造国乐之一法。现在一面先行整理吾国古

---

① 《王光祈文集·音乐卷》（上），第304页。
② 《王光祈文集·音乐卷》（中），第151页。
③ 《王光祈文集·音乐卷》（下），第470页。

代音乐，一面辛勤采集民间流行谣乐，然后再利用西洋音乐科学方法，把他制成一种国乐。这种国乐的责任，就在将中华民族的根本精神表现出来，使一般民众听了，无不手舞足蹈，立志向上。"① 他并具体阐释了"创造国乐"的步骤："我们要创造国乐，第一步须将古代音乐整理清楚；第二步再将民间谣乐收集起来；第三部悉心研究，从中抽出一条定理出来，究竟中华民族的音乐特色在哪里？这种特色，是否可以代表民族特性，发挥民族美德，舒畅民族感情？如其有之，即可以将此定理作为我们制乐的基础。至于制乐的方法，我们大可以利用欧洲已经发明的工具，譬如调式、谱式、乐器之类，初不必样样自己创造。因为音乐主要之点，全在乐中所含意义，形式方面，尽可取自他人。"② 显然，实即中国的"制乐基础"和西洋的"制乐方法"的结合。

从建构方法来说，主要有两大方面：

第一，比较方法。建构民族主义的基本方法之一就是比较，民族主义都是在比较中建构起来的。"人类的思想在本质上是比较的"③，只有通过比较，一个民族才能发现"自己的特点和命运"④，才能确立自己的民族认同、民族理想和民族精神。作为一种特殊的民族主义——音乐民族主义的建构同样如此。对此，有西方学者就指出："思考音乐的民族化的形态必然导致坚定地采用比较的方法。"⑤ 而王光祈留学欧洲和德国，无疑又给他提供了比较的视野和环境。可以说，他大量的音乐研究及其民族主义音乐思想的阐发，都是由比较尤其是中西比较、中德比较得来的。通过比较，他发现了中国音乐文化的特殊性。他说："我们中国音乐文化虽自古及今，曾与他族发生了不少的关系。然音乐这样东西，在我们民族生活方面，却具有一种特别作用，显与他族不同。其最重要者，即为吾国孔子立教，以'礼''乐'为本。换言之，即是以'礼'代'法律'，以'乐'代

---

① 《王光祈文集·音乐卷》(上)，第358页。
② 《王光祈文集·音乐卷》(上)，第378页。
③ [法]杜甘著，文强译：《国家的比较——为什么比较，如何比较，拿什么比较》，社会科学出版社2010年版，第7页。
④ [英]史密斯著，龚维斌、良警宇译：《全球化时代的民族与民族主义》，中央编译出版社2002年版，第63页。
⑤ [法]法兰克福著，郭昌京译：《音乐像座巴别塔——1870—1914年间欧洲的音乐与文化》，复旦大学出版社2011年版，第9页。

'宗教'，因而形成今日东西文化的两大潮流。"①通过比较，他对中西音乐的短长优劣有了较为全面客观的认识。他曾就此谈道："西洋音乐，果毫无瑕疵乎？中国音乐果一无所长乎？此问题殊难草率回答。今试举一例，吾国古乐真意，岂非用以谐和人心者乎？吾民族数千年来之爱和平、喜礼让、重情谊、轻名利种种美德，无不由此产生……。然一观近世欧洲音乐，虽有巴赫（Bach）、贝多芬（Beethoven）（德国两位最大之音乐家）之不世人才，曾不足以息欧洲数年血战之机，与夫欧人争名夺利之念。"但从另一方面看，"西洋音乐，自希腊以来，数千年进化之结果，无论其形式（如乐器乐谱之类）、其内容（如乐律之类），皆超过吾国旧有音乐百倍以上，其尤令人注意者，即处处用科学方法，以研究音乐，大可引为改造吾国音乐之师资，否则吾国音乐虽有至高至贵之音乐宗旨（如爱和平之类），亦将甘于简陋，无所发挥矣。"②当然，反过来说，王光祈这种强烈的比较意识和方法，说到底是其民族主义思想支配的结果。

第二，进化史观。民族主义的建构是面向未来的，从历史中找寻自我和尊严，获取自信与动力，努力于现实不懈奋斗，即可实现未来之光明和美好。进化论尤其是进化史观，以源于对自然界生物进化简单明了的认知逻辑，带给渴望改变的人们以未来预期的希望，因之成为民族主义逻辑建构的又一基本方法。19世纪以来乃至王光祈生活与奋斗的20世纪20—30年代，民族主义和进化论及进化史观两相伴随，成为西方社会思想文化领域影响乃至左右人们思想意识和认知观念的两大思潮，迅速在世界各地传播开来。王光祈对中西音乐的历史研究及在此基础上民族主义音乐观的论述，自然借助和运用了这种历史认识方法。首先，他采纳了"历史进化"的"弧形前进说"来研究西洋音乐③，发现西洋音乐进化中"以调式进化史最为重要"，他为此专门研究西洋音乐"调式的历史变迁，因为这种历史变迁，对于吾国以后创造国乐是也，有很大的关系。"④他认为，"欧洲音乐调式的进化，可以分为三期：第一期自上古至纪元后第九世纪，为'单音音乐'时代；第二期自第九世纪至第十六世纪为'复音音乐'时

---

① 《王光祈文集·音乐卷》（上），第301页。
② 《王光祈文集·音乐卷》（中），第527页。
③ 《王光祈文集·音乐卷》（上），第360页。
④ 《王光祈文集·音乐卷》（上），第358页。

代；第三期自十六世纪末叶至于今日，为'主音音乐'时代。"①其次，与西洋音乐相比，"中国音乐现在进化的阶段，大体上尚滞留于单音音乐时代，即或偶有伴音之用，亦复极为简单，不能与西洋近代音乐相提并论。"故此提醒"中国音乐同志，对于西洋此种音乐'作品结构'之进化情形，尤宜特别加以注意。"②再次，他在坚持"进化"和"变"的前提下，关注历史变迁的节点上原有基础的重要性，为现代中国"国乐"的创造，为其从中国传统音乐文化中重新发现"民族根本思想"找到了一种合理性的解释。他说："大凡研究历史进化，最重要的是在那种变迁转弯的地方。因为无论什么事物，都不是像孙悟空那样摇身一变遂成功的，都是由旧的基础上，用一种新法子，把他改造出来的。音乐进化亦是如此。"③最后，他从音乐的形式、内容、技术和美学等方面阐释了"音乐进化"与"时代精神"的关系，指出"音乐进化系从'多调'而进为'无调'，从'善'而进为'美'，从'理想主义'而进为'物质主义'，从'有机体'而进为'无机体'，从'古典主义'（指文艺复兴时代之古典主义而言）而进为'表情主义'。因而吾人由此便可以看出今日'音乐新潮'为何如，但'新潮'不必尽优于'旧潮'。吾人对于美术作品，宜就其本身价值，定其优劣，不能谓时代愈近，艺术亦复愈高也。"④可见，从建构方法上，王光祈以比较方法主要作为横向考察方法，以进化史观主要作为纵向考察方法，纵横互补，上下求索，为其音乐学研究和音乐民族主义建构提供了坚实有力的方法论支撑。

如果说路径还是对建构过程的分析的话，那么，方法则更倾向建构的逻辑分析。前者是怎样建构的表层或中层问题，是后者导引下的行动轨迹。后者则是怎样建构的深层问题，是对前者的指引和规范。王光祈以挖掘民族的历史和文化资源与借助近代西方音乐技术相结合，以比较方法和进化史观为指导，通过音乐史和比较音乐学的深入系统研究，实践着其对现代中国音乐民族主义的建构。

---

① 《王光祈文集·音乐卷》（上），第360页。
② 《王光祈文集·音乐卷》（中），第400页。
③ 《王光祈文集·音乐卷》（上），第365页。
④ 《王光祈文集·音乐卷》（下），第541页。

四、价值分析：彰显现代中国音乐与政治关系的典型个案

（一）特点和比较

王光祈是现代中国音乐与政治，尤其是与民族主义互动关系在个体上的鲜明体现。这一点虽然在同时代的音乐人或音乐学家身上并不鲜见，但能如此程度的结合却是极为罕见的。尤其是对现代中国音乐民族主义的建构，从个体言之，最为突出，可谓现代中国音乐民族主义建构的巨匠。

其一，从现代中国音乐民族主义的建构历程来看，王光祈的建构具有承前启后的地位。晚清以来，国门洞开，这个古老民族在遭受外族的欺凌与千古未有之"变局"和屈辱的同时，开始了艰难的向外族学习和向现代民族的演进即中华民族的构建过程，也即现代中国民族主义的建构历程。对于这个古老民族来说，这一过程可谓凤凰涅槃，炼狱重生，在实现这一蜕变和转化之前，这一过程始终都是中国最大的政治。并且，这一民族主义建构是一个多种形式和路径并行的过程，其中音乐民族主义的建构大体经历了以下几个阶段：第一阶段，大体上是从甲午战争后到民国初年，是建构的萌芽和初起阶段，梁启超、曾志忞、沈心工、李叔同等是其主要代表，从学堂乐歌到中华民国国歌的初创，开始引入西洋音乐，借以改造中国传统音乐；第二阶段，则是从民国初年到1931年"九一八事变"前，是经历了五四的洗礼之后，全面建构的前一时期，代表人物有萧友梅、王光祈、黄自、杨仲子等，通过创建现代中国音乐学和现代中国"国乐"的创造，推动传统音乐的现代转型；第三阶段，从1931年到1949年新中国成立，是全面建构的后一时期，是建构的深入、系统化和完成阶段。这一阶段以民族独立和解放斗争为基本背景，以萧友梅、王光祈、黄自、聂耳、冼星海、贺绿汀等为代表，其中尤以抗战歌曲最具代表性，音乐在争取民族解放的伟大斗争中发挥了独特的作用，也实现了自身的民族化和大众化。王光祈前承第一阶段，后跨两个阶段，从某种意义上说，他的建构在整个建构过程中既具有开创性又是桥梁和纽带。

其二，就现代中国音乐民族主义建构的内容和形式来说，王光祈的建构也具有独特性。王光祈的音乐研究是非常全面和系统的，我们虽不能把其全部归结为是对音乐民族主义的建构，但应当说其主旨和核心是指向音乐民族主义的。这主要集中在音乐文化的民族性建构，即音乐思想内涵的

民族化方面（他在音乐形式和技术方面的强调和努力也主要在理论上，因为他毕竟不是一个专门的作曲家，没有更多的实践）。最为突出之点就是他对孔子礼乐思想（"谐和"思想）的重新发现和复制，视之为中华民族的"根本思想"，即建构现代中国音乐民族主义思想内涵的核心。之所以有如此认知，并选择"音乐兴国"的道路，抑或在于王光祈发现了人类追求自由和解放的过程中，从政治到美（即到音乐）的演化逻辑。关于这一逻辑，席勒曾这样表述："人们正在努力的从经验中解决的政治问题，必须借道美学问题才能更好地解决；即人类只有通过美，才能到达自由的彼岸。"① 黑格尔也说："如果我们一般可以把美的领域中的活动看作一种灵魂的解放，而摆脱一切压抑和限制的过程，因为艺术通过观照的形象可以缓和最酷烈的悲剧命运，使它成为欣赏的对象，那么，把这种自由推向最高峰的就是音乐了。"② 王光祈反复声言反对政治活动，努力于社会活动和文化活动，就在于他认为只有通过社会和文化领域的努力，即所谓的"预备工夫"，才能最终实现政治的目标。他说："吾国近三十年来之改革运动，在历史上可称道者有三：一曰戊戌变政；二曰辛亥革命；三曰新文化运动。戊戌、辛亥两次之改革运动，其形式虽有所不同，而其精神则皆为政治改革。换言之，即如何将政权夺到手中，然后利用政治权力，以实行其大规模之改革是也。"他认为"三十年来所得之教训"就是："从前是政治改革之失败，今日是社会改革之代兴，吾辈与旧日党人不同之点在此，新文化运动关系民族之存亡者亦在此，所以吾辈必抱定宗旨，从事社会活动，反对政治活动。"③ 由此，他把"少年中国学会之旨趣"确定为"'用社会实力以促进政治'。因欲造成社会实力，故不能不从'研究真实学术'及'发展社会事业'两点着手。"④ 他也为此反复申明："1.我们所反对之政治活动，其意义专限于'做现在的官吏议员'，此外一切政治活动，我们皆极赞成。2.我们赞成革命运动，但是须分为两种进行，一种是武力的，一种是文化的，而且非先有充分预备工夫不可。"⑤ 从根本上说，王光祈理

---

① ［德］席勒、［俄］普列汉诺夫著，李光荣译：《大师谈美》，重庆出版社2008年版，第28页。
② ［德］黑格尔著，朱光潜译：《美学》，商务印书馆1982年版，第337页。
③ 《王光祈文集·时政文化卷》，第126页。
④ 《王光祈文集·时政文化卷》，第503页。
⑤ 《王光祈文集·时政文化卷》，第153页。

想和目标还在于政治，只不过是反对直接抑或简单地参与政治活动尤其是进入政治业界而已。这种认知逻辑契合了孔子及儒家的"礼乐之治"。他说："孔子以'礼乐'二事，养成吾人今日之'中华民族性'"，"今人竞言'爱国救国'从事政治改革运动矣，而吾党则更请先言'爱族救族'，从事社会改革运动。盖未有社会不良，而政治能良者，未有民族不强，而国家能强者也。唤醒民族改良社会之道奈何，曰自礼乐复兴始。"① 而"礼乐之治"恰恰是"儒家在政治上永恒的乡愁"②。文化包括艺术及音乐，虽与政治分属不同的领域，但本质上讲，"文化不能免于政治的内容，而是政治的一种表达。"③ 王光祈的思想逻辑就是：政治（目标）→社会→文化→艺术（音乐）→政治（实现），他所从事的音乐研究，是一种"借道"迂回式的但又是具有根本性的政治——建构民族主义即音乐民族主义。

其三，进一步将其与同时代的另一位音乐家——青主[④]加以比较，更能凸显王光祈在现代中国音乐与政治关系上的典型性。在政治上，二人都是活动家和革命者，王光祈偏重政治团体的组织和宣传，青主则偏重政治事件和革命行动的参加；在音乐上，都有留德的背景，都受到德国音乐文化的影响和熏陶，都对音乐理论有所研究。比较而言，王光祈对音乐的执著要远甚于青主，对音乐学尤其是音乐史和比较音乐学的贡献也要远大于青主。基本上作为同时代的音乐学家，青主的思想相对激进，而王光祈则显得温和。青主认为，"中国的音乐史没有把它改善的可能，非把它根本改造，实在是没有希望"⑤，而根本改造中国音乐的途径就是向西方学习，用他的话来说就是"向西方乞灵"⑥。所以，有当代学者认为青主是五四时期"第一个深入批判礼乐思想的音乐家，与同样留学德国、推崇音乐但

---

① 《王光祈文集·音乐卷》（中），第551页。
② 徐复观：《中国艺术精神》，广西师范大学出版社2007年版，第19页。
③ ［美］斯沃茨著，陶东风译：《文化与权力：布尔迪厄的社会学》，上海译文出版社2012年版，第7页。
④ 青 主（1893—1959），原名廖尚果，广东惠阳人。早年参加辛亥革命，后留学德国柏林大学，获法学博士学位。回国后投身国民革命，曾任第四军政治部少将主任，广州起义失败后辗转投奔时任上海国立音乐专科学校教务主任的留德同学萧友梅，改名青主，开始了"亡命乐坛"的生涯，创作了《大江东去》《我住长江头》等曲，著有《乐话》《音乐通论》等。
⑤ 青 主：《乐话》，青主：《乐话·音乐通论》，吉林出版集团2010年版，第29页。
⑥ 青 主：《音乐通论》，青主：《乐话·音乐通论》，吉林出版集团2010年版，第90页。

却主张弘扬礼乐思想的王光祈形成了鲜明的对比。"[①] 从这个意义上说，王光祈短暂的一生，借助音乐和音乐研究来复兴礼乐文明，重塑中华民族即他心目中美丽的"少年中国"，的确展现了现代中国音乐与政治关系中一个个性鲜明的案例——音乐与民族主义紧密互动并结合——形成音乐民族主义。

（二）影响和作用

王光祈在他有限的生命中虽没能完全实现他创造"伟大的国乐"乃至"少年中国"的政治理想，但他的音乐研究和思想尤其是音乐民族主义的建构，对现代中国音乐和政治还是产生了重要而深远的影响和作用。

首先，就对音乐文化和音乐学而言，王光祈的努力、执著及其成果，在中国音乐从传统向现代转型的历程中刻下了深深的印记。尤其是对中国音乐史、民族音乐文化的整理和西洋音乐的传介等，从现代中国民族音乐学和比较音乐学的创建意义上，他都是一个重要的开创者和奠基人，这一点毋需再赘言。

其次，从对现代中国政治来看，王光祈对现代中国音乐民族主义的建构有高度的自觉，从建构的目标和内涵到路径和方法，全面清晰，系统深入。从这个意义上说，他是现代中国音乐民族主义全盘建构的第一人。他在这方面的思想和活动成为现代中国民族主义整体建构中不可或缺的特殊的组成部分；同时，他的音乐民族主义建构对中华民族的理想即民族独立和解放的实现，直接或间接地产生了独特而重要的影响和作用。中华民族作为一个古老的、原始的和文化的民族，从传统走向现代的过程，即是其自身现代民族化的过程，由一个自在的民族变成一个自为的民族，由一个单纯的文化民族变成一个政治民族和文化民族统一的共同体。王光祈不仅对此有着强烈的使命感，而且以特殊的方式和他的独特理解重塑并强化了民族认同、民族理想和民族精神。周谦冲对其历史功绩的评价就集中在民族主义方面（实即音乐民族主义），指出："'热血'（光祈《去国辞》中使用的字汇）沸腾，渴望'祖国'独立自由之心，如醉如焚的王光祈先生，真不愧为中华民族解放运动中的一个伟大思想领袖了。少年中国运动的领

[①] 冯长春：《音乐是上界的语言——一位诗人作曲家的音乐观》，青主：《乐话·音乐通论》，吉林出版集团2010年版，第20页。

袖——王光祈先生鼓铸民族爱国精神的勋劳，时可与发动德国青年运动的基禅和耶那的大学教授，少年意大利党的领袖马志尼，少年爱尔兰党的领袖密捷耳相伯仲。"[1]应当说，这个评价并不为过。

再次，受制于具体的主客观条件，王光祈对现代中国音乐民族主义的建构及其价值也显现出某些局限：一是对音乐民族主义思想内涵的建构和阐释，他过于看重和强调传统文化即孔子礼乐思想的价值，欠缺发现和提炼更为丰富的反映大众心声的时代内涵，也就未能使二者结合而更具实际价值；二是在如何实现音乐大众化方面，音乐民族化的根本是其大众化，他虽然清楚音乐对动员大众的力量，但更多在书斋中却使他缺少如何使音乐大众化的意识；三是在其思想意识中，一直保有单纯的民族主义和非国家的倾向。不知现代国家和民族是不可分的，民族主义建构的政治目标就是现代国家。诉诸民族，却排斥国家，显现其多少带有书生气和理想化。这些或多或少会限制其对整个民族尤其是大众直接的影响力，在推动中国音乐的民族化和大众化上或许难以达到理想的效果。后来抗战音乐的发展，在民族化和大众化上，尤其是在音乐民族主义内涵的时代性上，弥补和实现了王光祈没有实现和达到的目标。

但是，归根到底，在现代中国音乐民族主义建构上，一个个人能做的，从某种意义上说，王光祈已达极致。

第八节 王光祈中华民族"根本思想"的音乐文化意义

王光祈讲：什么是中华民族的根本思想？而中华民族的根本思想又是从何种"民族文化"产生出来的？我常因此深思苦索中国人的性格，详考细察西洋人的习俗，最后恍然大悟。中华民族的"民族文化"便是中国古代的"礼乐"，有这种"礼乐"以养成中华民族的根本思想。[2]

在《放眼世界的伟大儒者——中国音乐学先驱王光祈》[3]一文中对其

---

[1] 周谦冲：《王光祈与现代中国的文艺复兴运动》，沈云龙：《近代中国史料丛刊》第19辑，《王光祈先生纪念册》，文海出版社印行，第60—70页。
[2] 王光祈：《中国少年序言》，《王光祈全集·时政文化卷》，第164页。
[3] 管建华：《放眼世界的伟大儒者——中国音乐学先驱王光祈》，《音乐探索》2011年第4期。

"礼乐"及"根本思想"已有相关论述,接下来主要从两个方面再做一些深入:一是王光祈与德国汉学家卫礼贤在"礼乐"思想方面的共同特点以及国际性学者的风范;二是对王光祈的中华民族"根本思想"文化意义做一点当代的阐释。

一、王光祈中华民族"根本思想"与德国汉学家卫礼贤

法兰克福中国学院的汉学家卫礼贤(1873—1930)是王光祈交往较多的汉学家,并在法兰克福听过他的讲座。在《德国之研究东方文化热》[①]一文中,王光祈较详细报道了卫礼贤的学术讲座。在《近五十年来德国之汉学》一长文中,也提到卫礼贤(也称威廉氏),如"真正中国文化史,德国至今尚无成书。威廉之著作,虽设法细将中国历史分为数个文化时代,但严格论之,亦不能称为中国文化史。"并特别提到:"欧人论述中国文化往往有独到之处,足供吾国学者参考。"[②]

近代西方有三位儒学经典的翻译大师:英国的理雅各,法国的顾塞芬和德国的卫礼贤。卫礼贤曾花费数年时间心血将《易经》翻译成德语,此译本至今已出版 21 次,他还翻译了《论语》《大学》《中庸》《孟子》等中国经典文论。作为德国魏玛时代的最著名汉学家,卫礼贤"拥有 28 本著作,在至少 125 家专业杂志与日报上发表过书评,撰写了难以计数的各类论文,同时还是活跃的演说家。"[③]现代德国的知识精英多半借助卫礼贤的德译本而认识与深入中国的文学、文化与哲学,所有精英对卫礼贤评价极高。

精神分析大师荣格也曾读过理雅各的《易经》译本,但他感觉到唯有卫礼贤的《易经》译本才向他揭示了中国心灵的深处。荣格认为,卫礼贤在《易经》基础上熔炼了新的文化精神,并高度评价中国精神对于西方的意义,称之为一个足以改变西方的传统世界图像,一个动摇西方人心理态度的"阿基米德点"。[④]

---

① 《王光祈文集·时政文化卷》,第 419—421 页。
② 《王光祈文集·时政文化卷》,第 424 页。
③ 叶隽:《卫礼贤的"西体东用观":中德(西)精神冲撞与思想生成》,《汉学世界》第 8 卷,中国人民大学出版社 2011 年版,第 39 页。
④ 范劲:《卫礼贤之名——对一个编辑文化符码的考察》,华东师范大学出版社 2011 年版,第 367 页。

瑞士籍德国作家、诺贝尔文学奖（1946）获得者黑塞，他广泛搜集中国文化图书，其中以儒家著作为多。他曾表示中国是他的"第二故乡和精神避难所"。早在卫礼贤的《论语》译本于1910年出版时，黑塞就注意到了这位"青岛的士瓦本神父"的"敏锐意识和思想"。他在《慕尼黑报》副刊上发表文章说，读这本书让他呼吸到了一种新鲜的空气，看到了一种与西方个人主义文化相对立的生命法则，他讲："我们个人主义者羡慕这一中国世界，它的教育方法和系统整合既可靠又伟大。"[①] 黑塞为卫礼贤所写评论的译著有：《论语》（1910），辜鸿铭《中国抵抗欧洲思想》（1912），《中国民间童话》（1914），《中国小说》（1914），《易经》（1924），《吕氏春秋》（1928），《礼记》（1930）等。黑塞认为：

  他（卫礼贤）是先驱和典范，是合东西方一身，即静与动为一体的太和至人。他曾在中国潜心研究"古老"的中华智慧，曾与中国学苑英才交换心得，不过他既未丧失自己基督教信仰和打着士瓦本图林根家乡烙印的德国本色，也未忘记耶稣、柏拉图和歌德，更没有丧失和忘记他那要有所作为的西方式雄心。他从不回避欧洲的任何问题，不逃避现实生活的召唤，不受苦思冥想或美学至上的寂静无为主义的蛊惑，而是循序渐进，终于使两个古老而伟大的理想相交相融，使中国与欧洲、阳与阴、知与行、动与静有机结合起来，所以才会产生他那优美动人的语言，就像由他翻译的《易经》那样——歌德与孔夫子同时娓娓而谈，所以，他才能对东西方这么多高品位的人产生如此魅力，所以他的脸上才会带着智慧而和蔼、机敏而谐谑的微笑。[②]

读完上述这段话，有感王光祈先生与卫礼贤同样是具有共同国际风范的学者，有着宽阔的文化胸襟。王光祈十多年在德国潜心研究德国音乐学的智慧，也未放弃而且更加肯定自己的儒家音乐文化身份，以复兴"礼乐"的东方式雄心，如"登昆仑之巅，吹黄钟之律"，也从不回避中国的

---

① 范劲：《卫礼贤之名——对一个编辑文化符码的考察》，华东师范大学出版社2011年版，第374页。
② 叶隽：《卫礼贤的"西体东用观"：中德（西）精神冲撞与思想生成》，《汉学世界》第8卷，中国人民大学出版社2011年版，第41页。

任何问题，同时关注中国和欧洲，他的中国诗、思想、品格和对于中国政治、经济、文化、国防、社会发展等全力倾心著述，也凸显了他伟大人格魅力的光芒异彩。在王光祈和卫礼贤的思想与作为方面，或许我们能看到，真正的民族主义与国际主义是不矛盾的。

卫礼贤对中国音乐在文化中的地位有清晰的论述，他在《论语》导言中指出："灵魂状态的和谐对于孔子来说，首先是通过作乐达到的，这种作乐作为整个思想体系的结尾具有特别重要的意义。"[①] 卫礼贤后期用了不少篇幅探讨音乐。1927 年 8 月，借法兰克福举办"中国音乐周"之机，中国学社开了以中国音乐为题的夏季研讨会，论文刊登在《中国学刊》第 9—10 号中，有卫礼贤的引论，以及他从《论语》《家语》《庄子》《列子》《吕氏春秋》《礼记》和《史记》中摘译的中国古代关于音乐的论述，还有王光祈《关于中国音乐》和罗念初《中国音乐的重要作品》等。在第 11—12 号上发表了卫礼贤的《中国音乐的本性》，表达了他对中国音乐的看法。他认为，中国音乐实际上成了"道"的一个象征，是比语词更深刻、更直接的"道"的体验。[②]

中国的礼乐在卫礼贤心中就是"生活艺术的精神"，礼乐恰恰能证明中国人同原始人的不同，源于祭祀礼仪的伦理系统在孔子那里发展成了超越的内在精神。卫礼贤在《孔子生平和事业》中，把《易经》看成是孔子的方法论的基础，他用《易经》来阐释《礼乐》：

> 在远古的祭祀中，一开始我们能听到象征阴暗大地的沉郁鼓声，这是母性在深处涌动；从空中传来钟声与之应和，钟声代表天之穿造型，代表光明因素。于是音乐律动由大地伸向天空，由黑暗转向光明。然后当钟鼓声相杂时，知情者就体验到那种天与地的神圣媾和，万物由此而生出。有这两个宇宙性世界，目光又折回到人。神圣的舞蹈者出场了，他们和着音乐的节奏表演具有巫术效果的动作。音乐起始和结束的标志是两个奇怪的乐器：一开始是方形轮廓的木制容器，

[①] 范 劲：《卫礼贤之名——对一个编辑文化符码的考察》，华东师范大学出版社 2011 年版，第 131 页。

[②] 范 劲：《卫礼贤之名——对一个编辑文化符码的考察》，华东师范大学出版社 2011 年版，第 131 页。

由一个圆形木槌从内部击响。知情者在此能体验到创生的秘密；现在开始了音乐，它在这一刻有宇宙的原始力生出。结束信号有一个虎形乐器给出。虎背有齿，演奏者用一个分岔的竹片抚过锯齿。舞者将笛子和雉鸡翎作为法器握在手中。笛子内空，由气流鼓动而发声，代表尘世和身体之物，经由精神的气息唤出生命。雉翎代表凤凰，是"圣灵创造者"作为神鸟自天而来，充满虔敬者的心灵。神奇的舞动则表示，天如何降至大地，将自身置于地下，以至于在大地的下降和天空的上升中，两者以其升降充满吉祥地交融互渗……①

在卫礼贤看来，音乐在古代，作为意识和无意识的直接交融，是人和天、阴和阳、朋友之间、贤明的君主同万方百姓直接交流的渠道（而非语词），君王（理性的意识）到民间（人民的潜意识）采风以知晓民心，又将自己的人格性透过音乐传达给民间，这样就在一个流动层面上形成了人与人、生与死、天和地的交融。在音乐中，潜移默化的互动交融克服了理性的分隔，造成理想的人天、人际关系。②

卫礼贤认为，孔子推崇礼乐，以音乐塑造人心。中国音乐当然就是"中国心灵"的换喻，中西音乐的区别即中西精神的分野。西方音乐特别突出技术性因素，发展成了一种"绝对的艺术"，正像西方理性与语词的绝对性。中国音乐却是有机生活的一部分，作乐者和宇宙社会紧密相联，技术始终是放在第二位的。然而，如此美妙的中国音乐在当代也面临生存危险：一方面，虽然传统的乐谱、民歌开始被整理发掘，但这种"复兴"似乎只是历史的兴趣，而时代及精神发生了沧桑之变；另一方面，如何应付西方音乐的挑战也是一大难题。虽然唐、元时期中国音乐也从西域一带汲取营养，但那些音乐和中国自身的传统音乐基本处于同一平面，而多声部的欧洲音乐却和中国音乐完全不同，这就给接受和转化带来了很大的问题：如果西方音乐意味着一种全新的音乐表达方式，这种接受是否会导致中国心灵的重组？这也是中国心灵和中国文化面临的两难，即胡适等人在

---

① 范劲：《卫礼贤之名——对一个编辑文化符码的考察》，华东师范大学出版社2011年版，第131页。
② 这段话直接引用了范劲的叙述，其中也包含了范劲的一些见解。范劲：《卫礼贤之名——对一个编辑文化符码的考察》，华东师范大学出版社2011年版，第382页。

全盘西化冲动面前感到的困惑。①

通过上面卫礼贤对中西方音乐的对比，以及音乐现代化可能带来的困惑，我们也可以从以下王光祈对中西方音乐的对比中发现他们观念和看法的一些不谋而合之处。

王光祈在《音乐中之民族主义》一文中讲道："以同处欧洲之民族，对于音乐一道，尚不能彼此尽量了解。今欲以思想行为感情习惯迥不相同之东方人士，而求其充分了解欧土音乐，则其为道之难，更不待智者而知。举其著者，约有三端：第一，西洋人习性豪阔，故其发为音乐也，亦极壮观优美，吾人每听欧洲音乐，常生富贵功名之感；东方人恬淡而多情，其发为音乐也，颇尚清逸缠绵，吾人每闻中国音乐，则多高山流水之思。换言之，前者所以代表城市文化，后者代表山林文化也。"②这里所言"高山流水""山林文化"，与卫礼贤在去世之前发表的最后一篇文章《中国文化危机》开篇所谈到中国音乐文化的性质寓意相同，卫礼贤讲："中国文化是一种植根于自然性冲动的直接生命延续的文化，是美化自然的文化。"③卫礼贤的这种观点涉及中国音乐文化思想的重要特质。

王光祈继续讲道："西洋人性喜战斗，古代西洋美术如图书诗歌等类，颇多赞美战争之作，其在音乐中，虽不如图书诗歌中直接描写战争，然以好战民族发为声调，自多激昂雄健之音，令人闻之，辄思猛士，故不独军乐一种为然也；反之，中国人生性温厚，其发为音乐也，类皆柔霭祥和，令人闻之，立生息戈之意。换言之，前者所以代表战争文化，后者所以代表和平文化。"④

卫礼贤则从另外的角度谈到了这种"战争文化"与"和平文化"的特质。他在《来自东方的光明》中提到，"欧洲精神生活以向外冲动为特征，擅长和外在客体打交道。统驭和塑造客体世界少不了强力，逻辑就是对于客体的暴力，它规定事物的因和果。这种暴力造成了科学和技术的进步，也会被其他领域所仿效。可是技术思维在个人培养和社会组织上的滥用造

---

① 这段话直接引用了范劲的叙述，其中也包含了范劲的一些见解。范劲：《卫礼贤之名——对一个编辑文化符码的考察》，华东师范大学出版社2011年版，第132页。
② 《王光祈文集·音乐卷》（中），第550页。
③ 范 劲：《卫礼贤之名——对一个编辑文化符码的考察》，华东师范大学出版社2011年版，第278页。
④ 《王光祈文集·音乐卷》（中），第550页。

成了严重后果，欧洲人被训练为纯技术专家。但还有进一步后果，那就是用暴力来解决人与人共处的问题成为惯例，欧洲社会组织最终通向帝国主义，而帝国主义意味强权和战争。"卫礼贤认为这是现代欧洲精神的绝对共性，彼此间的厌憎情绪阻碍了各国人民看到根本的一体性，正如敌对的兄弟忘记了彼此的家族亲缘。[1]

那来自东方的光明是什么？卫礼贤继续讲到："除了外部世界，除了事物、技术、机构外还有内部世界、人、生活艺术、有机的组织。无论孔子、老子，在修身方面皆主张，外部目标对于人格养成不是最要紧的，目标必须从内部有机地生出，但也不是要造成自私的、孤立的人格，而是将个人纳入整个社会范围来看待……通过榜样的力量和超个人的有机力量，即宇宙的有机节奏。通过清晰的、凝聚于统一意愿的人格，通过人格的重力，个人影响亲朋，将他们纳入人格的作用范围……'礼'就是圣贤人格的外烁而成为无形的规则，群众见贤思齐的后果……中西区别在于，欧洲人的时尚仅限于服饰、举止等外部的东西，而中国充分利用了这一本能，通过暗示性的影响将其提升到内在道德的层次，'礼'由此而生，即做得体合宜的事情，偏离了'礼'就没有了'脸面'。"[2]中国人注重道德的内化，而不注重外在思想的形式，这也是中西音乐"载德"与"载理"的特质。

王光祈讲道："第三，西洋古代美术，多与宗教有关。音乐一事，尤为教堂卵翼之物，德国音乐始祖巴赫，其明珠独多关于教堂音乐之作；反之，吾中华民族生气与孔孟学说之下，养成一种'哲学民族'……中国人既与宗教关系不深，故其发为音乐也，亦多以陶养性灵为主……"[3]

西方人尊基督教，中国人尊孔孟。王光祈称自己是孔子的信徒，而卫礼贤也有尊孔之意，他作为传教士在中国青岛期间（1899—1920）曾发起组织了一个"尊孔文社"。他在《中国心灵》对辜鸿铭有生动描述："他（辜鸿铭）会对中国文化进行纵览，揭示圣贤的生活智慧中最深刻的

---

[1] 范劲：《卫礼贤之名——对一个编辑文化符码的考察》，华东师范大学出版社2011年版，第300页。

[2] 范劲：《卫礼贤之名——对一个编辑文化符码的考察》，华东师范大学出版社2011年版，第301-302页。

[3]《王光祈文集·音乐卷》（中），第550页。

内涵，富于想象地描绘古时精神活动和文学创造的画面……"卫礼贤《中国心灵》中叙述辜鸿铭的印象是要呈现中国人的表面静止下心灵活跃的一面。①"中国的过去是怎样美轮美奂！还有什么比中国的生活智慧更高，更让人愉悦！"②卫礼贤在《东方与西方》（1926）中讲道："中国人的世界观中不存在任何宇宙的分裂，在世界的和谐有机体中，每一个体都有适当位置，这就给中国生命一种极大的自足感，即使身陷困乏，亦不失安乐。中国未泯其童真，无非因为它还能感受到同自然脉络的生动关联，这使中国人心态中没有那种典型的西方式巨人性格或悲剧感——超越个人的世界根据的反抗毫无意义，因为说到底，中国的世界和自身在心灵最深处是同一的。"③上面所述王光祈所述涉及的"性灵"与卫礼贤所述涉及的"心灵"与中国音乐的心灵和品性紧密相关。

卫礼贤于1930年辞世。郑寿麟先生在《卫礼贤的生平和著作》（1932）一文中感慨道："卫先生半世替中国文化做宣传，德国对他尚且非常敬仰，中国对他，实在有很多该感激的地方。"④同样，王光祈在德国对德国法兰克福中国学院汉学的贡献也得到了德国学者的高度评价，至于在中国、在东方，王光祈作为中国音乐学和比较音乐学的先驱，他的学术贡献也得到了海内外学术界的公认。

二、王光祈中华民族"根本思想"文化意义的当代阐释

在当今世界三大文明中，西方基督教音乐文化，印度教音乐文化，以其宗教和文化的稳定性，对其文化做出了重大贡献，由此，谁也改变不了他们的音乐与文化的核心价值。同样，"礼乐"也是中国音乐与文化的核心价值所在，并包含了中国文化重要的哲学思想。

余英时在《轴心突破与礼乐传统》一文中指出，礼乐传统形成的突破

---

① 范劲：《卫礼贤之名——对一个编辑文化符码的考察》，华东师范大学出版社2011年版，第142页。
② 范劲：《卫礼贤之名——对一个编辑文化符码的考察》，华东师范大学出版社2011年版，第146页。
③ 范劲：《卫礼贤之名——对一个编辑文化符码的考察》，华东师范大学出版社2011年版，第50页。
④ 范劲：《卫礼贤之名——对一个编辑文化符码的考察》，华东师范大学出版社2011年版，第147页。

在于，孔子对礼乐实践做出了哲学上的重新解释，孔子提出"仁"为"礼乐实践"的基础和精神内核，庄子重视"礼意"都是其例。儒道两家都摆脱了古代礼乐传统中"巫"的主导成分，"天"与"人"之间的沟通不再需要"巫"为中介，代之而起的则是"心"。中国无西方式"神学"，而"心性"之学，以"内在超越"成为中国思维的特色之一。"仁"是指由人培养起来的道德意识和情感，只有"仁"，才可以证明人之真正为人。[①]按照孔子的解释，正是这种真实的内在德性，赋予"礼"为生命意义。子曰："人而不仁，如礼何？人而不仁，如乐何？"（《论语》）又曰："礼云礼云，玉帛云乎哉？乐云乐云，钟鼓云乎哉？"（《论语》）

"礼乐"具有宗教性，它不光包含有信仰，也有制度化的礼仪，如《周礼》中就有吉礼、凶礼、宾礼、军礼、嘉礼。另外，礼乐也包含有"天文"（音乐之所由来远矣，生于度量，本于太一。太一生两仪，两仪出阴阳。乐者，天地之和，阴阳之调也。《吕氏春秋》）及人文，如儒家荀子在论述音乐时就阐发了音乐的人文精神，"夫乐者，乐也，人情之所必不免也，故人不能无乐。"（《荀子·乐论》）礼乐"足以感动人之善心，使夫邪污之气无由得接焉。"因此，"入人也深"，"化人也远"，可以"移风易俗"。（《荀子·乐论》）

中国"礼乐"所包含的"天人合一"思想，与西方基督教音乐所包含的"天人相分"思想，二者也是哲学方法的重要区分。因此，中国的"礼乐"，乃至"佛乐""道乐"与自然合一，其也表现在音乐与自然地方方言的合一，因此这些音乐都完全地方化了；而基督教音乐已经数理化了，中世纪奥尔加农多声音乐的发展，定量记谱法的逐渐确立，其音乐也以普世化的标准相统一。在中西音乐中，中国音乐与方言、文学、身体（诗舞乐）、演创的合一与整体性，西方音乐与方言、文学、身体、演创的相分与二元性；中国注重曲牌的流变与时间性，西方注重曲式的逻辑与空间性；"中国音乐的'口传心授'与心性逻辑相联系，西方音乐的'书写创作'与几何逻辑相联系。"[②]而当西方音乐走到后现代时，才发现音乐的"几何逻辑"并非万能。

---

① 余英时：《轴心突破与礼乐传统》，《现代儒学的回顾与展望》，三联书店2012年版，第397页。

② 管建华：《东西方音乐的帕斯卡尔式的历史沉思》，《音乐艺术》2012年第1期。

卫礼贤曾在《东方精神对于西方复兴的意义》一文中对欧洲理性思维进行了反思，他讲："欧洲精神从根本上是由逻各斯决定的，其特殊思维形式是数学。认识的目标是存在，即变化背后永恒的存在。这种思维的特征是对因果律的重视，其背后是一种'二元论'。由此，多变的世界被织成了严整的系统，也塑造了欧洲人的心灵和心理结构，造成一种极其精确的征服态度。但是因果说的世界图像说到底是静态模式，是空间而非时间的，因为每一结果原则上都是可以预测的必然性，并无变数即有机生命可言。"[1]相对于欧洲理性思维的危机，他提到了中国文化思维对于欧洲思维的不同以及对欧洲可能提供解决危机的思路，他讲："在东方，重要的是演变和逝去，是变易，重要的不是留驻者，而是运动的、成形和变形中的东西。世界不应该理解为一种空间性的东西，由原因和效果而运作，而是时间性的，变化于时间中。认识它的最佳途径，是把它理解为一株植物的生命动机的存在。植物是某种延展之物，但不仅在空间中，也在时间中延展。"[2]卫礼贤说出了东西方音乐的根本特性，中国的曲牌、印度的拉格、阿拉伯的玛卡姆的流变，注重的是时间性、动态性，而不是西方音乐作品的"凝固建筑"（记谱法）的空间性、静态性与逻辑性。

按照20世纪上半叶中国语境的理解，特别是20—30年代中国"现代化"主流思想中，王光祈与卫礼贤他们更可能被划到康有为、章炳麟、刘师培等文化保守主义派。从另一方面来讲，正是迫于"西化"激进思想势力的压力和对中国儒家文化提出否定，则有中国文化自觉意识者，文化的守土主义者必然要对自身文化进行守护。汉学家则以"他者"文化引入自身文化批评所产生的理解，出于寻找对自身文化危机问题的解决方案，以人类学家的说法，则是通过他者来突破"自我局限"以及"反观自身"。实际上，激进与保守是文化发展的一种动力性平衡。按余英时先生的思考，20世纪，从"五四"到"文化大革命"，是激进压倒保守，而文化是需要"保守"和"激进"随时随地相平衡的。[3]在当今人文科学学术前沿

---

[1] 范劲：《卫礼贤之名——对一个编辑文化符码的考察》，华东师范大学出版社2011年版，第297页。

[2] 范劲：《卫礼贤之名——对一个编辑文化符码的考察》，华东师范大学出版社2011年版，第298页。

[3] 余英时：《中国近代思想史上的激进与保守》，《现代儒学的回顾与展望》，三联书店2012年版，第42页。

中，罗尔斯所代表的以主张社会正义为宗旨的"新自由主义"，与麦金太尔为代表的以强调共同体作用为特征的"社群主义"，也是一种随时随地相平衡的西方社会思潮，二者都具有重要的文化价值。按后现代社会的原则，不同思想，甚至对立的思想，都应该差异并存。这样来看，王光祈思想的两方面，一方面亲身参加了五四运动，另一方面又提出"复兴礼乐"，其正是符合"激进"与"保守"相平衡的逻辑。只是在"现代化"单一性的语境中，在"救亡压倒启蒙"（李泽厚语）的语境中，"复兴礼乐"似乎变得不合时宜，而在今天后现代多元时代才会显得合理。然而，我们对"启蒙"的含义理解也存在偏差。"启蒙"不光是对西方文化的认识才算"启蒙"，"启蒙"本身就是"勇于用自己的智慧去认识你自己"，就是要求在新的历史语境中对自身文化做出新的价值判断。特别是在世界 21 世纪新的"轴心文明"即将到来的时代，各种文明都在考虑对世界做出他们各自文化的贡献。

关于王光祈的"复兴礼乐"思想，对于中国文化的未来仍然是一个不可回避的文化问题。这一问题相当重大，限于文章的论域，在此无法继续展开。在中国音乐界，近十年来，中国学者、民族音乐学家（音乐人类学家）项阳对"礼乐"的一系列研究成果[1]已经说明，在全球多元文化时代来临之时，王光祈的中华民族"根本思想"仍是中国音乐文化走向未来的自身的文化逻辑起点。

---

[1] 读者可以通过网站搜寻项阳研究员关于"礼乐"的研究，如"礼乐之间：一个久违的思想空间""中国礼乐制度四阶段论纲""中国传统礼乐文化讲座""礼乐、雅乐、鼓吹乐之辨析""中国音乐教育史研究中礼乐文化缺失的思考""小祀乐用教坊明代吉礼用乐新类型""中国乐籍制度与传统文化""从'礼乐'文化观看中国音乐思想的生成""从《朝天子》管窥礼乐传统的一致性存在"等等。

第三章　王光祈的教育思想

20世纪初叶，正是中国社会的重大转型期，"三千年未有之大变局"，深刻地影响了当时中国的政治、经济、文化和教育等。五四前后，在中西文化的激烈碰撞与融合中，各种新思想、新思潮、新观念、新方法层出不穷。它们都以思想变革为先声，都以寻求救国途径为旨归，用各种手段及方式，探索和实践救国救民的道路。王光祈在《工读互助团》一文中曾这样描述那时的思想潮流，"自欧战停后，世界潮流排山倒海直向东方而来，中国青年受此深刻刺激，顿成一种不安之象，对于旧社会、旧家庭、旧信仰、旧组织以及一切旧制度，处处皆在怀疑，时时皆思改造，万口同声地要求一个新生活。我便是其中的一个"。[①] "教育救国"思想就是此时知识界爱国人士为中华民族的解放与复兴提出的一种救国主张。黄炎培的职业教育救国论、蔡元培的人才教育救国论、晏阳初推行的平民教育以及胡适倡导的实用主义教育救国论等，都是这种思潮的代表。王光祈的教育思想，也是在这样的历史和社会背景中产生、形成和发展变化的。

第一节　王光祈的教育思想

一、中国音乐教育的历史与现状

浩浩五千年文明史的中国，音乐文化、音乐教育的历史源远流长。据资料记载，中国音乐教育的萌芽，最早可追溯到新石器氏族社会后期，音

[①] 《工读互助团》，《王光祈文集·时政文化卷》，第81页。

乐教育制度开始发生。① 氏族社会的音乐教育与祭祀活动紧密关联，主要包含两方面的内容：一为乐教活动的场所；二为主持乐舞活动的典乐者（即专职乐官）。《吕氏春秋·古乐》留下了上古社会乐舞、乐教的一些记录，一批乐教专职人员和具有乐教性质的机构出现了：夔、伶伦、咸黑、质② 以及大司乐③，他们既是音乐的传承者也是音乐的教育者。中国古代的乐教主要是两方面的功用：一为生命的功用；二为社会的功能。生命的功用是指"乐"带给人生的快乐。"夫乐者，乐也。人情之所必不免也。故人不能无乐。"④ 社会功能是指音乐的政治、伦理功能。古代音乐侧重的是社会功能。

礼、乐相结合的礼乐文化是中国传统文化的主要特点。自西周起，主张以礼、乐、射、御、书、数的"六艺"来培养、提高人的文化素养，音乐被列为文化素养的重要部分。礼、乐也是中国儒家文教经典"六经"（《诗》《书》《礼》《乐》《易》《春秋》）的主要内容之一。"六经"的《礼》《乐》与"六艺"一脉相承，经过春秋、战国以降儒家学派的继承、弘扬，礼乐思想成为中华传统文化的重要内容，同时，也是中国传统音乐教育理念的主要来源，在中国两千年传统文化中占有重要地位。王光祈音乐教育的主要思想就是"复兴礼乐"。

中国近代真正意义上的音乐教育是从19世纪末20世纪初引进西方的音乐文化、音乐教育开始的。1898年清末维新运动期间，光绪皇帝一百多道新政诏令中包括了废八股、设新校的内容，在此背景下，新式学堂开始出现。新式学堂将音乐列入西学课程范围，开设琴科与唱歌课，西方音乐文化和音乐教育理念随之进入中国。到1904年全国各类新学堂总数达到8277所。⑤ 新式学堂的建立为近代音乐教育的实施奠定了基础，拉

---

① 根据传说时代的文献记载：《春秋》《三传》《山海经》，并结合考古材料所进行的互证。
② 《吕氏春秋·古乐》记载的"黄帝命伶伦作为律"，"帝尧立，乃命质为乐"。
③ "大司乐"是周朝的音乐机构，掌握着音乐教育和执行礼乐的职能，它的培养对象主要是王室和贵族的子弟，也有一些是从民间选拔出来的优秀音乐人才。"大司乐"也是机构最高官职官名，统管乐制、各种典礼、贵族的音乐教育、乐工的训练和管理等等，又名"大司成"。据《周礼·春官·大司乐》载，这个机构的官员和乐师有固定名额，多至1463人，各有专门职司。
④ （战国）荀子著，孙安邦、马银华译注：《荀子》山西古籍出版社，2003年版，第201页。
⑤ 戴定澄：《音乐教育展望——研究科学展望丛书》，华东师范大学出版社2001年版，第64页。

开了以"学堂乐歌"①为标志的中国近代音乐教育的序幕。一批接受了欧、日近代教育思想的留学生沈心工、萧友梅、李叔同等积极在国内推行、效法西洋音乐知识和技能，在新型学校中开展唱歌的学习方法和经验。作为西学东渐新文化重要部分，学堂乐歌的盛行，改变了"古乐雅音，失传已久"的乐教式微的状况，是中国近代新音乐、学校音乐教育产生和发展的标志。

近代音乐教育的起步与世纪之交的一批思想家的呐喊、呼吁分不开。康有为②、梁启超③、蔡元培④为此都做了努力。其中，蔡元培是推动近代新型音乐教育体制建立的关键性人物。作为中华民国第一届政府教育总长，蔡元培一生的教育实践，最富建设性的成果是对美育的倡导与实施，音乐教育则是美育不可或缺的重要环节。由蔡元培亲自制定颁布的《普通教育暂行办法》《小学校教则及课程表》《中学校令施行规则》等法令法规，逐步确立了学校教育中音乐教育课程的地位，在民国头几年逐步推行从幼儿、小学、中学再到中等师范学校的音乐教育体系，具体规定了音乐课的学时、教学要求，形成了比较完备的体制。"美育"教育思想在教育界和专业音乐界以及行政界得到了相当的关注，使得音乐教育在中国迅速发展：各类音乐社团、音乐学校乃至音乐理论研究机构如雨后春笋般纷纷建立；各级各类学校编写的音乐教材也大量涌现，公开出版的音乐教材数量众多，体现了当时中国音乐教育的成果和水准；大众音乐活动、普通及专业音乐教育活动极其活跃；音乐教育家萧友梅、杨仲子、吴伯超、王光祈、黄自、应尚能、黎锦辉、吴梦非、刘质平、熊佛西、聂耳、冼星海等群星闪烁；师范院校对音乐系科的建设和专业院校对师范音乐系科的建设

---

① 学堂乐歌：指的是清末民初我国在新式学校中所开设的音乐课以及课堂中所教唱的歌曲。学堂乐歌多采用"依声填词"的手法，多是选用欧美或者日本通俗歌曲的曲调，配上反映当时我国社会新思想的歌词而成。学堂乐歌构成了一种区别于我国传统歌曲的新式样，成为当时学校社会文化生活的一种新风尚。

② 康有为曾在《大同书》（1891年完成）"就提出了在幼儿园及各级学校中开展音乐教育的意见，这也可以说是我国学校音乐教育最早的提倡者。"伍雍谊：《清政府的音乐教育指导思想》（分论稿）。

③ 梁启超则认为"盖欲改造国民的品质，则诗歌、音乐为精神教育之一要科"。参见梁启超《饮冰室诗话》。

④ 对中国近现代音乐教育发展有着最大贡献的要数蔡元培先生。蔡元培先生是我国近代民主革命家、教育家，提出了"学为学理，术为应用"及"学为基本，术为枝叶"的观点。

都达到一定的水平，专业音乐院校开始把培养音乐教育的人才放在重要的地位。

不可否认，中国学校音乐教育从无到有，从起步到初具框架，深受欧洲、日本音乐教育体系的影响。"远法德国，近采日本"[①]，学制、基础课程、教材及教学形式、教学管理等诸多方面主要是借鉴欧洲体系，西方传统音乐学体系和教育学体系构成了中国音乐教育的学科基础。

中国当代的音乐教育从 20 世纪 50 年代起步。中华人民共和国的建立，使得学校音乐教育也发生了巨大变化：音乐教育的地位、教育方针、教学大纲、教学标准等与时俱进，出现了一批具有代表性的民族音乐，如小提琴协奏曲《梁山伯与祝英台》等。但是，由于意识形态与西方的对立，音乐领域也采取了对西方音乐的排斥，并一边倒地只接收苏联和东欧的音乐文化。而同一时期，国外音乐教育迎来了以多元文化观为主题的快速发展的机遇。[②] 1958 年国际音乐教育协会召开了"促进东方世界和西方世界音乐共同发展，并以此作为国际间相互理解、相互沟通的一种手段"的 ISME 第三届大会，给民族音乐学、民族音乐教育带来了大发展的契机，为国际音乐教育的多元文化发展奠定了基础。

中国 50 年代起相对封闭的教育状况一直延续到 80 年代。20 世纪 80 年代后，中国的教育迎来了一个强调"美育""素质教育"为新特征的全面发展的好时机。美育被正式列入"德、智、体、美全面发展"的国家教育方针。国家将音乐教育视为落实美育的重要手段，设立了各级负责艺术教育的机构，统筹管理各级各类的艺术教育。尤为突出的是改革开放以后，中国民族民间音乐从过去未得到足够重视迈向了"强化民族音乐教育，创建中国音乐教育体制"的关键一步。音乐、音乐学、音乐美学、心理学、教育学等理论研究成果为音乐教育的多维开展提供了可支持的沃土。

从 20 世纪之初的全面效仿西方的音乐教育体制到 80 年代以后民族音乐教育的重新开启，以及 21 世纪前后多元的音乐教育格局的开启，中国

---

① 康有为：《请开学校折》，陈学梅主编：《中国近代教育文选》，人民教育出版社 1983 年版，第 109 页。

② 多元文化观：指由一种政治上的认识引发的对少数民族群体的认识，意思是不同民族、不同群体的文化都应受到尊重，并得以发展。就音乐而言，指的是尊重各民族的音乐，重视世界音乐的教育。

近代音乐教育百余年的发展跌宕起伏。王光祈等音乐学家、音乐教育家早在 20 世纪 20—30 年代对民族音乐和音乐教育孜孜不倦的研究与推广，终于在半个世纪以后得到了应有的回应。

二、教育思想的背景

王光祈的教育救国思想，也与他完整而复杂的求学历程和所受教育的模式有密切关系。

王光祈所受教育的背景和历程，恰好反映了当时中国教育格局变化的复杂情形。8 岁以前，王光祈在家中由其母亲罗氏启蒙识字背诗，初识《三字经》《百家姓》《千字文》。九岁入私塾，接受中国最古老、最传统的入仕教育。1907 年王光祈 15 岁时，进入成都第一小学堂，一年后转入成都高等学堂分设中学，开始接触到由西方传来的新文化、新思想、新知识，初步奠定了他的民主爱国主义思想基础。1914 年秋，考入北京中国大学专门部法律本科，着重研究国际公法和中西外交史，接受新式的大学教育。1920 年，王光祈以北京《晨报》、上海《申报》《时事新报》特约通讯记者的身份赴德留学，先在法兰克福住了大约一年半，习德语，修政治经济学，后来到柏林，在一所专科学校补习钢琴、小提琴与音乐理论。1927 年转入柏林大学音乐系，1932 年 11 月被波恩大学东方学院聘为讲师，并于两年后以《论中国古典歌剧》一文获得博士学位，成为中国第一位在西方获得荣誉的音乐学家。

王光祈的求学历程，活脱脱就是一部浓缩了的中国教育格局和教育思想的变化史，他几乎完整地经历了自中国古代学堂式教育到中西杂糅的半新式教育再到完全新式的中国大学教育，最后见识和完成了纯粹西式的现代教育。各种教育模式的优劣高下，他都有了切身的体验和认识，也有了深刻的反省和比较。他在 1920 年 11 月初到德国时，就对中国的教育发出了感慨："想想我们童时所受的家庭教育、社会教育、学校教育，是如何的不良。不但是真正的科学基础我们没有建筑，而且染了一身不良习惯。直到现在才知道求学，真是晚了晚了。"[①] 他自认是"身受吾国万恶中等教

---

① 《旅欧杂感》，《王光祈文集·时政文化卷》，第 103 页。

育摧残之一人"[①],对中国教育的弊端有切肤之痛,改良中国教育的愿望也就最迫切,行动也就最积极。这也使得他的教育救国的思想有了坚实的现实性和针对性。

三、教育思想的主旨

王光祈教育思想的主旨,一是实现教育独立,二是消除教育不平等,三是建立完善的全民教育体系,四是改革教育内容和方式。他期望通过教育的改良,实现对"人"的改造,以创造"少年中国",实现对中国的改造。他明确地宣称,"少年中国学会所着手的预备工夫,便是要想先将中国人个个都造成一个完全的人。""(少年中国学会)是主张社会改革的团体,从教育实业下手。因为教育可以革新我们的思想,灌输各种智识;实业可以增益我们物质上的幸福,减少我们生计上的痛苦。只要教育实业办好,我们精神生活、物质生活皆可达到极圆满的地位。"[②] 这与他一贯奉行和坚持的救国救民宏愿,是高度一致的。

(一)教育独立

1919年8月,王光祈在《每周评论》发表文章《司法独立与教育独立》,对教育独立的含义作了两个方面的划分,即教育界外和教育界内的两个独立。"就教育界对于教育界以外的机关的相互关系而言,要求教育须立在政潮以外,不受政治的恶影响罢了。若就教育界内部而论,亦有所谓教育独立,系指教授独立而言,即教员讲授学术,有自由发挥的权利。只要他言之成理,持之有故,决不受校内校外的干涉。"并认定"这是我们主张思想自由的人应该的思想自由","讲授学术如不自由,学生思想亦因之固蔽。这种学术思想定于一尊的办法,是阻碍世界的进化,使民族思想日趋于衰弱,充其量可以使世界人类堕落灭绝。"

但这种理想的教育独立模式,在当时的"鱼行买办可以当教育总长、大学校长","所有思想稍新的教授,均被外间指摘诬陷"的现实环境中,显然是无从着落的。王光祈等"对教育独立的希望,至此遂付之东流了"[③]。

---

① 《德意志之中等教育》,《王光祈文集·时政文化卷》,第384页。
② 《少年中国学会之精神及其进行计划》,《王光祈文集·时政文化卷》,第75页。
③ 《司法独立与教育独立》,《王光祈文集·时政文化卷》,第44页。

(二)消除教育不平等

王光祈在《少年中国》第1卷第2期上发表的《少年中国之创造》一文中高呼:"教育不平等就算社会上的绝大危机!"他认为,"现在祖国的教育是贵族的教育,现在中国的学校是纨绔子弟的俱乐部。""我们劳农两界的子弟,生下来就受了饥寒交迫的苦况——他并未作过恶事——哪里还有机会读书!"在期望通过教育独立而不得的现实下,岂敢再奢望实现全民的教育?王光祈清楚地意识到了这一点,明确提出,"我们现在要办的教育,与教育部所办的教育,是两件事。我们尽我们的力量,随时随地创办平民学校、半工半读学校,是一个不要学费而且能顾全他的生活的学校。此外如平民讲演之类,都包括此项事业内。"在这期间和之后,王光祈勉力支持少年中国学会的工作,编辑《少年中国》和《少年世界》杂志,发起和领导北京工读互助团与上海工读互助团,积极参加北京大学的平民教育讲演团等,既是王光祈改造中国的社会实践,也是他改良中国教育、消除教育不平等、实现教育救国的教育实践。

(三)建立完善的全民教育体系

王光祈的教育救国的理想,就是要在消除教育不平等的基础上,建立起面向全体国民、面向各社会阶层,涵盖学校教育、家庭教育、社会教育各个层次的教育体系。这显然是一个理想化的宏大构想,更是一个艰难的实现过程。王光祈以他不绝的救国热情和无畏的实践精神,一点一滴地为时人、为后人勾勒了实现全民教育的愿景,留下了一个个美好的愿望和期许。

王光祈最先关注的教育改良,是对青年的教育。王光祈认为,青年既是理想的少年中国的创造者,又是旧教育的受害者。在他赴欧留学前写成的《去国辞》一诗中,他饱含热情地赞美了青年的高尚品质,实际也是他对青年同人陶情励志的期许,更是他对少年中国梦想实现的无尽盼望。[①]身为青年,又深处青年运动的核心并作为青年运动的领导者,对青年的教育更为关注,也就顺理成章了。

1919年2月,王光祈在《学生与劳动》一文中,满怀激情地宣告:"现在世界的新潮流,已崩山倒海地来了!要想适应新潮流,自然是全靠

[①]《去国辞诗》,《王光祈文集·时政文化卷》,第524页。

我们青年。"但肩负引领时代潮流、创造崭新世界的青年人，却因为政治不良、社会腐败和自身决不加入社会活动，变得不肯读书了。即使有部分青年在读书，甚至读到大学或者出洋留学，却又像他自认的那样深受万恶旧教育所害，"学问既无基础，身体又不健全，不但高深学术无从研究，而且养成孱弱身体，白送了一个人生。"①"学者为社会的灵魂，社会既无灵魂，也就成了死社会了。"②王光祈认为，中国之贫弱混乱在于无"能力"，无能力之原因，又在于"疏懒不知振作"③，所以他要求，现在中国教育家最大责任，就是使国人能力增加和驱国人疏懒之病。为打破这一死社会，寻出一个极有兴趣的新生活来，王光祈开出的药方是："一面工作、一面读书，终身工作、终身读书"，因为，"其实'求学'即是'救国'之手段，而且是必不可少之手段。"这正是王光祈竭力推行和念念不忘的救国要旨，从最初的乡村新生活"小组织"，到后来的少年中国学会，再到声名远播的工读互助团，王光祈对这种半工半读、亦工亦读的组织始终抱有高涨的热情，对其改造社会的作用，始终寄予殷切的期望。

在对民众特别是劳动者的教育问题上，王光祈更是不遗余力，大声疾呼且身体力行。在他看来，劳动者应该享有的两个最重要的权利，一是要求生产机关（如土地机械）应归公有，另一个就是要求教育平等。他鼓动劳动者，要提出自己的诉求，"我们以后一方面要求国中一切学堂都要公开，不收学费，任我们劳动者自由前往听讲；一方面要求我们的雇主，减少工作时间，替我们办一个补习学校，每日读书两三点钟。这个读书的钟点，还是要加入工作时间内计算，仍是要给工钱的。"④在与左舜生的书信中，他描绘的乡村新生活图景中，还不忘给平民教育留下一个位置，"我们园中要附设一个平民学校，附近农家子弟均可以到学校读书，不纳学费。我们还要常常到那些农家与他们诚诚恳恳地周旋。每逢星期，还要聚集他们开一个演说大会，散会之后，我们还要开演幻灯，或购置留音机器一架，使大家快活呀！"⑤实现普遍的民众教育，王光祈想到的主要实施

---

① 《德意志之中等教育》，《王光祈文集·时政文化卷》，第384页。
② 《学生与劳动》《王光祈文集·时政文化卷》，第6页。
③ 《王光祈旅德存稿》，《王光祈文集·时政文化卷》，第367页。
④ 《劳动者的权力》，《王光祈文集·时政文化卷》，第17页。
⑤ 《与左舜生书》，《王光祈文集·时政文化卷》，第53页。

者，依然是青年，他说，"现在的青年应该加入劳动阶级运动……我们应该把我们所知道的传授一点与我们未有机会得受相当教育的劳动同胞，这是我们绝对的义务。工厂农村皆须有我们青年的足迹，亦就是我们改革社会的起点。"王光祈之所以如此重视民众教育，是因为他认为当时中国丧权辱国、内忧外患的格局，全在于民众的不觉醒，他说，"今日吾国民众之知识与能力均极薄弱，社会组织与道德亦均极缺乏，军阀之所以能专横者在此，外力之所以能侵入者亦在此。为今之计，非从事大规模之民众教育运动，实不足以扫除一切祸根。"[①] 教育与救国，教育民众与救国，王光祈单纯而热烈的救国理想，于此表露无遗。

对妇女的教育改良，王光祈当然不会忽视。在1919年9月，他在《少年中国》第1卷第4期上发表了一篇文章，系统地提出了他改良妇女教育的主张，那就是由女子自身起来解决，不是男子所能代庖的。解决的方案，仍然是他极力推崇的团体实践。他说，"我主张应该由有觉悟的女子，组织一个女子教育促进协会"，这个协会的目的和任务，就是普及女子国民教育，筹备大学预备学校，以便升入大学，要求大学开女禁，改革家庭教育。为达此四项目标，他还提出了四个进行方法。[②]

建立完善的全民教育体系，学校教育必是主体。王光祈短暂的一生，大部分都是在学校度过的。对中外学校教育，他都深有感受，也提出了不少改良学校教育的主张和方案。留学德国期间，他考察德国的教育体系，参观德国的中学，参加德国青年大会，参与国际青年团的活动，试图从各个方面了解德国教育的结构和内容，以作改良中国教育的借鉴。在《王光祈旅德存稿》一书中，他关于德国教育的内容着墨最多，篇幅最长，介绍也最详尽。对比中德两国的教育，他既伤心难过，又充满信心。他说，"我们将来回去，自儿童公育院、幼稚园以至小学、中学，我们都要设立，造就人才惟从婴儿着手。"[③]

（四）改良教育的内容和方式

王光祈认为，"现在中国办教育的人，多偏于理智教育（即学术教育）与职业教育两面，而对于情感教育（即兴趣教育）则尚不打注意……其结

---

① 《王光祈对于会事进行意见书》，《王光祈文集·时政文化卷》，第503页。
② 《王光祈文集·时政文化卷》，第63—64页。
③ 《少年中国》，《王光祈文集·时政文化卷》，第104页。

果学校设立愈多，人生枯寂愈甚。我们会员从事教育的则一反其道，于讲求学术、谋生技能两事之外，尤注重青年感情的发展与兴趣的培养，以引导他们渐渐走入一个丰富愉快的人生，完成我们民族生活改造的使命。"① 他在参加了德国国际青年团第四次年会后，目睹了德国青年的活泼有趣、充满活力的表现后发出感慨："欲救今日不知人生之中国人，只有多多培养其兴味，使知有生之乐，否则日趋衰暮，非至全民族皆陷于不生不死之状态中不止也！"②

除兴趣的培养外，王光祈认为，改良教育的内容和方式，最重要的还是"动的训练"，包括身体的动和思想的动。身体的动，就是做工，"这二十世纪是劳动家的世界！那些官僚名士的时代已经是过去了！若是还不改良，我恐怕这二十世纪已经没有这种废物立脚的地方了。"③王光祈自己终身理想，就是"终身工作，终身读书，草草劳人，无可告慰"④。青年只有投身于实际，才能形成创造的精神、批判的精神，才能有一个理想的目的并寻一个下手的办法。

四、教育思想的评价与影响

王光祈的教育思想，是他改造中国、救国救民思想的重要组成部分。由于他对中国教育的感之深、责之切，思之密、行之笃，在20世纪初勃然兴起的各种教育救国思想中，占有了重要的一席之地。他关于中国教育的改良之道，启迪了国人的思维，激发了国人特别是青年志士的改革教育、改造社会的激情。他的一些改良措施和方法，也切中了中国教育的时弊，找准了教育落后、国家屡弱的病根，其中一些主张，即使放在今天，依然还有其现实意义。特别是他勉力进行的教育实践，更为时人树立了榜样，也形成了广泛而深刻的社会影响。

用今天的眼光看来，王光祈的教育思想，同他的救国理想一样，都不可避免地带有理想主义色彩和空想主义的印记。首先，王光祈的教育改造，实质上仍属于改良主义的范畴。他设计的教育改造，只局限于教育对

---

① 《少年中国运动序言》，《王光祈文集·时政文化卷》，第167页。
② 《国际青年团》，《王光祈文集·时政文化卷》，第468页。
③ 《择业》，《王光祈文集·时政文化卷》，第4页。
④ 《学生与劳动》，《王光祈文集》时政文化卷，第8页。

象的扩大和延伸、教学内容的修改和教育方法的改进，对旧有的教育制度和体制的变革，不是点到为止，就是语焉不详，甚至只因无能为力而深度绝望，"对教育独立的希望，至此遂付之东流了"。其实质是只改人，不改制或小改制。这当然无从动摇他深恶痛绝的旧教育的根本，虽"彼当代从事中等教育之衮衮诸公，其罪实浮于张作霖、曹锟远矣"，但也无力回天。其次，王光祈的教育思想，不能通过大规模的社会实践和群众运动完成实施，幻想凭为数不多的几个青年团体小范围的试验示范，从而达到动摇和改变整个教育体系的目的，也只能是热血青年的不切实际的热情和空想。特别明显的表现，就是他对劳动者教育的设想，要国中学堂全部免费对劳工开放，要雇主（也就是资本家）支付工人每天两三个钟点读书时间的工资，且不说所有工人是否都有读书学习的自觉，光是让资本家和剥削者为工人的学习买单，就无异于缘木求鱼，甚至是与虎谋皮，断无实现的可能。王光祈改良主义的立场，使得他所进行的改造中国的一系列实践都没有取得最后的成效。乡村小组织的纸上谈兵，少年中国的分崩离析，工读互助团的虎头蛇尾，都不在于王光祈本人的不尽心不尽力，相反，李大钊评价他"光祈是一个能想、能行的青年，极有志气"，充分肯定了王光祈的思想和行动能力。

第二节 王光祈与蔡元培"教育独立"思想之比较

王光祈与蔡元培均为五四时期叱咤风云的爱国民主主义者。蔡元培是中国近代著名的民主革命家和民主主义教育家，五四时期北大校长、教育改革的倡导者和实践者，王光祈的师长。王光祈是五四前后活跃于北京知识界的青年爱国者，少年中国学会、工读互助运动的倡导者、创办人，《少年中国》刊物的负责人、编辑和撰稿人，并积极为《每周评论》《新青年》《晨报》撰稿。在20世纪头二十年，中国社会面临全面的转型，传统的教育思想、教育体制面临根本性的变革的时期，他们从各自的经历出发，明确提出了自己的近代教育思想理念，代表了当时知识界对教育改革的呼吁，其中"教育独立"思想则体现了二人在教育改革上相似的认同，即：力主教育摆脱政党、宗教、行政等种种牵扰，以完善身心、传承文明、谋求发展、社会进步，达到教育能够独立行使、完成其全部功能的状态。由于各自的经历和知识背景不一样，故对此的认识也不尽相同，值得深究。

一、王光祈与蔡元培教育思想的时代背景

教育与社会政治、经济发展相互联系、互相制约，对国家或民族的生存与发展产生着至关重要的影响，在国家社会生活中扮演着重要角色。近代中国在经历了戊戌、辛亥两次巨大的政治、社会变迁后，一群既受中国传统文化影响又受西方近代思想影响的有志之士，透过晚清以来中国社会、政治的巨大变迁，逐步认识到：没有民智的开启、国民素质和觉悟的提高，任何政治改革都不能成功；倘若大多数国民仍在愚昧与迷信的束缚之中，一切社会改革的深化就无从谈起，"欲救中国于萎靡不振中，惟有力倡科学化"[1]。于是，"教育救国""教育兴国"成为自清末以来主流知识分子在民族危机日渐严重的时候选择的道路。

清朝末年，章太炎、严复、王国维相继提出了"教育独立""教育自由"观点，在社会上产生较大影响。光绪三十四年九月十六日，章太炎在《民报》第24号发表《代议然否论》，指出："学校者，使人知识精明，道行坚厉，不当隶政府，惟小学与海陆军学校属之，其他学校皆独立。"主张清政府不再干预中等以上学校的发展，以便使学术、教育得到自由的发展，提出了教育独立的设想。[2] 王国维更是以上下两千年的文明史来证明教育自由的重要性："自周之衰，文王、周公势力之瓦解也，国民之智力成熟于内，政治之纷乱乘之于外，上无统一之制度，下迫于社会之要求，于是诸子九流各创其学说，于道德、政治、文学上，灿然放万丈之光焰。此为中国思想之能动时代。"他强调："学术之发达，存乎其独立而已。"[3] 严复以翻译了一批西方自由主义思想家的代表作，来支持教育独立、自由的主张，提出"政、学分途"的主张。可以看出，清末的知识界对学术和教育相对独立于政治已有了一定的认识，但却不够完整，未成系统。这便

---

[1] 蔡元培：《科学界的伟人》序，吉松虎畅著、章建华译：《科学界的伟人》，商务印书馆1937年版；孙常炜：《蔡元培先生全集》，（台湾）商务印书馆1991年版，第996页。
[2] 章太炎：《代议然否论》，《章太炎全集》第4卷，上海人民出版社1985年版，第306页。
[3] 王国维：《论近年之学术界》，《王国维文集》，中国文史出版社1997年版，第39页。

是清末的"教育独立思潮"的兴起。1912年，蔡元培出任民国首任教育总长，以民国教育官员的身份，公开提出"共和时代……教育应当超轶于政治"①，力主教育独立、学术自由，倡导现代教育本源的新理念。由此，教育独立、教育自由的主张因蔡元培总长的倡导而在民国初年刮起了"教育独立"的旋风。彼时，蔡元培主持全国临时教育会议，废除清末教育宗旨，制定五育并举的教育方针，颁布新教育法令，拟定新学制，建立新教育体制，使新的教育秩序于民国初年初现轮廓。然而，由于政局的动荡和蔡元培离职出国，教育自由、教育独立主张随之被束置高阁。

1915年，新文化运动兴起，陈独秀、胡适、李大钊、鲁迅等人以"民主、科学"为旗帜，把改造国民性和摆脱封建枷锁作为己任，从启迪民智入手，掀起了20世纪思想启蒙运动的第一次浪潮。民智的开启离不开教育，新文化运动在民主和科学的旗帜之下，对中国传统的教育思想、教育体制进行了深入的反思和猛烈的抨击。青年们积极宣传、引进西方的教育新思想、新理念，尝试各种各样的教育实验，在五四前后形成了形形色色的教育思潮和教育运动。彼时全国名噪一时的"工读互助运动"，五四新青年们以"日出而作，日入而息，凿井而饮，耕田而食，帝力——政府于我何有哉"的自由、独立态度对未来社会进行大胆的尝试，以亦工亦农亦学的全方位的社会组织形式，注重教育，主张教育与劳动生产相结合，实际是清末以来"教育独立"思潮的一种延续，是"教育独立"思想在社会生活中的探索。虽属脱离社会历史发展阶段的乌托邦空想，但是置身于中国社会急剧转换这样一个大背景下，仍不失为一种现代教育、社会改革和再造现实的探索之路。它以失败告知后人：乌托邦式的空想社会主义之路无论何时都行不通！②

与此同时，初具规模的近代教育体系，在政局混乱、军阀割据、经济萧条的大环境中苦苦挣扎。办学环境的恶化，使得国立各类学校经费严

---

① 蔡元培：《对于新教育之意见》，高平叔：《蔡元培教育文选》，人民教育出版社1991年版，第130页。
② 近几年，一些学者在研究、反思毛泽东晚年发动人民公社运动的错误时，提出"人民公社"的思想渊源来自于20年代的工读互助运动的观点，引起学术界热议。比如，《兰州学刊》2007年第8期刊登的杨卫明、黄仁贤：《"五七指示"与毛泽东早年的"工读互助"情结》；《延安大学学报（社会学版）》2004年第1期登载的张春海、任学岭：《新村主义理想对毛泽东晚年思想的影响——新村主义理想与人民公社化运动对比研究》，比较有代表性。

重不足，大学教育备受困扰，面临生存危机。于是，知识界和教育行政界"教育独立"呼声再次响起，要求"教育经费独立""思想学术自由""大学自治"，以及更深层面的"教育体制独立"，使得20年代初的"教育独立"思潮在政界、知识界形成了立意、呼声颇高的诉求。[①]

二、蔡元培的教育思想

蔡元培是中国近现代史上一位伟大教育思想家，他"五育并举"的教育方针、"思想自由、兼容并包"大学教育思想、教育独立思想、中西教育和女子教育等理念，体现了中国教育从传统到近现代的转型，其内容之丰厚，堪称中国教育思想史上的里程碑。其中，"教育独立、教育自由"主张贯穿于他整个教育思想发展过程。无论是身处教育界高官（教育总长）或是身处教育改革第一线的主张"思想自由、兼容并包"的北大校长位置上，蔡元培都身体力行，践行他的"教育独立"主张：以教育总长身份力排众议邀请教育专家、共和党人范源濂作教育次长，以行动表明"现在是国家教育创制的开始，要撇开个人的偏见、党派的立场，给教育立一个统一的智慧的百年大计"[②]；推动一系列改革封建教育的措施，制定符合民主共和精神的民国教育政策与规则；实施"学术自由、教授治校"的大学教育思想。

蔡元培独特的人生经历，使得他对教育独立的思考比同期的其他知识精英更为全面完整。蔡元培自幼饱读经书，受过良好的传统学术熏陶，当时的学术界权威翁同龢评之为："年少通经，文极古藻。"[③] 21岁中举，22岁贡士，25岁补殿试进进士，27岁升补翰林院编修，可谓天性聪慧、少年得志，既有深厚的国学根基，又对中国传统教育的"利、弊"颇有体会。19世纪末中国严峻的民族危机，特别是甲午战争和戊戌变法的失败，使得他认识到"清廷之不足为，革命之不可以已，乃浩然弃官归里，主持教育，以启发民智"[④]，他毅然走上了教育救国、教育兴国之路。1898年

---

① 对民国时期教育独立思潮，国内众多学者发文探讨，南开大学的张晓唯《民国时期教育独立思潮评述》(《历史教学》2001年第7期)视角独特。
② 梁容若：《记范静生先生》,（台北）《传记文学》1962年第1卷第6期。
③ 《翁文恭公日记》1892年6月11日条。
④ 蒋维乔：《民国教育总长蔡元培》，陈平原、郑勇：《追忆蔡元培》(增订本)，三联书店2009年版。

蔡元培回到绍兴，任绍兴中西学堂监督，倡导西学。1902年4月与叶瀚、蒋观云等在上海成立中国教育会，1904年组建光复会，翌年并入同盟会被孙中山委任为同盟会上海分会会长。早期的办教育实践，使蔡元培越来越深刻地感受到走出国门、学习西方先进教育思想和教育制度的必要性和迫切性，1907年，他毅然走上赴德的留学之路。留学经历是蔡元培近代教育思想成形的关键时期，西方启蒙思想家特别是德国康德哲学思想和德国教育改革家、柏林大学的创立者、现代大学之父洪保的教育思想对蔡元培产生了重要的影响[①]，使其在教育目的、教育职能、教育方式等方面逐步确立了自己近现代教育思想，为他后来推行中国近代教育体制奠定了基础。1911年辛亥革命爆发，蔡元培取道西伯利亚回国，1912年1月出任民国首任教育总长。同年再次赴欧游学，1917年冬回国任北京大学校长，积极推行近代教育体制，主张"思想自由、兼容并包"教育思想，倡导"教授治校、学术至上"的现代大学办学理念。而"思想自由、兼容并包"的前提是"教育独立"。

蔡元培对教育的理解，早在他26岁时的《殿试策论对》中就显露出来，"以儒学为天下大经大本，而网罗百家，以兴庶绩"，"窃惟诸家之书，宗义不同，而观其会通，百虑一致，相反而相成也"[②]，这是后来蔡元培海纳百川、兼容并蓄思想的雏形。他认为，教育是崇高和神圣的事业，是引导人超越现象世界进入实体世界的桥梁，"教育者，则立于现象世界，而有事于实体世界者也。故以实体世界之观念为其究竟之大目的，而以现象世界之幸福为其达于实体观念之作用。"[③] 教育的目的是造就自由的个人，是帮助被教育的人，给他能够发展自己的能力，完成他的人格，于人类文化上能尽一分子的责任。蔡元培教育思想是中国传统文化与近代西方文化相互交融而形成的，带有很深的西方启蒙思想家的印记。他自始至终坚持培养独立、自由的人格需要有教育独立资质的观点，主张使教育尽可能少地受政治、宗教等因素的影响和控制。出任民国首任教育总长伊始，对刚从科举制下摆脱出来的中国教育，蔡元培定下的基调是"从受教育者本

---

① 浙江大学人文学院历史系费迎晓、丁建弘在《世界历史》2004年第4期上发表的《洪保与蔡元培教育思想比较研究》，较为详细地分析了洪保与蔡元培二者思想的渊源，有代表性。
② 崔志海：《蔡元培传》，红旗出版社2009年版，第16页。
③ 高平叔：《蔡元培教育论著选》，人民教育出版社1991年版，第3页。

体"出发的人本主义教育宗旨,发表《对于新教育之意见》,将教育方针作"隶属于政治者"和"超逸乎政治者"之划分,提出废止忠君、尊孔、尚公、尚武、尚实的封建教育,倡导以国民教育和实利主义教育为急务、以道德教育为中心、以世界观教育为终极目的、以美育为桥梁的资产阶级民主主义的教育方针,初步形成了以教育独立、教育自由为核心的新教育体制的思想。1922年他在《新教育》第4卷第3期发表《教育独立议》,开宗明义地说:"教育事业当完全交于教育家,保有独立的资格,毫不受各派政党或各派教会的影响。"不能在政党、教会的影响下"把被教育的人,造成一种特别的器具,给抱有他种目的的人去应用的",由此蔡元培从教育应脱离政党、教会而独立,教育经费需独立,教育行政、学术、内容的独立,教育家办教育、教育者的资质需独立(以传教为业的人,不能参与教育)等多方面论证了教育在现实社会中应有的超然地位。如果说他以前关于教育独立的言论来源于一种教育理念和教育理想的话,那么至此,蔡元培教育独立思想已经完整呈于世人。

三、王光祈的教育思想

当1892年蔡元培经殿试进翰林院时,王光祈在四川温江出生了。24年的时差,并没有太大改变晚清学子受教育的历程。王光祈自9岁入私塾,15岁进入成都第一高小学堂,基本按照中国传统教育的模式。成都高等学堂分设中学丙班的读书经历,使得王光祈发生了很大的变化。这是一所云集了四川"一代名流"的学堂。在刘士志、刘豫波、王铭新等倡导新学的师长引导下,王光祈大量阅读了宣传新思想的刊物《新民丛报》《民报》《天演论》等,初步形成了爱国民主主义思想。中国社会的巨大变化,使得王光祈与同时期大多数爱国知识分子一样,苦苦探寻国家、民族的出路。带着创造"适合于二十世纪思潮之少年中国"[①]的美好憧憬,王光祈以"革新思想、改造生活"[②]为己任,通过砥砺品德、深究治学、重塑文化的方式,创办了20世纪初最有影响的青年社团——"少年中国",试图通过有志青年的修、齐、治、平来实现社会改造。同一时期(1919

[①] 王光祈:《本会发起旨趣及其经过情形》,《少年中国学会:会务报告》1919年第3期。
[②] 王光祈:《"少年中国"之创造》,《王光祈文集·时政文化卷》,第50页。

年），他倡导发起了"工读互助运动"，并在知识界名流的支持之下，在北京郊外办起了第一个"工读互助团"，以身体力行的实践活动来践行他的救国理想和对传统教育改革的尝试。这既是王光祈教育理念在实践中的探索，也是清末以来"教育独立"思潮在实践中的一次尝试。1919年8月，王光祈在《每周评论》上发表《司法独立与教育独立》一文，言简意赅地提出了自己教育独立的观点，从教育的目的、教育的内涵、教育独立的保障等几方面阐述了对教育独立的见解。理论上虽尚待成熟，却也完整地阐述了"教育独立"思想。

四、蔡元培与王光祈对教育的研究

从年龄、阅历和经历上看，蔡元培是王光祈的老师和学长。王光祈在北京求学期间，蔡元培是北大校长，正致力于中国大学的教育改革，致力于把北大从一所衙门式的旧学堂改造为一所新型的现代化的中国大学。王光祈求学于中国大学专门部法律本科，常常与同乡好友去北大图书馆阅读，是北大图书馆的常客。[①]在那里他如饥似渴地汲取新思想的养分，蔡校长"思想自由、兼容并包""学术自由"的思想无疑对其影响之深。蔡元培教育思想所蕴涵的教育独立精神，王光祈心领神会，尤其对培养独立、自由的人格需要有教育独立资质的观点更加心驰神往。因而当他创办"少年中国"之时，积极主张"振作少年精神，研究真实学术，发展社会事业，转移末世风气"[②]，主张通过革新教育，提高青年道德修养，求真务实，振兴风气，"将精神文化与物质文明建筑在一个基础之上"[③]，以教育、文化和社会事业来转移末世风气。这既是王光祈对理想教育的设计和教育救国的路径，也是王光祈为"少年中国"确立的学会宗旨[④]。蔡元培对王光祈所从事的社会活动非常赞赏：王光祈创办"少年中国"

---

① 周太玄：《关于参加发起少年中国学会的回忆》，《五四时期的社团》（一），三联书店1979年版。
② 王光祈：《1919年1月23日在吴淞同济学校的讲话》，《少年中国学会会务报告》，《会务纪文》第1期，《王光祈文集·时政文化卷》，第170页。
③ 王光祈：《政治活动与社会活动》，《少年中国》1922年第3卷第8期。
④ 少年中国学会预备会的宗旨为"振作少年精神，研究真实学术，发展社会事业，转移末世风气"，在1919年7月的成立大会上改为："本科学的精神，为社会的活动，以创造少年中国"。——作者注。

学会之时，蔡元培尽其"民国元老""新教育倡导者""北大校长"的影响力来为这个四川走出来的年轻人开道呐喊，真诚地高度评价"少年中国"学会是当时最有希望的社团，"现在各种集会中，我觉得最有希望的是少年中国学会。因为他的言论，他的行动，都质实的很，没有一点浮动与夸张的态度。"① 当王光祈在北京郊外成立了第一个工读互助团——北京工读互助团的时候，蔡元培以自己的行动给予有力的支持——发起社会名流为其经济上募款支持、政治上撰稿宣传，并亲自撰写了《工学互助团的大希望》，认为工读互助团若"推行起来，不但中国青年求学有法解决，就是全中国最大问题，也不难解决"②，积极肯定王光祈等人发起的工读互助运动。

蔡元培与王光祈都是教育独立、教育自由、学术至上的积极倡导、推广者，蔡元培以"在其位、谋其政"的仕途实践，来践行他的教育独立理想，推行近现代教育制度；王光祈则以创办工读互助团来实践教育救国、教育自由的理想，在现代教育、社会改革的探索上留下了承前启后的重要一页。一个走的是从上至下的实践路线，一个则走自下而上的实践路径，虽方式不一，却殊途同归，是彼时受西方近代思想的新型知识分子对中国传统教育反思的共识。蔡元培几次游学德国，深受德国伟大的思想家康德和德国教育改革家、现代大学之父洪保思想影响，在倾其毕生之力所推动的教育制度改革中无不深深打上"德国教育"的烙印；而王光祈则是后半生侨居德国，致力于音乐研究，不遗余力地介绍德国文化、教育、国防，对德国重视教育、实施国民教育，以及学术思想的自由感触颇深。③

五、蔡元培与王光祈教育思想比较

比较王光祈和蔡元培教育独立思想，首先可以看出他们两人在"教育的目的"或者"教育的功能"的诠释上有比较明显的不同：蔡元培强调的是教育的本原——健全的人格培养；而王光祈更强调的是教育的政治和社

---

① 川岛：《五四运动期间的少年中国学会》，中国社会科学院近代史研究所《近代史资料》编译室主编：《五四运动回忆录》，知识产权出版社2013年版，第191页。
② 蔡元培：《工学互助团的大希望》，《少年中国》1920年7期，第2页。
③ 据统计，王光祈《旅德存稿》和《旅欧杂感》中介绍德国教育的相关文章约12篇，共计10万字。

会功能——要培养"促进社会进步的人"。蔡元培认为，培养人、发展人的个性和人格，是教育的基本目的。"教育是帮助被教育的人，给他能发展自己的能力，完成他的人格，于人类文化上能尽一分子的责任；不是把被教育的人造成一种特别的器具，给抱有他种目的的人去应用的。"这包含了两个方面：教育立足之点在于"人"，而非任何其他人之外的东西，诸如经济、政治等等；其次，教育的目的是培养人格健全的人。"健全人格"主要是指具有独立思考的能力，具有成熟的心智和良好的情绪调控能力，这些是"健全人格"不可或缺的因素。显然，蔡元培的"教育的目的"，把教育与政治分离开来，强调教育本源。

而王光祈对教育目的的理解更多的是教育的政治和社会功能。他认为教育不仅要培养人格健全的人，而且要培养"促进社会进步的人"，是要"使社会的每一个人成为促进社会进步的健全的人"。他认为，"中国之贫弱混乱在于人的无能力，无能力之原因，又在于'疏懒不知振作'。倘若我这推断不错，则现在中国教育家最大的责任。"[①] 他们在这个问题上认知的差异，源于两人背景、经历的迥异。当时的蔡元培已经年过半百，阅历、资历堪称"民国元老"，是执掌民国教育、改革北大的"新教育倡导者"。多次的西方游学经历使其深受西方人本主义价值观的影响，教育观与西方教育接轨，欧美各国教育独立、学术自由的风气给蔡元培留下了深刻印象。因而，他对教育的理解带有浓重的西方色彩。而五四时期的王光祈，是一个刚走出四川老家的有志青年，虽受过新思想熏陶，但对西方新思潮、新教育的理解远远不及蔡元培，加之受传统文化思想熏陶至深，所以，中国传统教育所强调的教育的政治和社会功能，强调的"建国君民、教学为先"的思想，王光祈自觉不自觉地作为自己解读新教育、移末世风气、改造国民素质的教育工具。中国知识分子"修身、齐家、治国、平天下"的套路，成为王光祈对教育最深的理解。教育发展史告诉我们，教育从它产生之日起就担负着促进个人发展的功能，这是由教育的本质所决定的。同时，教育也具有政治和社会的功能，在任何时代它都是为一定的阶级或集团所控制，并为其利益服务的。王光祈与蔡元培在此问题上都难免有失偏颇。

[①] 王光祈：《教育家对于中国现状应有三大觉悟》，《王光祈文集·时政文化卷》，第367页。

关于教育需独立问题，蔡元培是从教育独立于政党、独立于教会，教育经费、行政、思想的独立，教育者的资质等几方面，论证教育在现实社会中应有的独立地位的。蔡元培认为，人类教育可以分为两大类，"曰隶属于政治者，曰超轶乎政治者。专制时代（兼立宪而含专制性质者言之），教育家循政府之方针以标准教育，常为纯粹之隶属政治者；共和时代，教育家得立于人民之地位以定标准，乃得有超轶政治之教育。"[1] 共和时代的教育应当"超轶于政治"。既然教育是帮助被教育的人，给他能发展自己的能力，完成他的人格，于人类文化上能尽一分子的责任，那么教育"应当完全交与教育家，保有独立的资格，毫不受各派政党或教会的影响"，并且，政治家与教育家的区别在于：政治家是以谋现世幸福为其目的，而教育家则以人类的"终极关怀"为其追求；故而前者常常顾及现实，而后者往往虑及久远。同时，教育也是一项追求长效的事业，是通过改造个人而达致改造国家、改造民族、直至改造世界的事业，它需要最长远的眼光和最大的耐心，不具备这些条件，教育的最终目标就很难实现。而政党的特征之一就是短期性，它的执政期有限，所以它的施政方针、政策、措施等往往随着政党的更迭而随之发生变化。教育方针当然也不可能例外。这种变动势必对教育的一贯性造成伤害，而这种伤害对视一贯性为生命的教育来讲无疑是致命性的。蔡元培的这一思想是当时在教育界盛行的教育独立思潮中最具积极意义的主张，对于弘扬教育的内在价值具有深远的历史意义。蔡元培上述教育独立主张因其作为现代教育理念之发端的历史地位，而在民国初期的政界、教育界、知识界产生很大反响，形成颇具规模的"教育独立"热潮。

王光祈对教育独立的主张是1919年8月在《每周评论》以"司法独立与教育独立"为标题刊出，从时间上看比蔡元培《教育独立议》发表早。王光祈对教育及教育独立的理解在不同的场合、不同的文章或通信里都谈起，主要从三个层面展开的阐述：教育目的，教育内涵，教育独立需有司法的保障。他认为，教育"是使社会的每一个人成为促进社会进步的健全的人"，起到"革新我们的思想，灌输各种智识"丰富人们"精神生

---

[1] 蔡元培：《对于新教育之意见》（1912年），欧阳哲生编：《中国近代思想家文库·蔡元培卷》，中国人民大学出版社2014年版。

活"的目的，使受教育的人享受到平等受教育的机会。传统的中国教育，受教育者往往被"定于一尊"[①]，锢蔽在"统一"的模式里，"阻碍社会进化，使民族思想日益衰弱"[②]。因此，教育必须独立。在王光祈笔下，教育独立分为内部独立与外部独立。他说，教育须立在政朝以外，不受政治的影响，实质上是指教育的外部独立——教育界对于教育界以外机关的关系而言的；就教育内部来说，教员讲授学术有自由发挥的权利，只要"言之成理，持之有故，决不受校内校外的干涉"。就其对独立的阐释，王光祈没能超越蔡元培。然而，他把教育独立与司法独立联系起来，强调二者的不可分：教育独立需有司法独立作保障；司法独立需有教育独立做基础。这一解读，王光祈又在蔡元培基础上明显进了一大步。特别是，为探索教育独立、社会改革之途径，王光祈以批判现实、再造现实的真诚和勇气创办了工读互助团，践行"教育独立""教育救国"的政治理想。纵观王光祈一生所倡导的社会改革方案，无论是少年中国或是工读互助运动、音乐救国，他的教育理想自始至终贯穿其中，无不渗透着以教育实现救国的理想。

总的来说，教育独立是中国教育近代化的起点。五四时期，蔡元培、王光祈等是这个思想的积极倡导者和推行者。实际上昭示了近代中国知识分子对其自身价值和现实的使命感，这是中国现代教育理念的发端，也是一种近代意义上的"职业自觉"。它对于知识分子整体人格的健康生成，最大限度地发挥其潜能以带动社会发展，有着至为重要的思想价值。然而，教育为国家大政之一，欲独立于行政而存在不啻天方夜谭，这就注定了蔡元培、王光祈所倡导的教育独立只能以失败而告终。

---

① 王光祈：《司法独立与教育独立》，《王光祈文集·时政文化卷》，第44页。
② 王光祈：《司法独立与教育独立》，《王光祈文集·时政文化卷》，第44页。

第四章　王光祈的外交思想

王光祈先生在中国大学攻读法律时，自称"以研究外交为主"（《王光祈旅德存稿》自序），其后在留学德国之际，心忧祖国内难未已、外患日亟，"不愿自己陷于血冷之境地"，作为上海《申报》《时事新报》、北平《晨报》以及其他杂志报刊的记者和撰稿人，他写下了大量关于德国、欧洲乃至世界的"外交、政治、经济、教育、学术、游记等"文章，并孜孜努力于近代西方列强侵华外交史料的翻译。自1928年到1930年，先后译出《辛亥革命与列强态度》《李鸿章游俄纪事》《瓦德西拳乱笔记》《美国与满洲问题》《三国干涉还辽秘闻》《西藏外交文件》《库伦条约之始末》，相继由上海中华书局出版发行，在社会上引起较大反响，一时"国内读先生书者众"。

第一节　外交的根本宗旨：民族复兴

王光祈对外交的起兴和研究，缘于对民族悲怆命运的关注和忧虑。在他成长的岁月里，甲午中日战争、八国联军侵华、日俄战争、一战后本为战胜国却遭遇"巴黎和会"之痛，再加上此前西方列强对华侵略的一桩桩、一件件，让这个富于思想和激情的年轻人深感切肤之耻并由此而生拯救民族于水火的崇高使命。

在一次次战败、一次次被欺凌和瓜分的现实面前，和当时许多人一样，王光祈理所当然地认为中国致命的弱点和救国的路径在于外交。"当我在民国三年由四川到北京之时，亦常误以为国家之弱全是外力压迫所致，因而立志研究外交。"① 正是在这个时期，他不仅对国际公法、中西外交史等情有独钟，"曾搜集外交部与各国所定条约档卷，详为披览，颇具心得。"② 而且常以"少年意大利党"中主张依靠撒丁王国外交和军事行动实行上层联合逐步统一意大利的加富尔自命，"如是者数年，未尝一变"。

但随着眼界的开阔和研究的深入，王光祈很快发现问题的关键并不仅仅在于外交，"直到民国六七年之交，乃恍然大悟，知外力之所以压迫系由于内政腐败，内政之所以腐败系由于社会麻木"，"内政外交不过其表面者耳"。所以，他认为"欲改造中国非先从社会下手不可"。针对当时一部分留日学生拒约归国，标榜"只问外交不管内政"，且认为"非如此则不足以表现其纯洁爱国"，而北京部分学生也起而响应的情形，王光祈给予批评说："安有内政不清而可以侈言外交耶？"他根据自己留学对德国和欧洲社会的考察，得出结论："彼邦政治经济几无一不建筑于社会之上，欧洲各国政治经济的勃兴，不过一二百年间之事罢了，而考其各种文化设备、社会组织，则其根基几无一不培植于三四百年以前。"③

鉴于上述认识的改变，王光祈对外交与内政、社会的关系有了重新思考："外交之危殆由于内政之腐败，内政之腐败由于社会之麻木"，就像为什么会有把中国的东北等实施"国际共管"这样的外交谬论？那是因为有张作霖、曹锟这样的腐败政府；而为什么会有张作霖、曹锟这样的腐败政府呢？那是因为有纵容这种腐败政府存在之社会！他把当时主张变革的人分为"迷信政治力"和"迷信社会力"两种，迷信政治力的人主张的改革次序"首为外交，次为内政，再次为社会"，王光祈和其他迷信社会力者拟定的改革次序则"首为社会，次为内政，再次为外交。"④

外交在社会与内政革新之基础上也必须变革。这种变革的根本宗旨和社会变革、内政变革的宗旨一样，都是立足于中华民族的复兴。为了实行这些变革，王光祈因此发起成立少年中国学会，"本科学的精神，为社会的活动，以创造少年中国。"他无比深情地告诉世人："我们中国有我们中国悠久的历史，我们民族有我们民族博大的精神。如今堕落了，被人侵

---

① 《少年中国运动》序言，1923 年 3 月。
② 倪平欧：《光祈北平生活之一段》。
③ 《少年中国运动》序言，1923 年 3 月。
④ 《"社会的政治改革"与"社会的社会改革"》，1922 年 3 月。

略，被人轻视，成为世界上一个弱小国家、劣等民族！"他向青年大声疾呼："青年青年！我们是中国的青年，我们对于中国这个地方，负有改造的完全责任。青年青年！我们应该恢复过去的民族精神，创造未来的少年世界！"[①]

少年中国学会怎样开展运动而求得民族的伟大复兴？王光祈如此规划：具体说来，在理论方面，就是要"采取西洋科学方法，整理本族固有文化，由此以唤起中华民族的独立精神（亦可称为民族文化复兴运动）"；在实际方面，则要"从事各项社会事业，增进精神物质幸福，由此以实现中华民族的丰富生活（亦可称为民族生活改造运动）"[②]。要"采取西洋科学方法"，要"从事各项社会事业"，当然就要了解、研究"西洋"，在知己知彼中学会如何通过外交"立国"，通过外交而实现民族的复兴！

第二节 外交的基本原则：胸怀世界顺应潮流

外交自然是要与世界、与其他国家打交道的！但究竟以何种心态什么样的方式——比如开放的、自大的或自卑的去开展外交，才能真正有助于民族的复兴，却是一个基本的原则问题。

第一次世界大战结束后，"世界潮流排山倒海直向东方而来"，中国到底该如何应对？"我是一位梦想大同世界的人，我将中国这个地方看作世界的一部分，要想达到世界大同的地位，非先把中国这个地方造成配得上为大同世界的一部分不可。"王光祈说，在他的脑海里"没有国界的存在，我们为人类谋幸福的活动，原不必限于中国境内"，他理想中的"少年中国"，就是要使中国这个地方人民的风俗制度、学术生活等等，"适合于世界人类进化的潮流，而且配得上为大同世界的一部分"[③]。可见，胸怀世界，顺应潮流，把中国的生存与民族的复兴放到全球格局中去考量，这是王光祈外交思想中至为重要的部分。

---

① 《少年中国学会之精神及其进行计划》，1919 年 12 月。
② 《致苏州会议诸同志》，1924 年 3 月。
③ 《"少年中国"之创造》，1919 年 7 月。

在骨子里，王光祈有一种强烈的民族认同感、自豪感，但他同时又很冷静很客观地承认我们已落后于世界。"现在世界上所存之古代文明民族，其文化系统尚为直线的统一的传留，居处生活尚是团结的相爱的互助（的），对于现在或将来世界尚占有极重大之意义者，实只有一个中华民族。"[1]"我们中华民族立族已有四五千年，不能说是没有一种'民族文化'（至于此种民族文化适应时宜与否，又是另一问题），不过是现在早已衰微罢了。"[2]"诚然，我们中国现在已成了世界上一个极贫极弱的国家，正所谓'人穷说不起话，坏的固是坏的，好的亦是坏的'"，但是，"我在欧洲住了六七年，莫有看见西洋人比中国人特别天生优秀之处。只有一事，中国人还不如西洋人，即是西洋人有能力，中国人无能力。"[3]

既不盲目自大，又不自卑猥琐，有的只是冷静平和。怀着这样的心态，王光祈于是很自然地提出："我们尽可以提倡东方文化，反对西洋文化，但是西洋人的长处我们应该承认，东方人的弱点我们也应该知道。"[4]因此，他主张以开放的思维引领外交的拓展，在正常的中外交往中吸纳其他民族、其他国家、甚至敌对国家的长处以发展自己壮大自己，使我们的民族不至于落后于世界、衰微于世界。王光祈一直坚称他是一个民族主义者，"我所说的民族主义，当然不是拿我们民族去侵略他人的民族，只是主张我们这种又勤又俭的民族、素有文化的民族，要在世界上谋一个安全的地位。"[5]

如何才能在世界上"谋一个安全的地位"？在 20 世纪初期的中国存在着"以争立国"和"以让立国"的争论。王光祈评论道："以争立国"主要是西洋国家的思想，"其长处在因互相竞争而一切事业皆趋进步，其短处则在人与人之间造成许多仇隙，以至于不能共生共存。"由于主张"以争立国"，因而对于国外"与己争强之异国，势必诛之而后快"，所以战争频繁，"西洋古代文明各族，大抵因'恨'而'争'，因'争'而'亡'。"而中国的传统是"以让立国"，"其短处在遇事退缩，而个人能力

---

[1]《王光祈旅德存稿》二十八，《教育家对于中国现状应有三大觉悟》。
[2]《少年中国运动》序言。
[3]《王光祈旅德存稿》二十八，《教育家对于中国现状应有三大觉悟》。
[4]《王光祈旅德存稿》二十八，《教育家对于中国现状应有三大觉悟》。
[5]《致恽代英书》，1920 年 12 月 10 日。

亦渐等于零，其长处则在中华民族能够共同生活数千年，为古代文明民族开一例外。"实际上，"以争立国"和"以让立国"，"各有其利弊"。究竟采用哪一种，王光祈的观点是不绝对，"吾人须用'历史的眼光'，从'人类的立场'以观察之，然后决定：何者当争？何者当让？万不可迷信西洋进化，全在于'争'。"[1]

无论采取"争"还是"让"的外交策略，未来获得独立自由的中华民族又当怎样来构建其政治经济和社会庞大的管理系统呢？王光祈的答案依然是要胸怀世界顺应潮流，同时结合国内实际。他在1925年10月填写《少年中国学会改组委员会调查表》时写道："我相信民族主义……民族主义系以争求中华民族独立自由为宗旨……至于将来中国政治经济组织应采何种形式，则须待各派合作之大革命后，再按照彼时世界现状及趋势，与夫国民程度及愿望而定。"

第三节　立国之本：实力外交

在西方列强大举侵华、对中国实行瓜分豆剖而致中华民族面临亡国灭种的艰危时刻，如何利用外交而求得民族的生存，一直是从朝廷到社会各界广泛关注的焦点。

"以夷制夷"，充分利用侵华各国之间的利益冲突和错综复杂的矛盾，周旋于对外交涉活动，开展所谓"均势外交"，在列强林立的条件下以求得国家的生存和维护自身利益，是当时一种颇为盛行的观点，而且得到清朝重臣张之洞、李鸿章等人的推崇。这种"以夷制夷"的均势外交，在甲午战争前后和后来的《辛丑条约》签订过程中，都曾被李鸿章等极力运用。1895年4月，日本通过甲午战争强迫清政府签订不平等的《马关条约》，其中有中国割让辽东半岛给日本的规定。沙皇俄国认为此将严重损害其在中国东北的利益，于是联合德国和法国进行干涉，迫使日本退还辽东半岛。三国干涉还辽事件后，以慈禧太后和李鸿章为代表的清朝统治集团对沙俄产生了很大幻想，认为依靠沙俄可以牵制其他列强，于是主张

---

[1]《王光祈旅德存稿》六十，《以争立国与以让立国》。

"一意联络俄人"。1896年6月，沙皇尼古拉二世举行加冕典礼，清政府派遣李鸿章为"钦差头等出使大臣"，赴俄庆贺沙皇加冕，并前往英、德、法、美四国"联络邦交"①。经过谈判，中俄于1896年6月3日在莫斯科签订《御敌互相援助条约》(即《中俄密约》)，其内容主要包括中俄两国结成对日军事同盟，中国应允俄国修筑经黑龙江吉林以达海参崴的铁路（即东清铁路）。均势外交在这里得到充分展现。

王光祈说对外反对帝国主义之侵略，对内谋军阀势力之推翻，"固为吾辈素志"，所以，对于能够在一定程度上扼制西方强权的均势外交他关注甚多。1931年"九一八事变"日本强占沈阳后，他感叹道："以吾国今日之军事、政治、经济、学术情形而言，无论世界上任何强国，皆有独力亡我之可能。其所以直至今日尚能苟延残喘，靦然自称为'独立国家'者，全恃'均势'二字之力。"围绕列强在我国"满洲"的争夺，王光祈对局势的分析异常深刻，他说：日本雄视东亚，"无可与敌"，本想独占中国东北，但由于触及其他列强的利益，故"一挫于俄德法三国干涉还辽，再挫于华盛顿会议之逼还青岛"，还在国际联盟陷于孤立。"倘日本果然长期占领满洲，不但有违列强所谓'开放中国门户政策'"，而且其国土国力国富在事实上将"扩大一倍，太平洋上之均势从此打破，此岂美俄两国所能忍受者？"针对"东北纠纷"，王光祈认为当时的北洋军阀政府"一意倚赖国际联盟，固然错误"，但社会上那些"喜唱高调之人，直斥当局之求助国际联盟为多事，亦非正当"，中国理应"呼助于国际联盟"，以便最大限度地"暴露日人罪恶于世界"②。

王光祈虽然不反感均势外交，但他认为在列强"均势"下的所谓生存其实步履维艰。"在此四十余年中（一八七一年到一九一四年），吾国生活于列强均势之下，一举一动皆仰外人鼻息。"正是这种均势外交的推行，不仅致使1884至1885年的中法战争、1894至1895年的甲午中日战争、1895年的胶州事件、1900到1901年八国联军侵华的庚子事件等，"固为吾国历史上永不可磨之污点"，而且造成满洲问题、蒙古问题、西藏问题、银行团问题等等，"更为吾国留下许多纠葛，均待加以解决。"③所以，

---

① 《李鸿章游俄纪事》，台湾书馆1971年版。
② 《王光祈旅德存稿》二十四，《东北问题与国际形势》。
③ 《辛亥革命与列强态度》译者序言，文海出版社1973年版。

在王光祈看来，所谓均势外交，顶多不过是外交的策略技巧罢了，实力外交才是他外交思维的灵魂。"现在世界上所谓'国际竞争'，老实说，即是'民族能力之比较'"，而中国人不如西洋人的地方，恰恰是"无能力"，中国贫弱混乱的真正病根也在于"没有能力"①。他比较分析德国一战后八年来经济和社会的恢复与发展进而重新走向强大后，认为凡了解这一情形的读者诸君都必将产生一种感想，即是："有能力的人，无论别人如何压迫，他都能挺起腰杆，向上挣去；反之，没有能力的人，虽不必加以十分重大负担，他的两只腿杆，亦是软弱无力，站立不住……世界上惟具有能力者得以生存，没有充实能力，则一切主张皆是无用的空话。"②

因此，要想摆脱列强的侵扰自立于世界，从根本上讲就必须通过社会的改造而使我们的民族走向昌盛和强大。"我们以为无论讲什么大同主义、世界主义，首先要每一个民族皆须撑得起腰来。""我们以为若欲改造全世界，则每一个民族皆须努力先自振拔。"③正是从这样的立场出发，王光祈深知均势外交尽管可以暂时运用，但它绝对不是外交的立国之本，恰恰还应提防均势外交可能带来的风险。他以日本武力占据满洲一事为例，认为虽然始终可以争取利用"国际形势"加以解决，但"其令余终日寝食难安者，即吾国因'均势'二字得以苟延残喘，将来亦随'均势'二字呜呼哀哉！"④王光祈鲜明地强调，凡是主张凭借中国的社会势力而抵抗帝国主义的，"吾辈皆可引以为一时同志"；反之，"凡主张亲交甲国以抵制乙国（如亲英美派之所为）"的，"吾辈皆在排斥之列"。反对帝国主义强权，"须建在民族自觉之上……所有李鸿章式之'以夷治夷'政策……皆宜严行摒弃"，我们今天所要努力做的，唯有"如何唤起民族新觉悟，与夫如何建筑社会新势力"，换一句话说，就是怎么使自己变得"有能力"，变得强大，"此外一切皆非根本办法。"⑤

由于东方各弱小民族都面临被列强侵略欺凌的共同命运，所以，王光祈不仅主张我们自己要强大，要靠实力外交赢得独立自主和尊严，而且

---

① 《王光祈旅德存稿》二十八，《教育家对于中国现状应有三大觉悟》。
② 《战后德国之经济》第六章，《实行道斯计划以后之德国工业》。
③ 《我们的工作》，1922 年 8 月。
④ 《王光祈旅德存稿》二十五，《战机尚未成熟》。
⑤ 《我们的工作》，1922 年 8 月。

还强调我们应该联络遭受压迫的各民族，形成反对帝国主义强权的合力。"我们既号为亚洲的文化古族，我们以人口幅员而论，又负有纠合亚洲各弱小民族与世界列强对抗的天然资格。从今以后，我们再没要高谈怎么样帮助英、美、德、法工人了，只是研究我们怎么样扶助我们四围的弱小民族。"他说，假如亚洲的弱小民族都有能力"撑得起腰杆来了"，那么，那些资本主义国家就失去了殖民地势力的凭借，也就"自然会倒了"。

如何扶助亚洲受欺凌的各弱小民族？王光祈认为，首先要对我们的这些邻居如高丽、印度、安南、波斯、阿富汗、俄罗斯等加深相互了解，"因为我们欲求各民族之相互了解"，所以"少年中国学会"百分之六十的会员，在外国留学或作通信记者，开展一种"文化的、社会的"运动。其次，要"速谋弱小民族之联络"，为此他倡议在上海组织"亚洲民族交谊会"，其工作程序是：第一步，设法网罗侨居中国之亚洲各种民族有志人士（除帝国主义分子之外的日本人亦可参加）；第二步，由各会员分组各部，如中国部、朝鲜部、印度部、俄国部等，利用报纸或公开演讲的方式，传达各该民族之政治愿望、经济情形等消息；第三步，由会中派遣有志青年前往各该国旅行；第四步，凡该国有逃亡政治犯来华者，"吾人应设法保护"，并尽可能给予实际上的积极帮助；第五步，亚洲各民族应该研究一个合作自卫的方法。再次，仿效欧洲论坛提倡建立"欧洲合众国"以抵制"北美合众国"之举，"我们现在亦可倡为'亚洲合众国'之论，以脱离外来强权压迫。"[①]王光祈在这里实际上阐述了如何联合亚洲各弱小民族以共同抵抗西方列强入侵的一系列外交主张，颇具战略意义和现实可操作性。

第四节 外交拓展的首要途径：文化和国民交流

王光祈认为，外交拓展的首要途径是如何加强各国之间、各民族之间的文化与国民交流，因为各国各民族在相互了解和认知的基础上才能更好地开展经济的、政治的和军事的往来。他在1921年7月14日于《法兰克

---

① 《我们应该怎样运动》，1923年5月。

福日报》上发表之"德国对华的文化政策"一文中,有一段很精辟的论述:"德国在远东的政策,必须建立在文化领域及社会基础之上。如果只有政府间合作,两国人民之间是不可能有真正的了解的。"

王光祈一直觉得,由于西方不了解中国、外国人不懂东方文明和中国人不关注西方而形成的文化隔阂,是中国陷入外交困境的重要原因。"兄弟常常接着欧美友人来信,都说欧美人士对于中国情形极为隔阂,他们误认为中国政治舞台上一般卑鄙龌龊的大人先生,是我们中华民族的优秀分子。一般优秀分子尚且如是卑鄙龌龊,其余一般平民更不问可知了。"①因为中国的汉字"太不易认",同时又缺乏向西方准确地、系统地介绍中国和中国文化的书籍,"外国人欲研究中国学问比登天还难,所以外国人对于东方文明始终不甚了解。"外国人因为不了解中国古代的文明,只看见落后的近代中国社会,于是认为这种"堕落的社会,便是中国文明的结晶,因而对于中国民族存一种轻视之心"②。而中国人"对于世界大势向不过问,关于西洋社会组织、一切文化运动尤不注意"③。在如此严重的文化隔阂下,衰微的中国与强盛的西方打交道的结果就可想而知了!

有鉴于此,充当文化和国民交流的大使,在中西方之间架起文化沟通的桥梁,在王光祈看来便是理所当担的使命了。他在1920年2月15日发表的《留别少年中国学会同人》一文中说明其出国留学的目的有三,其中第一、第二分别是"联络世界各地华侨之优秀青年"和"筹办华盛顿通讯社"。而华盛顿通讯社的首要任务"便是将中国一切有价值的运动及中华民族青年的精神,要表现出来,译成外国文字",在美国发表;其次,华盛顿通讯社"要把世界大势、西洋社会状况输入国内,以备参考"。他说编译社成功组建后,要在欧、美、日本各处各设采购调查书报事务员一人,"凡有新书出版,请他们立刻寄回,我们立刻将他译印出来,用最廉的价钱售出",使国内读者能够迅速读到并了解这些国家的文化与社会发展情况。事实上,王光祈在留学德国时,他对德国和欧洲的观察与研究,涉及经济发展、政治生活、国防军事、外交、教育、新闻、戏剧、音乐甚至男女交际恋爱婚姻等,几乎无所不及,并且将所见所闻一一写成报道和

---

① 《留别少年中国学会同人》,1920年2月。
② 《旅欧杂感》,1921年2月。
③ 《留别少年中国学会同人》,1920年2月。

述评文章，介绍于国内大众。

　　王光祈显然还注意到：留学生、涉外学校教育和新闻出版等，是开展文化和国民交流的有效载体。它们对一个国家的政治、经济与社会发展影响巨大，是外交领域极为重要的工作。"那些在海外接受过教育的中国学生，他们将在陌生国度里所接受的新思想带回了自己的家乡，并且希望家乡通过自己不同以往的行为而有所改变，因此这些人在近阶段中国发展的过程中，起着先锋的作用。"王光祈把那些曾经的留学生或正在就读的留学生分成三种类型：第一种是在日本学习过的，他们和中国的军事圈子有着密切的联系；第二种是在美国学习的，他们和中国的工商业圈子有关；第三种是在欧洲学习的，他们主要在文化方面起作用。如曾留学德国和法国的北京大学校长蔡元培等主张"在深厚的中国历史基础上"，引入欧洲文明"敢于变革的精神"，努力提升个人和民族的知识和道德水准，"建立起一种极具自信心的世界观"①。针对当时中国留德学生只有两百人左右的情况，王光祈提醒德国政府要想提高未来德国在中国的影响力，就要逐步增加留德学生数量，"我衷心希望，德国从现在开始就应该考虑其二十年后在华的地位问题。"②

　　王光祈深知，通过文化教育交流等加深中国与其他国家的相互了解和认知，进而开展正常的外交往来，是十分必要的，同时也是改造中国实现民族复兴所必需的。但是，也必须看到西方列强针对我国开展文化教育外交的实质以及由此带来的危害。实际上，在中国近代史上，西方列强的对华外交政策有一个演变的过程：最初，这些国家主要是靠武力或依赖"传教"之力，以发展其在华势力；但后来他们认识到"欲开发中国实业与培植本国势力，势非先取得中国人之同情与了解不可，欲得中国人之同情与了解，非先从教育入手不可，于是各国对于中国之政策，一变而为学校政策，"他们纷纷在华开办教育，以致于欧、美、日开办的学校"已遍设中国各地"，其影响不仅"及于中国之官僚政客及商工两界"，而且扩大到"一般青年"，不仅"及于中国之物质界，今且进而及于中国之思想界矣"。针对此种"欧、美、日本式的中国人统治中国之理想"，王光祈认为我们

---

① 《论海外中华学子对中国政治发展的影响》，1922年4月。
② 《德国对华的文化政策》，《法兰克福日报》1921年7月14日。

必须引起高度重视，必须防止西方国家利用"在华筹办学校或招致中国青年留学，各树党援，各亲其国"，进而使中国沦为"各国政治之殖民地"；必须防止"各国学者争播各国文化，无论公开讲演或散布著作，各立门户，各守师说"，从而使中国变成"各国文化之殖民地"。王光祈告诫中国青年："须知君等系改造世界之人，而非被世界改造之人也。"①

第五节 弱国外交的生存之道与谈判策略

王光祈是一个十分善于学习的人，他倡导国人都应该看到并学习"西洋人的长处"，这样我们的民族才能由弱变强。在外交领域，他曾经非常深入细致地研究过德国的驻华外交官派遣和俄国在日诺瓦会议（指1922年4至5月在意大利热那亚召开的国际经济会议）上的外交谈判策略，并希望对国人有所启迪。

一战后，战败的德国海外殖民地尽失，国内经济则"恐慌已达极点"。为迅速恢复战前之经济势力，面对英、法、美、意等雄霸世界而"无德商插足之余地"格局，德国环顾世界，把外交的突破口放到了东亚的中国。为了做好"将来远东经济活动之预备工夫"，德国一方面"交欢日本"，另一方面则"矫正战前驻华外交官制度之弊端"，调整驻华外交官政策。此种调整，在王光祈看来主要体现在四个方面：一是改变战前德国在中国之外交官"事权极不统一"而"常有政出多门之感"；二是改变战前德国驻华公使因"更换太快"、对中国情形大多不甚了解而致"对华外交政策时时改变，不能始终贯彻"之弊，新派遣的驻华公使，"必须选择自愿前往中国、以发展中国事业为终身职志之人"，同时要给他一定的任职时期；三是改变战前德国派遣驻华公使多系贵族，驻华领事则必须曾任德国陪审官之职者，"此两种人对于商业皆无兴味，关于德国之远东经济当然不能多作贡献"，此后所派遣的驻华公使，"拟择长于经济之人"；四是改变战前德国驻华外交官多不了解中国语言文字、中德人士之间极为隔阂之弊，"今后该国派遣公使领事，第一拟择精通华语之人，第二拟将领事署之翻

---

① 《王光祈旅德存稿》二十一，《德国对华之外交》。

译官改为副领事"。这四个方面的调整，反映出德国政府对华外交方针的变革，"留心中德关系前途者不可不注意也"①。

关于日诺瓦会议期间俄国外交代表在四面楚歌中所展现出来的卓越谈判策略，王光祈更是奉为"凡当弱国交涉之冲者，大可引以为师矣"。当时，俄国"纯处于被处分者之地位"，但俄国外交人员在全面分析英、意、法、德、比、日等各国诉求和彼此间的矛盾后，采取了四项对策以维护自身利益：一是"单独缔约"，趁各国联合之前，"先行利用彼等内部利害冲突之弱点，一一与之单独直接交涉，以孤其势"；二是"认清题目"，把握俄国此次赴会之唯一目的"即在要求各国接济俄国财政"，"每次谈判、每回公文皆认此事为先决条件，若此事不先行解决，则其他皆可不必再谈"，决不轻易"为人愚弄动摇也"；三是"刚柔并用"，俄国代表团中分激烈与缓和两派，缓和派常表示在相当程度内可以让步，而激烈派则始终坚持，一软一硬两面夹击，"使协约国方面颇有穷于应付之感，因之不得不略就俄国之范围"；四是"对抗武器"，协约国试图采用的武器是封锁，而俄国之武器则为宣传，"各国惧宣传如洪水猛兽，故俄国得恃此以为对抗武器，其收效亦复不少"。由于采取正确的外交谈判策略，结果俄国"虽处于被处分者之地位，而终未为人所处分"②。

从德国改变派遣驻华公使之方针，到俄国的日诺瓦谈判之策略，王光祈得出结论："昔人谓弱国无外交，其实弱国所恃者，正只有外交二字，此外复何所望乎？"③

"梦中未敢忘思索，病里时时把纸伸；每到书成辄欢喜，先将心血报邦人。"④抱着改造国民、改造社会进而实现民族复兴、使中华民族"自立于不败之地"的宏大理想，王光祈胸怀世界放眼全球，在第一次世界大战后错综复杂的国际竞争格局中，在西方列强侵凌瓜分中国的狂潮中，潜心研究五洲风云变幻，对比分析各国内政外交，系统梳理以外交立国、以外交促民族复兴的宗旨、原则、途径、策略和技巧，为近代中国外交思想的发展和外交路径的选择，写下了睿智而辉煌的篇章。

---

① 《王光祈旅德存稿》二十一，《德国对华之外交》。
② 《王光祈旅德存稿》一，《日诺瓦会议》。
③ 《王光祈旅德存稿》二十一，《德国对华之外交》。
④ 王光祈旧体诗《无题》，1924年作。

第五章　王光祈与五四时期名刊名人的关系

王光祈除了在社会改造、音乐、教育、外交等方面有较高的学术造诣外，令世人称道的是他五四时期积极的社会活动——参与了五四时期著名刊物《每周评论》《晨报》等的编辑、撰稿工作及创办"少年中国学会"。在他创办的"少年中国学会"这个当时会员最多、分布最广、影响最大的社团周围，王光祈结识了五四时期一大批积极向上的青年和知名知识分子，如李大钊、毛泽东、恽代英、左舜生、周太玄等。这是王光祈一生中最为活跃的时期。

第一节　王光祈与《每周评论》

五四时期的王光祈是著名的社会活动家，不仅积极投身少年中国学会的创办和工读互助团的实践，也参与了当时有广泛社会影响的刊物《新青年》《每周评论》《少年中国》《晨报》副刊的编辑、撰稿等工作，发表了大量的政论性文章，这是他一生中政治思想闪光的时期。近年来，学术界对他在五四时期创办少年中国和参与工读互助团等社会活动的研究取得不少的成果，[1] 但是，作为上述著名刊物的参与者和撰稿人以及在《新青年》《每周评论》上发表的时政性文章的研究[2]，学术界则鲜于涉及，尚无专题

---

[1] 近年来，对王光祈五四时期社会活动的研究有代表性的论文主要有：王迪先的《王光祈与五四时期的四川革命斗争》，韩立文、毕兴的《王光祈生平综述》，廖辅叔的《坚持运用历史唯物主义观点研究王光祈的著作和思想》，潘清雍的《为民族振兴国家富强进行不懈探索的业绩永存》等。以上均出自毕兴、苑树清主编的《黄钟流韵集——纪念王光祈先生》，成都出版社1993年版。

[2] 初略统计：《新青年》2篇，《每周评论》8篇，《晨报》11篇，《少年中国》41篇。

研究论文[1]。

一、王光祈与《每周评论》发起人之考

从1918年创刊到1919年8月，王光祈在《每周评论》上发表了8篇时政性的文章，尤其是在创刊号上以社论的名义发表文章，使其在《每周评论》中的地位不同于一般撰稿人。然而，王光祈是否是《每周评论》"发起人"这个问题，学界尚存疑义，目前并无权威定论。从已存的资料来看，李劼人[2]在20世纪50年代的回忆中谈到"王光祈参与了发起人的"[3]，之后再无相关的资料或文章佐证、探讨这一说法，似乎尚缺乏有力可信的旁证。

首先，我们从王光祈与《每周评论》的创办者李大钊的关系分析考证。王光祈与李大钊的相识始于1917年夏天。此时的李大钊从日本回国不久，担任《晨钟报》主编（1917年1月又担任《甲寅》日刊编辑），正积极了解俄国十月革命和马克思主义。[4] 1918年1月李大钊受聘于北京大学图书馆主任后，大量购进宣传和介绍新文化、新思想的书籍，北大图书馆成为传播新文化、新思想的阵地。许多有志青年到这里阅读书报，吸取新思想、新知识，关注国内外大事，王光祈便是其中之一。他和周太玄经常到这里读书学习，非常关注有关俄国十月革命的报道，对于年长于自己、思想成熟、为人谦和的师长李大钊非常敬仰，虚心请教。此时工作繁忙的李大钊对于上门求知的青年人和蔼、耐心，对王光祈、周太玄也很

---

[1] 研究王光祈五四时期政治思想的论文主要有：黎永泰、刘平的《五四时期王光祈空想社会主义思想探讨》，周淑真的《试论王光祈在中国近代史上的历史地位》，赵宋光的《有关王光祈评价的一些理论问题》等。

[2] 李劼人（1891—1962），四川成都人，作家、文学翻译家、五四时期社会活动家和实业家。他与王光祈、周太玄一起创立了"少年中国学会"，并在成都创办了《川报》《星期日》，为传播新思想、新文化作了不懈的努力。一生留有五六百万字的著作和译作。他的大河小说三部曲《死水微澜》《暴风雨前》《大波》已经成为传世之作，被他的同学郭沫若称为"中国的左拉"。新中国成立后曾担任成都市副市长。

[3] 李劼人在《"五四"追忆王光祈》一文中提出了王光祈"是参加了《每周评论》发起人的"（《川西日报》1950年5月4日）；王迪先在《王光祈与五四时期的四川革命斗争》一文中引用了这一说法。

[4] 李大钊在1918年7月到11月，连续发表了《法、俄革命之比较》《庶民的胜利》和《布尔什维克主义的胜利》的文章和演说，欢呼十月革命；1919年又发表《新纪元》和《我之马克思主义观》等十多篇宣传马克思主义的文章。

关注，认为他们是有思想、有抱负、有民族责任感的青年，非常乐意与之交流，重视与他们的谈话，彼此间不仅互相推心置腹且谈话不限时间。他们的交往既愉快又默契，李大钊对王光祈的印象亦甚好，说光祈是一个能想、能行的青年，"极有志气"。对于李大钊，王光祈也颇有同样的感觉，认为他"思想成熟深入，气魄很大，但外表却非常谦和亲切"，非常"有感召力"，用"相见恨晚"[①]来形容与李大钊的相识。李大钊筹办《每周评论》的时候，自然地想到了王光祈，细心听取这位"极有志气"的青年的意见和建议，并积极向他约稿，还积极向《每周评论》的另一位创办人陈独秀推荐、介绍这位"有思想的青年"王光祈。而王光祈在此期间策划筹建少年中国学会（1918年6月—1919年7月）、筹建工读互助团时也积极向李大钊听取意见，得到了李大钊有力支持。他们常在一起讨论、交换各自的想法、思路。实事求是地讲，现存的资料无法查证王光祈在《每周评论》的创办期间向李大钊提出的意见和建议，但我们可以从李大钊向他约稿为《每周评论》的创刊号写社论之事看出，王光祈在《每周评论》创刊期间所发挥的重要作用，显然不是一般的撰稿人。

其次，可以从王光祈在《每周评论》的创刊号上所刊载的社论以及他宣传和介绍这个刊物所持的态度，来看王光祈在《每周评论》中的地位。《每周评论》是五四时期最有影响的报纸之一，于1918年12月22日在北京创刊，是陈独秀、李大钊宣传新思想、抨击时政的又一阵地。当时作为月刊的《新青年》周期稍长，又着重在思想文化的理论宣传与启蒙教育，陈、李等遂决定另外创办一小型政治时事评论报纸，于是《每周评论》应运而生。它和《新青年》相互配合补充，《新青年》"重在阐明学理"，《每周评论》"重在批评事实"，两者共同"输入新思想"，"提倡新文学"，把思想文化斗争和政治斗争紧密结合起来。

1918年12月22日，《每周评论》正式出版发刊，开卷第一篇是由陈独秀撰写的发刊词，第二篇即为王光祈所撰写的社论《国际社会之改造》，足以见其在《每周评论》的创办中的地位与作用，以及主办人陈独秀、李大钊对他政治思想、政治观点的重视和认同。实际上这也是稍后王光祈创

---

① 周太玄：《王光祈与少年中国学会》，《成都追悼王光祈先生专刊》，韩立文、毕兴：《辛勤的探索者——记著名音乐学家王光祈的一生》。

办"工读互助团"时，陈、李大力支持的思想基础。《每周评论》创刊后，王光祈向四川的少年中国学会成都分会的会员积极推荐《每周评论》，说它"是一种传播新思想的"①刊物，认为"它能密切地跟随形势发展，用进步观点分析问题，提出意见，尖锐抨击帝国主义和封建势力，革命性战斗性是当时任何资产阶级报刊所不及的，也为刊期较长的《新青年》所不及。"②显然王光祈是以主人翁的态度来宣传、推广《每周评论》的，只是由于当时他身兼北京《晨报》、上海《申报》《时事新报》特约通讯记者等职，忙于为各报写文、发通讯、报道，且从1919年起又忙于"少年中国"学会的创建和"工读互助团"的筹建，因而逐渐减少了与《每周评论》的联系和为《每周评论》写稿。我们现在能看到的是他在这个刊物上发表的8篇时政性的文章。

第三，最早、最直接谈到王光祈是《每周评论》发起人的，是王光祈的同学、同乡且为终身好友的李劼人。王光祈和李劼人相识于1908年，这一年两人均考入四川高等学堂读书。同为热血青年，思想、爱好的接近使两人很快成为好朋友。两人之间的友谊，伴随他们在不同的城市投身五四运动、创办少年中国学会、组织工读互助团，以及20年代两人先后赴欧洲勤工俭学（王光祈去德国、李劼人去法国）。直至王光祈逝世，李劼人都是与之相知相惜的几个好友之一。③新中国成立后，毛泽东曾让回成都的陈毅两次问起"少中学会的王光祈"情况，时任成都市副市长的李劼人均以好友的身份一一作答。④1950年5月4日的《川西日报》纪念五四运动专刊上，李劼人发表《五四追忆王光祈》一文，高度评价王光祈对四川成都五四运动的影响，并首次谈到了王光祈参与了《每周评论》发起的工作。他说："北京的五四运动之所以及时传到成都，使成都青年

---

① 李劼人：《"五四"追忆王光祈》，《川西日报》1950年5月4日。
② 王迪先：《王光祈与"五四"时期的四川革命斗争》，毕兴、苑树青《黄钟流韵集——纪念王光祈先生》，成都出版社1993年版。
③ 《李劼人选集》第5卷共收录了李劼人的两篇怀念王光祈专门文章《诗人之孙》《"五四"追忆王光祈》；两篇与王光祈有密切关系的文章（《回忆少年中国学会成都分会之所由成立》《回忆〈星期日〉》）；一封李劼人在少年中国学会成都分会成立时写给王光祈的会务报告信。从这些文字可以看出李、王之间浓厚的友谊及李劼人对王光祈的评价。王光祈去世后，其骨灰也曾安葬于成都沙河堡李劼人住宅"菱窠"（1938年7月由李劼人在成都东郊沙河堡买地自建）附近的周太玄家墓园。
④ 魏时珍：《忆王光祈》，《四川师院学报》1985年第1期。

得以及时看到光明，就不能不归功于王光祈了。"他谈道：王光祈虽不是《每周评论》的主要撰稿者（当时王光祈身兼几家报刊的记者，编辑撰稿十分繁忙），但他参与了《每周评论》的发起工作。在稍后的《回忆〈星期日〉》一文中[1]，李劼人又谈到王光祈向他介绍《每周评论》的特点，说它"是一种转播新思想的出版物"，能紧跟形势发展，用进步的观点分析问题，提出意见，尖锐抨击帝国主义和封建势力，革命性战斗性是当时任何资产阶级报刊所不及的，也为刊期较长的《新青年》所不及，因而建议李劼人等人在成都也办一类似刊物。由于王光祈"有力的宣传和鼓励，成都出刊了《星期日》"[2]。从现存的王光祈与李劼人等友人的公开通信和王光祈留下的文字中，尚未查到王光祈本人对参与《每周评论》发起工作的文字记录，但我们从上述的综合分析中，能够评判出李劼人回忆的可信度应该是比较高的。

综上所述，王光祈不仅仅是《每周评论》的撰稿人，也参与了刊物的发起工作。虽然在其中的地位和作用不能与李大钊、陈独秀、高一涵相比，但是，"他参加了发起人的（工作）"这一说法是站得住脚的。

二、《每周评论》时期王光祈的政治主张

1918—1919年，王光祈先后在《每周评论》上发表了多篇时政性的文章，主要有《国际社会之改造》《无职业的人不得干预政治》《国际的革命》《今日之梅特涅》《兑现》《无政府共产主义与国家社会主义》《为青岛问题敬告协约各国》《司法独立与教育独立》。内容涉及国际、国内、司法、社会等问题，反映了这一时期王光祈的政治主张，也代表了这一时期一批先进知识分子的政治倾向，主要有以下几个方面：

第一，揭露巴黎和会及其"国际大联盟"，主张以平民的自治团体组成没有国界、种族区分的新国际，实现真正的和平。第一次世界大战结束后，主要战胜国酝酿召开一次和平会议——巴黎和会，成立所谓"国际大联盟"，以维护国际秩序。当时中国知识界对巴黎和会非常关注，寄予很

---

[1] 李劼人：《回忆〈星期日〉》，《李劼人选集》第5卷，四川文艺出版社1986年版。
[2] 《星期日周报》创刊于1919年7月，1920年4月停刊，共出了36期。《周报》由少年中国学会成都分会会友发起创办，是"五四"后四川成都创办的第一个宣传新思潮的刊物，也是当时全国宣传新文化的著名刊物之一。

高的希望，要求收回主权，抗议西方列强对中国主权的无理干涉，反对日本帝国主义对中国的侵略，这是五四时期中国主流知识分子的基本主张。王光祈在《每周评论》上连续发表《国际社会之改造》《国际的革命》《今日之梅特捏》《为青岛问题敬告协约各国》等文，对巴黎和会、"国际大同盟"及其日本帝国主义的侵华图谋和行径进行了揭露。王光祈鲜明地提出了自己的观点。他热情欢迎十月社会主义革命，"这回战争的结果，有两件差强人意的事情，第一就是那俄德革命，社会党骤然遽跃起。"① 他认为这是"大战的价值"，是符合人类社会"进化轨道"的。但是，另一件事，"现在又要在巴黎召开和平会议"，欧洲此次和会，高唱着民族自决主义，然而事实是怎样的呢？王光祈一针见血地揭露道："今乃以关系世界和平的青岛问题，置诸议和草约以外，任凭抱军国主义自命德意志第二之日本自由处置。此次和会价值实等于零。"② 可见，这无非又是一次非公平正义的会议。王光祈以1899年5月和1907年6月的两次海牙和平会议为例，揭露所谓的"和会"无非是列强们"又要研究杀人应从哪里开刀，灭国应由哪里入手了罢了"。王光祈的这些话，振聋发聩，在当时大多数的知识分子尚对这次和会抱有极大的幻想的时候③，他能有如此清醒的认识，难能可贵。那么，如何避免战争，"谋世界永久的和平"呢？

五四时期的王光祈，从民主主义思想观出发，他认为，要谋永远的和平，就要"打破国界人种的现状，扫除那资本家、军阀、贵族的威权"，实现由各地方自治团体联合起来的"国际社会"④。对此，王光祈寄予了很高的希望，他认为这是完全可以组成并发挥和平作用的最佳方式。但以民众自治团体来维护世界和平的主张，显得过于天真。虽然他提出了从经济上掐断由资本家、军阀、贵族操纵的政府发动战争的重要性并提出了方案："所有经济上一切支配，皆由我们自行纲纪，各尽所能，各取所需，毫不假手于诈欺取财的资本家与那万恶滔天的政府"，但是这个方案仍然缺乏具体、充实的内容，有浓厚的无政府主义色彩。这实际上是五四以前

---

① 若愚（王光祈）：《国际社会之改造》，《每周评论》1918年第1号。
② 若愚（王光祈）：《为青岛问题敬告协约各国》，《每周评论》1919年第21号。
③ 被毛泽东称为五四时期"思想界之明星"的陈独秀就对巴黎和会抱有极大希望，称美国总统威尔逊为"世界上个第一好人"，北大学生也在美国使馆前高呼"威尔逊总统万岁"。
④ 若愚（王光祈）：《国际社会之改造》，《每周评论》1918年第1号。

小资产阶级知识分子在激进的民主主义思想驱使下，急于改革社会又苦于找不到更好方法，只能按自己对各种新思潮的不同理解进行取舍、勾画而成的不切实际的蓝图。他所坚信的由平民自治团体来维持国际社会以实现永久的和平的理想，反映了五四新文化运动时期，中国激进青年知识分子的思想已经开始逐步转向对社会主义的关注和探索，具有了空想社会主义的某些特征。虽不成熟，却蕴藏着浓浓的求索精神和爱国精神。王光祈对巴黎和会和日本帝国主义图谋的揭露，不仅仅在北京，也影响到了四川成都，对成都地区的爱国运动起了巨大的推动作用。[①]

第二，揭露黑暗的政治现实，抨击国内的军阀政党政治，提出要用革命手段推翻一切强权。作为一个爱国的民主主义者，反对专制、倡导民主，是王光祈的政治信念，也是他抨击时政的出发点和评析中国现实政治的价值趋向。愤于现实社会的黑暗以及军阀、政客的明争暗斗，王光祈猛烈抨击了那些为谋求个人利益而甘为北洋军阀工具的政客，称这些人为"无职业的流氓"，抨击道："在我们中国，至少有三万万个饭桶——如官吏议员军士僧道土匪等"[②]，以这类人来治理国家、管理社会，管理"我们农工商学"，国家将永无"政治清明"之日，社会将会永远处于恶性循环中，中国将陷入更为糟糕（军阀割据）的困境。王光祈认为，要从事政治活动，必须先要有一个社会职业，进，可以从事社会的政治改革，退，则可以从事于自己的专业，以贡献于社会。职业政客充斥政坛，中国的政治民主化和政治制度的改革必然受阻，由此王光祈在《每周评论》上发出了呐喊："无职业的人不得干预政治！"

王光祈以知识分子特有的良知与勇气，把批评的矛头指向北京政府直至总统。他说：民国以来，总统、总理、政要们利用民主共和的招牌，冠冕堂皇的大政方针、安民告示来愚弄百姓，却从没在行动上真正做过福国

---

① 王光祈在五四前后先后从北京给成都《川报》发回50多篇通讯（李劼人是该报的总编辑和发行人），几乎每天或隔天便有他的鼓动性的报道发回，特别是他关于"五四"当天学生火烧赵家楼的长篇通讯，直接导致了成都高师学生引起的一场轰轰烈烈的成都地区的爱国运动。1919年5月16日，王光祈在五四夜晚写的这篇长篇通讯到达成都，李劼人等满怀激情地在文章前后写了富有政治鼓动性的按语。17日晨，成都高师的学生们正在吃早饭，有人登上饭桌，高声朗读王光祈的北京通讯，顿时火山爆发了，群众轰戚一片，食堂变成会场，一场轰轰烈烈的爱国运动，自此就在成都开展了。——引自李劼人：《"五四"追忆王光祈》，《川西日报》1950年5月4日。

② 若愚（王光祈）:《无职业的人不得干预政治》，《每周评论》第4号，1919年1月12日。

利民的好事，没有让人民能够真正安居乐业。他们用政党、学会这些名词，用四言八句的党纲、爱国爱民的宣言来粉饰自己，但是"有几个政党，能福国利民？有几个学会，在研究学术呢？"①欲以这种政客政治来治理国家，难道不与五个列强所召集的巴黎和会声称要实现永久和平一样吗？都是些不能兑现的"空头支票"！所以，这些军阀、政客"严格说起来，就是一种没有职业的人"。对政客政治的痛恨和希望从军阀政客交相淫逼的荆棘丛中为中华民族的生存和国家的发展找到一条光明之路的愿望，是王光祈创立"少年中国学会"、组织"工读互助团"的动力。他的这种批判勇气是历代知识分子爱国、忧国的传统。

第三，追寻理想的现代民主政治，提出了司法的独立和教育的独立。追寻理想的现代民主政治，是五四时期中国思想界进步的主要特征。在新文化运动的影响下，追求民主政治，反对封建专制，建立现代民主政治体制，是先进知识分子的共同理想。此时的王光祈以一个新闻工作者的视角和开放的心态，关注世界变化，接受和研究各种新思想、新思潮。他在《每周评论》《晨报》上发文，介绍和研究无政府主义、国家社会主义、布尔什维克主义，希翼以此来启迪国人的思想，探讨中国政治体制的转型，并提出了自己对当时热点问题——司法独立和教育独立的看法。

五四时期中国知识分子大多都感受过西方民主与科学的熏陶。他们大力倡导在中国兴办教育，积极推动司法的进步，以实现中华民族的近代化。1919年前后，随着政局的动荡，北方的办学环境明显恶化，国立各校经费奇缺，师生罢教罢课风潮迭起，大学教育面临生存危机，于是，教育界要求"独立"之声大起。②从具体的教育经费独立，到"形而上"的教育体制独立，汇成一股"教育独立"思潮。王光祈认为：教育独立包括内部的和外部的，内部的——"教授独立"、学术自由，即"各教授对于讲授学术，务必保留自由发挥的权利，不要为饭碗问题而变节"；外部的——教育独立于政潮之外，不受政治的干涉。③政治体制的近代化仅仅

---

① 若愚（王光祈）:《兑现》，《每周评论》1919年第13号。
② 源于西方的教育独立思潮，清末时章太炎就曾提出过设想。章太炎说："学校者，使人知识精明，道行坚厉，不主隶政府，惟小学与海陆军学校属之，其他学校皆独立。"主张摆脱清政府对中等以上学校的干预，保证学术、教育的自由发展。章太炎:《代议然否论》，《章太炎全集》第4卷，上海人民出版社1985年版，第306页。
③ 若愚（王光祈）:《司法独立与教育独立》，《每周评论》1919年第34号。

有教育的独立显然不够，司法也必须独立。司法独立是人类走向政治文明的象征，是近代社会法治化的内在要求。王光祈认为教育与司法的关系密切，二者的目的都是使社会上的个人成为一个健全的分子，以促社会的进步，建立一个和谐的社会，只不过教育系积极的培养，司法系消极的禁止。中国自民国以来"司法界黑暗"，握有司法权的人"大半皆系时髦政客"，致使人民的权利得不到保障。他说：我们中国的司法官，大多数还是前清刑名师爷的派头，不问是非，专听东家的指挥，巴结东家得好，便可以升官发财，今日做检察厅长，明日便可以做司法总长，后日便可以做国务总理。不会巴结的，便永远沉于下僚。因这个缘故，遂养成司法官巴结军阀政党的恶风气。所以司法独立势在必行。"司法独立是关系我们的生命财产，教育独立是关系我们的思想自由"，二者不可不独立。王光祈的措施有两条："（一）凡在司法界或教育界做事的人，须与政党断绝往来；（二）司法官与教授的地位，须要有法律的保障。"

在北洋军阀统治时期，符合现代法治精神的各项价值原则常常受到封建军阀和买办政党的排拒，行政权的牵制、军事和政党的直接干预、财力人力的不足以及军阀官员法律意识的淡薄，都从不同侧面制约了司法和教育独立的真正实现。因此，司法独立和教育独立的愿望在当时只能停留在知识分子们的呼吁、呐喊的层面上。王光祈所主张的司法与教育的独立，尽管在内容、范围和程度上相当有限的，仍然不失为中国知识分子追寻现代民主政治潮流中掀起的浪花。特别是他对民初盛行的带有浓厚封建专制主义毒瘤的司法体系所进行批判，有其重要的价值和意义。

王光祈在《每周评论》时期的政治主张和政治思想，是当时中国知识界进步思想的代表，基本反映了《每周评论》群体的思想概貌。

第二节　王光祈与左舜生

自1918年少年中国学会筹备，王光祈与左舜生结识，到1936年王"殉学而死"，二人相识十五六年，其中仅前两年多有机会见面。但一在北京，一在南京和上海，见面机会也并不多。其后王光祈赴德，二人再无见面机会。二人的交往更多的是一种志同道合的精神往来。随着王光祈的出国和时事的变化，少年中国学会日益出现分化。王光祈一直反对会员从事政治活动，是始终保持中立、远离政治的少数几个会员之一；左舜生则选择了认同国家主义的理念，投身政治，最终成为活跃的政治家和中国青年党的代表。初相识时的志同道合，到后来的渐行渐远，但又保持了终生的友谊，此二人的关系变化或可有助于时人了解五四时期时局变化导致的知识分子思想变化的多样性。

一、少年中国学会的中坚分子

五四时期成立的社团非常多，但大多是昙花一现，真正存活下来并开展活动、产生历史影响的社团数量十分有限。少年中国学会从1918年6月30日发起，到1925年7月20日的南京年会结束，总共存在了7年20天，成为五四时期存在历史最长的青年社团。少年中国学会的"长寿"原因有很多，不能不提到的就是先后主持会务的王光祈与左舜生二人。正如方东美所说："少年中国学会已先期于民国七年七月一日成立，中间函札交驰，纷与留法留德曾慕韩、李璜、魏时珍计议联络者，皆王光祈、左舜生特殊努力之结果也。"[①]

众所周知，王光祈是少年中国学会的发起人，亦是早期会务的主要负责人。在少年中国学会筹备期间，王光祈即担任筹备处主任兼会计[②]一职。在少年中国学会正式成立后当选为执行部主任（负责办理学会对内对外一切会务）。此外，王光祈还实际负责学会编辑工作。本来学会推定的编辑主任李大钊，副主任康白情，但二人"因事未能执行职务"，实际上由王光祈负责。直到1920年王出国前夕，学会才议决重组编辑部，执行部主任一职暂由陈淯代理。王光祈自认"团体关系，亦只有一个少年中国学会！在会中曾任筹备处主任一年（在发起后），执行部主任一年（在成立后），但皆无所建树。"[③]这实在是太过自谦的说法。王光祈在这一时期的工作得到了会员的广泛认同。宗白华在南京为王开的追悼会上致词说王

[①] 方东美：《苦忆左舜生先生》，周宝三：《左舜生先生纪念册》，沈云龙：《近代中国史料丛刊续编》第81辑，文海出版社有限公司1991年版。

[②] 以下关于王光祈、左舜生的履历均出自《五四时期社团》（一）"少年中国学会历届职员名单"，第243页。

[③] 张允侯等：《五四时期的社团》（一），三联书店1979年版，第515页。

光祈"简直是将少年中国学会作为他的爱人,他的思想文字及事业无不集中于学会。学会同人,都无形地以他为学会的中心人物,学会的灵魂。"[1]很多人都肯定了王光祈对学会的创立之功。[2] 学会另一发起人周太玄说他"全部光阴精力都用于会务;会中的大小事件都由他一人悉心筹划。而对于招引同志一方面,尤为努力。……这一年之中,学会的筹备,可说是光祈一人负总责。"[3] 方东美说:"少年中国学会之发起,推动主力全在王光祈先生。光祈性格高超纯洁,其律己之严同人中无出其右者。"[4] 左舜生回忆说:"从民七到民九的年底,这两年多的'少中'会务,可以说是由王一人主办。关于会务报告的印行和少年中国月刊的出版,大抵都是由于光祈的规划。"[5] 正是由于王光祈的全身投入,使得少中学会的各项工作迅速开展起来,同时影响也扩大开来。

左舜生虽不在七位发起人之列,但他其后在少年中国学会中发挥了重要作用。如同五四时期其他青年社团一样,少年中国学会发展会员主要还是靠地缘(同乡)关系和同学关系。左舜生入会是由发起人曾琦介绍的。曾琦与王光祈既是同乡又是中学同学、好友,而左舜生与曾琦则是读震旦大学时同学及室友。左舜生回忆说:"我在他(指曾琦)的眼中,也许觉得是一个有希望的青年,因此在他和王光祈……几位发起'少中'不久,便把我也拉入这个学会了。这大概是民国七年底或八年的事。其时我正在南京教书,后来有不少东南大学、金陵大学以及河海工程学校的优秀分子加入这个学会,便是由于我的关系居多。"[6] 事实上,少年中国学会吸收会员是有极为严格的要求的,在建立之初就制定了若干标准,左舜生自然是符合也认同这些标准的,所以在加入后就积极发展会员,乃至成为继王光

---

[1] 《王光祈先生纪念册》,文海出版社1968年版。

[2] 宫宏宇:《中华知识分子的典范、"少年中国"精神的化身——少年中国学会会员眼中的王光祈》,四川音乐学院高等教育研究所、成都市温江区文化广播电视局编《昆仑巨声——"2009王光祈研究国际学术讨论会"论文汇编》,巴蜀书社2010年版。

[3] 周太玄:《王光祈与少年中国学会》,王光祈先生纪念委员会:《王光祈先生纪念册》,上海出版社1936年版,第21—22页。

[4] 方东美:《苦忆左舜生先生》,文海出版社1991年版。

[5] 左舜生:《记少年中国学会》,《近三十年见闻杂记》,沈云龙:《近代中国史料丛刊》(48—50),文海出版社1981年版,第455页。

[6] 左舜生:《记少年中国学会》,《近三十年见闻杂记》,沈云龙:《近代中国史料丛刊》(48—50),文海出版社1981年版,第454页。

祈之后的学会骨干。左舜生在学会成立时为评议部评议员，当时的评议部主任为曾琦，但曾琦于1919年8月即赴法留学，辞去主任一职，因来不及改选，暂由左舜生代理，1920年7月正式当选，后一直担任此职四届。1919年11月南京分会成立，左舜生为南京分会之通信员，负责联络工作，南京的会员很多都是经由左的引荐入会的。1921年1月，原月刊编辑主任苏演存辞职，北京总会决定将编辑部迁往上海，由左舜生任编辑。后因左舜生在中华书局工作的便利，《少中丛书》也由其编辑出版。故左舜生接替王光祈成为学会负责会员联络和会务处理的人选。特别是由于左舜生身处上海，且供职中华书局，海外会员的通信、经费往来，文章、著作的发表、出版均经由左之手。左舜生自己回忆道："自民十光祈去德以后，处理'少中'会务的责任，无形中已落到我的头上。《少年中国》与《少年世界》两种月刊，改由上海亚东图书馆出版，由我担任编辑。此处一方面因为上海的交通便利，凡学会会员道出上海的，我总有和他们见面的机会；另一方面则以会员出国留学的日多，大致分往德法英美日等国者，前后不下三四十人，凡他们稿件的投递、书籍的出版、报馆通信的接洽，以及一切收款汇款的琐务，也大抵由我一人代办。现在回想起来，似乎是相当繁重，但以当时少年喜事的心情，同时受着一种诚挚友情的驱策，还是觉得津津有味，乐此不疲。"[①]对此，曾琦的日记和王光祈的通信里就有诸多相关记载。陈启天说："左舜生先生为会员热诚服务，颇为全体会友所推重。"[②]张梦九说："本来在王光祈未出国前，所有会务，由光祈在北平负责；到光祈去国前，将会务移到上海，由舜生负责。当时'当中'是全国青年向往的中心，说到会务，只是回信一项，至少每月总在千件以上，还有订杂志（当时少中有两份月刊，一少年中国，一少年世界），每种每月销路，都在五千份以上，那些事务也是够忙的。单是这两件事，至少三个人都是每天喘不过气来，可是舜生当时是一手包办，真不知道他当时是如何对付过去的。"[③]

[①] 左舜生：《记少年中国学会》，《近三十年见闻杂记》，沈云龙：《近代中国史料丛刊》，文海出版社1981年版，第458页。

[②] 陈启天：《左舜生先生的生平》，周宝三：《左舜生先生纪念册》，沈云龙：《近代中国史料丛刊续编》第81辑，文海出版社1981年版，第78页。

[③] 张梦九：《我所认识的舜生》，周宝三：《左舜生先生纪念册》，沈云龙：《近代中国史料丛刊续编》第81辑，文海出版社1981年版，第136页。

正是因为前有王光祈全身心投入会务,后有左舜生一力承担,少年中国学会在会员分散海内外的情况下,仍得以维持和发展。二人对少年中国学会的贡献可谓大也。

二、"小组织"问题的讨论

王光祈作为一名社会活动家,最为人所称道的就是发起了少年中国学会和工读互助团两件事。其提出工读互助的想法大概在1919年初,其起源可以追溯到左舜生提出的"小组织"问题。

1919年7月,左舜生在《时事新报》上发表了《小组织的提倡》一文,引起了极大的反响,社会上就此问题形成了一个讨论。《少年中国》上还专门有"讨论小组织问题"的专题,其中王光祈的回应最为热烈。王光祈致函左舜生,讨论"小组织"的提倡问题,此即发表在《少年中国》上的《与左舜生书》一文,成为王光祈工读互助思想的重要代表作。关于"小组织"问题的讨论也成为工读互助运动的先声。

其实,早在这一年的2月,王光祈到南京时候即与左舜生就"小组织"问题进行过讨论。[①]二人具体的谈话内容并无资料记载,但在王文中提到他曾向左提出"新生活"的主张,左也向王说过"我们要与恶社会宣战,非自己先行创造一个生活根据不可。"五四前期中国社会思想界深受各种主义的影响,这一时期主要是互助论、泛劳动主义和新村主义等思想在中国青年中很有市场,王左二人显然深受影响。

左舜生的文章应是对2月谈话的深入设想,他意在提出一种应对"恶社会""恶势力"的办法,即成立"小组织"。他说:"我理想上的'小组织'是由少数同志组织的一种学术、事业、生活的共同集合体。"[②]文中他提出了这种组织应该具有的几个条件。在左舜生看来,中国的积贫积弱的局面就是社会上一班堕落人士造成的,而青年人要想改变这种现状,要想救国就得避免这种堕落,"小组织"正可实现这种目的。

王光祈对左舜生的设想大加赞赏,他给左回信说:"我昨天读了你的文章——《小组织的提倡》,知道你要创造一个崭新的生活出来,我欢喜

---

① 韩立文、毕兴:《王光祈年谱》,人民音乐出版社1987年版。
② 左舜生:《小组织的提倡》,《五四时期的社团》(一),三联书店1979年版,第298页。

的连吃饭都忘了。"①左舜生对"小组织"的设想只是一个大略的想法,他自己也认为"讲到具体的办法,自然要更加详细",而王光祈则"对新生活的组织已经有了办法,我们少年中国学会会员都是极端赞成的,而且是急欲见诸实行的。"②王光祈的办法就是要在乡下租个菜园,供十余人种植。每日种菜两钟、读书三钟、翻译书籍三钟,其余钟点均作为游戏、阅报时间。园中要附设一个平民学校,附近农家子弟均可以到学校读书,不纳学费。有家眷的可以同住,不雇用仆役。"当这种团体开始筹办的时候,恐怕每人每月须帮助三四元;到后来园艺发达,出版事业基础已固,那就'绰绰然有余裕'了。""我们纯洁青年与纯洁农夫打成一气,要想改造中国是很容易的。"③显然,王光祈对这种生活的规划并没有建立在现实的物质基础之上,也未进行过可行性的调研。他的设想更多的是一种对田园牧歌式的生活方式的向往,是一种空想。

对于王光祈的热情,左舜生回应道:"你提倡新生活的动机是避苦寻乐,我自然也是避苦寻乐。"④他赞同王光祈提出的从事出版业。"出版事业是好的,我见得大规模的'教育运动'也刻不容缓。"⑤左舜生本人所从事的工作就是出版业。他受聘于中华书局编译所新书部,立志有所革新,出版了《新文化丛书》等,引领了时代风潮。左舜生在文中还就当时一所"模范村"的事业进行评价,指出他们所提倡的"小组织"与其从事的慈善事业是不同的,指出社会问题的解决不是慈善事业能有效力解决的:"现在流行的所谓慈善事业都是那些贵族阶级资本阶级智识阶级对于这些不富不贵且愚的一种'残羹冷炙'的赏赐。"⑥这种看法与王光祈是相同的。王光祈在《工读互助团》一文中则指出:工读互助团不是慈善事业。"慈善事业完全是'蹴尔而与之'的残羹冷炙。"二者思想与用语都如出一辙。

在《少年中国》第1卷第2期的"关于小组织"问题的讨论中,左舜生有两篇文章,一篇是《小组织的提倡》,一篇则是《答光祈》。而王光

---

① 王光祈:《与左舜生书》,《王光祈文集·时政文化卷》,第52页。
② 王光祈:《与左舜生书》,《王光祈文集·时政文化卷》,第52页。
③ 王光祈:《与左舜生书》,《王光祈文集·时政文化卷》,第52—54页。
④ 《少年中国》1919年第1卷第2期。
⑤ 《少年中国》1919年第1卷第2期。
⑥ 《少年中国》1919年第1卷第2期。

祈则有七篇相关文章，与相关人等讨论，可见王光祈对此问题的热情尤过于左舜生。虽然因为现实的局限，王光祈的设想根本没有开展，但他并没有放弃这样的探索和尝试。1919年12月4日，王光祈发表《城市中的新生活》，号召建立工读互助团。他在《工读互助团》一文中说："我们中国人向来有一种'只说不做'的习性，前回讨论'小组织'问题，亦犯了这个毛病。我对于'小组织'不能使他在最短时期中实现，是我生平一桩极可耻的事！我这回讨论工读互助团问题，我又怕犯这种'只说不做'的毛病，所以我那篇《城市中的新生活》发表以后，立即奔走筹划，不到一个星期，居然有了头绪；不到一个月，居然组织成功。"[①]可见，正是因为"小组织"在现实中受挫，才使王光祈把目光由农村转向城市。在谈到工读互助团的将来时，王光祈也指出："我希望组织的范围愈小愈好，而组织团体愈多愈好。若有联络的必要时，还是实行我们'小团体大联合'的计划。"这种设想也与讨论"小组织"问题时的思想是一脉相承的。1919年底，王光祈等人在北京发起工读互助团，1920年2月底3月初，上海亦建立组织。王光祈参加了筹备会，左舜生名列其中。

王光祈与左舜生对团体生活的重视与当时的社会思潮是合拍的。五四前后，社会思潮恰恰是由推崇个人主义转向对团体活动的认同。恽代英就曾回忆在自己的求学生涯中作过组织小团体的尝试。[②]这场关于"小组织"的讨论虽然充满了空想的色彩，但它为后来盛行一时的工读互助运动奠定了思想上的基础，也反映出这个时期的进步青年对现实不满、急于改变现状的心理。正如左舜生所说："我想我们现在生活的方法是极不自然的，将来无论如何不能不改变。这种小组织可以给我们种种实验。"[③]这种对未来道路的探索，可以说是一种"试错"。正是在这种不断的"错"中，中国人才找到了"对"的道路。

三、个人思想的分化

少年中国学会本是一个松散的学术团体，强调思想的兼容并包，倡导社会运动，排斥政治运动。但是随着中国国内局势的变化，鼓吹政治、投

---

① 《王光祈文集·时政文化卷》，第81—90页。
② 张少鹏:《民初的国家主义派研究》，华中师范大学2005年博士论文。
③ 左舜生:《小组织的提倡》，《五四时期的社团》（一），三联书店1979年版，第298页。

身政治已成为一股浪潮，越来越多的青年投入其中。作为优秀青年集中的少年中国学会不可避免地遇到了这股思潮的挑战，会员们的思想发生了分化。从1921年南京年会开始，少年中国学会会员间就呈现出分歧，并在以后愈演愈烈，乃至分化为不同派别，最终分裂。在少年中国学会分化的过程中，王光祈左舜生二人走上了不同的道路，二人在思想上渐行渐远。但是，人的思想是复杂的，在思想分化的过程当中我们仍可看到二人思想的交集。在青年时期因为共同的理想和热情走到一起的朋友，在思想成熟的过程中对未来作出了不同的选择。虽然方向不同，但青年时爱国救国理念对他们的选择都产生了积极的影响，使他们在各自的领域里通过自己的方式实现着青年时的理想。正是在爱国救国一点上的认同，使他们虽然在思想上渐行渐远，但仍保持着珍贵的友谊。

王光祈在回忆其当时的思想变化时说："当我在民国三年由四川到北京之知，亦常误以为国家之弱，全系外力压迫所致，因而立志研究外交，俨然以昔日'少年意大利党'中之加富尔自命，如是者数年，未尝一变。直到民国六七年之交，乃恍然大悟，知外力之所以压迫，系由于内政腐败，内政之所以腐败，系由于社会麻木，故欲改造中国，非先从社会下手不可。"[①] 这表明王光祈在寻找国家弱的原因时找到了内因，他组织团体的目的是为了做社会工作，进行社会革命，改变社会的麻木。这一理念贯穿了他的一生。

他认为在当时的中国，缺乏政治革命的基础，必须先做改造人的工作。他在《少年中国学会之精神及其进行计划》一文中即提到，"但是我们有一个共同的趋向，就是承认现在中国人的思想行为，无论在什么主义之下，都是不成功的。若要现在的中国人能有应用各种主义的能力，必先使中国人的思想习惯非彻底地改革一番不可，非经过一番预备工夫不可。少年中国学会的目的，就是努力从事这种预备工夫。""少年中国学会所着手的预备工夫，便是指各种主义共同必需的训练。""我再痛快说一句，国家主义、社会主义、安那其主义，皆是一种人类的组织。而现在的中国人连作'人'应该具备的性格和习惯都没有，若是要他从事'人类'的组

---

① 王光祈：《少年中国运动"序言"》，中华书局1924年版，张少鹏：《民初的国家主义派研究》，华中师范大学2005年博士论文。

织，当然是不行的了。少年中国学会所着手的预备工夫，便是要想先将中国人个个都造成一个完全的'人'，然后再讲什么主义。"①

王光祈并不反对主义本身。事实上，王光祈对各种主义也是极为关注的，他在1919年5月写给友人的信中曾说："弟现在研究社会主义学说，将其中最重要的分为两类：(1)国家社会主义马格斯派(Marx)，如今日之俄、德、匈过激派；(2)无政府主义克鲁泡特金派(Kropotkin)……这两派学说趋势，在欧洲方面孰占优势？请告我。这两种以外，还有其他较善之学说否？亦请见示。"②他曾自我声明说："我不是反对鼓吹主义，我是反对专鼓吹主义而不同时设法训练。"③

王光祈的这一思想一直到会中发生激烈争论，乃至走向分裂的时候都没有改变。他在"学会改组委员会调查表"④中声称自己"我相信民族主义，不相信国家主义，不相信共产主义；但认为在最近的中国，国家及共产两种运动皆各有其用处，只求不要过火，我都相对赞成。""民族主义系以争求中华民族独立自由为宗旨。(汉、满、蒙、回、藏称为中华民族。)其方法系从'研究真实学术，发展社会事业'入手，以培养民族实力。至于将来中国政治经济组织应采何种形式，则须待各派合作之大革命后，再按照彼时世界现状及趋势，与夫国民程度及愿望而定。此时不宜胶执己见，多立党派，减少国民对内对外战斗能力。"王光祈在会中是仅有的几个始终没有放弃学会初衷的会员之一，成为坚持学会从事社会事业一派的代表。

左舜生与王光祈则不同。有人说左"始而赞成社会运动，继而赞成国家主义"⑤，这一说法是有道理的。左舜生最初加入少年中国学会，自然是认同少年中国学会的理念的。他当初提倡"小组织"，就是要做"人"的改造，通过团体生活达到社会革命的目的。虽然后来他转向了国家主义，

---

① 王光祈：《少年中国学会之精神及其进行计划》，《少年中国》1919年第1卷第6期，《王光祈文集·时政文化卷》，第73页。
② 王光祈：《致幼椿、太玄》(节录)，《少年中国学会会务报告》第4期，《王光祈文集·时政文化卷》，第175页。
③ 王光祈：《少年中国学会之精神及其进行计划》，《少年中国》1919年第1卷第6期，《王光祈文集·时政文化卷》，第73页。
④ 张允侯：《五四时期的社团》(一)，三联书店1979年版。
⑤ 左舜生：《常怀千岁忧》，《民国百人传》第3册，传记文学出版社1982年版。

但是他与曾琦、李璜又有不同,他对政治运动并不像曾琦、李璜一样激进。在少年中国学会分化的过程中,左舜生始终扮演了一个调和者的角色,虽然是站在国家主义派的立场上。在"学会改组委员会调查表"中,左、曾、李都填了对于目前内忧外患交迫的中国抱"国家主义"的立场,对"本会会务之改进究抱何种态度"上,左舜生主张"以学会性质造成全国的读书空气,使本会成一完全研究学术的机关"。李璜主张"澄清共产派后积极进行"。曾琦主张"应本原有之精神,认定以学术救国。对于反国家之分子,不能容留同在一会。盖本会宗旨既在创造少年中国,并非少年世界学会,顾名思义,断不容有反国家之会员。"这里就可看出左较曾李态度温和的多,且仍主张学会"成一完全研究学术的机关",并未对会员有政治上的要求,不希望学会分裂。曾李从一开始就信奉政治运动,从理论和实践上积极投身其中。曾琦的日记中多有记载。而左舜生则主要从事教育、出版事业,离政治较远。这从他自己的回忆录里也可看出。左舜生对政治的热情始终不高,而对学术的兴趣很浓。虽然他加入了中国青年党,信奉了国家主义,但更多的似乎是被动的选择。他自己回忆说:"我根本不是一个革命者,且根本不对任何主义发生迷信,但他们两位(注:指恽代英和邓中夏)却对我下过功夫,还拉我在《向导》和《中国青年》上写过文字。十四年中山死了,我曾有加入国民党的冲动,但卒以找不到适当的介绍人作罢。稍后加入了青年党,也只是一种朋友关系的偶然。"[①]左舜生以中国青年党领袖闻名于世,但他自认为"我对政治是玩票性质,最多也不过是兴趣之一。慕韩却把政治看成身心性命,无论造次颠沛,脑筋里都是没有把政治抛开的。要谈文学的欣赏或艺术的赏鉴,我绝对不去找慕韩,可是一涉及政治,慕韩便立刻成了我一个不可少的朋友。慕韩死了,我对于政治的兴趣,也许更会要趋于低落。"[②]从这个调查表中我们也完全看不出其对政治的热情,看到的是他对学术问题的执著。在学业上,左舜生也详细填写了自己的兴趣在历史和国际局势方面,并"决定以教书、读书、著书为终身大事"。这与少年中国学会宗旨恰是一致的,与王

---

① 左舜生:《自五四以来》,《近三十年见闻杂记》,沈云龙:《近代中国史料丛刊》,文海出版社1981年版,第470页。
② 左舜生:《怀念曾琦》(1892—1951),《曾琦先生文集》(下),(台湾)"中央研究院"近代史研究所1993年版,第1604页。

光祈的立场也有相同之处。纵观左氏一生，虽无政治兴趣，却始终没有脱离政治。曹聚仁评价他："他根本没有政治兴趣，又何必标榜组党而以领袖自居呢！""左氏其实可以好好写他的现代中国史出来，又何必对官场这么热衷呢！"[①]

左舜生虽然是中国青年党的代表人物之一，但在中国青年党早期的理论建设过程中基本没有发挥什么作用。他于1925年加入中国青年党，之前所作的工作主要是他的本行——编辑出版工作。而曾李的党派立场则十分明确，与共产主义者水火不容。这也反映出五四时期知识分子思想的复杂性。后人不能简单地以党派论人。方东美曾在《苦忆左舜生先生》一文中记述过一事，即1924年左舜生出面约集学会中国家主义派与共产主义者数人商谈如何重振少年中国学会之旗鼓，曾琦、李璜等与恽代英、张闻天等人就主义问题辩论激烈，直至差点儿动手。左舜生与方东美、王崇植等则主张维护少年中国学会的学会性质，独立于一切政治权力斗争范围之外。在这一点上，左舜生与王光祈又站在了一起。左舜生在思想上是认同国家主义的，反对共产主义，但在态度和行为上与曾李确有鲜明的差异。

王光祈宣称相信民族主义，以争求中华民族独立自由为宗旨。其方法系从"研究真实学术，发展社会事业"入手，以培养民族实力。这与左舜生所说的"国家主义，充实独立自主之实力，避去一切的依傍"不是异曲同工吗？！王光祈对少年中国学会的改进不主张分裂，而主张求同存异。他始终坚持"学会是'社会活动'的团体，不能开除政治活动意见不同之会员。"他在德国，也念念不忘学会，余家菊回忆说，在民国十三年回国前夕去德国一行，临行前王光祈叮咛道："回国后，莫让《少年中国》停刊了。"[②]甚至，到了他去世前一个月写给黄仲苏的信中还说："明年返国第一件要做之事便是重振会务……"[③]

在对待主义的态度上，左舜生与王光祈的思想与行为都不是一成不变的，事实上最可能的是各种思想都在产生影响，这也是那个时代的青年思想多元化的体现。

---

① 曹聚仁：《谈左舜生》，《听涛室人物谭》，三联书店2007年版，第28页。
② 章开沅、余子侠等编：《余家菊与近代中国教育》，华中师范大学出版社2007年版，第356页。
③ 沧浪云、李煞等编：《民国音乐未央》，东方出版社2013年版，第164页。

王光祈与左舜生作为少年中国学会的积极分子，作为当时的进步青年，在如何救中国的道路上各自探索着，寻求着答案。他们曾经走过一段相同的路，后来又分开了，但并没有决裂，也没有停步不前。他们始终坚持认为自己走的路是对的。以后世的历史重新审视他们的思想，今人当有别样的判断。

第三节　放眼世界的伟大儒者——《王光祈文集》有感[①]

2009年10月12日，《王光祈文集》[②]首发仪式暨王光祈国际学术研讨会在成都温江区隆重举行。出席首发仪式和会议的有日本、德国、新西兰，以及来自全国各地的音乐学界、哲学界、史学界的专家学者和政府要员百余人。一位音乐学家的学术研讨会竟能引起如此之多的音乐学家以及哲学界和史学界专家的关注，在中国音乐学界实属罕见。《王光祈文集》共五卷，前三卷为音乐卷，后两卷为"时政文化卷"和"中国近代外交史料译文卷"。后两卷内容涉及了政治、外交、经济、军事及社会改造等内容。一位音乐学家的成就跨越了如此之多的领域，真是不可思议。这是否意味着当今世界体系理论的创建者I·沃勒斯坦所言："人类群体行为的三个假定领域：经济、政治、社会或社会文化不是独立的社会领域，他们没有独立的逻辑。"[③]按沃勒斯坦的看法，学科之间如人类学、经济学、政治学、社会学、文化学等之间没有界限。因此，音乐学与这些学科也不会有界限。王光祈作为近现代中国音乐学的先驱，在思考近现代中国音乐与政治、经济、军事以及社会文化的贫弱方面，他没有按照"政治、经济、社会的分类来孤立地看待这些'因素'，只处理一个变量。"[④]而且，他把音乐作为国家强大的一种象征性标志。

[①] 原文发表于四川音乐学院学报《音乐探索》2011年第4期，作者管建华。此处内容稍有删减。
[②] 四川音乐学院、成都市温江区人民政府编：《王光祈文集》（共五卷），巴蜀书社2009年版。
[③] [美]沃勒斯坦著，刘琦岩、叶萌芽译：《否思社会科学——19世纪范式的局限》，三联书店2008年版，第282页。
[④] [美]沃勒斯坦著，刘琦岩、叶萌芽译：《否思社会科学——19世纪范式的局限》，三联书店2008年版，第282页。

王光祈的所有思想与成就反映的正是一个时代音乐、经济、政治、社会文化思想的总体变量。他为了使中国从贫弱转向富强的理想耗尽了毕生的心血与精力。《王光祈文集》展示给我们的正是中国近现代时期中国音乐与社会思想、政治、经济和社会文化变迁的一种总体变量。也正在于此，《王光祈文集》获得了四川省人民政府颁发的第十四次哲学社会科学优秀成果奖。

通过《王光祈文集》回顾中国音乐学先驱王光祈的学术思想成就，特别是对于中国音乐学未来的发展所具有的重要意义，有两点值得关注：一是他在音乐研究中对中国音乐精神（礼乐文化）的研究和现代中国文化精神（少年中国精神）与音乐文化自觉的追求；二是他在音乐研究中的全球视野和对自我音乐文化经验或音乐文化身份的肯定。

一、现代中国文化精神的呼唤者与音乐文化的自觉者

1919年7月1日，由李大钊、王光祈发起组织的少年中国学会，经过一年酝酿筹备，在北京举行了成立大会，推王光祈为执行部主任。该学会的宗旨是："本科学精神，为社会的活动，以创造少年中国。"少年中国学会这个在五四时期会员最多、时间最长、影响深远的青年社团曾被学界忽视，而少年中国对王光祈人生的影响也是最大的。王光祈在1924年于柏林所写的《少年中国运动》序言中讲道：我个人在这五六年之中著了三百余篇文章（杂志、论文和报馆通信），都百万余言，其中无一篇无一字不是本着少年中国学会的精神。至于我个人求学做事的计划，亦无一时无一处不是本着少年中国学会的精神。①

王光祈在1919年7月26日发表的文章《少年中国之创造》提出了他个人的创建，他讲：我所说的"少年中国"，中国二字应解释为地域名称……我是一位梦想大同世界的人，我将中国这个地方看作世界的一部分，要想改造到世界大同的地位，非先把中国这个地方造成配得上为大同世界的一部分不可……我们要改造中国，便应该从中国少年下手，有了新少年，然后"少年中国"的运动才能成功。现代哲学思潮的趋势注重人生问题——精神的与物质的。换句话说，就是怎么样适应环境的问题。我以

---

① 《王光祈文集·时政文化卷》，第162页。

为"少年中国"的少年要有下列三种新生活：创造的生活、社会的生活、科学的生活。他还讲到实现"少年中国主义"的方法：简单地讲，要由我们一般青年与一般平民——劳农两界——打成一气，且为一种青年国际运动；分析地讲，就是教育事业、出版事业、新闻事业和改造个人生活。①

1919年年底，在李大钊、蔡元培、陈独秀等人的支持下，王光祈组织成立了北京"工读互助团"，帮助北京的青年实行半工半读，后在其他城市也成立了分部，其目的就是为了形成三种新的生活，以形成少年中国的气势，改造中国。

王光祈在《少年中国》杂志发表的许多文章，如《少年中国学会之精神及其进行计划》《留别少年中国学会同人》《致少年中国学会诸同志》《致少年中国学会同志》《社会活动的意义》等等，文章中均表现了他对"少年中国"精神的阐释和社会改造的启蒙，也是他呼唤现代中国精神的具体体现。其有诗为证：

发挥科学精神，努力社会事业，不恃过去人物，不用已成势力，以满腔的热血，洗污浊之乾坤，愿青春之中华，永无老大之日。(《少年中国》歌词)

1925年由王光祈本人作词作曲的"少年中国歌"亦反映其文化精神：

少年中国主人翁，昂然独立亚洲东。手创东方古文化，常为人道作先锋。

彼以耶来，我以孔对，彼尚强权，我讲仁义。请君看将来，将来谁胜利？

少年中国主人翁，昂然独立亚洲东。酷爱自由与平等，从来天下本为公。

日出而作，日入而息，凿井而饮，耕田而食。万事皆自为，何有于帝力。

少年中国主人翁，昂然独立亚洲东。环顾四邻兄弟国，多在他人

---

① 《王光祈文集·音乐卷》下，第223页。

压迫中。

　　朝鞭夕箠，弗如犬豕，睹此不平，安能自已。且上昆仑山，高呼起起起。①

　　我们注意到，王光祈在诗中对"东方"的表达，"东方古文化"，"孔对"，"仁义"，"环顾四邻兄弟国，多在他人压迫中"。联想到王光祈为什么要写"东方各民族之音乐"，其文化意义深远。诗中"强权""帝力""朝鞭夕箠，弗如犬豕""睹此不平，安能自已"，充分显示了王光祈对帝国主义、霸权主义的愤慨。从音乐产业（欧美音乐文化产业占世界的90%以上，英国音像产业产值超过钢铁业）和音乐文化价值观上讲，当今欧美音乐的强势，与东方亚非音乐的弱势以及西方对东方音乐资源的掠夺，我们期待未来亚非音乐文化的联合。

　　王光祈一方面呼唤现代中国精神——少年中国精神，另一方面，他对少年中国精神的阐释转向了民族文化复兴。在现代化的历史转型过程中，他表现出一种民族文化自觉。这种自觉，在当今文化全球化的今天，仍然具有极为重要的意义。在《少年中国运动》序言（1924）中他讲：

　　　　"少年中国运动"不是别的，只是一种"民族复兴运动"。

　　　　请先言"民族复兴运动"。大凡一个民族在世界上能维持其相当的位置，与其他民族并立，必须备有一种"民族文化"，以表现他的生活思想、行为习惯等等特色，同时又以之促进本族的团结。反是者其族必亡，或终为人所奴隶。

　　　　中华民族立足已有四五千年，不能说是没有一种"民族文化"（至于此种文化适应时宜与否，又是另一问题）……从前的中国人，对于所谓"西洋文化"始终不甚了解：最初误以为西洋文化便是兵车炮舰（如李鸿章、张之洞时代），再其后又误以为是政治组织（如宪政党、同盟会时代），再其后又误以为是工商实业（如改革后长江流域新兴之工商阶级）。直到现在才知道以前种种揣测都错了，我们要了解西洋文化，非从他的哲学、宗教、科学、美术日常生活上面

---

① 《王光祈文集·时政文化卷》，第525—526页。

下手，以寻求"根本思想"之所在不可。这个"根本思想"乃是西洋的真正文化，其他所谓兵车炮舰、政治组织、工商实业，皆不过此种"根本思想"表现于外的一枝一节罢了。这真可算是中国人寻求西洋文化的绝大进步，但是同时又是我们本族文化的极大危险。何以言之？因为从前只看见一些西洋的皮毛，而对于本族文化始终未尝怀疑，所以张之洞可以大言不惭地说："中学为体，西学为用。"现在可糟了，我们已看出西洋文化的精髓了，可真是优美完备，令人叹赏不止。回顾中国民族文化，则残缺简陋，难与他人比肩。从此我们不知不觉地遂自惭自馁起来。于是一般新学之子，日日想慕西洋文化，讴歌西洋文化，而对本族文化则认为一钱不值，有妨进化。所有五千年我们立族的精神，就此"呜呼哀哉"了。这是一个什么危险时代？这便是所谓"新文化运动时代"。

来了！来了！少年中国学会来了！我们学会出世正值这种"新文化"蓬蓬勃勃的时代，但是我们却别有一种见解。我们以为西洋的物质文明诚然可以尽量采用，毫无妨害，至于民族文化——即一民族精神之所系，生活之所由出——则各民族各自有其特殊色彩与根本思想。这种特殊色彩与根本思想是由遗传、历史、信仰、环境、习惯等等所养成的，万不能彼此随便通融假借。我们很知道西洋人的根本思想——即他们的民族文化——颇有其独到特长之处，尤其是用以培植整理他们根本思想所采用的科学方法。

……什么是中华民族的根本思想？而中华民族的根本思想又是从何种"民族文化"产生出来的？我常因此深思苦索中国人的性格，详考细查西洋人的习俗，最后乃恍然大悟。中华民族的"民族文化"便是中国古代的"礼乐"，由这种"礼乐"以养成中华民族的根本思想。礼也者，小而言之，则为起居进退之仪；大而言之，则为处世待人之道（西洋人最不懂得待人，只知待己）。乐也者，小而言之，则为涵养性灵之具；大而言之，则为协和万方之用。我们中国人生息于孔子学说之下者数千年，而孔子学说又实以礼乐二事为其基础，所以中华民族的根本思想，与我们古代礼乐实有至深密切之关系。我们的古礼古乐，诚然有许多不适于今的地方，而且简陋得很，但是古人立礼制乐的本意则千古不磨。我们现在宜利用西洋科学方法，把他整理培植出来，用以唤起我们中华民族的根本思想，完成我们的民族文化复兴运动（请参看拙著《欧洲音乐进化论自序》《德国音乐与中国音乐》《音乐中之民族主义》诸文）。①

王光祈在《少年中国运动序言》《中国音乐之理想》《欧洲音乐进化论》中"著书人的目的"和《音乐中之民族主义》《音乐与人生》《东西乐制之研究》等文章中对"礼乐"都有重点论述。日本福冈亚洲文化综合研究所研究员牛岛忧子认为：王光祈坚持了对孔子、礼乐的关心，并且以开创中国音乐史为目的专攻了乐律学。研究者在这些王光祈的学术思想上是否发现了中国近代思想的特性？研究这个课题，是在民国时期时代性质下，只有考察王光祈的言论中的"民族主义""礼乐"等概念，才能深入讨论的工作。她还提出，王光祈的"礼乐""民族文化复兴"等还会牵涉到中国近代与儒学关系的重新研究，以及牵涉到与梁漱溟、熊十力、蔡元培，以及孙中山、梁启超、鲁迅、李大钊、胡适等之间的实证比较研究。②

王光祈是20世纪明确提出复兴民族文化和复兴礼乐的音乐学家，并将这种复兴与民族生活改造运动相结合起来。

著名中西比较哲学家、汉学家、美国夏威夷大学哲学系教授、国际《东西方哲学》杂志主编安乐哲，曾从当代文化价值意义的角度评价儒家礼乐，其要点与王光祈不谋而合，他讲：

> "礼"是一种社会语法，这种语法给每一个成员在家庭、社群、政治内部提供了一个确定的定位。作为意义的存储，"礼"是代代相传的各种生活形式，这些生活形式使得个体能够分享永恒的价值，并使得这些价值成为他们自己无尽的财富。
>
> 所有形式上的行为构成了"礼"——包括饮食方式、祝贺和取子方式、毕业典礼、婚丧嫁娶、恭敬的举止、祖先祭祀等等。③

---

① 《王光祈文集·时政文化卷》，第162页。
② 四川音乐学院高等教育研究所、成都市温江区文化广播电视局：《昆仑巨声——纪念王光祈先生》，巴蜀书社2010年版，第54页。
③ 安乐哲著，温海明等译：《和而不同——中西哲学的汇通》，北京大学出版社2009年版，第380—381页。

安乐哲在《礼与古代儒家非神论的宗教性》一文中讲道：古代儒家一方面是非神论的，一方面又具有深刻的宗教性。这是一种没有上帝的宗教传统，是一种肯定精神性的宗教感受，那种精神性来自具有灵性的人类经验本身。从宗教维度看儒家思想，安乐哲认为：

> 它基本定义了与欧洲文化叙事中宗教的意义之间有基础深刻的区别。与敬畏在时间上居先、独立而外在主题的绝对意义的"崇拜"模型的"绝对依赖感"不同，儒家宗教体验自身是繁荣社群的产物，是社群的内在品质。他是一种人与仁中心而非上帝中心的宗教性，来自礼仪的庄重敬意。儒家宗教性不同于欧洲宗教的第二个方面在于：儒家的宗教性既不是救赎性的，也不是末世论的。尽管儒家的宗教性也需要某种转化，首先或者说尤其是人伦日用之中的人类生活质量的转化，它不仅升华了我们的日用伦常，而且进一步扩展到使整个世界富有魅力。当人类的情感被升华到高超的境界，当用枝条记事变成优美的书法和令人惊叹的青铜器图案，当粗野的姿态净化成为礼仪庄重节拍和舞蹈的振奋，当咕哝的干涉声转变为壮丽而余音绕梁不绝的美妙乐曲，当随意的结合变成家庭长久而安心的温暖，宇宙就会益发深广。正是这样一种转化形式使日常的人伦日用变得优雅，似乎至少部分地提供了在某些超越的、超自然的诉求中能够发现的神秘宗教性的另一种表达。
>
> 尤为重要的是，这种由"礼"构成的表演是从这样一种洞见开始的，即只有通过形式化的角色和行为所提供的规范，个人的净化才是可能的。缺乏创造性的个人化（仁）的形式（礼）是强制性和非人化的；缺乏形式的个人表达则是随意甚至放肆的。只有通过形式（礼）与个人化（仁）的恰当结合，家庭与社群才能够得到自我调节和净化。
>
> 正是通过"礼"所组成的社群，通过习俗、建制的个人化，使得"礼"深深地不同于西方法律或规矩的东西。①

---

① 安乐哲著，温海明等译：《和而不同——中西哲学的汇通》，北京大学出版社 2009 年版，第 380—381 页。

王光祈在中国音乐的理想中也专门谈到"礼乐代替法律宗教"的思想。

　　最近几年，中国艺术研究院音乐研究所项阳研究员通过文献和田野的细细考察，对中国礼乐制度进行了广泛梳理辨析，认定中国礼乐制度并非在战国时期因"礼崩乐坏"而终结，中华礼乐文明在确立之后一直延续了三千余载。他提出了中国礼乐制度发展四阶段论：两周为礼乐制度确立期；汉魏、南北朝为演化期；隋唐为定型期；宋元明清为延续发展期。①"以乐观礼，以乐从礼"是中国文化的仪式性表征。最近，项阳研究员的"中国音乐文化认知课"一文中，他认为：中国高等音乐教育的目的性之一，应该使学子们增强对中国传统音乐的认同感。中国音乐文化传统近三千年形成了礼乐与俗乐两条主导脉络，在此种意义上才能感知中国传统音乐文化的实质内涵，以及它的发展脉络和内驱力。②

　　谈到音乐文化身份或音乐文化认同以及文化认知，这是中国人不能回避的问题。文化身份是一个民族精神或灵魂的体现，不管是对其反思还是正思，甚至在越来越开放的世界和海纳百川的世界或者说多元文化的世界中，离开这种文化的根基或"根本思想"，面对世界我们无从谈起中国音乐文化的未来。

　　王光祈对自身的文化身份或文化认同是非常明晰的。王光祈在自己简历中写道：我，王光祈，1892年8月15日生于四川成都，是孔子的信徒。

　　从世界三大文明来讲，西方文明，"基督教音乐"文化是其核心；中国文明，"礼乐"文化是其核心；印度文明，其音乐在宗教与民间出世入世浑然一体，看印度电影少不了音乐。这正印证了音乐人类学家布莱金的话：音乐不是在经济剩余时候选择的美味佳肴，音乐是人类生存的根基。当今，音乐人类学家在对世界广泛调查中发现：为什么即使是仅能维持最低生活的社会也把宝贵的时间和精力花在音乐上？为什么在全世界各种社会的宗教、政治表达、工作以及娱乐中，音乐被认为是其中基本的、强有力的部分？我们可以说：音乐是一种仪式；音乐是一种文化表征，它是人

---

① 项阳：《中国礼乐发展四阶段论纲》，《音乐艺术》2010年第1期。
② 南京国际音乐教育高层论坛提交论文，打印稿。

类的一种聚合性行为。

王光祈作为一位伟大的儒者，他真正具有了先天下而忧国忧民的儒者品格，他的"世界大同"和"民族文化复兴"理想的追求则是一种"放眼世界，立足自身"文化胸怀的体现。

二、全球视野音乐文化研究的中国音乐学先驱

王光祈是首位将比较音乐学介绍到亚洲来的学者。德国是比较音乐学的出生地。比较音乐学起始是从非欧洲音乐或东方音乐的研究，也有人将比较音乐学视为民族音乐学或音乐人类学的前身。

比较音乐学的创始人有施通普夫和他的学生霍恩博斯特尔和亚拉伯罕。霍恩博斯特尔是王光祈的博士期间的指导教师。王光祈的比较音乐学著作都受到他们的影响。王光祈的《声音心理学》（1928）与施通普夫的《声音心理学》（1883）书籍同名，而他的《音学》（1929）也受到施通普夫的影响。

施通普夫（1848—1936），德国心理学家、哲学家、声学家和音乐学家。施通普夫在1893年在柏林创建和领导了心理学研究所，并与他的学生创建了柏林音响档案馆（1900），这个音响档案馆今天仍然属于世界著名的音响档案馆。1904年，他们提出了一个与比较语言学类似的比较音乐学纲要。施通普夫主编出版了《声学和音乐学问题论文集》，他和霍恩博斯特尔主编出版了《比较音乐学论文集》（1923）。但直到今天，我们对于施通普夫的成就仍然缺乏全面的了解。

为什么20世纪欧陆人文哲学影响最大的现象学运动的创始人之一胡塞尔会将他的第一部著作《逻辑研究》献给施通普夫？同时，作为音乐学家的施通普夫也是柏林科学院的成员，这在音乐学家中也是罕见的。

施通普夫比胡塞尔年长10岁，他们都是布伦塔诺（1838—1917）最杰出的学生，也有人将施通普夫称为"实验现象学的奠基人"[①]。中国现象学专家倪梁康曾写道："这一时期对胡塞尔有重要影响的另一位哲学家是施通普夫。布伦塔诺的描述心理学和施通普夫的声音感觉分析为胡塞尔的

---

① ［美］赫伯特·施皮格伯格著，王炳文、张经言译：《现象学运动》，商务印书馆2011年版，第96—101页。

现象学的建立奠定了基础……胡塞尔遵照布伦塔诺的推荐，1886年到施通普夫那里任助教，在一年的时间里，胡塞尔在施通普夫那里通过了教授资格考试。"[①]"将施通普夫包括到现象学运动的历史中的理由在于，施通普夫明显而持久地用'现象学'一词来表示他认为在科学研究范式中占有重要地位的一个研究领域。他的著作仍然是更自由更有影响的现象学运动的出发点，它也为胡塞尔开创的更为激进的哲学运动的更富同情心的关心铺设了道路。他在1883年发表的《声音心理学》其最终目标是通过在感受者身上的体验或作用来研究声音的心理学效果。实际上，正是这种兴趣把酷爱音乐的施通普夫引导到这个迷人的广阔领域。他在他后来称之为仅仅是心理学前哨的地方多少不确定地停留一段之后，终于意识到这项研究的独立意义。"到20世纪初他开始断定，这实际上完全不是心理学的，而是一项独立的事业，声音是相关于哲学现象学的。因此，当他在1905年的科学院论文中概括他的科学体系时，他就采用了"现象学"这个术语来表示对于第一类"物理"现象的研究，而把第二类"物理"现象留给了传统的自然科学。

施通普夫最大篇幅而且最有影响的著作是他的《空间概念的心理学起源》（1873）一书和他的两卷本的《声音心理学》（1883和1890）。该书当时以心理学的名义出版，并包括有"描述的"和"发生的"研究（这是布伦塔诺的术语）。他在回顾自己的著作与他的大多数"心理学"著作时说成是对于心理学的纯粹现象学准备。施通普夫反对"心理主义"甚至比胡塞尔还要早，他把一切认识论问题，都归结于心理学存在的问题。在他看来，各门学科之间是不可能绝对隔绝的，哲学与科学之间更不可能是绝对隔绝的。他讲："闭眼不看事实的人的那套做法一遇到经验上的联系就失效了，而且在不可能演绎洞察的地方，它也是不起作用的。"施通普夫像布伦塔诺一样把自己看成是一位坚定的经验主义者。[②]

21世纪，中国国内也出现了对施通普夫的新的研究。发表在2002年第4期南京师范大学学报的郭本禹《重评斯顿夫（即施通普夫）的机能心理学》一文，其摘要如下：德国著名心理学家斯顿夫提出的机能心理学，

---

① 倪梁康：《现象学及其效应》，商务印书馆2014年版，第11页。
② [美]赫伯特·施皮格伯格著，王炳文、张经言译：《现象学运动》，商务印书馆2011年版，第96—101页。

是对布伦塔诺意动心理学的继承与推进，在西方人文心理学的思想发展中具有承上启下的作用。由于有关他的文献毁于二战战火中，导致长期以来他受到心理学史家的冷落。该文根据新近发现的资料，重新阐述了斯顿夫机能心理学的理论体系。在基本观点上，斯顿夫的机能心理学与布伦塔诺的意动心理学一脉相承，在具体内容上，前者是对后者的发展与超越。

施通普夫、霍恩博斯特尔与王光祈都有一个共同点，他们都是以一种学者身份进入音乐学的，而不是以"音乐专业或音乐专家"的身份。施通普夫也曾学习法律，更多是哲学、心理学和自然科学的背景，而霍恩博斯特尔是学习自然科学和哲学的，获得的学位是化学博士。王光祈大学是学习法律的，他所从事过的职业有编辑、书记员、通讯员、半职业政治家、专栏作者、海外特约记者、汉语教师，等等。正是这种学者博学的风范，加之王光祈个人从小习得的中国传统文学和文化功底，他对中国音乐的研究具有非凡的哲学思想视野，从哲学以及伦理学的角度来考察中国音乐的价值。他在《东西乐制之研究》中讲道："言中国人的精神思想。我们中国人数千年来，皆生活于孔子学说之下，而孔子学说又以音乐为其基础。我们孔子所以'用乐化民'的原故，大概不出以下三点：第一，音乐要素是'谐和'。……第二，音乐之中有'节奏'。应快则快，应慢则慢，一点也不能任性。因此之故，习音乐乃是涵养德性之妙法，胜于读一百本'修身教科书'。第三，音乐中含有'美感'。"①

在《音乐与时代精神》一文中他讲：在音乐学者中，对于哲学、文学、绘画、建筑等思潮与音乐作品之密切关系，亦早有人论及。唯将"整个时代背景"应用于音乐研究，即从政治、宗教、哲学、美术各种所铸成之"整个人生"以观察音乐作品者，则至今尚不多见。② 该文则以以下为文章段落标题：政治宗教之影响于音乐者；伦理学说之影响于音乐者；哲学思潮之影响于音乐者。王光祈的这些哲学思考不能说与德国学术哲学思想毫无关系。在德国"哲学人类学"有人提倡，在英国"社会人类学"有人提倡，在美国"文化人类学"有人提倡。从哲学思想的层面研究音乐，也许是美国音乐人类学或民族音乐学的弱项了。王光祈的研究也可以启示

---

① 《王光祈文集·音乐卷》（下），第102页。
② 《王光祈文集·音乐卷》（下），第527页。

我们中国的音乐学研究，不可以忽略立足自身哲学及文化价值的层面。

王光祈在《音乐与人生》一文中讲到："礼乐之邦"四字，是从前中国人用来表示自己文化所有别于其他一切野蛮民族的，但这四个字，同时亦足以表示中西文化根本对峙之处。西洋人是以法律绳之人民一切外部行动，而以宗教感化人们一切内心作用，自称为"法治国家"和"宗教民族"。吾国自孔子礼教以来，主张用"礼"节制吾人外部行动，用"乐"以陶养吾人内部心灵。该文最后讲道：枯燥的人生、残酷的人生以及凄凉的人生，均为民族衰亡的主要象征。补救之道，只有从速提倡音乐一途。[①]在这里我们自然会想到法制建设也是社会文明的重要标志。但王光祈这里的比较则含有很深的文化身份用意，这在前面汉学家安乐哲的论述中已有所表达。

柏林国际比较音乐研究所在20世纪60年代召开了两次会议，其会议的主题及参会的论文标题可以看到对非欧音乐的价值和兴趣的讨论，欧洲比较音乐学的关注和兴趣与美国民族音乐学或音乐人类学有所不同。如1965年7月的会议主题为"传统音乐中的艺术价值"，其论文目录大致如下：《艺术的价值》《音乐的价值》《远东国家传统音乐保存中文化和教育机构和教育机构所担负的责任》《音乐研究的范围》《科学方法应用于传统音乐中艺术价值研究的可能性和有限性的一些看法》《国际比较音乐研究所1964—1965年的工作》《信息理论与比较音乐研究联系的各个方面》。1967年6月的会议论题为"传统音乐引起的广泛兴趣"，其论文目录大致如下：《文化及其综合背景》《非欧国家传统音乐的重要性》《传统音乐对西方国家的重要性》《传统音乐的不同标准》《民间艺术传统博物馆在巴黎》《日本传统音乐的传播与保存方法》《越南传统音乐的传播与保存方法》《印度尼西亚传统音乐的传播与保存方法》《苏丹的传统音乐》《加纳的传统音乐》《乌干达的传统音乐》《讲法语非洲国家传统音乐的传播与保存方法》《中非共和国的传统音乐》《印度传统音乐的传播与保存方法》《伊朗传统音乐的传播与保存方法》《突尼斯传统音乐的问题》《黎巴嫩传统音乐的报告》《土耳其传统音乐的资助与养育》《以色列传统音乐活动的报告》《罗马尼亚传统音乐的传播与搜集》《拉丁美洲传统音乐的传播与保

---

① 《王光祈文集·音乐卷》(下)，第542页。

存方法》《南斯拉夫民间音乐研究》《国际音乐组织在对传统音乐引起广泛兴趣中的作用》。[①]

作为1967年6月会议《传统音乐引起的广泛兴趣》文集的编者音乐学家阿·达里埃卢，在20世纪70年代曾著有《对亚洲音乐是轻视还是尊重——论第三世界文化发展问题》[②]，其中有一句话是专门写给亚洲音乐学者听的。他讲：对亚洲音乐的轻视，亚洲人有着不可回避的责任。由此，我们不得不佩服王光祈先生早在20世纪20—30年代就开始重视东方音乐的研究。

王光祈的《东西乐制之研究》（1926）和《东方民族之音乐》（1929）由中华书局（上海）首版。

王光祈除吸收了比较音乐学的成果外，仔细地研究和比较了中西律制，研究了中国历史上的律制，并特制出世界三大乐系流传图，即中国乐系、波斯亚剌伯乐系和希腊乐系（见《王光祈文集·音乐卷》（下）第407页）。

王光祈在《东方民族之音乐》自序中讲道：

> 世界各民族既各受此种乐系所陶养，久而久之，耳觉与感觉皆成一种特殊状态，彼此不复相同。现在我且举两例如下：昔有美国牧师史密斯，在小亚细亚传教，欲使该地学童，依照西洋乐调，歌唱圣诗。但这些学童皆久习不会。结果，逼得该牧师去研究波斯亚剌伯乐制，才发现波斯亚剌伯乐制中有所谓"四分之三音"，有所谓"中三度""中六度"，乃不得改弦更张，依照该项乐制去唱。这样一来，所有学童无不朗朗上口了。又如"泰国乐制"系用"七平均律"乐制，在西洋人的耳中听来，实在莫名其妙。有一次英国学者埃利斯在伦敦泰国使馆中试验定音之法，彼此将各弦之音，暗中依照西洋乐制去定，定完之后遂问泰国使馆人员："君等觉得弦上之音纯否？"乃众口同声回答："不纯！"于是彼又将该弦之音，暗中改为"七平均律"，又问之："君等现在觉得此音如何？"则众口同声答道："恰到好处！"

[①] 引自英国《1900—1975年国际音乐学会议报告指南》。
[②] A·达尼埃卢著，俞人豪译：《对亚洲音乐是轻视还是尊重——论第三世界文化发展问题》，中央音乐学院《外国音乐参考资料》，1981年第1—6期连载。

> 照上两例看来，一个民族的耳觉与感觉，受了特种乐制的陶养既久，简直呈了一种特殊状态，实非外人所能了解！①

王光祈的这段话发人深省。我们中国人的耳觉与感觉有什么不同？我们既有所不同，为何我们音乐学院的耳觉与感觉训练，仅仅以西方十二平均律为标准？

王光祈在对东西方以及中西方音乐文化比较时，敢于肯定自我的经验和音乐文化经验。而我们很多学者在对西方音乐或世界音乐进行理解和研究时，自我和自我音乐的文化经验消失了，这是因为对理性的音乐科学观的臣服，也是对自我音乐文化经验的压抑和消解，是一种文化精神的丧失。今天，我们重新认识王光祈"放眼世界，立足自身"以及文化自觉的精神，对中国音乐学的发展尤其重要。正如当今上海高校音乐人类学 E—研究院 2010 年出版的《启示、觉悟与反思：音乐人类学的中国实践与经验三十年》（共五卷），正是延续了王光祈的这种自我文化经验的肯定和文化自觉精神。法国女性学者克里斯蒂娃所言："潜藏在金融危机、经济危机和社会危机中的第四种危机正在显露，这就是形而上学的、哲学的、存在的危机。显而易见，人们对那个找不到的'另一种模式'的寻找，直接关系到对文化经验的重新肯定，也关系到文化经验在每个人的生命中的位置，在每个国家的共同体契约和各国人民在契约中的位置。"② 王光祈在国外不但没有放弃自我文化传统和自我文化经验，而且积极向欧洲介绍自我文化和塑造自我音乐文化形象。他与德国汉学家交往甚密，德国汉学家施密特曾对王光祈对德国汉学的工作给予了很高的评价：

> 王博士在我们这里三年多，他有沉静勤劳的美德，加以尝试丰富，因此贡献极大。也说不清有多少次，每逢着我们因为几个中国字的解释没有了办法，一经他的指点，就如见到了光明一样。他老是很沉静而且稳重地工作，充分具有音乐家的修养，有牢不可拔的自信

---

① 《王光祈文集·音乐卷》（下），第 402 页。
② ［法］克里斯蒂娃：《文化经验与第四种危机》，《跨文化对话》28 辑，三联书店 2011 年版，第 23 页。

力，一位十足的四千年文化的代表者！①

法兰克福中国学院的汉学家卫礼贤（1873—1930），是王光祈交往较多的一位。在法兰克福，王光祈听过他的演讲，参加过卫礼贤组织的"中国音乐周"活动，在卫礼贤主办的中国学院的院刊《SINICA》以德语发表过4篇论文。②

近来，中德学术交流史的研究专门提到卫礼贤：

> 相比较那些纯粹科班出身的汉学家们，卫礼贤以他的中国经典德译工作和对中国的人类学感觉和体验性认知，为德国汉学的后发崛起提供了一种难得的范式标本，并最终在世界汉学场域里名垂青史。他在中国的广泛交游与近乎人类学的深刻认知，为他在德国学术与文化场域的成功打下了良好与关键的基础。他作为传教士在中国青岛期间（1899—1920）曾发起组织了一个"尊孔文社"，其目的既在于探讨中国传统文化，也还致力于中西学术交流。他后来曾讲到其初衷："当时的想法是，着眼未来，力争对其时已受到严重损害的中国文化宝库进行抢救。我们应当通过翻译、报告、学术著作等方式，来加强东西方思想界的联系与合作。例如，可以把康德的著作译成中文，也可以把中国的经典译为德文。"当1922年卫礼贤再返中国的时期（1922—1924），是以德国驻华使馆学术顾问的身份来的。他在1919年6月15日曾到北京大学讲演，当时《德国尉礼贤到京演讲通告》写道：德国尉礼贤博士本彼邦哲学家，到中国已十一年，精通华文，尤研究中国哲学。已译成德文者，有论语、孟子、老子、列子、庄子及大学、中庸等，现正译周易。近适以事来北京，本校特邀请于十五日午后五时，在第三院大礼堂用华语讲演。演题为"中国哲学与西洋哲学之关系"，届时全校同人均可往听。③

---

① 王勇：《一位新文化斗士走上音乐学之路的"足迹"考析——王光祈留德生涯与西文著述研究》，上海文艺音像出版社2007年版，第87页。

② 王勇：《一位新文化斗士走上音乐学之路的"足迹"考析——王光祈留德生涯与西文著述研究》，上海文艺音像出版社2007年版，第89页。

③ 叶隽：《德、法汉学与中国现代学术之互动》，《跨文化对话》28辑，三联书店2011年版，第283—286页。

王光祈与德国汉学界的交流，使他获得的是一种文化双向的理解和交流。这在中国音乐学史上也是难得，更重要的是显示了王光祈研究中西音乐以及东方音乐深厚的中国文化经验基础和"根本思想"的视角。

在王光祈旅德存稿中，其著有《德国人之研究东方文化热》《德国学者与世界哲学大会》《近五十年来德国之汉学》等文章，发表在上海《申报》。

在《德国之研究东方文化热》一文中专门报道了卫礼贤的讲演，文中的主讲者威廉博士即是卫礼贤博士：

> 此地连日开中国哲学讲学会两次，主讲者为威廉（即卫礼贤）博士。博士曾寓居中国者十余年，通中国文字，译有老庄孟列诸书，对于中国古代哲学亦尚有研究。此次受德人聘请来此公开讲演，其讲演大意如下：博士以为世界上无无文化之民族，惟文化有强弱之分。所谓强文化者，可以耐久，可以受他种文化之侵略而不惧，所谓弱文化者则反是。中国文化存于世界上者已四千年，在诸种民族文化中为最能耐久者。近来欧力东侵，遂使中国文化大有动摇之势。然吾人万不可以为欧洲文化较高，故能征服中国文化；其实中国文化所受欧洲文化之影响，不是欧洲文化之精粹，而实为欧洲文化之毒物。质言之，欧洲文化之侵入中国，无非枪弹战舰之毒物，遂使中国文化被强权压迫，大有丧其所守之倾向，此实为最可叹息之事。
>
> 博士又谓，中国古代哲学实发源于初民祈祷式之《易经》。欧洲哲学大半立于"存在"（Sein）之概念上，而中国哲学则大半立于"变易"（Wandel）之概念上；欧洲哲学多系有目的之前进，中国哲学多系无始终之循环，春去夏来，花开花落，无始无终，循环不已，如能安心立命以顺此循环者，则其乐无涯。老子、孔子皆极推重《易经》，老子生于乱离之世，故主张顺天道之自然，以返于简易；孔子目击混乱之象，又主张应人事之变迁，以建立社会制度。中国数千年来之文化，即建筑于孔子学说之上。孔子欲用祭礼之法，使"现在"与"过去"相结，因之孔子学说遂渐趋"形式主义"，其末流之反动，则产出杨子之为我主义与墨子之兼爱主义。孟子生于孔子之后，力辟

杨墨之道，孔子学说因而日昌。在第七朝代，佛教传入中国，成就一种佛教文学，贡献一种特殊价值，惟现在佛教在中国衰微云云。

博士又谓中德两国文化宜携手进行，德人宜打破从前之强权梦，中国在不久期间内，必能将吾国优先权取消，吾人慎勿轻视中国人。①

王光祈面对汉学家对中国文化的赞扬并没有夜郎自大，面对诋毁也处之泰然。他讲道：

犹忆前两月此间大学某教授向学生讲授经济学时，曾谓德国将来宜与中国携手以恢复德国，学生闻之，即用足擦地板，颇表示揶揄轻视之意（德国大学生习惯，凡教员上堂，或讲至精粹处，则用足连击地板，以表示欢迎之意；凡教员讲错谬时，即用足大擦地板，以表示嘲笑之意），当时教授即正色告学生说：诸君尚以中国人为野蛮民族耶？中国古代学术可与吾欧希腊学术并肩而立。中国人，聪秀之民族也，诸君慎勿轻视！其时有中国某君在座，真弄得"啼笑皆非"。……德国思想界受自然科学过盛之反动，而有此种趋重东方式之倾向。然吾中国人闻之，不必引以为喜，更不宜灰其研究自然科学之热心。盖中德文化不同，其所需要亦因而相异。我之所需，或正为彼之所弃；我之所弃，或正为彼之所需，非如此不足以产生第三种文化也。吾人之责任，不仅在保存国粹，更不仅在模仿外国，而在创造新文化。吾聪慧勤俭之中华民族，终必为世界上最后胜利之民族。故誉我者，不必引以为喜，而毁我者，亦不必引以为忧也。②

翻开《王光祈文集》（共五卷），仅看看每一卷的目录，特别是第4、5卷（时政文化卷与中国近代外交史料译文卷），所涉及的学术及文化的范围，难以有学者与之相比。他是我们中国音乐学的精神与文化自觉意识的奠基者。在当今中国音乐所面临的全球化挑战之下，王光祈毕生的文化实践给我们永恒的启迪。他所留给我们的精神财富，还有待我们后人去挖掘与发扬。

---

① 《王光祈文集·时政文化卷》，第419—421页。
② 《王光祈文集·时政文化卷》，第419—421页。

附录一：纪念王光祈先生120周年诞辰学术研讨会综述[①]

为纪念中国近现代史上著名的爱国民主主义者、五四时期新思想的传播者、杰出的社会活动家、中国近现代音乐学的开拓者和奠基人王光祈先生120周年诞辰，2012年9月，由中国现代史学会、四川音乐学院、成都市温江区人民政府联合主办，四川音乐学院高等教育研究所承办，"纪念王光祈先生120周年诞辰学术研讨会"在成都隆重召开。来自中国社会科学院、中国国家博物馆、北京师范大学、中国人民大学、南开大学、上海师范大学、四川大学、西南交通大学、四川师范大学、卢作孚研究中心等多所高校及研究机构的80余位专家、学者参加了研讨会。会议就王光祈的政治、文化、教育思想和音乐理论以及社会活动进行了广泛而深入的讨论。这是新中国成立以来第一次对王光祈的政治思想、社会活动进行集中研讨并有多位史学界、音乐学界资深学者参与的学术会议，反映了近年来对王光祈研究的新进展，也在相当程度上拓展了中国近现代史、音乐史的研究。

一、王光祈学术研究的历史回顾与展望

本次会议是以"纪念王光祈先生120周年诞辰"和"研讨王光祈的政治思想、社会活动和音乐思想"为主题，故此，与会学者从不同的角度客观、公正地总结了王光祈的一生，回顾了新中国成立以来王光祈研究的

[①] 该文是2012年"纪念王光祈先生120周年诞辰学术研讨会"的综述。作者是四川音乐学院赵崇华教授，载于《民国研究》（CSSCI来源集刊）2013年春季号上。入本书进行了少量修改。

造端、发展与展望。四川省政协副主席陈杰先生的发言回顾了对王光祈进行公正评价和历史研究的历程。由于极"左"思想在相当长的时期内影响着我们对历史人物、历史事件的评价,新中国成立后到改革开放近30年里,"狭隘民族主义""封建复古主义""资产阶级民主主义"代言人等帽子一直压在王光祈头上,致使他的著作大多没有面世,不少学历史、学音乐的学生不知道王光祈是何人。1984年,四川省政协、四川音乐学院等六家单位联合举办了新中国成立以来首次"王光祈学术研讨会",会议由时任四川省政协主席的杨超同志主持。这次会议对王光祈先生的历史地位及其为国家、民族所做的贡献给予了积极肯定,肯定了王光祈作为一个积极的社会活动家、爱国民主主义者和一个爱国的音乐学家的地位,从而纠正了过去缺乏公正、客观的评价,其影响深远,意义重大。28年过去了,王光祈和王光祈研究已经由四川走向了全国,并推动了相关领域的研究。四川音乐学院资深教授毕兴回顾了他的团队数十年的王光祈研究之路。他说道,从20世纪80年代初开始他们通过查阅大量的文献资料,走访了当时在世的王光祈生前好友许德珩、宗白华、刘静仁、罗玉君、魏嗣銮、李劼人等,先后在川音学报《音乐探索》上发表《音乐学家王光祈生平事略》《五四前后的社会活动家》《王光祈和成都五四运动》等文章,引起学界和社会的关注,才有了今天蔚为壮观的"王学研究"群体和"王学"研究成果。五四新文化运动时期是一个需要巨人也产生了巨人的时代。中国国家博物馆副馆长马英民、中国国家博物馆学术中心副主任白云涛研究员从中国近现代历史的角度进行了评述。马英民副馆长认为,在五四众多叱咤风云的英杰中,王光祈这位五四时期的杰出社会活动家,与新文化运动主将陈独秀、李大钊、胡适、蔡元培等一起,站在时代的前列,办报纸、创学会,探索新思想、重塑新文化、寻求国家出路,在政治、历史、国际关系、外交等诸多方面都发表了自己独特的见解,代表了五四时期爱国知识分子的主流思想,这是中国近现代史研究的重要内容。白云涛研究员的发言明确指出了王光祈研究在社会科学研究日益发展、人类思想理论日益进步的今天,既有历史的总结意义,也有现实的指导价值。中国社科院研究员、荣誉学部委员杨天石先生,对王光祈的思想遗产进行了评述,认为其思想遗产主要体现在三方面:一是强烈的爱国主义精神;二是兼容并包的精神;三是提倡与时俱进的创造精神。所谓世界人类进化的潮流,也就是人类社会发展的普遍性,他认为,在王光祈"少年中国"理想、"大同世界"的思想遗产中,这些适合于人类社会发展潮流的思想值得我们正视并且认真总结。关于王光祈研究的开端与发展,四川音乐学院胡扬吉研究员提交的论文《回眸与展望——王光祈研究概况(1924—2012)》,比较全面地回顾和总结了近90年王光祈研究的发展历程,概括性地梳理出研究的"五个重要的时间节点、两个发展阶段和四个主要的发展趋向"。在谈到四川音乐学院与王光祈研究的历史与渊源方面,四川音乐学院领导回顾和总结了四川音乐学院在王光祈研究中的努力与成就。他谈道:川音对王光祈的研究,始于20世纪80年代初。在原中国音乐家协会主席吕骥先生,中央音乐学院资深教授廖辅叔先生,原四川省人大常委会副主任、教育家张秀熟同志,以及音乐界诸多老前辈的激励和支持下,本着尊重历史、敬重学术的态度和对光祈先生爱国、奋进、严谨、谦逊精神的敬意,老一辈川音学者开始了王光祈学术研究。30年后的今天,四川音乐学院老、中、青三代研究者对这一重大研究活动做出了足以告慰先贤的巨大贡献:《王光祈音乐文论选编》《王光祈研究论文集》《王光祈文集(音乐卷)》《黄钟流韵集——纪念王光祈先生》等重要"王学"专辑陆续出版;《王光祈文集》《王光祈年谱》《王光祈文献总目录》等,成为"王学研究"的必备工具书;学报《音乐探索》开辟的特色栏目"王光祈研究",被评为四川省第四次高校学报研究会的"优秀栏目";集学院老、中、青三代学者之力编辑出版的、330万字的大型文集《王光祈文集》获得了第十四次四川省哲学社会科学优秀成果一等奖。与此同时,从1984年起,四川音乐学院先后与中国音协、四川省政协、四川省社科联、温江区人民政府联合,成功举办了四次高层次、大规模的以研究王光祈音乐理论为中心的学术研讨会,引起学界关注,并先后得到了原全国人大常委会副委员长许德珩,原中共中央政治局常委、国务院副总理李岚清等国家领导人的支持。岚清同志亲自撰写的文章《中国近现代音乐学的开拓者——王光祈》,在学报《音乐探索》上刊登,引起了全国音乐界的高度关注。目前,国内唯一的王光祈研究机构——"王光祈学术研究中心(基地)"在川音正式成立,为"王学研究"搭建了一个广阔的学术交流平台,也开启了研究的新起点。四川音乐学院已经成为全国王光祈研究领域具有广泛影响的学术阵地。

二、王光祈的社会改造思想

王光祈的社会活动和社会改造思想是王光祈思想研究的重点，内容极其广泛，涵盖了新文化运动的历史背景、空想社会主义为核心的新思潮的传播、少年中国运动、工读互助团的试验，以及社会改造的主力——爱国青年知识分子的转型，极具时代特征。

湖南大学岳麓书院陈先初教授在其提交的论文《五四时期王光祈社会改造思想之考察》中对王光祈社会改造思想的背景及其渊源进行了探讨。他认为，王光祈的社会改造思想，是以新文化运动为背景，以少年中国学会为依托，其改造社会的入手之处是少年中国运动，这"是一种自反的自修的国民改造运动"，又是一种中华民族的复兴运动。自鸦片战争以来，中国有识之士救亡图存的一个共同命题就是"民族的复兴"，王光祈把它归结为少年中国运动的两个重要任务："民族文化复兴运动"和"民族生活改造运动"。少年中国运动是王光祈对自己及其同人所倡导的中国社会改造运动的独特称谓，其基本含义是，从中国少年下手，或以中国少年为表率，改变国人传统的精神生活与物质生活，提倡和形成具有创造性的、社会的和科学的生活，从而达到改造中国社会之目的。王光祈自始至终都是一个社会改良主义者，他反对任何形式的政治革命。对于这点，四川音乐学院的董波副教授在提交的《王光祈为何没有走上政治革命之路——王光祈社会改造思想析评》一文中，从王光祈所处的时代背景、王光祈非政治活动的基础、王光祈对政治改革路径的五大疑问以及王光祈与毛泽东社会改造思想的比较等四方面评述了其原因。

在剖析王光祈的社会改造思想时，研究王光祈的少年中国运动、"少年中国学会"成为一个亮点。这次研讨会收到的论文涉及此内容的达12篇。四川音乐学院教授赵崇华《少年中国之梦与民族文化重塑——析王光祈少年中国的文化理想》和西南交通大学政治学院的鲜于浩、田永秀两位教授提交的《王光祈中华民族复兴思想析论》，从不同的角度对"少年中国"思想所涉及的文化理想进行了研究。赵教授的文章以"少年中国"这个20世纪初爱国民主知识分子的强国之梦，在民族危机日重的中国，成为重塑中国形象的时代命题而独步于五四新文化时期为视角，较为系统地从历史背景、理想渊源、改造社会的理想认同、民族文化重塑等几方面，梳理和分析了以王光祈为代表的新型知识分子，试图以"少年中国"为手段来实现其重塑民族形象的理想和其蕴含的传统文化的理想社会渊源。文章承前启后地谈到作为"少年中国的灵魂"王光祈，在远离祖国的他乡仍然坚持自己强国的理想，研究中国文化、关注中国社会改造，主张以音乐启迪国人心智，在生命的最后时刻仍然坚持"少年中国"的理想。鲜于浩、田永秀两位教授提交的文章则从民族复兴的角度，研究王光祈的社会改造思想和"少年中国"思想。文章以"王光祈改造中国的核心思想是'中华民族复兴'"为立脚点，分析了王光祈"中华民族复兴"的提出、内容及其实质。此文强调王光祈以"民族文化复兴运动"和"民族生活改造运动"作为民族复兴的重要手段，认为王光祈"中华民族复兴"的思想实质是通过渐进改良的途径，提高国民素质以达民族复兴之目的。这个观点与川音赵崇华教授提出的"民族文化重塑"有异曲同工之处。不同之处在于，该文在剖析王光祈的"民族复兴"、评述其思想的闪光点时，对其历史局限着笔较重，特别强调他的空想成分、理想色彩："他的一系列推论看似有理，实际上非常牵强。想感化外来侵略者及国内的军阀，无异于痴人说梦。"

中国人民大学周淑真教授则以《历史交汇点的王光祈与少年中国学会》一文，大胆提出"1919 年最耀眼的历史标签是'五四运动'，但最重要的历史标签则是'少年中国学会'"。她认为，少年中国学会内部的分化从某种程度上促成了 1921 年中国共产党在上海的秘密成立。在五四时期，以宽泛的宗旨包容了不同观念青年的少年中国学会，其成员在后期分化为三派：以李大钊、毛泽东、张闻天、邓中夏、赵世炎、高君宇、恽代英等为代表的马克思主义派，发起组织或参加了中国共产党；以曾琦、李璜、左舜生等为代表的国家主义派，发起组织了 20 世纪中国政治舞台上的重要党派——中国青年党；以王光祈、周太玄、魏时珍、李劼人、宗白华等为代表的教育救国、学术救国、实业救国者派，在教育、学术、文化等方面成为各自领域的开拓者，为传承和创造中华文化做出了不朽的业绩。王光祈创办的少年中国学会在中国近现代史上的独特地位由此可见一斑。文章从对国家的认识、对政党的认识、对"主义"的认识三个维度上分析了王光祈及少年中国学会在中国历史上具有重要影响的原因。

四川省社科院王炎研究员的《从救国到正人——王光祈的少年中国

梦》一文则提出了一个传统观点的悖论："音乐不能救国"。长期以来，大多数学者普遍认同王光祈后期从社会改良转向了"音乐救国"，王炎研究员则认为，王光祈转向音乐，只是中国传统的"遵循礼仪以为表率，以礼乐教化人民，以达到国家大治"政治愿望的一种延续，是一种"以音乐来正人心，而非以音乐来救国。因此，王光祈的"谐和"思想的核心是"乐"，"礼"只是"乐"的附属品，只是为了健康快乐的生活。兼而反封建之"礼"，这也正是"五四"精神之所在，是符合人性、人心的时代主流。王光祈"以音乐正人心"的主张，谈不上救国的层面。

西南民族大学艺术学院的谭勇、徐特、孙晓丽提交的《王光祈与少年中国之梦》概述了五四时期的主要社会思潮，认为王光祈通过对当时各种思想和主义进行吸收和鉴别，进而形成其王氏少年中国的理想蓝图。四川音乐学院讲师熊艳从五四时期曾琦的政治思想角度也谈到五四新青年的少年中国理想与改造社会的目标。

王光祈的社会改造思想里"工读互助主义"占的分量很重，这是王光祈政治改革思想付诸实践的环节，也是五四时期改造社会良方中风靡一时的社会改革方案。四川理工学院高亚非的《王光祈的工读互助主义思想与马克思主义在中国的传播》和温江区文化局程国平的《王光祈"菜园新村"浅析》，对王光祈的"工读互助主义"和工读互助团进行了解读。高亚非的文章以工读互助团为视角，探讨了五四时期中国先进知识分子的各种社会改造"良方"，肯定其在马克思主义思想传播方面所起到的积极作用。该文的特色，在于除工读互助主义思想及实践的分析而外，重点从社会观的角度分析了王光祈工读互助主义思想在促进马克思主义传播中的作用，涵盖了新文化运动阵营分化发展的方向及青年知识分子世界观转变的诸多问题。

三、王光祈时政思想探讨

王光祈不仅仅是社会活动家和音乐学家，也是一位极富思想的学者。其著述涵盖了政治、法律、教育、外交、妇女解放等诸多领域。此次研讨会就王光祈的教育思想、外交思想、爱国思想、抗战思想、妇女解放思想以及文学观进行了较为深入的探讨。四川音乐学院赵崇华教授提交的《五四时期王光祈与蔡元培"教育独立"思想之比较》和李明田讲师提交的《王光祈教育救国思想刍议》从不同的切入点探讨了王光祈的教育思想。两位学者的文章开启了王光祈研究的新领域。赵文认为，由于年龄、资历和受教育背景的差异，王光祈和蔡元培对教育及教育独立的理解有所不同，采取了不同的实践路径。在对"教育的目的"或者"教育的功能"的诠释方面，他们俩有比较明显的不同：蔡元培强调的是教育的本原——健全的人格培养；而王光祈更强调的是教育的政治和社会功能——要培养"促进社会进步的人"。李文分析了王光祈教育思想的宗旨，认为有四个方面：其一是实现教育独立，其二是消除教育不平等，其三是建立完善的全民教育体系，其四是改革教育内容和方式。文章也触及王光祈对妇女教育改良的见解和对德国教育体系的介绍，遗憾的是对此的着笔比较少。

四川音乐学院副教授廖勇以《论王光祈的外交思维》一文打开了王光祈外交思想研究的窗口。王光祈在中国大学攻读法律时，自称"以研究外交为主"。其后在留德期间，作为上海《申报》《时事新报》、北平《晨报》以及其他报刊的记者和撰稿人，他写下了大量关于德国、欧洲乃至世界的"外交、政治、经济、教育、学术、游记等"文章，并孜孜努力于近代西方列强侵华外交史料的翻译，先后译出《辛亥革命与列强态度》《李鸿章游俄纪事》《瓦德西拳乱笔记》《美国与满洲问题》《三国干涉还辽秘闻》《西藏外交文件》《库伦条约之始末》，并先后由上海中华书局出版发行，引起较大反响。廖勇认为，"王光祈对外交的起兴和研究，缘于对民族悲怆命运的关注和忧虑"，在王光祈看来，外交的根本宗旨是致力于民族复兴，外交的基本原则是胸怀世界、顺应潮流，均势外交是权宜之计，实力外交才是立国之本，文化和国民交流是外交拓展首要的有效途径，同时王光祈也提出了弱国外交的生存之道与谈判策略。

在王光祈外交思想中，上海师大洪小夏教授拓展了一个新领域——王光祈的抗日思想。她认为：王光祈的抗日思想，包含于他的外交思想中，主要是围绕中国东北（王光祈称为满洲）问题展开的。王光祈翻译了《美国与满洲政策》一书，撰写了《东北问题与国际形势》《战机尚未成熟》等一系列文章，提出了自己关于日本问题的看法：第一，日本亡中华之心早已有之；第二，日本具有亡华的军事、经济实力；第三，能够遏制日吞并中国东北（乃至整个中国）的，世界上只有美、苏两国；第四，日苏之间、日美之间必有一战；第五，中国要抵御日本的侵略，不能光指望外国的干预，而要依靠中国自己的力量。洪小夏教授认为，王光祈提出的唯有美、苏两国能够制约日本的思想，从战略上看，是正确的。王光祈1931年就预见到唯有美、苏两国可以打败日本，他不愧是个有战略眼光的学者。同时，王光祈借用团练组织和机构来完善中国的兵役制度这一建议具有合理性、科学性和可操作性。他建议利用中国固有的团练制度，加以改造，成为编练新式国防军的基础。

四川音乐学院讲师阿牛曲哈莫和胡沁熙分别以爱国思想及妇女解放思想为主题探讨了王光祈五四时期的思想主张。阿牛曲哈莫讲师以《"五四"时期王光祈妇女解放思想与实践初探》为题，认为妇女解放是少年中国学会社会活动的重要组成部分，王光祈的"男女平等"思想中引人注意的是"有时还需矫枉过正"的观点。胡沁熙讲师的《论王光祈爱国思想的践行》一文认为，从王光祈走出四川到北京，再到德国，无论是少年中国运动的倡导、少年中国学会的成立、工读互助团的实践，抑或是在德国对中西音乐的介绍、交流以及研究和贡献，无不反映出王光祈的爱国思想。《炎黄春秋》杂志副总编徐庆全提出了一个关于"悖论"的观点，他认为：现今大多数学者认同王光祈既是一个民族复兴运动主义者又是空想社会主义者，这实际是一个悖论。民族主义者和空想社会主义者有联系，但不是逻辑内涵或顺理成章的延伸关系，而是相悖的关系。"复兴"应该有参照物，否则就不叫复兴。欧洲文艺复兴，参照物是古希腊罗马时期。我们伟大的中华民族的复兴，参照物又在哪里呢？徐庆全认为，王光祈并没有谈到中华民族复兴的参照物，没有给我们提供一种可看到、可想到、可以实际操作的复兴的蓝图，文景之治还是贞观之治，抑或是康乾嘉盛世？没有给我们指出我们中华民族的复兴要到哪种程度，从这个角度来讲，这就导致空谈。从实践来讲，王光祈的工读互助团是典型的"三无"："无家亲""无私产""无政府"，各尽所能，各取所需。中华民族的文化教义最重要的是"个人""家亲""国家"的关系，即"修身、齐家、治国平天下"。王光祈提出的是民族的伟大复兴，可实践的是"三无"。我们看不到民族复兴的影子。实践与理论背离，工读互助团的失败就是必然的。每一种理想或主张在大变革时代提出来以后，一定要有广泛的社会基础。王光祈的理想仅限于知识分子，甚至是一种虚无的拯救中国的想法，这就是他失败而毛泽东成功的重要因素。

四川大学南亚研究所的张力教授关注的是海外学者对王光祈的研究与评价。他的文章《海外学者对王光祈的研究和评价——介绍两种海外研究王光祈的论著》选择了两篇最新、最具代表性的论著来谈当代海外学者对王光祈的研究。一篇是美国威斯康星州东亚研究系的博士学位论文《民国时期三位中国学者与犹太移民对音乐的贡献——德国视角的研究》(*A Study of German Perspectives : Musical Contributions of Three Chinese Scholars and Jewish Immigrants in Republican China*)，作者是（Jeremy Leong）；另一篇是《对重新界定艺术和科学的探索：两种文化的结合》(*Approaching a Possible Redefinition of the Arts and Sciences : The Union of the Two Cultures*)，发表于英国牛津大学《公共政策论坛》(*Forum on Public Policy*) 杂志2006年号，作者是美国东俄勒冈大学教授和交响乐团指挥利恩德罗·伊斯皮罗萨（Leandro Espinosa）。前一篇谈到的三位中国学者，第一位是蔡元培，第二位是萧友梅，第三位是王光祈。此文较深入介绍了王光祈在德国对音乐研究的情况，强调王光祈以音乐精神、音乐理念来指导中国、服务中国、影响中国，为中国出力。第二篇论文把王光祈作为一个重要实例来考证文化、艺术对人类的影响。此文认为王光祈用前卫的理论结合了一种非常古老和传统的思路来研究音乐，并做了双向的交流：介绍德国的文化（音乐）给中国，同时也把中国文化的代表作《礼记》《乐记》《诗经》等介绍到德国，写出了介绍中国古典歌剧的博士学位论文。他所撰写的《音乐心理学》以现代西方科学、西方心理学研究音乐，堪为中国学者最早研究音乐心理学的典范。两篇文章对王光祈的研究不限于中国范围，立足更为广泛，是从全球文化、比较文化视角来看待王光祈，足见王光祈在海外学者中也享有崇高的地位。

四、王光祈与五四时期著名人物的关系

作为五四时期活跃的爱国青年知识分子、社会活动家，王光祈与影响了那个时代的著名人物如李大钊、陈独秀、恽代英、毛泽东、邓中夏、曾

琦等均有过不同程度的接触。研究王光祈与其周围著名人物的关系，实际也是从不同角度研究五四时期的中国社会历史。此次研讨会涉及王光祈与其周围人物关系的论文有六篇，分别探讨了王光祈与李大钊、恽代英、毛泽东、左舜生等之间的关系。

河北师范大学张同乐教授提交的《王光祈与李大钊交往述论》追寻了王光祈与李大钊相识、相知的概况，介绍并分析了他们走到一起的思想基础——"少年中国主义"和他们共同组织及发起的少年中国学会，这是五四知识分子寻求改造中国的理想方案。文章也分析了二人后来因价值取向的不同而走上不同的道路。目前为止，探讨王光祈与李大钊关系的文章为数极少，有进一步挖掘资料和研究的空间。四川音乐学院讲师徐凤琴、西南民族大学副教授罗立东在《五四时期的王光祈与毛泽东》一文中谈到毛泽东一生只参加过两个社团组织，一个是以他为主创建的新民学会，另一个就是少年中国学会。1918年经李大钊介绍，毛泽东认识了比他大一岁的王光祈。这段青年时期的经历在他此后的生活中留下了明显的痕迹。四川音乐学院讲师吴丽君研究的是王光祈与中共早期人物恽代英的关系，她的文章题目是《王光祈与恽代英在少年中国学会中的交谊与分化》。恽代英与王光祈的相识是经刘仁静介绍，后来恽代英由王光祈介绍加入少年中国学会。文章分析了二人因相同的理想追求而聚集到了创造"少年中国"的理想旗帜下，却在风云变幻的五四时期，作出了人生不同的选择：前者坚持文化改造，后者则选择政治改造。四川音乐学院社科部讲师孙利霞以《王光祈与左舜生》为题，探讨了王光祈与左舜生的交往及他们思想上的差异。王光祈与左舜生结缘于少年中国学会，二人相识十五六年，同为少年中国学会的中坚成员。文章通过对二人交流最多、思想最为接近的"小组织"问题（工读互助主义）的探讨，以期探寻二人思想的共同点以及导致二人思想分化的原因。思想上的差异导致他们走上不同的道路：王光祈坚持少年中国理想，选择以音乐救国；左舜生则赞同国家主义，成为中国青年党的骨干。但无论是国家主义，还是少年中国主义，都是那个时代青年思想多元化的体现。

中国社科院外国文学所的叶隽研究员，选择了一个不同的角度来研究王光祈及其身边人。他的论文《少年留欧与"恋爱自由"？——以王光祈、王独清、吴若膺等人为中心》选择现代中国文化史上有重要影响的两位人物：少年中国学会领袖王光祈和诗人王独清，通过他们与吴虞之女吴若膺的三角恋而展开：一方面梳理以吴若膺为中心的"二王之争"的三角恋史，考察王光祈这位深受传统文化思想熏陶的五四新青年的婚恋观。另一方面考察以王独清为中心视角的多元三角关系，进而以吴若膺作为吴虞之女的身份探讨其与家庭教育背景的关系，探寻五四新女性新潮的原因，讨论留学时代由于接受舶来之西方自由思潮而导致的感情泛滥问题。文章以王光祈的壮志未酬为例，讨论了传统士人的选择和礼教变革表象后的文化抗争问题，作者指出，思想新潮、感情泛滥这些貌似小节，其实影响到国人观念所发生的变化，进而深度影响到社会史、政治史和文化史的进程。

五、王光祈音乐思想探讨

"音乐和政治作为人类社会生活的两大领域，在近代以来的历史变迁中，关系愈加密切，复杂多变，多姿多彩。从某种意义上说，探讨二者之间的关系，对一个民族和国家的政治生活、社会生活和文化生活具有特别的意义。"中国人民大学国际关系学院王续添教授以《音乐与政治——王光祈音乐民族主义论析》一文，展开了这次研讨会对王光祈音乐思想的研讨。王续添教授认为，王光祈作为社会政治活动家和音乐学家，是音乐与政治关系的一个典型个案，集中展现这种关系的就是王光祈的民族主义音乐观及其指导下的音乐学研究。他认为，民族主义与音乐集中体现了政治与音乐的现代性互动，民族主义是政治现代性的原动力和最初指标，推动了音乐从"普遍艺术"到"民族化身"的现代转型，而民族音乐又是对民族主义的彰显和强化。文章分析了王光祈音乐民族主义建构的目标、内涵、路径和方法，并从特点与比较、影响与作用两方面对王光祈音乐民族主义进行了价值分析。

南京艺术学院管建华教授在提交的《王光祈的中华民族"根本思想"的音乐文化意义》一文中，探讨了王光祈与德国汉学家卫礼贤在中国音乐文化思想特性方面的共同点，并对这些文化思想特性在当今世界多元文化格局中所具有的当代文化意义进行了阐释。王光祈与卫礼贤均是有着宽阔文化胸襟、国际风范的学者。文章通过卫礼贤所翻译的《论语》《大学》

《中庸》《孟子》等中国经典文论和他对礼乐思想的理解，以比较的方式对王光祈音乐文化思想进行阐释。文章认为，王光祈的中华民族"根本思想"，是中国音乐文化走向未来的自身的文化逻辑起点，在全球多元文化时代，"复兴礼乐"思想对于中国文化发展是一个值得长期研究的课题。

在中国古代音乐史现代学科知识系统的建构上，王光祈有着不可磨灭的历史贡献。中国音乐学院修海林教授从史学角度重新评价了王光祈的《中国音乐史》的地位。他认为王光祈的《中国音乐史》是中国古代音乐史完成现代学术转型的第一本著作。王光祈对中国音乐史的研究与拓展主要体现在四个方面：第一，以"律、调、谱、器"为古代音乐史著述知识系统构成主体框架；第二，在专题研究基础上对古代乐律学知识有较为系统而深入的阐述；第三，首次运用、借鉴现代音乐学研究方法和成果系统研究古代音乐；第四，注重实证性研究，重视数理计算和乐器实物图像的提供。王光祈的《中国音乐史》在学科知识点的广泛涉及方面，可能比不上郑觐文、许之衡等几位前人。但是，就学科现代学术转型这一点来讲，王光祈在对现代音乐学术研究方法的借鉴和运用、学术视野的宽广和新颖、学术成果的规范和严谨，以及所涉每一个专题的深入研究等方面，都是其前诸学者无法相比的。这使得他的学术成果具有真正意义上的现代性乃至国际性。《中国音乐史》中建构的古代乐律学史知识系统，已经具有中国乐律学史著述最早的"雏形"。年轻的音乐学者、天津音乐学院的本科学生方雪扬以《王光祈"音乐史"读札》为题，同样也探讨了王光祈对中国音乐史所做出的贡献。

相比学术界对于王光祈的音乐学、历史学等领域的研究，王光祈的戏曲思想研究相对薄弱。四川师范大学历史学院教授王川等提交的论文对王光祈的戏曲思想进行了探讨。文章认为，王光祈的戏曲思想，在中国戏曲研究上有着开拓性的贡献，对川剧等戏曲的发展产生了历史影响。文章从王光祈的论著着手，着重分析"比较音乐学"的指导思想、"声韵音乐"思想、"伦理之舞"思想，论证了王光祈在中西方比较音乐学的基础上探索中华民族复兴国乐观的戏曲思想。

王光祈也是中国首位采用比较音乐学研究法以"歌剧"（中国戏曲，主要是昆曲）为研究对象而获得外国博士学位的人。南京艺术学院的满新颖副教授分析了王光祈歌剧观的来龙去脉。文章认为，王光祈不是最早把中国戏曲呼作歌剧的中国人，他的歌剧观念在抗战前就已经充分得到了傅彦长、张若谷、朱应鹏和徐迟等人的高度重视和回应。其中国歌剧和音乐剧的直接影响对象，并不在西方汉学界或音乐学界，而更多的还是在中国本土。同样来自南京艺术学院的钱庆利博士，也是以王光祈的歌剧观为研究对象的。他认为：王光祈是第一个将中国戏剧视为歌剧的音乐家；第一个用博士论文来研究中国歌剧的音乐家；他的歌剧观是比较音乐学视野下的歌剧观。王光祈对中国古典歌剧的研究是全方位、多角度的，这种研究不仅确立了王光祈在中国戏曲认识上的整体艺术观，更难能可贵的是，这种整体艺术观是建立在与西方歌剧的比较上的，尽管他在博士论文中并未太多地提及西方歌剧，可他的综合性、整体性的思维理念却是显而易见的。

王光祈不仅是著名的音乐学家，更是一位谋民族发展的音乐教育家。四川音乐学院包德述教授提交的论文《身不能至，心向往之——王光祈为中国音乐教育发展的阐述与践行》提出了我们在研究王光祈音乐著述时的一个弱项——对王光祈在音乐教育领域的努力与贡献的研究。他认为，王光祈不仅是著名的音乐学家，更是一位谋民族发展的音乐教育家。他所有的音乐研究成果都是紧紧围绕中国音乐教育事业的发展展开的。他投身于音乐学事业的最根本缘由在于期望通过发展中国音乐教育事业，达到改造中国人之人生、重塑中华民族之特性、改造社会，并进而建立"少年中国"的目的。

上海音乐学院副教授王勇分析了王光祈留学德国及其音乐救国论产生的渊源。他对王光祈转学音乐的原因做出了两个解读：其一，音乐在德国社会中所起的重大作用；其二，对于中国"礼乐"的思考。西南民族大学的孙晓丽、谭勇在《吹黄钟之律，引昆仑巨响——王光祈与中国音乐文献学》一文中从音乐文献学这门学科谈起，研究了王光祈与中国音乐文献学之间的关系，明确了王光祈在以下几方面对中国音乐文献学所产生的重要影响：第一，为中国音乐文献学的发展提供了音乐进化论、唯物史学论、比较音乐观三种基本研究方法；第二，为中国音乐文献学的发展指明了"在理论方面，则采取西洋科学方法，整理本族固有文化，由此以唤起中华民族的独立精神，在实际方面，则为从事各项社会事业，增进精神物质幸福"的方向；第三，为中国音乐文献学的发展研究提供了蓝本。这些成就在信息时代的今天依然有现实的参考价值。

　　研讨会由四川大学历史文化学院的陈廷湘教授做总结。他认为，学者们对这位在中国近现代史上影响巨大的历史人物王光祈的思想学术的讨论，取得了非常重要的成就。演讲和提交的论文探讨了王光祈音乐与救国、音乐与中国文化的现代转型问题。对个人的研究必须与大变动时代的大背景相联系。对王光祈及其同人的研究，必须从当年那种社会大背景之下来考察，讨论他们的思想、他们的文化观念在中国文化的转型期具体起了什么样的作用。追求一个音乐强国在王光祈那个时候就开始了，到现在快一个世纪了，我们还是没能达到目的，也没有建成音乐强国。根本原因就在于以王光祈为代表的知识分子仍然没有摆脱急功近利思想的束缚，没有为音乐而音乐的精神。关于王光祈的研究，我们已经做出了无愧于我们这个时代，无愧于我们这次会议的成就，但是我们还没有取得足以让王光祈的研究能够对我们中国文化继续向现代转型产生应有影响的成就，因而我们的研究还任重而道远。这次研讨会既是对近年来王光祈研究所做的一次总结，也为以后的进一步研究开启了新的征程。

附录二：王光祈研究文献总汇

一、新中国成立前（1924—1949）

作者	题 名	刊物名称	出版年份
恽代英	评王光祈著《少年中国运动》	中国青年	1924年
快 人	王光祈留德治乐	音乐季刊	1925年
杨没累	评王光祈论中国乐律并质田边尚雄	没累文存	1929年

二、新中国成立后（1949—2015）

作者	题 名	刊物名称	出版年份
缪天瑞	音乐理论科学工作应大力改进	人民音乐	1956年
赵捷民	"瓦德西拳乱笔记"的译注问题	历史研究	1956年
周 畅	纪念王光祈先生	人民研究	1957年
用 舟	王光祈	四川音乐	1979年
高厚永	中国民族音乐学的形成和发展	南京艺术学院学报	1980年
汪毓和	现代专业音乐的建立和发展——选自《中国现代音乐史纲》	中央音乐学院学报	1980年
廖辅叔	记王光祈先生	音乐研究	1980年
杨荫浏	音乐史问题漫谈	音乐艺术	1980年
李士钊	关于中国二三十年代音乐教育情况的片断回忆	齐鲁艺苑	1981年
钱光培 向 远	"少年中国"之群——现代诗人及流派琐谈之三	文学评论	1981年
陈应时	"变"和"闰"是清角和清羽吗？——对王光祈"燕调"理论的质疑	中央音乐学院学报	1982年

续表

作者	题名	刊物名称	出版年份
韩立文 毕兴	音乐学家王光祈生平事略	音乐探索	1983年
溪	王光祈墓碑迁移川音校园——明年举行"王光祈学术讨论会"	音乐探索	1983年
朱岱弘	王光祈音乐论著述评	中央音乐学院学报	1983年
廖辅叔	独上昆仑发巨声——王光祈诗如其人	人民音乐	1983年
唐志勇	工读互助团的实践与马克思主义在中国的传播	山东师大学报	1983年
席臻贯	"引商刻羽,杂以流徵"考释	中国音乐	1983年
赵后起	胡琴考略	南京艺术学院学报	1983年
丽瑚	近期中国近现代音乐史论文索引	中国音乐	1983年
管建华	试评王光祈的比较音乐学观点	音乐探索	1984年
陈聆群	新见王光祈的音乐论文	音乐艺术	1984年
俞玉姿 修海林	论王光祈的音乐思想	音乐研究	1984年
朱岱弘	王光祈著作文章及有关资料目录	音乐研究	1984年
烨	王光祈研究学术讨论会将在成都召开	音乐探索	1984年
魏雪梅	王光祈研究学术讨论会在蓉举行	四川音乐	1984年
佚名	著名音乐学家王光祈研究学术讨论会在成都举行	人民音乐	1984年
韩立文 毕兴	试评王光祈关于音乐本质和社会功能的论述	音乐研究	1984年
朱舟	王光祈《中国音乐史》述评	音乐研究	1984年
方惠生 朱舟	王光祈为什么要改学音乐	人民音乐	1984年
佚名	王光祈研究学术讨论会剪影	音乐探索	1984年
张秀熟 朱舟	在王光祈研究学术讨论会上的讲话	音乐探索	1984年
刘仁静 王川	怀念王光祈先生	音乐探索	1984年

续表

作者	题名	刊物名称	出版年份
魏时珍	忆王光祈	音乐探索	1984年
俞玉姿	王光祈《千百年间中国与西方的音乐交流》述评	中央音乐学院学报	1984年
吕骥	王光祈在音乐学上的贡献	音乐探索	1984年
李业道	纪念王光祈先生——王光祈研究学术讨论会闭幕式发言	音乐探索	1984年
冯文慈	王光祈的音乐史学方法和学风——为王光祈研究学术讨论会而作	音乐探索	1984年
钟善祥	王光祈的"谐和"思想和"国乐"观	音乐探索	1984年
崔宗复	王光祈的生平和著作	四川师院学报	1985年
侯德础	王光祈史学著译论略	四川师院学报	1985年
吕骥	中国音乐学、乐学和有关的几个问题	音乐研究	1985年
高厚永	中国对民族音乐学的研究	音乐研究	1985年
夏野	论燕乐音阶与古代琵琶之关系	南京艺术学院学报	1985年
赵宋光 管建华	有关王光祈评价的一些理论问题	音乐探索	1985年
毕兴 韩立文	王光祈生平大事及主要著述年表	音乐探索	1985年
佚名	音乐学家王光祈逝世四十九周年 温江县举行纪念活动	音乐探索	1985年
何昌林	王光祈先生释"变"与"闰"	南京艺术学院学报	1985年
黎永泰 吴兵	毛泽东与少年中国学会	毛泽东邓小平理论研究	1985年
陈应时	王朴律究竟是一种什么律	交响	1985年
赵沨	真诚的爱国主义者、博学的音乐学家王光祈——在王光祈研究学术讨论会上的发言	音乐探索	1985年
毕兴 韩立文	王光祈生平大事及主要著述年表（续一）	音乐探索	1985年

续表

作者	题 名	刊物名称	出版年份
黎永泰 刘 平	王光祈的空想社会主义思想探讨	重庆师院学报	1985年
毕 兴 韩立文	王光祈生平大事及主要著述年表（续二）	音乐探索	1985年
傅庆裕	关于王光祈《翻译琴谱之研究》的研究	中国音乐	1985年
黄翔鹏	杨荫浏先生和中国的民族音乐学	音乐学习与研究	1985年
河山星	王光祈儿歌九首评析	人民音乐	1985年
廖辅叔	重印王光祈"中国音乐史"赘言	音乐探索	1985年
毕 兴 韩立文	王光祈生平大事及主要著述年表（续三）	音乐探索	1985年
王似频	一九八五年音乐记事	音乐爱好者	1986年
杜亚雄 周 吉	也谈维吾尔族音乐中特殊调式的称谓	中国音乐学	1986年
周菁葆	岸边成雄的主要论著及其贡献	新疆大学学报	1986年
吕 冰	论燕乐音阶	中国音乐学	1986年
韩立文 毕 兴	王光祈生平综述	音乐艺术	1986年
俞人豪	王光祈与比较音乐学的柏林学派	音乐探索	1986年
钟善祥	试评王光祈《东西乐制之研究》	音乐探索	1986年
赵宋光	从乐教的现代复兴 求民族神韵的长存	星海音乐学院学报	1986年
王子初	也谈王朴律——兼与陈应时同志商榷	交 响	1987年
陈应时	再谈"变"和"闰"	音乐艺术	1987年
孔 实	关于少年中国学会的发起人问题	文史哲	1987年
丽 瑚	近期中国近现代音乐史论文索引	中国音乐	1987年
陈应时	"燕乐音阶"之说能否成立？——和郑祖襄同志讨论	南京艺术学院学报	1987年
田可文	音乐历史观及研究模式的求证	黄 钟	1987年
郑锦扬	中国音乐史学的第三个阶段	音乐研究	1988年
赵 渢	《王光祈年谱》前言	音乐探索	1988年

续表

作者	题名	刊物名称	出版年份
朱正威	五四时期王光祈的思想剖析	近代史研究	1988年
李石根	一种特殊的小三度调式对置——关于中国与日本民间音乐血缘关系的验证	交响	1988年
王德埙	中国音乐美学史举要（下）	音乐探索	1988年
高国芬	五四运动在四川概述	四川文物	1989年
谢凌	四川五四时期的进步刊物	四川文物	1989年
田可文	音乐历史的观念	中国音乐学	1989年
王德埙	中国音乐史的研究方法	星海音乐学院学报	1989年
崔小玲	试析王光祈论"声韵音乐"——读《论中国古典歌剧》札记	南京艺术学院学报	1989年
李醒尘	宗白华传略	新文学史料	1989年
李祖桢	怀念我的父亲李思纯	文史杂志	1989年
郑华钰	王光祈先生纪念馆在成都市温江县落成开馆	音乐探索	1989年
王孟谦	音乐界名人亲赐手笔 缅怀景仰王光祈博士	艺圃	1990年
韩韧	文盲与音盲	音乐探索	1990年
汪毓和	四十年来我国音乐理论建设的回顾	人民音乐	1990年
邢乐勤	五四时期工读互助主义述评	浙江学刊	1990年
曾遂今	把世界音乐介绍给中国 把中国音乐介绍给世界——中国艺术研究院音乐研究所"第四届音乐学读书研讨会"记	人民音乐	1990年
张媛 建农	简论五四时期"工读主义"思潮	黄淮学刊	1990年
吴犇	中国传统音乐研究与翻译工作	中国音乐学	1990年
辛丰年	寻找导游人——读助人读乐的书	读书	1990年
	89·四川十大音乐新闻	音乐世界	1990年
彭丽	王光祈、青主发展"国乐"观之探微	齐鲁艺苑	1991年

续表

作者	题名	刊物名称	出版年份
王鸿飞	我国第一位探索音乐学的理论家——王光祈	北方音乐	1991年
何乾三	上下求索 任重道远——在第四届全国音乐美学学术讨论会上的总结发言	中央音乐学院学报	1991年
耿伟	中国近代空想社会主义考论	学术交流	1991年
金经言	一个不容忽视的领域——对建国以来音乐文献翻译的回顾与思考	中国音乐学	1991年
周敏	中国古代音乐历史分期问题评述	中国音乐	1991年
郭树群	五四时期科学实证精神对新音乐的影响	人民音乐	1991年
赵沨等	谈中国音乐史论文评选	音乐研究	1991年
王誉声	中国古代音乐史编写方法的思考	音乐学习与研究	1991年
居其宏	关于"世纪性思虑"的几点反思	黄钟	1991年
范敬一	献身科学 求索真知——著名数学家魏时珍教授生平简述	成都大学学报	1991年
李方元	直行终有路 何必计枯荣——记中国音乐学院音乐学系冯文慈教授	中国音乐	1991年
周大风	百年反思——兼谈建立中国民族音乐理论体系	星海音乐学院学报	1991年
廖辅叔	谈中国"第一个"什么之类	中央音乐学院学报	1991年
刘石	比较即对	黄钟	1991年
陈正生	《管子》中的"素"不能诂释作"弦"	中国音乐	1991年
冯文慈 俞玉滋	我国现代音乐学的奠基人王光祈	中央音乐学院学报	1992年
吕骥	纪念王光祈先生百年诞辰	音乐研究	1992年
冯光钰	王光祈的中西音乐文化观	音乐探索	1992年
茅原	从王光祈论戏曲音乐谈到他的美学观	音乐探索	1992年
李忠勇	纪念真诚爱国、刻苦治学的王光祈先生——在王光祈先生百年诞辰纪念会上的讲话	音乐探索	1992年

续表

作者	题 名	刊物名称	出版年份
周旭光	闪耀在王光祈著述中的唯物辩证法思想	人民音乐	1992年
文 治	王光祈诞辰100周年纪念会及学术交流综述	音乐研究	1992年
周淑真	王光祈与少年中国学会——纪念王光祈诞辰一百周年	兰州学刊	1992年
易新涛	浅析少年中国学会的性质	辽宁师范大学学报	1992年
但昭义	中国近代音乐史之最	音乐世界	1992年
乔建中	中国新音乐的伟大先行者——萧友梅史学论文读后	中国音乐学	1992年
郑锦扬	中国音乐通史著述一瞥——读《中国古代音乐史简述》	音乐艺术	1992年
廖辅叔	贝多芬在中国	音乐研究	1992年
	访廖辅叔教授	音乐研究	1992年
廖辅叔	音院音专的悲欢离合	音乐艺术	1992年
黄翔鹏	音乐学在新学潮流中的颠簸——王光祈先生诞生百周年随想录	音乐探索	1993年
樊祖荫	王光祈的"国乐"观对今天的启示	音乐探索	1993年
林大雄	王光祈的"新儒家"音乐思想初探	音乐探索	1993年
李映发	王光祈与少年中国学会	四川文物	1993年
叶 语	学习王光祈的音乐思想	音乐探索	1993年
文 治	他的精神和思想仍激励、启迪着我们——王光祈先生诞辰一百周年纪念会及学术交流综述	人民音乐	1993年
王耀华	中国音乐的跨文化比较研究	中国音乐学	1993年
吕金藻 冯伯阳	中国20世纪上半叶音乐论著编年纪实	艺 圃	1993年
宋祥瑞	萧友梅学术辨释	黄 钟	1993年
高永昌	工读互助团的特点和作用	江西师范大学学报	1993年
郑祖襄	汉代琵琶起源的史料及其分析考证	中国音乐学	1993年

续表

作者	题　名	刊物名称	出版年份
宋祥瑞	关于中西比较音乐研究的思考	音乐研究	1993 年
陈聆群	萧友梅的音乐理论贡献	中国音乐学	1993 年
魏廷格	四议"中国音乐学"	中央音乐学院学	1993 年
修海林	选择中的反思	音乐研究	1993 年
冯光钰	谈中国少数民族音乐史的编纂问题	人民音乐	1993 年
廖辅叔	国歌琐谈	中央音乐学院学报	1993 年
修海林	贯中西志举华音　治乐学黄钟流韵——为中国现代音乐学奠基人王光祈音乐论集的出版而作	国际音乐交流	1994 年
王志洋	李璜	民国档案	1994 年
梅雪林	许之衡《中国音乐小史》述评	星海音乐学院学报	1994 年
朱江书	关于"音乐""民间音乐""戏曲音乐"三词的早期资料及略说	音乐研究	1994 年
乔科昌 陈四海	漫谈沈括对音乐的研究	聊城师范学院学报	1994 年
涂尘野	一种文化音乐学探讨——我看 EML	中国音乐学	1994 年
兴于诗	乐坛漫步	音乐研究	1994 年
	岸边成雄给毕兴先生的一封信	音乐探索	1994 年
宋祥瑞	王光祈学术阐微	中国音乐学	1995 年
达威	直行终有路　何必计枯荣——读《王光祈音乐论著选集》	人民音乐	1995 年
沈念慈	浅论中西音乐之比较研究	上海艺术家	1995 年
赵宋光	生产力见地上的音乐教育观	中央音乐学院学报	1995 年
刘曲雁	"五四"与"新音乐"理论	齐鲁艺苑	1995 年
罗秀君	两位弦乐家的殊途同归	音乐世界	1995 年
蔡仲德	青主音乐美学思想述评	中国音乐学	1995 年
杜亚雄	中西乐理之比较研究	中央音乐学院学报	1995 年
皮后锋	中国近代国歌考述	近代史研究	1995 年
刘曲雁	"五四"与"新音乐"理论	南京艺术学院学报	1995 年

续表

作者	题　名	刊物名称	出版年份
胡　明	陈独秀、李大钊、胡适与《每周评论》	苏州大学学报	1995年
张静蔚	近代音乐史的建设——读《中国近现代音乐史（修订版）》	人民音乐	1995年
刘曲雁	"五四"与"新音乐"理论	黄石教育学院学报	1995年
孙　海	中德学校音乐教育比较研究构架	齐鲁艺苑	1995年
傅鸿辉	川籍音乐家所开创的中华音乐之最	音乐世界	1995年
韩钟恩	百年将尽，跨世纪在即——中国音乐美学研讨会（香港）报告	中国音乐学	1995年
金经言	几部研究中国音乐的西文著作	中国音乐学	1995年
李业道	吕骥评传——第一部分 1909—1937（上）	音乐研究	1995年
胡慈舟	童斐和他的传统声乐艺术论述——《中乐寻源》学习札记	中国音乐	1995年
唐朴林	黄钟大调　马工枚速——中西音乐刍议	音乐学习与研究	1995年
宋怡莺	重新认识 Classical Music	中文自修	1996年
翠　儿　景　天	名音乐家之死	税收与社会	1996年
胡企平	释宫商角徵羽五声阶名的由来	黄　钟	1996年
涂永梅	筝乐创作中调式的传统与创新问题	南京艺术学院学报	1996年
郑祖襄	关于"引商刻羽，杂以流徵"的史料问题	中国音乐学	1996年
刘曲雁	"五四"与"新音乐"理论	艺术探索	1996年
沈　洽	民族音乐学在中国	中国音乐学	1996年
宋　瑾	中日比较：音乐的东西方关系处理	福建师范大学学报	1996年
廖耀东	纵观抗战时期的中国音乐	郴州师专学报	1996年
徐　飞	黄钟律管管口校正考	中央音乐学院学报	1996年
欧筱琦	留学生与中国现代音乐文化的建构	徐州师范学院学报	1996年
张良友	"五四"时期空想社会主义的主张和实践	南京社会科学	1996年
陈秀萍	中共早期革命家俞秀松思想研究	浙江丝绸工学院学报	1996年

续表

作者	题　名	刊物名称	出版年份
乃辛	多义的民族化	艺术广角	1996年
舒言	中央音乐学院举办庆贺廖辅叔先生90华诞暨从事音乐教育66年纪念活动	人民音乐	1996年
林春峰	民歌爱国主义宣言	东方艺术	1996年
	理想的实践者	音乐世界	1997年
胡企平	"宫商角徵羽"五声阶名探源	上海交通大学学报	1997年
周志凤	"五四"及"五四"时期的新音乐	艺术探索	1997年
佚名	国学大师梁漱溟谈音乐、谈戏	中国音乐	1997年
李应华	当代中国人对西方音乐历史的观念变迁	中国音乐学	1997年
元青	民国时期中国留德学生与中德文化交流	近代史研究	1997年
罗艺峰	礼乐精神发凡并及礼乐的现代重建问题	中央音乐学院学报	1997年
范晓峰	关于民俗音乐研究学术定位问题的若干思考——兼及民族音乐学及相关问题	中国音乐学	1997年
杜亚雄	中国乐理的一些基本概念	黄钟	1997年
项阳	对音乐学专业的一点思考	人民音乐	1997年
沙健孙	新发现李大钊四篇重要佚文	北京大学学报	1997年
刘勇	要以朱载堉的实践精神来研究朱载——关于徐飞的一组律学文章	中国音乐	1997年
汪毓和	一部珍贵的充满诗情的音乐文献——读廖辅叔教授的《乐苑谈往》之后	人民音乐	1997年
杨恬	关于多声部民歌消亡的思考	民族艺术研究	1997年
朱成甲	关于《北京同人的提案》执笔者的考辨	中共党史研究	1997年
濮新	《成都革命斗争史展览》在王建墓博物馆正式开展	四川文物	1997年
余三乐	恽代英与王光祈——五四时代同始异终的典型	北京党史研究	1998年
冯文慈	中外音乐交流之谜	中国音乐	1998年
蔡良玉	我国西方音乐史专著方法回顾	人民音乐	1998年
汤亚汀	西方民族音乐学思想对中国的影响：历史与现状的评估	音乐艺术	1998年

续表

作者	题　名	刊物名称	出版年份
汤亚汀	文化人类学与中国音乐研究	民族艺术	1998年
黄旭东	论蔡元培与中国近代音乐（一）——兼评修海林《蔡元培的音乐美学理论与实践》	中央音乐学院学报	1998年
王耀华	中日音乐比较研究的历史、现状及其展望	人民音乐	1998年
黄旭东	论蔡元培与中国近代音乐（二）——兼评修海林《蔡元培的音乐美学理论与实践》	中央音乐学院学报	1998年
王　晡	方法：在实践中开创，在交流中开拓（上）	中央音乐学院学报	1998年
郑锦扬	从三本《中国音乐史》管窥：二、三十年代中日学者的中国音乐史视野	中国音乐	1998年
许　燕	中国传统音乐研究方法的发展脉络初探	广西师范大学学报	1998年
高　放 龚育之	关于"各尽所能、各取所值"的来历	理论前沿	1998年
关　新	《跨世纪中国音乐文化建设座谈会》发言摘要	音乐研究	1998年
赵　琳	"新潮"与传统	艺术探索	1998年
熊志成	国民党党歌作曲者程懋筠	世纪	1998年
叶德华	我国历史上音乐著作知多少	云岭歌声	1998年
王　蔚	论黄自	苏州教育学院学报	1999年
马宣伟	五四运动震撼巴山蜀水	文史杂志	1999年
庶　民	党史上的七月	共产党人	1999年
李业道	吕骥评传第三部分（1949—）四（续完）	音乐研究	1999年
刘再生	横看成岭侧成峰，远近高低各不同——20世纪中国古代音乐史的研究	中国音乐学	1999年
陈聆群	中国近现代音乐史研究在20世纪	音乐艺术	1999年
郑祖襄	一部仍具学术价值的"旧著"——谈杨荫浏先生的《中国音乐史纲》	中国音乐学	1999年
居其宏	建立以人为本的音乐发展观——关于"20世纪中国音乐发展道路的回顾与反思"问题之我见	艺术广角	1999年

续表

作者	题　名	刊物名称	出版年份
汪毓和	对中国近现代音乐史研究中几个史学观点的认识	中国音乐	1999年
魏廷格	分歧与出路——在"20世纪中国音乐发展道路的回顾与反思学术研讨会"上的发言	人民音乐	1999年
陈应时	发现　革新　创造——杨荫浏先生的律学研究	中国音乐学	1999年
乔建中	20世纪中国音乐学的一个里程碑——新解杨荫浏先生"实践——采集"的学术思想	人民音乐	1999年
居其宏	建立以人为本的音乐发展观——在"20世纪中国音乐发展道路的回顾与反思"学术研讨会上的发言	人民音乐	1999年
陈其射	伶伦笛律研究述评	音乐研究	1999年
朱京伟	西洋乐器中文译名的形成与演变	中国音乐学	1999年
王安国	中西并存　互用互补	人民音乐	1999年
黄旭东	应还近代音乐史以本来面目　要给前辈音乐家以科学评价——评汪毓和先生《中国近现代音乐史》(下)	天津音乐学院学报	1999年
陈应天	从历史嬗变看我国古代歌唱的衍进	交　响	1999年
张天彤	承认历史　创造历史——也谈20世纪国乐思想的"U"字之路	人民音乐	1999年
王　俊	中国民族音乐学刍议	湖南师范大学社会科学学报	1999年
伍国栋	20世纪中国民族音乐理论研究学术思想的转型(上)	音乐研究	2000年
叶　隽	《留德学人与德国》系列随笔——王光祈	德语学习	2000年
尚　且	"五四"期刊拾掇:《少年中国》	湖北师范学院学报	2000年
蔡晓燕	从社会活动家到音乐家的王光祈	民国春秋	2000年
马宣伟	毛泽东与王光祈的友谊	文史杂志	2000年
杜亚雄	20世纪民族音乐学在中国的发展(上)	乐府新声	2000年
吴小龙	"少年中国"的理想追求及其分化——简评少年中国学会	浙江社会科学	2000年

续表

作者	题 名	刊物名称	出版年份
吴小龙	少年中国学会研究	中国社会科学院研究生院	2001年
胡郁青 丁晓红	登昆仑之巅，吹黄钟之律——王光祈音乐思想探析	音乐探索	2001年
郭 莹	王光祈"礼乐复兴"思想及其成因初探	音乐探索	2001年
杨永贤	音乐学家王光祈评述	绍兴文理学院学报	2002年
明 言	作为新音乐批评家的王光祈——纪念王光祈先生诞辰110周年	音乐探索	2002年
王洪生	王光祈《声音心理学》解析	乐府新声	2002年
凌瑞兰	西方音乐与20世纪中国音乐创作——兼论中西音乐融合的理论和实践	天津音乐学院学报	2002年
傅汀汀	王光祈对中国古代音乐史学的贡献述评	黄河之声	2002年
李晴霞	"少年中国学会"的教育活动	教育评论	2003年
李世军	试论王光祈民族文化新音乐思想	中国音乐	2003年
高冰冰	王独清《我在欧洲的生活》主要人物索隐	福建论坛人文社会科学版	2003年
徐元勇	百年中国音乐史学研究综述	南京艺术学院学报	2003年
高元江	毛泽东惦记中的王光祈	四川党史	2003年
李 岩	直行终有路，何必计枯荣——四川温江王光祈社会活动暨学术研讨会综述	音乐探索	2003年
罗天全	论王光祈在中国音乐史上的主要成就	音乐探索	2003年
张荫伯 秦树基	人格的魅力——王光祈音乐学研究的启示	音乐探索	2003年
胡扬吉	王光祈研究资料目录（增补部分）	音乐探索	2003年
谭晓钟	王光祈五四时期的文化选择述评	音乐探索	2003年
张 斌	王光祈覆蒋介石电本意辨析	音乐探索	2003年
陈达波 李 姝	王光祈与民族音乐的发展	音乐探索	2003年
李 岩	王光祈书、文、事考	音乐探索	2003年

续表

作者	题 名	刊物名称	出版年份
林成西 许蓉生	王光祈的空想社会主义及其实践	音乐探索	2003年
冯光钰	礼乐兴邦 复兴中华——纪念王光祈先生诞辰110周年	音乐探索	2003年
赵晓铃	王光祈的寂寞与少年中国学会的分裂	音乐探索	2003年
李永春	《少年中国》与五四时期社会思潮	湖南师范大学	2003年
潘娜	试论王光祈的国乐思想	中国音乐	2004年
侯敏	宗白华与王光祈的交谊与共识	文史杂志	2004年
任秀蕾	浅谈王光祈对中国古代音乐史研究的贡献	曲靖师范学院学报	2004年
王光祈 金经言	王光祈论文二篇	中国音乐学	2004年
王勇	王光祈与《SINICA》	音乐艺术	2004年
肖梅	中国大陆1900—1966民族音乐实地考察——编年与个案	福建师范大学	2004年
杨卫明	五四时期工读互助团的教育探索简论	福建师范大学	2004年
吴小龙	五四运动与少年中国学会	中国青年研究	2005年
张彦	王光祈的救国之路	文史杂志	2005年
司丽静 李荣	王光祈爱国思想	河北理工大学学报	2006年
李永春	论王光祈的"少年中国"理想	湖南工程学院学报	2006年
许康健	前行终有路 何必计枯荣——重读王光祈的《中国音乐史》	人民音乐	2006年
谭晓钟	论王光祈20世纪初的文化取向	文史杂志	2006年
彭永启 梁雪菲	关于中国的西方早期音乐研究	乐府新声	2006年
王勇	《王光祈留德生涯与西文著述研究——一位新文化斗士走上音乐学之路的"足迹"考析》	上海音乐学院（博士论文）	2006年
二天	王光祈 古朴诗人的音乐之路	成都日报	2007年
王勇	还历史一段真相——关于王光祈留德原因的重新考证	中央音乐学院学报	2007年

续表

作者	题名	刊物名称	出版年份
吴志武	"变""闰"之辩六十一载	交响	2007年
关继文 秦 蓉	王光祈：我国近现代多种音乐文化研究的开拓者——世纪之初王光祈音乐思想研究的一个侧面	乐山师范学院学报	2007年
陈 永	《王光祈留德生涯与西文著述研究》述评	交响	2007年
朱梦渊	王光祈的少年中国梦	党史纵横	2007年
陈 莹	王光祈民族性国乐观研究	音乐天地	2007年
刘再生	王光祈致李华萱书信五则新浮现——李华萱《音乐奇零》一书初探	音乐研究	2007年
黄民文	王光祈的社会改造思想研究	湘潭大学	2007年
梁维东	《少年中国》与中国形象的建构	河南大学（硕士论文）	2007年
冯 雷 肖 阳	行万里路，读中外书——学习《王光祈留德生涯与西文著述研究》课程心得笔记	艺术研究	2008年
林睿晶	王光祈对中国音乐教育事业的贡献	龙岩学院学报	2008年
李岚清	中国近现代音乐学的开拓者——王光祈	音乐探索	2008年
黄民文	王光祈早年思想发展探析	邵阳学院学报	2008年
胡昭曦	进一步加强旅游与历史的结合——对温江两个文化品牌的思考和建议	地方文化研究辑刊	2008年
丁 三	"少年中国"之少年	时代教育	2008年
韩三洲	毛泽东不忘王光祈	海内与海外	2008年
紫 茵	王光祈国际研讨会在蓉召开	音乐周报	2009年
夏 莹	五四时代的"少年中国"梦想	西南大学	2009年
李 嘉 刘潇敏	王光祈音乐救国思想渊源探析	成都大学学报	2009年
王云飞	国乐的开创者王光祈	文史月刊	2009年
陈其射	深刻的思想启示——在王光祈音乐观下的后学反思	音乐探索	2009年
黄民文	论王光祈社会改造思想之特征	湖南人文科技学院学报	2009年

续表

作者	题 名	刊物名称	出版年份
郑 莲	论中国近现代音乐史的研究范畴问题	大众文艺	2009年
冯光钰	王光祈研究与四川音乐学院——祝贺《王光祈文集》	音乐探索	2009年
陈达波	王光祈治学精神的启示——写在《王光祈文集》出版之际	音乐探索	2009年
张俊梅	西方音乐史研究的先行者王光祈	儿童音乐	2009年
谭 啸	中国民族音乐学研究的史学传统	中国音乐学	2010年
史 玉	民族音乐学在中国	民族音乐	2010年
夏 冬	自建特色数据库研究——"王光祈全文数据库"评述	科技情报开发与经济	2010年
甘绍成	弘扬先行者精神 深化王光祈研究——2009王光祈研究国际学术讨论会综述	音乐探索	2010年
韩立文	廖辅叔先生与王光祈研究	音乐探索	2010年
汪毓和	我对王光祈的粗浅认识	音乐探索	2010年
张君仁 邢燕燕	论"民族"之于民族音乐学学科存在的意义	贵州民族研究	2010年
李兴梧	王光祈"少年中国"与"音乐救国"思想探讨	音乐探索	2010年
赵崇华	王光祈与《每周评论》	音乐探索	2010年
罗天全	他促进昆曲艺术走向世界——王光祈《论中国古典歌剧》学习札记	音乐探索	2010年
唐琪玲	浅谈王光祈的改良救国道路	经济研究导刊	2010年
修海林	对王光祈出国留学原因的再认识	音乐探索	2010年
胥必海 谭 勇	孔子"礼乐"观对王光祈国乐思想的影响	音乐探索	2010年
刘 英	音乐救国的践行——再论王光祈的"国乐"观	音乐探索	2010年
胥必海 谭 勇	王光祈国乐思想与川剧	四川戏剧	2010年

续表

作者	题名	刊物名称	出版年份
徐元勇	新知识、新视野、新思维成就新研究——王光祈音乐学研究之启示	中国音乐	2010年
朱江书	从《翻译琴谱之研究》看王光祈对古琴音乐的创新性探索	音乐探索	2010年
戴俊超	王光祈《中西乐制之研究·自序》读后感	音乐探索	2010年
郭志强 钟思远	王光祈与李劼人	音乐探索	2010年
胡从芳	论王光祈的西方音乐进化史观	大众文艺	2010年
李岩	对王光祈定位的研究——以相关研究者的言论及著述为例	中央音乐学院学报	2010年
陈永	中国音乐史学的近代转型	上海音乐学院（博士论文）	2010年
郭宏纪	近代以来的"燕乐音阶"观念	河南大学	2011年
王丽丽	郑觐文研究	南京艺术学院	2011年
赵璞	从"改造国民性"看中国近代社会思潮对中国近代音乐文化的渗透	西安音乐学院（硕士论文）	2011年
王华	中国人以悲为美的音乐审美心理	文学界	2011年
胥必海	少年中国 昆仑巨响——论王光祈"国乐"语境下之滇剧	文艺争鸣	2011年
鲜于浩	王光祈与工读互助主义的滥觞及失败	西南交通大学学报	2011年
董波	一场政治失位的空想社会试验——王光祈和他的非"政治活动"	前沿	2011年
邹承瑞	位卑未敢忘忧国——《王光祈文集》读后感	音乐探索	2011年
杨善武	宫调史研究导论	音乐研究	2011年
何季民	《少年中国》上的毛泽东等人	博览群书	2011年
孙晓丽	吹黄钟之律 引昆仑巨响——王光祈与中国音乐文献学	音乐探索	2011年
曾金寿	有关德文文献中的中国音乐研究	黄钟	2011年

续表

作者	题名	刊物名称	出版年份
胡建	建立民族音乐学"本土化"范式的几点启示——读黄翔鹏先生文集《黄翔鹏文存》的思考	交响	2011年
管建华	放眼世界的伟大儒者：中国音乐学先驱王光祈——《王光祈文集》读后	音乐探索	2011年
李友唐	"少年中国学会"回溯	文史春秋	2011年
李岩	淬本而新——文化退潮现象研究	天津音乐学院学报	2011年
王锦厚	一次惊喜的发现	郭沫若学刊	2011年
吴延	王光祈国乐思想管窥	陕西教育	2011年
方可	浅析北京工读互助团发起人思想主张	青年文学家	2011年
曹洋	王光祈《论中国记谱法》分析	北方音乐	2011年
齐玉东	独领风骚的少年中国学会	钟山风雨	2012年
郑祖襄	"明道救世"与近代中国音乐史学	艺术百家	2012年
何巍	音乐人类学视野下的民族音乐教育研究	大舞台	2012年
阿牛曲哈莫	五四运动前后王光祈的妇女解放思想与实践	人民论坛	2012年
赵建斌	立足传统·中西调和·改进国乐——刘天华国乐改进思维探究	山西师大学报	2012年
唐继凯 何云	论宫商——《泰律》研读有感	交响	2012年
朱博	浅谈二十世纪传统古琴谱记法的沿革	教育文化论坛	2012年
李宏锋	王光祈比较音乐史学思想对中国学界的影响——兼及比较音乐史学科方法论的几个问题	音乐探索	2012年
程兴旺	从王光祈的"工读互助运动"与"音乐学研究"反思王光祈的救国理想	星海音乐学院学报	2012年
赵崇华	少年中国之梦与民族文化之重塑——析王光祈少年中国的文化理想	贵州民族研究	2012年
黄小惠	王光祈的国乐思想根源	宜宾学院学报	2012年

续表

作者	题名	刊物名称	出版年份
李小兵	民族音乐学与中国传统音乐理论研究范围、方法、目的之动态变迁	浙江艺术职业学院学报	2012年
齐玉东	王光祈：一个音乐家的救国梦	文史春秋	2012年
刘小琴	王光祈"国乐"观及其民族音乐研究	大众文艺	2012年
肖宇	试论近代中国的空想社会主义	产业与科技论坛	2012年
林大雄	"新儒家"音乐思想研究	中国音乐	2012年
魏石成	乐教正义	中国音乐	2012年
杨建	"纪念王光祈先生120周年诞辰学术研讨会"在成都召开	艺海	2012年
钟思远	王光祈《夔州杂诗》论析	内江师范学院学报	2012年
黄磊 朱晓舟	"纪念王光祈120周年诞辰学术研讨会"综述	四川文理学院学报	2012年
苏全有 吴亚琼	近十年来中国近代音乐史研究的回顾与反思	南阳理工学院学报	2012年
程秀芳 杨泽	温江名人王光祈音乐教育思想对当前小学音乐教育的借鉴研究	黄河之声	2012年
梁郑光	论进一步研究《论诸民族的音阶》一文的必要性	戏剧丛刊	2012年
徐航 蔡越	简述王光祈及其音乐理论研究	黄河之声	2012年
刘宇统	王光祈的音乐概念群及其中的音乐思想探究	菏泽学院学报	2012年
赵凤鸣	浅析王光祈先生的音乐思想	神州	2012年
留生	作为音乐史家的朱谦之	广西艺术学院	2012年
孙利霞	论王光祈与左舜生	兰台世界	2013年
韩宏伟	想象的家园：新村主义与"新村"建设的政治缘起与实践	学术论坛	2013年
林大雄	"新儒家"音乐精神	中国音乐	2013年
修海林	中国古代音乐史学科完成现代学术转型的第一本著作——从音乐学术史角度看王光祈的《中国音乐史》	音乐探索	2013年

续表

作者	题　名	刊物名称	出版年份
管建华	王光祈的中华民族根本思想与卫礼贤的"礼乐"思想	音乐探索	2013年
满新颖	王光祈歌剧观的来龙去脉	音乐探索	2013年
王　川 刘　波	王光祈戏曲思想试探	音乐探索	2013年
包德述	身不能至，心向往之——王光祈为中国音乐教育发展的阐述与践行	音乐探索	2013年
巩小强	论王光祈的音乐美学思想	美与时代	2013年
高亚非	论王光祈的工读互助主义思想与马克思主义在中国的传播	中华文化论坛	2013年
胡扬吉	王光祈研究述要（1924—2012）	音乐研究	2013年
王洪伟	郑昶《中国美术史》绪论部分与滕固关系考	美术学报	2013年
刘小琴	王光祈音乐思想与五四文化保守主义	民族音乐	2013年
吴丽君	五四运动前后知识分子的社会活动探析——以王光祈为中心的探究	重庆师范大学学报	2013年
王续添	音乐与政治：王光祈音乐民族主义建构论析	音乐探索	2013年
幸晓峰 沈　博	试论王光祈对中国古代乐律、乐制、礼乐文明研究的主要成果	音乐探索	2013年
孙晓丽 徐　特 谭　勇	王光祈与少年中国之梦	当代文坛	2013年
孙利霞	论王光祈与国家主义派	内蒙古师范大学学报	2013年
董　波	王光祈社会改造思想析评——与青年毛泽东的社会改造思想比较	德州学院学报	2013年
宫宏宇 温永红	西方人"了解中国音乐最好的入门书"——谈路易·拉卢瓦的《中国音乐》	中央音乐学院学报	2013年
王达亮	试论王光祈对东方民族音乐的雕琢	兰台世界	2013年

续表

作者	题 名	刊物名称	出版年份
王 瑞	从《翻译琴谱之研究》透视王光祈对古琴艺术的贡献	小说评论	2013年
胡扬吉	探幽析微、索新求变——《音乐探索》"而立"之年随感	音乐探索	2013年
罗 原	关于中国古代音乐史学研究现状的若干思考	音乐探索	2013年
郭凤海 王也扬	在风雨如磐的旧社会憧憬"少年中国"	北京日报	2013年
赵崇华	纪念王光祈先生120周年诞辰学术研讨会评述	民国研究	2013年
李正彧	王光祈的现代音乐观	音乐大观	2013年
黎庶尧	论音乐美学结构发展	祖 国	2013年
程秀芳	王光祈音乐教育思想对温江小学歌唱教育的借鉴研究	通俗歌曲	2013年
刘嫒歆	中国近代首部科学的音乐史著作——浅谈叶伯和《中国音乐史》的意义	参花（文化视界）	2013年
文 蕾	王光祈开东方民族音乐之先河	兰台世界	2014年
张静蔚	阅读《北洋画报》感悟音乐历史	天津音乐学院学报	2014年
李 姝	再远航——《音乐探索》创刊三十周年有感	音乐探索	2014年
任红军	王耀华对王光祈三大乐系思想的继承与发展	四川戏剧	2014年
任红军	国殇荡气　润物有声——评《新文化运动时期"音乐闯将"王光祈与西南地区民族音乐》	曲靖师范学院学报	2014年
董 波 覃世艳 李晓燕	五四时期王光祈与瞿秋白社会改造思想比较研究	西南交通大学学报	2014年
陈先初	五四时期王光祈社会改造思想之考察	湖南师范大学社会科学学报	2014年
任景艳	王光祈的音乐理论贡献探析	兰台世界	2014年
张海明	"变徵之声"及相关问题辨析	文艺研究	2014年

续表

作者	题名	刊物名称	出版年份
李家元	民国王光祈翻译活动与翻译思想探究	牡丹江大学学报	2014年
项阳	音乐教育体系的"中土"与"西方"认识论	南京艺术学院学报	2014年
郑大华 曾科	20世纪20年代《醒狮周报》撰稿人的构成、聚集与分化	安徽史学	2014年
方雪扬	王光祈《中国音乐史》读札	乐府新声	2014年
任红军	王光祈音乐学思想及其对云南民族音乐文化建设的启示	学术探索	2014年
杨倩婧	王光祈音乐美学思想轨迹	音乐时空	2014年
蔡丽红	清末民初"国家主义"与"世界主义"音乐教育思潮研究	中国音乐学	2014年
赵崇华	五四时期王光祈与蔡元培"教育独立"思想比较研究	中国国家博物馆馆刊	2014年
李培艳	田汉早期的诗学贡献——对《诗人与劳动问题》一文及其写作背景的考察	东岳论丛	2014年
叶隽	思想形成的人文底蕴、社会场域与文化地理——若干个案的侨易学简析	比较文学与世界文学	2014年
曾科	国家主义与20世纪20年代的文化、政治思潮	中国社会科学院研究生院	2014年
唐艳蕾	少年中国学会与五四时期妇女解放思潮	湘潭大学	2014年
吕鹏	现代中国音乐史著述研究	浙江师范大学	2014年
肖艳	王光祈中国音乐史研究方法与理念探析	郑州大学学报	2015年
杨和平	20世纪中国音乐美学现代部分研究	浙江师范大学学报	2015年
赵玉卿	三论"燕乐音阶"——与杜亚雄先生商榷	文化艺术研究	2015年
朱磊	我国早期西方音乐通史专著的出版研究	中国出版	2015年
梁维东	试析《少年中国》月刊中的乌托邦理想	信阳农林学院学报	2015年
李永春	五四时期"少年中国"理想探析——以少年中国学会为个案	中州学刊	2015年
吴丽君	文化改造与政治革命——论王光祈与恽代英在少年中国学会中的交谊与分化	重庆师范大学学报	2015年

续表

作者	题　名	刊物名称	出版年份
赵崇华	理想与现实的交融——王光祈对中国音乐教育的贡献	艺术百家	2015年
程秀芳	简评王光祈的国乐思想	黄河之声	2015年
奚劲梅 朱　婷	从文献计量统计看《音乐探索》发表论文之作者群及论题方向	戏剧之家	2015年
刘　媛	中国音乐文学作品中的心理学特征分析	艺术教育	2015年
宋显彪	2000—2014年王光祈音乐研究述评	音乐探索	2015年
杨彩丹 张　楠	王光祈社会改造思想的区域宣介与实践——以王光祈与《星期日》为中心的探讨	音乐探索	2015年
曾宪林	一部集学术性、体系性、师范性多元一体的著作——评王耀华、刘富琳、王州编著的《中国传统音乐长编》	人民音乐	2015年
程秀芳	王光祈国乐思想的价值研究	大众文艺	2015年
刘宇统 彭　华	贺麟和王光祈音乐思想比较研究	大舞台	2015年
刘宇统	卫礼贤的"礼乐"思想与王光祈的中华民族根本思想的对比研究	戏剧之家	2015年
梁维东	试析《少年中国》月刊中的文化中国梦	漯河职业技术学院学报	2015年
何怀宏	新文化运动二题：青年与政治	探索与争鸣	2015年
黄小惠	合而不同：王光祈国乐思想与儒家礼乐文化之关系	宜宾学院学报	2015年
陈荃有	在"音研所"的两次编史经历——冯文慈访谈择录	中国音乐学	2015年
林大雄	江文也与"新儒家"不谋而合的音乐思想研究	中国音乐学	2015年
陈　婷	思学践行　厚德善成——王光祈对我国比较音乐学的贡献	北方音乐	2015年
王　旭	王光祈音乐社会学思想研究	南昌大学	2015年
聂建建	王光祈著《中国音乐史》与杨荫浏著《中国音乐史纲》的比较研究	天籁	2015年

三、国外（2001—2015）

作者	题名	刊物名称	出版年份
[英]乔纳森·D·J斯托克 [中]古宗智	我的回应——沈恰《民族音乐学在中国》译读	贵州大学学报	2001年
[新]宫宏宇	王光祈初到德国	黄钟	2002年
[新]宫宏宇	黎锦晖、留声机、殖民的现代性与音乐史研究的新视野——《黄色音乐：中国爵士乐时代中的媒体文化与殖民现代性》述评	音乐研究	2003年
[新]宫宏宇	王光祈与德国汉学界	中国音乐学	2005年
[日]牛岛忧子	王光祈文献总目录——附著译年谱	亚洲文化总合研究所出版会	2007年
[新]宫宏宇	王光祈与吴若膺关系考	中央音乐学院学报	2008年
[新]宫宏宇	中华知识分子的典范、少年中国精神的化身：少年中国学会会员眼中的王光祈	音乐探索	2010年
[日]牛岛忧子	中日的王光祈研究之现状与课题	音乐探索	2010年
[德]海德里希·盖格 曾金寿（译）	西方古典音乐在中国的历史与未来	星海音乐学院学报	2011年
[新]宫宏宇	上世纪20—30年代部分来华西人与中国音乐	天津音乐学院学报	2011年
[中]周耘 [日]新堀欢乃	比较音乐学历史背景的中日学术交流——以田边尚雄、王光祈等人的活动为线索	星海音乐学院学报	2012年
[新]宫宏宇	于无声处听惊雷——《音乐界一桩历史公案：刘再生音乐文集》读后	人民音乐	2013年
[新]宫宏宇	"他者审视"：明末至民国来华西人眼中的中国音乐	音乐研究	2014年

续表

作者	题　名	刊物名称	出版年份
［新］宫宏宇	国际视野下的中国音乐研究	中央音乐学院学报	2014年
［新］宫宏宇 ［中］吴思笃	法国汉学家库朗与20世纪初域外中国音乐研究（上）	音乐研究	2015年
［新］宫宏宇 ［中］吴思笃	法国汉学家库朗与20世纪初域外中国音乐研究（下）	音乐研究	2015年

参考文献

［1］四川音乐学院、成都市温江区人民政府编:《王光祈文集》,巴蜀书社2009年版。

［2］毕兴、苑树青:《黄钟流韵集——纪念王光祈先生》,成都出版社1993年版。

［3］王光祈先生纪念委员会:《王光祈先生纪念册》,台北文海出版社1968年版。

［4］张允侯、殷叙彝、洪清祥、王云开:《五四时期的社团》(一),三联书店1979年版。

［5］韩立文、毕兴:《王光祈年谱》,人民音乐出版社1987年版。

［6］四川音乐学院高等教育研究所、成都市温江区文化广播电视局:《昆仑巨声——2009王光祈研究国际学术讨论会论文汇编》,巴蜀书社2010年版。

［7］牛岛忱子:《王光祈文献总目录(附著译年谱)》,日本亚洲文化总合研究所出版会2007年版。

［8］王 勇:《一位新文化斗士走上音乐学之路的"足迹"考析——王光祈留德生涯与西文著述研究》,上海文艺音像出版社2007年版。

［9］张文治:《王光祈诞辰100周年纪念会及学术交流综述》,《音乐研究》1992年第4期。

［10］李 岩:《直行终有路,何必计枯荣——四川温江王光祈社会活动暨学术研讨会综述》,《音乐探索》2003年第1期。

［11］冯光钰:《王光祈研究与四川音乐学院——祝贺王光祈文集出版》,《音乐探索》2009年第4期。

［12］韩立文:《廖辅叔先生与王光祈研究》,《音乐探索》2010年第1期。

[13]甘绍成:《弘扬先行者精神　深化王光祈研究——2009王光祈研究国际学术讨论会综述》,《音乐探索》2010年第1期。

[14]牛岛忧子:《中日的王光祈研究之现状与课题》,《音乐探索》2010年第2期。

[15]毕兴:《四川音乐学院开展王光祈研究的前前后后》,《昆仑巨声——2009王光祈研究国际学术讨论会论文汇编》,巴蜀书社2010年版。

[16]管建华:《放眼世界的伟大儒者：中国音乐学先驱王光祈——王光祈文集读后》,《音乐探索》2011年第4期。

后 记

　　一个世纪以前，面对灾难深重的中国社会，一批为追求民族独立和国家富强而积极探索的先进知识分子，掀起了一场中国近现代史上空前深刻的思想解放运动。那是一个需要巨人也产生了巨人的时代。众多叱咤风云的英杰，以其丰功伟绩，为后世树立了光辉的榜样，至今令我们缅怀。王光祈，这位中国近现代史上著名的爱国民主主义者、杰出社会活动家，五四时期影响巨大的社团——"少年中国学会"的创办者、灵魂人物，中国比较音乐学的开拓者和奠基人，在20世纪头20年中国社会激烈动荡、急剧转变的年代，站在了时代的前列，为国家、为民族奔走呼号。他是一位崇高的理想主义者，也是一位才华横溢的现实主义者，这两种几近矛盾与对立的品质在他的血液里交融、汇流，并贯穿于他的政治思想、音乐理论与社会实践活动之中。这两种品质的交汇造就了他崇高的思想和惊人的毅力以帮助其完成理想。可是，过于执着的信念与过分消耗的体能又让他不堪重负，以至于壮年就不幸离开了人世。他短暂而精彩的生命，宛如划破天空的流星，迅疾而美丽，留给人们无尽的追念。

　　2012年由中国现代史学会、四川音乐学院和成都市温江区人民政府联合主办的"纪念王光祈先生120周年诞辰学术研讨会"在川音举办。会议论文近40篇，从不同的视角探讨了王光祈的政治文化思想、音乐理论及社会实践。因为种种原因，该论文集一直没有正式出版。为传承、延续王光祈学术研究，在光祈先生125周年诞辰纪念日之际，四川音乐学院王光祈研究中心采集部分论文，征得作者同意，汇编了这本《世纪回声——王光祈研究新论》，呈现给大家，以此缅怀、纪念这位中国近现代史上著名的文化学者、杰出的音乐学家。同时，该书也是高教研究所、王光祈研究中心科研项目：中国高等教育学会"十三五"高等教育科学研究项目"王光祈政治、文化、教育思想研究"（项目编号：11YB033）、四川省哲学社会科学"十三五"规划项目"西学东渐与王光祈音乐文化的现代性研究"（项目编号：SC17B085）的研究成果。

主编：刘立云，文学博士，教授，四川音乐学院硕士生导师。出版《礼记·乐记与史记·乐书的比较研究》《明清小说比较研究》《唐代传奇研究》等十余部，发表论文四十余篇。结题省部级科研课题三项，厅级科研课题七项。获国家级，省部级奖励多项。

主编：赵崇华，历史学博士，四川音乐学院教授、硕士生导师，王光祈学术研究中心副主任。多年从事以及中国近现代思想史、艺术史、艺术学理论等领域的教学与科研，并致力于王光祈学术研究的传承。近年来在中文核心期刊、CSSCI来源期刊上发表了多篇"王学"论文。主要学术兼职：教育部高等学校艺术学理论教指委委员、中国艺术学理论学会常务理事、中国现代史学会常务理事、中国艺术学科研究生教育联盟副主席。

概　述　胡扬吉
第一章　第一节　陈先初　赵崇华　胡沁熙
　　　　第二节　程国平
　　　　第三节　高亚飞
　　　　第四节　赵崇华
　　　　第五节　阿牛曲哈莫
　　　　第六节　董波　覃世燕　李晓燕
第二章　第一节　邹承瑞　王勇　赵崇华
　　　　第二节　包德述　赵崇华
　　　　第三节　邹承瑞　王炎　陈婷
　　　　第四节　孙晓丽　谭勇　方雪扬
　　　　第五节　满新颖
　　　　第六节　王川　成飞
　　　　第七节　王续添
　　　　第八节　管建华
第三章　第一节　赵崇华　李明田

		第二节	赵崇华			
第四章			廖勇			
第五章	第一节	赵崇华				
	第二节	孙利霞				
	第三节	管建华				

附录一：赵崇华

附录二：吴阳玲　李咏梅　何丽娟　杨炳谕　梁译文　谭淇尹

统　稿　赵崇华　李嘉璐

　　本书在写作和出版过程中，得到了南京艺术学院管建华教授、满新颖教授，上海大学音乐学院王勇教授，湖南大学岳麓书院陈先初教授，中国人民大学王续添教授，西南民族大学谭勇教授的支持与参与，得到了中国文联出版社朱庆社长、邓友女主任的大力支持，在此表示衷心的感谢。

　　在人文学、政治学、外交学领域，王光祈学术研究是一项需要长期坚持的学术事业。在今天大力弘扬中华优秀传统文化的历史语境下，我们热切地期望更多的学者加入到"王学研究"领域，让这笔丰硕的历史文化遗产代代传承、不断开拓，与时代发展相伴、相辉映！

2017年3月于川音香樟园